普通高等教育"十三五"财政与税收专业规划教材

税务筹划

【第二版】

主编 申嫦娥 张雅丽 **副主编** 刘 明 李互武

西安交通大学出版社
XI'AN JIAOTONG UNIVERSITY PRESS

国家一级出版社
全国百佳图书出版单位

内 容 提 要

　　企业的每项业务、个人的每笔所得无不与税收相关。纳税人如何在遵循税法的前提下，做好税务筹划，减轻税负，提高企业价值，现已成为企业理财的重要研究课题。本书充分考虑税务筹划的收益、成本及其时间分布与风险，以企业价值最大化为税务筹划的目标，在阐述税务筹划基本理论的基础上，以企业理财的业务为主线，从投资、筹资、日常经营的"供产销"、收益分配、并购与分立重组、国际业务以及个人所得等方面全面阐述了各业务的税务筹划方法，并以最新的税法为标准（包括个人所得税），配以实用性的案例。

　　本书不仅可以作为高等院校财政与税收专业教材，而且适合企业管理人员、注册会计师、注册税务师以及关注税务筹划的各类人员阅读，以提高税务筹划的理论水平和应用技术。

普通高等教育"十三五"财政与税收专业规划教材

编写委员会

学术指导：刘尚希

总 主 编：邓晓兰 （西安交通大学经济与金融学院财政系
教授，博导，全国高校财政学教学研究会理事）

编委会委员(按姓氏笔画排序)：

王建喜　　王俊霞　　王满仓　　申嫦娥

刘　明　　李兰英　　李社宁　　李爱鸽

宋丽颖　　张思锋　　张雅丽　　胡克刚

段玉宽　　昝志宏　　贺忠厚　　铁　卫

徐　谦　　温海红

策　　划：魏照民

第二版前言

依法纳税是每一个纳税人的义务,但纳税人没有必要超过税法规定的义务超额纳税,因此,在遵循税法的前提下,合理地进行税务筹划,减轻税负,提高企业价值,现已成为纳税人的共识和企业理财的重要研究课题。

作者在编写本书的过程中,大量参阅了国内外有关的书籍,特别是税务筹划的案例,吸取前人已有的研究成果,并收集了最新的税收政策,加上自己几年的教学经验和深入思考,使本书具有了一些鲜明的特点。主要表现在:①先进性。从税务筹划的理论来看,以往的许多教材都没有把税务筹划的目标提升到企业价值最大化的高度,而是以减轻税负为目标,使得在税务筹划时不能够全面考虑税务筹划的成本与风险等问题,可能导致税务筹划方案的实施得不偿失。本书以"企业价值最大化"作为税务筹划的目标,不仅权衡税务筹划方案产生的收益与成本,而且考虑收益和成本的时间分布,以及方案实施可能产生的各项风险,因此更为全面和科学,也融入了西方有效税务筹划的先进理念。从税务筹划的实践来看,本书以最新的税收制度为基准来阐述税务筹划的方法,设计税务筹划的方案。②系统性。以往的税务筹划教材大多以税种为主线,由于一项业务不仅涉及流转税,还涉及所得税以及其他税种,在设计税务筹划方案时必须全面考虑一笔业务所涉及的全部税种才有意义,因此,以税种为主线的税务筹划教程不能很好地解决这一问题,而且与税法重复,读者也无法了解一笔业务应该如何全面系统地进行税务筹划。本书以企业的业务为主线,从投资、筹资、日常经营的"供产销"、收益分配、并购与分立重组、国际业务以及个人所得等方面全面阐述各业务的税务筹划方法,每一笔业务涉及的所有税收政策都能全面得以考虑与权衡。因此本书不仅在企业业务方面具有系统性,而且使每一笔业务涉及的税种也具有系统性。③实用性。本书以企业的业务流程为主线,比按税种为主线的税务筹划教程更贴近纳税人的经济实践,更实用,因为在实践中纳税人往往更了解自己的业务而不是税种。另外,税务筹划的案例贯穿全书,使理论与实践能够有机结合,使税务筹划的方法与技术能够很好地得以运用。

本书是在 2007 年申嫦娥和张雅丽主编的《税务筹划》一书的基础上,根据新的税收制度重新编写的。由于近几年税制变化很大,两个版本只是保持了一贯的编写框架和基本风格,具体内容基本上是重新编写的。特别是将 2018 年修订的个人所得税法首次编入该教材,新的个人所得税的税务筹划成为本书的一大亮点。关于教育、住房、医疗以及养老专项附加扣除的税务筹划是第一次编写,别的

1

教材尚未涉及,是本书的创新之处。

　　本书由北京师范大学经济与工商管理学院申嫦娥和西安交通大学经济与金融学院张雅丽两位老师共同担任主编,西安财经学院经济学院刘明老师和兰州财经大学陇桥学院李互武老师担任副主编。全书由申嫦娥负责框架设计和最后的总纂。各章的编写分工具体如下:申嫦娥第一、二、三、十章(其中第一、十章同张雅丽合写);张雅丽第一、九、十章(其中第一、十章同申嫦娥合写);刘明第五、六、八章;李互武第四、七章。

　　由于我们水平有限,加之国家的税收政策和制度等变动频繁,所以书中难免存在不足之处,敬请广大读者在使用本教材过程中多提意见,并批评指正,以便我们下次修订时做得更好。

编者

2019 年 6 月

目　录

第一章　税务筹划概论

本章将阐述税务筹划的基本理论,首先需要定义税务筹划的概念,其次是明确税务筹划的目标,最后阐明达成税务筹划目标的指导原则、程序和方法。

第一节　税务筹划的概念

一、税务筹划的定义

税务筹划(tax planning),也有学者称之为税收筹划。本书使用"税务筹划"这一名称的主要原因是:在与税务筹划相关的会计领域里,税收会计的核算对象是税收资金及其运动,其主体是税务部门,而税务会计的核算对象是企业纳税事项,其主体是纳税人,作为企业理财组成部分的税务筹划,其主体与税务会计一致,因此,如果使用"税收筹划"可能会产生主体混淆。

关于税务筹划的定义,无论是在国际上还是在国内,其代表性观点都可以归为三个类别,即"税负最小化"、"税后收益最大化"和"企业价值最大化"。

"税负最小化"的代表性观点,从国际上来看主要包括:美国南加州大学 W. B. 梅格斯与 R. F. 梅格斯合著的《会计学》一书中,对税务筹划做了如下阐述:"人们合理而又合法地安排自己的经营活动,使之缴纳可能最低的税收,他们使用的方法可称之为税务筹划。"[1]荷兰国际财政文献局的《国际税收辞典》的定义是:"税务筹划是指纳税人通过经营活动或个人事务活动的安排,实现缴纳最低的税收。"[2]从国内来看,计金标认为税务筹划"是指在纳税行为发生之前,在不违反法律、法规的前提下,通过对纳税主体的经营活动或投资行为等涉税事项作出安排,以达到少交税和递延缴纳目标的一系列谋划活动"[3]。朱青则认为税务筹划"是指纳税人在不违反法律的前提下,利用税法的差异、漏洞或不明之处,规避、减少或推迟其纳税义务的一种不违法的行为"[4]。

而 Myron Scholes 等人认识到,税收成本只是企业经营成本中的一种,税务筹划如果仅仅只考虑税负最小化,可能会引发其他商业成本,因此应该考虑"税后收益最大化"。迈伦·斯科尔斯(Myron Scholes)在其与其他 4 人合著的《税收与企业战略:筹划方法》中特别指出:"传统的税务筹划方法没有认识到有效税务筹划(effective tax planning)和税负最小化之间的显著差异。有效税务筹划在实施最大化税后收益的决策时要考虑税收的作用。在交易成本昂贵的

①　盖地.企业税务筹划理论与实务[M].5 版.大连:东北财经大学出版社,2017.
②　IBFD. Internation Tax Glossary[M]. Amsterdam:IBFD,1988:49.
③　计金标.税收筹划[M].北京:中国人民大学出版社,2004:5.
④　朱青.企业税务筹划原理与方法[M].北京:中国人民大学出版社,2017.

社会里,税负最小化策略的实施可能会导致非税因素而引发大量成本。"[1]

而现在越来越多的人认识到,企业的税务筹划应该是企业整体战略的一个组成部分,不仅应该考虑企业税务筹划所引起的全部成本或收益,还应该考虑税务筹划的实施可能带来的风险。比如,在企业所得税不为零的条件下,支付给债权人的利息可以在税前扣除,而支付给股东的股利则不能够在税前扣除,因此,负债融资与股东权益融资相比较而言,前者可以带来节税的好处,如果仅仅只考虑税负最小化或税后收益最大化,企业应该多负债,但众所周知,负债是有风险的。而企业价值最大化把风险和收益融合为一体,用一个简单的公式,即永续年金现值的公式表示为:

$$V = \frac{A}{K} \tag{1-1}$$

式中:V 表示企业价值;A 表示企业年均收益(在财务管理学里通常表现为现金净流量);K 表示投资人(包括股东和债权人)的必要报酬率。而投资人的必要报酬率与企业的风险程度成正比,风险越高,投资人要求的回报越高。

"企业价值最大化"的代表性观点,如宋献中和沈肇章的定义,他们认为税务筹划"是指纳税人为了实现自身价值最大化和使其合法权利得到充分的享受和行使,在既定的税收环境下,对多种纳税方案进行优化选择的一种理财活动"[2]。

我们认为,"企业价值最大化"观符合企业财务的目标,全面且合理,因此,本书对税务筹划的定义为:企业在遵循税收法规的前提下,当存在多个纳税方案时,应选择能使企业价值最大化的方案。

二、税务筹划与逃税、避税、节税的区别

为了更好地理解税务筹划的含义,有必要将其与逃税、避税和节税行为加以区分。

(一)逃税、避税与节税的含义

1. 逃税(tax evasion)

逃税一般是指纳税人采用非法手段逃避纳税义务的行为。这类行为包括偷税、逃避追缴欠税、骗税、抗税等。根据《中华人民共和国税收征管法》的规定,上述各项行为的定义如下:

(1)偷税行为。偷税行为是指纳税人伪造、变造、隐匿、擅自销毁账簿、记账凭证,或者在账簿上多列支出或者不列、少列收入,或者经税务机关通知申报而拒不申报或者进行虚假的纳税申报,不缴或者少缴应纳税款的行为。对纳税人偷税的,由税务机关追缴其不缴或者少缴的税款、滞纳金,并处不缴或者少缴的税款百分之五十以上五倍以下的罚款;构成犯罪的,依法追究刑事责任。

(2)逃避追缴欠税行为。逃避追缴欠税行为是指纳税人欠缴应纳税款,采取转移或者隐匿财产的手段,妨碍税务机关追缴欠缴税款的行为。对于逃避追缴欠税的纳税人,由税务机关追缴欠缴的税款、滞纳金,并处欠缴税款百分之五十以上五倍以下的罚款;构成犯罪的,依法追究刑事责任。

① 迈伦·斯科尔斯,等.税收与企业战略:筹划方法[M].张雁翎,译.北京:中国财政经济出版社,2004.
② 宋献中,沈肇章.税收筹划与企业财务管理[M].广州:暨南大学出版社,2002:7.

（3）骗税行为。骗税行为是指纳税人以假报出口或者其他欺骗手段，骗取国家出口退税款。对于纳税人的骗税行为，由税务机关追缴其骗取的退税款，并处骗取税款一倍以上五倍以下的罚款；构成犯罪的，依法追究刑事责任。

（4）抗税行为。抗税行为是指纳税人以暴力、威胁方法拒不缴纳税款的行为。对纳税人的抗税行为，除由税务机关追缴其拒缴的税款、滞纳金外，依法追究刑事责任。情节轻微，未构成犯罪的，由税务机关追缴其拒缴的税款、滞纳金，并处拒缴税款一倍以上五倍以下的罚款。

总之，逃税行为是一种违法行为，在纳税人获得不交税、少交税或推延纳税的利益时，会给纳税人带来巨大的违法风险，包括罚款、行政处罚，甚至刑事处罚。

2. 避税（tax avoidance）

避税是指纳税人采取非违法的手段减轻税负，达到不交税、少交税或延迟纳税的目的。国际财政文献局的《国际税收辞典》对避税的定义："避税一词含有贬义，通常用以描述个人或企业，通过精心安排，利用税法的漏洞、特例或其他不足之处来钻空取巧，以达到避税的目的。"[①]

可见，避税行为虽然没有违背国家的税法，但往往与国家的立法意图不一致，因此，避税行为也往往遭到政府部门的反对。我们认为，避税与反避税是征纳双方之间的博弈，纳税人的避税行为尽管没有顺应税法的意图，但它是以遵循税法为前提的，纳税人没有必要承担超过税法规定的纳税义务，因此，避税是纳税人应该享有的权利，国家可以针对纳税人的避税行为反映出来的税法漏洞，对税法进行修订，从而使税法更加完善和合理。

对纳税人而言，避税行为需要充分熟悉税法，不允许弄虚作假和欺诈，避税能够带来减轻税负的利益，而没有违法风险。

3. 节税（tax saving）

节税是指纳税人顺应税法的要求和国家的政策导向，合理安排自己的经营和财务，优化纳税方案，达到不交税、少交税或延迟纳税的目的。

通常认为，由于节税行为是顺应税法要求的，因此，是国家鼓励的行为，纳税人在获得税收优惠减轻税负的同时，国家也能够达到某一政策的调控目标。比如，国家为了实现区域发展战略或行业发展战略，可能在一定时期制定对特定地区或行业的税收优惠政策，纳税人如果到这些区域或行业投资就可以获得相应的税收优惠，减轻税负，国家也实现了相应的区域发展战略或行业发展战略。

对纳税人而言，节税行为与避税行为具有同样的结果，即能够带来减轻税负的利益，而没有任何法律方面的风险。

逃税、避税与节税之间的根本差别在于其对税法的遵循程度不同，逃税是违法行为，而避税虽然不违法，但属于逆法行为，只有节税是顺法行为。也正因为如此，逃税在给纳税人带来利益的同时，也会因为违法带来巨大的风险，而避税和节税在给纳税人带来利益的同时，不存在违法风险。

（二）税务筹划的特点及其与逃税、避税、节税的区别

所谓"特点"，是与类似事务相区别而表现出来的不同特征，那么，税务筹划与逃税、避税、节税比较，具有哪些基本特点呢？

---

① IBFD. Internation Tax Glossary[M]. Amsterdam：IBFD，1988：46.

1. 合法性

税务筹划是以遵循税收法律法规为前提的,违法的逃税行为不可能纳入税务筹划的范畴。那么,避税和节税是否属于税务筹划的范围呢? 从以往的学术观点来看,可以分为截然不同的两种观点。一种观点将税务筹划与避税画等号,由于避税行为本质上的逆法性质,结果使得税务筹划也成了禁区;另一种观点认为,税务筹划只是节税筹划,因为只有节税筹划是符合国家法律法规导向和政策意图的,是国家鼓励的,而这样的观点,又使税务筹划的范围和内容受到极大的限制,似乎税务筹划就是寻找税收优惠。事实上,在现实生活中,避税与节税的界限并不十分清晰和明确,要将其完全区分开是不可能的,因此,避税和节税,从合法性这一特点而言,都应该纳入税务筹划的范围。

2. 事前性

税务筹划一般都是在应税行为发生之前,即事前拟定好各种纳税方案,以企业价值最大化为标准,择优选择。在经济活动中,企业筹资、投资、经营和分配行为发生之后,才会发生纳税义务,这在客观上要求企业的税务筹划必须具有事前性,在纳税义务发生之前,在企业进行筹资、投资、经营和分配的决策之时考虑税收因素,适时进行税务筹划。如果各项业务已经发生,再想要谋求减轻税负,就只有通过弄虚作假,即实施逃税行为,而不是税务筹划。

可见,所谓的逃税行为多发生在纳税义务发生之后,由于事先未作好税务筹划,而税负又超出了自己的预期,只有采取各种虚假欺诈行为。而避税和节税行为,也往往需要事先的规划和安排,与税务筹划一样,具有事前性。

例 1-1:北京 A 企业有一个闲置的仓库(2016 年 4 月 30 日之后购置的),而 B 运输企业刚好需要仓库储存货物。2018 年 8 月,A 企业的资产管理部门与 B 企业签订了一份房屋出租合约。

合同到了财务部,就得按合约交税,租金收入的增值税税率 9%(房地产出租)、房产税(从租计征)税率 12%,还有企业所得税。

企业的税务管理人员认为,这个合同明显存在"税收陷阱"。如果签订的合同是"仓储服务"的话,仓储服务的增值税税率 6%、房产税按原值扣除一定比例后(北京扣除 30%)按 1.2%征收,企业所得税与出租的情况一样,没有差别。

可见,税务的问题不仅仅是财务部门的事情,纳税义务的发生从"合同"开始,必须事前做好安排。企业必须重视合同管理,重视合同中涉及的税务事宜,对业务人员进行税法知识的培训。

3. 整体性

如前所述,企业的税务筹划应该是企业整体战略的一个组成部分,不仅应该考虑企业税务筹划所引起的全部收益和成本,还应该考虑税务筹划的实施可能带来的风险,将税收因素融入企业筹资、投资、经营和分配的决策之中,力求企业整体效应最大化,即企业价值最大化。这是税务筹划与传统的所谓避税或节税最大的不同,因为避税与节税只是强调税负的最小化,而不顾其所引起的成本和风险。我们认为,避税和节税的一些技术方法可能成为税务筹划的方法,但税务筹划应该是比避税和节税更高层次的企业理财活动,是企业整体战略的重要组成部分。

第二节 税务筹划的目标

一、税务筹划目标的确定

税务筹划的目标是企业通过税务筹划活动所希望实现的结果,它是评价企业税务筹划方案是否可行、何者为优的标准。制定不同的税务筹划目标,就会产生不同的评价标准,因此,如何制定税务筹划的目标,是税务筹划学科最关键的问题。

在阐述税务筹划的定义时,已经暗含了税务筹划目标的三种观点,即"税负最小化""税后利润最大化"以及"企业价值最大化"。

如果以"税负最小化"作为税务筹划的目标,筹划者只关心税负的高低,而不顾税务筹划方案的实施可能引起的成本和风险,以税负最小来评价筹划方案的可行与优劣,可能导致税务筹划净现值为负的方案得以实施。

如果以"税后利润最大化"作为税务筹划的目标,筹划者一方面会考虑筹划方案产生的利益,同时会考虑筹划方案带来的成本。它比"税负最小化"观前进了一步,但对于税务筹划而言,只是一种静态的评价标准,它未考虑税务筹划方案实施后所产生的收益和成本(或者更准确地说是现金的流入与流出)的时间分布和风险因素,因此,依然不够全面。

如果以"企业价值最大化"作为税务筹划的目标,筹划者不仅需要权衡税务筹划方案产生的收益与成本,而且需要考虑收益和成本的时间分布,以及方案实施可能产生的各项风险,因此,它是最为全面和科学的评价方法。

税务筹划作为企业理财活动的组成部分,企业财务目标应该制约税务筹划的目标,而企业价值最大化是现代财务理论的基本观点,是评价财务决策的基本标准。基于以上理由,我们确定的税务筹划目标是企业价值最大化。

二、税务筹划目标的分解

企业价值最大化作为税务筹划的目标,要求企业的税务筹划能够带来企业价值的净增加,即税务筹划引起的现金流量的净现值为正。

美国的有效税务筹划模型就是以税务筹划所引起的税后现金流量为基础的,计算净现值、内含报酬率等[1]。

为了简化分析税务筹划的相关因素,我们假设税前现金流量与应税所得一致,并且可以把税前现金流入和流出简单地看作是收入和成本,税后现金流量的计算可以简单地表述为:

$$NCF = 税前现金流量 - 所得税$$
$$= 税前现金流入 - 税前现金流出 - 所得税 \qquad (1-2)$$
$$= 收入 - 成本 - 所得税$$

需要特别强调的是,NCF 是税务筹划所引起的增量现金流量,即在企业正常经营所产生的现金流量之外的额外现金流量。

一个税务筹划方案的实施,可能导致的企业价值的增加,可以用一个通用公式表述为:

---

① 尹音频,刘科.税收筹划[M].成都:西南财经大学出版社,2003:6.

$$V = \frac{NCF_1}{1+K} + \frac{NCF_2}{(1+K)^2} + \cdots + \frac{NCF_n}{(1+K)^n}$$ (1-3)

式中：NCF 为税后现金净流量；K 为贴现率，即投资人要求的必要报酬率。

根据模型(1-3)，税务筹划的目标可以分解为以下几个具体目标。

1. 尽量减轻税负

税负筹划最基本的任务就是在企业经营与财务活动中，优化纳税方案，在遵循税法的前提下，尽可能做到不交税或少交税，因此，减轻税负，增加企业的现金流入，是税务筹划能够增加公司价值的主要途径。

2. 尽量减少税务筹划方案的实施成本

要实施一项税务筹划方案，有可能产生大量的成本，导致企业现金的流出，正如经济学诺贝尔奖得主迈伦·斯科尔斯在其合著的《税收与企业战略：筹划方法》中写道："税收仅仅是众多经营成本中的一种，在筹划过程中必须考虑所有成本，要实施某些被提议的税务筹划方案，可能会带来极大的商业重组成本。"[①]

3. 尽量实现应有的收入

众所周知，收入越低，应纳税越少，在税务筹划中，不能一味地强调税负的最小化，而没有实现应有的收入水平。在税务筹划的不同方案中，如果收入存在差异，那么，不仅需要比较税负的高低，更需要比较收入的高低。

4. 推延纳税，获得时间价值

推延纳税也是税务筹划提升企业价值的主要方法。例如：A 和 B 两个税务筹划方案都将纳税 100 万元，即两个方案都有现金流出 100 万元，假如 A 方案现在纳税，B 方案一年后纳税，贴现率 10%，其他条件无差异，根据模型(1-3)，B 方案相对于 A 方案，对企业价值产生的影响为：

$$V = \frac{-100}{1+10\%} - (-100) = 9.09 (万元)$$

说明：公式中 -100/(1+10%) 是 B 方案一年后的现金流量贴现，-100 是 A 方案的现金流量，9.09 万元是两个方案现值的差异。

5. 降低风险，降低贴现率

贴现率，即投资人的必要报酬率（股东与债权人的加权平均必要报酬率），它取决于企业的风险程度，风险越高的企业，投资人的必要报酬率越高。根据模型(1-3)，风险越低，贴现率越低，同样的现金净流量，净现值越高，企业价值越大。在税务筹划中降低风险，包括遵循税法，实现涉税零风险，即没有违法的风险，也包括税务筹划方案的实施所带来的经营风险与财务风险。

第三节　税务筹划的原则

税务筹划的原则是从税务筹划实践中抽象出来的并在实践中证明是正确的行为规范，是对实现税务筹划目标的实践活动起指导作用的一般准则。

---

① 斯科尔斯,等.税收与企业战略:筹划方法[M].张雁翎,译.北京:中国财政经济出版社,2004.

一、守法原则

守法原则要求税务筹划必须以遵循税法为前提,一定不能违反税法。守法原则是税务筹划最基本的原则,是不能有任何突破的原则,借筹划之名,行偷逃税之实的行为,不是真正的税务筹划行为。税务筹划要做到守法,不仅需要树立良好的法制观念,而且必须熟悉税法和会计制度,对各项税收法规、会计处理与经营业务之间的关系有充分的了解,从而能够合理运用税务筹划的技术方法,制定各种税务筹划方案,择优选择。

二、综合性原则

综合性原则要求在税务筹划中综合考虑税务筹划引起的收入、成本、税金及其时间分布和风险程度(可根据模型1-3分析)。迈伦·斯科尔斯的《税收与企业战略:筹划方法》的阐述,特别强调了综合性应该考虑的三个方面:①多边方法,即在税务筹划中必须考虑交易所涉及的所有契约方;②隐性税收的重要性,即必须考虑所有的税收,不仅考虑显性的税收(直接支付给税务当局的税收),而且应考虑隐性的税收(因税收优惠而获得的高于非税收优惠的投资报酬率);③非税成本的重要性,即必须考虑所有商业成本,而不仅仅局限于税收成本[①]。

三、灵活性原则

税务筹划尽管是一门科学,有一定的规律可循,但它更是一种艺术,灵活而多变。世界上没有一种税务筹划方案可以放之四海而皆准,每一个税务筹划方案都是基于某一个国家或地区一定时期的税收制度,并针对某一筹划对象具体的业务而制定的,因此,在税务筹划中,不能全盘照搬别人的筹划方案,甚至不能照搬自己过去用过的成功案例。税务筹划方案的制定,必须要因时、因地、因人制宜,灵活多样,只有这样,才可能制定出有针对性的、符合自己的有效的税务筹划方案,以提高企业价值。

四、风险与收益对等的原则

财务理论认为,风险与收益是对等的,风险越高,相应地收益也越高。税务筹划的风险主要来自三个方面:

1. 违法风险

税务筹划是在现行税收制度的框架下进行的,稍有不慎,就有可能触犯法律,从而招致经济的、行政的,甚至是刑事的处罚。

2. 财务风险

企业的财务风险来自筹资风险,由于不同的筹资方式税负不同,比如借款的利息可以在税前扣除,而股东权益融资的股利支出不能在税前扣除,因此,在税务筹划中,往往会针对不同的筹资方式制定筹划方案,从而招致财务风险。

3. 经营风险

企业的经营风险来自全部资产经营报酬的不确定性。税务筹划方案的制定,需要针对企业具体的投资和经营业务,会改变企业的投资地点、方向甚至时间和规模,同时,也会影响企业

---

① 斯科尔斯,等.税收与企业战略:筹划方法[M].张雁翎,译.北京:中国财政经济出版社,2004.

日常经营供、产、销的各个方面,从而会给企业带来额外的经营风险。

我们认为,尽管违法风险也会带来收益,甚至是很高的报酬,但是违法风险招致的处罚给个人和家庭带来的财产损失、精神损失,甚至需要付出生命的代价,这种风险无论多高的报酬都是无法弥补的,因此,税务筹划的原则,如前所述,是以守法为前提的,拒绝任何冒违法风险获得收益的行为。

而从财务风险与经营风险来看,我们主张风险与收益对等,而不是一味地避免风险,因为,只讲避免风险,就有可能丧失机会。当然,各人对风险的承受能力不同,有人比较激进,敢于冒险,有人可能比较保守,但只要风险与收益是对等的方案都应该是可取的。风险与收益之间存在的关系,我们可以用图1-1来描述。

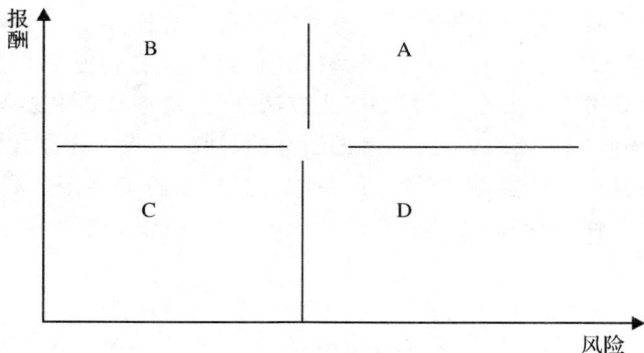

图1-1 风险与报酬的关系

根据图1-1,D区间,风险较大,而报酬较低,在四个区间里,属于风险报酬率最低的部分,在税务筹划中,应该避免这样的方案出现。B区间,风险较低,而收益较高,是四个区间里风险报酬率最高的部分,在税务筹划中,应该努力寻找这样的方案。而从A和C两个区间来看,A区间,风险高报酬也高,C区间,风险低报酬也低,二者的风险报酬率是无差别的,也就是说,在这两个区间里,风险与报酬是真正对等的,如何选择,取决于筹划者或决策者的风险偏好。

第四节 税务筹划的程序

税务筹划的程序,是实现税务筹划目标的基本步骤。税务筹划的基本程序,可以归纳为以下几个方面:

一、明确税务筹划的对象

税务筹划的对象总是一定的业务,涉及企业的投资、筹资、经营和分配等方面的具体业务。在税务筹划时,首先需要明确筹划的具体对象,是某一项业务,还是涉及相关联的几项业务。如果是相关联的几项业务,需要事先梳理业务之间的关系,分析其收入、费用、税金等之间的相互影响。

二、熟悉相关税收制度和会计处理

税务筹划需要充分利用税收制度之间的差异,因此,需要收集和熟悉与税务筹划对象相关的税收制度。另外,所有税务筹划方案的实施,往往都要体现在会计处理上,因此,对于会计处理的把握程度,特别是对税收制度与会计制度之间差异的熟悉程度,都会影响到税务筹划者的筹划能力。

三、制定备选筹划方案

如果一项业务的税务处理只有一个方案可选,就不存在税务筹划的问题,因此,税务筹划的过程,是一个择优的过程,肯定存在可供选择的若干方案。但是在税务筹划中,也可能不能穷尽所有的方案,这是基于人的有限理性。正如决策论之父西蒙(Herbert A. Simon)所指出的,在现实生活中,由于人们所处的环境和当时的条件所限,即不可能找到一切方案,也不可能比较一切方案,因此,他提出用令人满意的行为准则代替传统的最优化原则。尽管如此,在税务筹划中,也应该尽可能集思广益,列出我们所能列出的所有方案。

四、确定税务筹划方案的评价方法

如前所述,税务筹划目标是评价税务筹划方案是否可行、何者为优的基本标准,我们确立了企业价值最大化的税务筹划目标,并且用模型(1-3)这个通用公式来计算税务筹划对企业价值的影响。那么,在具体评价税务筹划方案时,如何应用该模型,还有待进一步阐述。

税务筹划方案的选择过程,是一个择优过程,也就是一个决策过程,与所有决策过程一样,需要明确决策相关性问题,即哪些信息或数据与决策相关,哪些无关。

首先需要弄清楚相关性的两大基本特征。一是目前决策所能改变的收益与成本才是相关的,目前决策无法改变的收益和成本都是无关的。应用到税务筹划之中,就是税务筹划方案一旦实施可能引起的收益与成本才是相关的。二是在不同方案间存在差异的因素是相关的,如果在两个税务筹划方案中,同时、同质、同量的因素,就可以看作是无关的因素,在税务筹划的决策方案中可以不予考虑。如果在两个税务筹划方案中,时间分布、风险程度、收入、成本都相同,那我们只需要对比税负的高低;如果时间分布、风险程度和收入相同,而成本和税金不同,则税金和成本就成为两个相关因素,需要在税务筹划中予以考虑。以此类推,如果时间分布、风险程度、收入、成本和税金都不相同,那么,所有因素都成为税务筹划的相关因素,需要全面权衡。

五、选择最优方案并实施

在若干备选方案中,根据企业价值最大化的原则,通过计算分析,选择出最优的方案,并将其付诸实践。

第五节　税务筹划的技术方法

税务筹划的技术方法是实现税务筹划目标的技术和手段。尽管在前面我们阐述税务筹划的评价方法时,强调需要全面考虑税务筹划所引起的各项收入、成本、税金及其时间分布和风险,但税务筹划所针对的核心内容是企业的税负,可以说税负是筹划的"基点",其他各项现金流量只是与之相关的内容,在评价时不可忽视而已。因此,税务筹划的技术方法只是针对税负本身的,是企业在遵循税法的条件下,可以不交税、少交税或推延交税的技术与手段。税务筹划的技术方法包括节税技术、避税技术以及无法明确归入节税与避税的其他各种税务筹划技术。作为概述,本章所阐述的税务筹划技术方法,是后面各章在研究具体对象的税务筹划时需要应用的主要方法。

一、节税技术

如前所述,节税是按照国家的立法意图和政策导向,获得税收方面的优惠待遇,使纳税人可以实现不交税、少交税或推延交税的利益。节税技术就是纳税人如何获得税收优惠的途径和方法。下面将介绍税收优惠的主要方式,纳税人如何获得税收优惠(节税的技术方法),以及获得税收优惠的经济影响。

(一)税收优惠的主要方式

1. 减免税

减免税是指对某些纳税人或征税对象在一定时期内采取减少征税或免予征税的特殊规定。减免税又可以分为特定区域的减免(如西部地区)、特定行业(如高新技术行业)的减免以及对特定性质的纳税人(如小微企业)的减免。

2. 退税

退税是税务机关对纳税人已纳税款的退还。我国的退税主要有:出口退税,即纳税人出口货物,可以按规定退还该货物在国内已经承担的全部或部分流转税(消费税和增值税);软件等行业即征即退增值税,由于软件等特定行业的进项较低,增值税负担重于一般行业,因此,对于其应纳增值税高于 3% 的部分给予即征即退的优惠。

3. 抵免税

抵免税是指在计算出企业的应纳税额之后,允许在应纳税额中直接抵减的金额。在过去,抵免税主要用于避免国际重复征税,即为了避免国际间所得或财产重复课税,对纳税人来源于国内外的全部所得或财产课征所得税时允许其在国外缴纳的所得税或财产税税款抵免应纳税款。而现在,抵免税也用在一些鼓励措施中,比如:企业购置并实际使用列入《环境保护专用设备企业所得税优惠目录》范围内的环境保护专用设备的,该专用设备投资额的 10% 可以从企业当年的应纳税额中抵免;当年不足抵免的,可以在以后 5 个纳税年度中结转抵免。

4. 税前扣除

税前扣除是指从计税金额中减去各种扣除项目金额。一般意义上的税前扣除,无论是所得税,还是流转税或土地增值税等的税前扣除项目,与特定适用范围的减免税、退税或抵免税不同,它普遍适用于一般纳税人。但是一些附加扣除,就构成了税收优惠,比如企业的研发支出,未形成无形资产的,可以按当年实际发生的研发支出加扣 50%,形成无形资产的,可以按无形资产价值的 150% 进行摊销。

5. 延期纳税

延期纳税是指延缓一定时期再缴纳税款的税收优惠措施,照顾纳税人的支付能力。延期纳税主要应用于这样几个方面:一是为了避免纳税人的税负畸重畸轻,允许其将应纳税额在若干年内平均交纳;二是为了照顾一些纳税人的暂时困难,可以允许其特别申请延缓纳税。

(二)节税的技术要点

在一般人的观念里,节税技术的关键就是按税法的要求选择有税收优惠的区域或行业进行投资就行了,似乎对于已经设立的目前业务无能为力。事实上,节税技术不仅可以用于新开设业务的税务筹划,而且对于现已存在的业务而言,也存在一定的筹划空间,其主要要点是:

1.“报备”及时,不得遗漏当前经营应得的优惠

仔细研究与本企业相关的税收优惠政策,看是否存在该获得而没有获得的税收优惠利益,一些税收优惠是需要通过申请、审批才可以获得的,如果不及时申请“报备”,一些该获得的税收优惠也不会自动到账。

2.根据目前业务,创造优惠途径

充分研究企业目前经营与税收优惠的关系,分析企业每一个业务环节存在税收优惠的可能性,尽量创造条件获得税收优惠。

例1-2:某企业在生产过程中产生大量废煤渣,污染严重,给当地农民的农业生产带来很大的负面影响,对此,该企业需要给当地农民每年补贴几十万元。

通过有关专家的筹划,如果企业将废煤渣生产砖,污染问题将得以解决。并且根据财政部、国家税务总局发布的《关于印发〈资源综合利用产品和劳务增值税优惠目录〉的通知》,用废煤渣生产砖的业务,每年销售收入的增值税可以获得应纳税额70%的退税。

3.盈余管理,拓展当前经营的优惠空间

如果在目前的经营中,企业可以获得一些税收优惠,那么,如何使自己的优惠空间更大?通常盈余管理是可以提供帮助的。盈余管理是指有目的地干预对外财务报告过程,以获取某些私人利益的“披露管理”。一般认为,盈余管理是一个中性的概念,它以遵循会计准则和有关法规为前提,它不同于利润操纵,后者往往涉嫌虚报隐匿、欺诈等违法行为。盈余管理可以帮助企业在会计准则和税法允许的最大范围内获得税收优惠的利益。比如,在企业享受减免税的优惠期间,通过盈余管理,可以推迟费用的发生或提前获得收益。而推迟费用的发生就有很多方法,比如:尽可能地减少折旧、摊销的额度,尽可能推迟一些费用的发生,能够资本化(包括长期待摊费用)的项目绝不计入当期费用,等等。

4.设法获得税收优惠的“资质”

有些税收优惠是针对特定“资质”的纳税人的,如果纳税人从事的业务需要特定“资质”才可以获得税收优惠,应该设法获得该项“资质”。比如“房地产开发企业”的资质,根据《中华人民共和国土地增值税暂行条例实施细则》的规定,专门从事房地产开发的纳税人,按照取得土地使用权的费用和开发成本两项之和附加扣除20%,而其他企业从事房地产开发的,则没有该项附加扣除。

例1-3:某企业开发商品楼一幢,取得收入15000万元,取得土地使用权的费用5000万元,开发成本2000万元,开发费用2000万元,相关税金900万元。

在没有开发资质的情况下:

扣除项目=5000+2000+2000+900=9900(万元)

增值额=15000-9900=5100(万元)

增值率=5100/9900=52%(万元)

土地增值税=5100×40%-9900×5%=1545(万元)

有开发资质的情况下:

扣除项目＝9900＋(5000＋2000)×20％＝11300(万元)

增值额＝15000－11300＝3700(万元)

增值率＝3700/11300＝33％

土地增值税＝3700×30％＝1110(万元)

节税＝1545－1110＝435(万元)

5.顺法投资,创造新的税收优惠条件

在企业需要进行新的投资安排时,选择具有税收优惠的区域或行业进行投资,是最常用的节税方法,我们将在投资的税务筹划一章进行详细阐述,在此不再展开。

(三)风险分析

从税务筹划的风险来看,首先,没有违法风险,因为节税筹划是顺法筹划,不存在触犯法律的任何风险。其次,也不存在财务风险,因为基本上不存在改变资本结构的可能性。但节税筹划存在比较大的经营风险,如果企业选择投资于高新技术等具有税收优惠的行业,其经营的不确定性会提高,风险加大,需要决策的是税收优惠的收益是否能够弥补风险;而如果企业选择西部等不发达地区投资,由于基础设施的落后,整体经济不够发达,企业投资的收益会降低,需要决策的是税收的优惠能否弥补投资的损失。具体的决策方法和案例,将在后面相关章节详细阐述。

二、避税技术

(一)避税技术的含义

狭义的避税是指利用税法的漏洞与空白,达到减轻税负的目的。基于狭义的避税含义,避税技术就是纳税人利用税法的漏洞与空白,争取不违法的合理权益,达到不交税、少交税或推延交税的目的。

许多人可能把漏洞与空白混为一谈,但从严格意义上而言,二者还是有所区别的。漏洞一般是指税法里有规定,但规定得不够完善,为纳税人留下了可以避税的空间,而空白则是指在税法规定中被忽略的内容。前者需要修改,后者则需要补充。

税法的不完善是客观存在的,因为面对纷纭繁杂而又不断变化的业务,要把税法制定得滴水不漏是不可能的,而税法的漏洞与空白,无论是在国内还是在国际上,都是征纳双方争夺的焦点。从征管方来看,堵塞漏洞、杜绝空白是其职责所在,从纳税人一方而言,寻找税法的漏洞与空白,是其利益所需,通过征纳双方的博弈,税法将会不断完善。

(二)避税技术的要点

税法的漏洞与空白,不仅存在于税法的立法环节,即税法本身存在的漏洞与空白,也可能存在于执法环节中,下面从这两个方面分别阐述。

1.利用税法的漏洞与空白

税法的漏洞与空白可能存在于许多方面,似乎没有一定的规律可循,但经过仔细分析却发现,税法的漏洞与空白也可以大致分为以下几个类别:

(1)流转税各环节衔接中的漏洞与空白。流转税是对商品流转额和非商品流转额课征的税,因此,在商品或非商品的流转环节中,各环节的衔接是十分重要的,而税法又很难做到万无一失。众所周知在流转税的征管中,主要依靠发票管理、凭票扣税来实现税收的环环相扣,彼此约束,但税法中又规定一些纳税人不是凭票扣税的,比如小规模纳税人等,这就使得整个征管链条存在漏洞。另外,有些流转税是单一环节征收的,如消费税,这就为征税环节与其下游的非征税环节之间的税收衔接留下漏洞,为税务筹划留下空间,下面举一个例子予以说明。

例1-4:某化妆品生产企业,生产的 A 种化妆品,市场价每瓶在 800~1000 元之间,平均价位在 900 元。该企业下设全资子公司负责对外销售。消费税税率 15%,生产企业和销售企业的增值税税率相同,所得税率也相同。

由于交易双方的增值税与所得税率相同,不存在税务筹划的空间,而消费税只是在生产环节一次课征,在流通领域不再征收,因此,降低消费税是筹划的关键。

如果生产企业以 800 元的价格销售给商家,与市场平均的 900 元比,每瓶降低税负:

$$100 \times 15\% = 15(元)$$

与最高价 1000 元比,每瓶降低税负:

$$200 \times 15\% = 30(元)$$

(2)资产与权益变换过程中的漏洞与空白。在我国目前的税法中,对资产交易的税收规范相对比较健全,而对权益交易中的税收规范相对比较落后,而且,对一些股权性投资也给予了较为宽松的税收环境。在实际生活中,资产与权益是可以变换的,纳税人想要卖掉一项资产,它可以先将资产作为投资获得股权,然后再把股权卖掉。比如税法规定将房地产转让到所投资、联营的企业中,暂时免征土地增值税,如果投资、联营企业再将上述房地产转让的,征收土地增值税。但房地产转让企业获得股权以后,再将股权转让,就不需要再缴纳土地增值税了。

例1-5:2018 年 6 月,甲企业与乙企业达成一项协议,将甲企业的一处房地产(2013 年购入的)转让给乙企业。房地产的账面价值 5500 万元,假定土地增值税的扣除项目金额为 6000万元(价值重估后根据其成新度确定),公允价值 10000 万元。增值税 5%(2016 年 5 月 1 日前购入的房子,选择按简易方法计算),增值税的附加税假定合计为 10%,契税 3%,印花税0.05‰,所得税 25%。上述价格均为不含增值税的价格。

税务筹划:销售与投资的选择,可以看到资产与权益的变换对税收的影响。

方案 1:销售方案应纳税金。

需要特别强调的是,在税务筹划中,如果筹划方案影响交易双方的税收变化,需要考虑双方的应纳税,即计算该笔交易全部的纳税影响。

①增值税=(10000-5500)×5%=225(万元)

增值税的附加税费=225×10%=22.5(万元)

②印花税(双方)=10000×0.5‰×2=10(万元)

③土地增值税

增值率=4000/6000=66.66%

应纳税金=4000×40%-6000×5%=1300(万元)

④契税=10000×3%=300(万元)

⑤转让方所得税=(10000-5500-22.5-10-1300-300)×25%

　　　　　　=2867.5×25%=716.88(万元)

合计=22.5+10+1300+300+716.88=2349.38(万元)

增值税没有计入合计数,是因为一方的销项税,是另一方的进项税,抵消以后,合计为 0。

方案 2:投资方案应纳税。

甲以房地产投资于乙,然后将股权转让给乙的控股股东,价值 10000 万元。

①增值税及其附加,对外投资视同销售:

增值税＝(10000－5500)×5％＝225(万元)

增值税的附加税费＝225×10％＝22.5(万元)

②投资印花税＝10000×0.5‰×2＝10(万元)

股权转让印花税＝10000×0.5‰×2＝10(万元)

③土地增值税,投资时不征,被投资企业再转让房地产时征收。本例中,被投资企业是需要购房的一方,不存在再转让的问题,因此其应纳土地增值税为0。

④契税＝10000×3％＝300(万元)

⑤所得税,对外投资视同销售:

应纳所得税＝(10000－5500－22.5－10－10－300)×25％

　　　　　＝4157.5×25％＝1039.38(万元)

合计＝22.5＋10＋10＋300＋1039.38＝1381.88(万元)

减少纳税:2349.38－1381.88＝967.5(万元)

增值税没有计入合计数,理由同前。另外,在两个方案中都没有考虑折旧,因为购入房地产的折旧是一样的,是两个方案的相同因素,可以不考虑。

(3)对纳税人归属地判断方面的漏洞与空白。我国是一个泱泱大国,有13多亿人口和无数的机构,那么,一个纳税人应该归属于哪个税务机关来管,在税法的规定中,就不可能不存在漏洞。比如增值税,对固定业户和非固定业户的纳税地点进行了规范,但固定与非固定的标准是什么,由谁来判断,机构所在地是依据注册地、经营地或管理中心等都不够明确,而像这样的问题各个税种中都可能存在。这就可能使一些纳税人游离于税务机关的管理之外。

(4)新兴业务的漏洞与空白。一些新兴业务,税法还来不及制定相应的法规约束,这些超前的业务往往会存在较大的税法空白。

2.利用执法的漏洞与空白

执法的漏洞与空白,不仅取决于税收管理的手段,而且取决于税务机关之间的协调。税收管理手段的有效与否,涉及对税源的控制是否有效。比如在一些发达国家,对每个公民的收入情况可以了如指掌,而在我国还不可能。又比如,我国对出口退税的管理,侧重于票据的齐全,即只要能够获得税务部门规定的相关凭证,就可以退税,而无法根据真实的业务进行管理,这为税收的执法带来很大的漏洞。而随着计算机技术以及网络技术的发展,管理手段会越来越先进,比如过去增值税专用发票常常被虚开,而现在通过金税工程,发票需要通过验证、确认或比对方可抵扣,这在管理手段上极大地堵塞了漏洞。

(三)风险分析

避税尽管是针对税法的漏洞与空白,但极易触犯法律,如果避税的度把握得不好,很容易变成违法行为,比如:利用买方无法扣税不要发票的漏洞,销售不入账,利用出口退税的管理漏洞,弄虚作假获得退税凭证等,都不属于避税的范畴,而是违法行为。从避税的违法风险来看,利用执法的漏洞与空白比利用税法本身的漏洞与空白的风险高很多,因为执法的漏洞与空白,是对现有法规规定的无视,是执法的不严格,其本身就意味着违法。而避税技术,一般不涉及改变目前经营和财务,因此,不会带来额外的经营风险与财务风险。

三、转让定价技术

(一)转让定价技术的含义

转让定价是指两个或两个以上有经济利益关联的经济实体之间,各方为了均摊利润或转移利润,在商品或非商品(如劳务或资金)的交易过程中,采用内部价格进行转让,而不采用市场竞争价格进行交易。

众所周知,商品或非商品价格上的任何变化都会导致税负的变化,因此,从税务筹划的意义上而言,转让定价技术就是通过制定内部转让价格,实现收入从高税负的一方流向低税负的一方,从而实现关联方整体税负最小化,整体利益最大化。

(二)转让定价的技术要点

可以从企业层面(关联方)和业务层面两个基本方面进行阐述。

1.可以实现转让定价的关联方

转让定价法,是税务筹划最基本、最常用的手法,主要适用于集团公司。因为一个集团公司是由多个子公司、分公司组成的,各个组成部分可能存在较大的税负差异,而彼此之间又有较多的经济关联,因此,转让定价法在集团公司的税务筹划中具有比较大的空间。

为了实现转让定价的税务筹划目标,可以利用集团公司内部现有的高税企业与低税企业之间的关联交易,即简单关联交易,如果现存的关联交易无法实现税务筹划的目标,可以试图扩展关联交易,甚至在低税区设立"基地企业",下面分别阐述。

(1)简单关联交易。如果在目前的集团公司内部,存在有经济联系的两个企业甲和乙,假定甲企业适用的税率(流转税、所得税等)高于乙企业,低税率的乙企业与高税率的甲企业之间的交易,应该基于低进高出的原则,把利润尽可能地转移到乙企业。也就是说,如果乙企业向甲企业进货应该采用低价策略,反之,如果乙企业向甲企业出售应该采用高价策略。基本模型如图1-2所示。

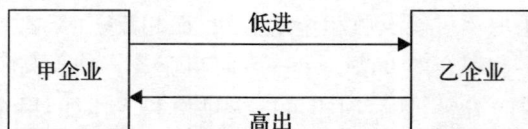

图1-2　简单关联交易中的转让定价

(2)扩展关联交易。如果高税负的甲企业和低税负的乙企业之间存在交易,但二者不属于一个利益集团,二者之间不是关联方,在税务筹划时,简单的关联方交易就无法实施。在这种情况下就需要寻找在集团公司内部是否存在一个低税率的丙企业,并且能够作为甲乙之间交易的"中介"。如果存在这样一个丙企业,那么,通过扩展的关联交易也可以实现转让定价的税务筹划。具体做法是:丙企业作为中介,采取低进高出的办法与甲企业进行交易,把利润转入丙企业,然后丙企业再与乙企业之间按市价进行交易。基本模型如图1-3所示。

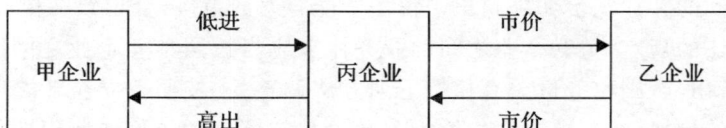

图1-3　扩展关联交易中的转让定价

（3）建立"基地"公司。如果在集团公司内部不存在上述的低税率并且能够作为甲乙之间交易"中介"的丙企业，那么，就需要在低税区（如避税地）设立一个"基地"企业。这种所谓的"基地"企业，往往并不从事真正的经营活动，只是一个"壳"，通过开发票、控股、调度资金等方法，把利润流入到该企业。本书将在国际业务税务筹划一章详细阐述该项内容。建立"基地"企业的转让定价筹划方法，其基本模型见图1-4。

图1-4　建立"基地"企业的转让定价

2.可以实现转让定价的具体业务

可以实现转让定价的业务很多，主要包括：

（1）商品或商品以外其他资产的交易。商品或商品以外其他资产的交易，可以是企业之间的产成品、原材料、零部件、半成品、机械设备、无形资产等各种物品的交易活动。在税务筹划中，通过前述的关联方之间的转让定价策略，即采用低税企业低进高出的办法，实现收入或利润从高税企业流向低税企业。

（2）提供劳务。关联企业之间相互提供劳务，也可以通过转让定价策略，实现利润从高税企业流向低税企业。比如：甲企业税率高于乙企业，如果甲企业为乙企业提供劳务，应该采取尽可能少收劳务费的办法；而相反，如果乙企业为甲企业提供劳务，则应该采取尽可能多收劳务费的办法。

（3）租赁。关联方之间的固定资产租赁，也可以通过转让定价策略实现税务筹划。租赁方面的转让定价策略又可以分为两个层次：①正常租赁业务。即关联企业之间本身存在租赁的需要，通过自定租金的办法来实现利润的转移。比如：甲企业税率高于乙企业，如果甲企业向乙企业租赁房屋或设备，应该采取尽可能少收租金的办法；而相反，如果乙企业向甲企业租赁房屋或设备，则应该采取尽可能多收租金的办法。②售后回租业务。如果高税率的甲企业与低税率的乙企业之间并不存在租赁的需要，售后回租可以提供便利。比如，甲企业可以将自己使用的设备以较低的价格卖给乙企业，再利用较高的租金租回，从而实现利润向乙企业的转移。

（4）资金往来。在关联企业之间，资金往来同样可以通过转让定价来实现税务筹划的目标。比如：甲企业的税率高于乙企业，如果甲企业为乙企业提供资金，应该采取尽可能少收利息的办法；而相反，如果乙企业为甲企业提供资金，则应该采取尽可能多收利息的办法。另外关联方之间通过交易形成的应收应付等资金往来，也被税务筹划广泛应用。

（三）风险分析

转让定价可能带来的风险涉及法律、经营和财务。

1.法律风险

关联企业之间的转让定价如果超出了税法所能容忍的范围，会招致纳税调整，从而使税务筹划无效。按税法的规定，关联企业之间的业务往来应当按照独立企业之间的业务往来收取或者支付价款、费用，否则税务机关有权按下列方法调整：①按照独立企业之间进行的相同或者类似业务活动的价格；②按照再销售给无关联关系的第三者的价格所应取得的收入和利润水平；③按照成本加合理的费用和利润；④其他合理方法。从上述规定可以看出，税法的规定是基于市场原则,但市场价格在不同时间、地域、交易对象之间不可能一成不变,只要商品的价格在一个相对合理的区域内,招致调整的可能性很小。

2.经营风险

关联企业之间的转让定价,并不会改变企业的经营业务,似乎并不会招致经营方面的风险,但由于为了集团整体的利益,在转让定价时,需要将高税企业的收入或利润转向低税企业,如果内部激励措施不能平衡各方利益,从而会挫伤高税企业的积极性,从而带来经营方面的负面影响。

3.财务风险

关联企业之间如果立足于资金往来方面的税务筹划,通过转让定价实现关联方整体的低税负,可能会招致资金出让的一方出现支付困难,从而招致财务风险。

四、"分劈"技术

(一)"分劈"技术的含义

"分劈"是指把一个纳税人的应税收入、所得或财产分成两个或两个以上纳税人的应税收入、所得或财产的行为。

税务筹划的"分劈"技术,就是在遵循税法的条件下,通过"分劈"应税收入、所得或财产,达到减轻税负的目的。

(二)"分劈"的技术要点

在税务筹划中,"分劈"的对象是税基,而通过分劈,可以使税基适用的税率降低。

从企业所得税来看,根据企业年所得额的不同,分为一般税率25%和小微企业20%。从流转税来看,增值税小规模纳税人采用3%的征收率,不扣除任何外购已纳增值税,而一般纳税人以增值额为计税依据,根据行业的不同,分别按16%、10%和6%的税率征税。如果一般纳税人的税负高于3%的征收率,通过"分劈"技术,可以把一个一般纳税人变成两个或两个以上的小规模纳税人,从而降低税负。

例1-6:一个修理部,年收入1200万元,增值税扣除项目金额300万元,应税所得180万元。假定企业进销的增值税税率均为13%,所得税税率25%。

作为一个纳税人,年应纳税:

增值税=(1200-300)×13%=117(万元)

所得税=180×25%=45(万元)

合计=117+45=162(万元)

税务筹划:分劈为两个纳税人,假定平均分配收入和利润。

增值税作为小规模纳税人,企业所得税,假定符合小微企业的税收优惠条件,按20%的税率,再减半征收。其依据是财政部发布的《关于进一步扩大小型微利企业所得税优惠政策范围的通知》,自2018年1月1日至2020年12月31日,将小型微利企业的年应纳税所得额上限由50万元提高至100万元,对年应纳税所得额低于100万元(含100万元)的小型微利企业,其所得减按50%计入应纳税所得额,按20%的税率缴纳企业所得税。

分劈成两个纳税人以后:

应纳增值税=(600+600)×3%=36(万元)

所得税=(90+90)×50%×20%=18(万元)

合计＝36＋18＝54（万元）

减少纳税＝162－54＝108（万元）

（三）风险分析

"分劈"技术带来的风险主要表现在经营风险，一般不存在违法风险和财务风险。其经营风险表现在：如果将一个一般纳税人分劈成两个或多个小规模纳税人，而由于小规模纳税人不能直接开增值税专用发票，可能会给其经营带来影响。

五、分类技术

（一）分类技术的含义

如果一项收入或资产，可以归入的类别并不十分清晰，在税务筹划时，在不违反有关法规的情况下，可以将其归入税负较轻或可以推延纳税的类别。

（二）分类技术的要点

在税务筹划中，分类技术可以用于适用不同税种的收入，也可以用于适用不同扣除项目的资产，分述如下：

1. 收入的适当分类

在目前我国的流转税中，"营改增"以后，对商品流转额和非商品流转额都征收增值税，但不同类别的收入适用的税率差别很大，比如货物销售按 13％ 的税率，技术服务按 6％ 的税率，而建筑业、房地产等销售按 9％ 的税率。在实际征税的过程中，一些业务是无法截然分清的，那么，在税务筹划时，适当应用分类技术，可以减轻税负。

2. 购进资产的适当分类

购进资产的分类，不仅会影响增值税的进项扣除，而且会影响所得税的折旧与摊销时间，从而影响企业的税收负担。

例 1－7：企业购买设备 100 万元，设备的附属件、零配件 30 万元，假定都是无税价格。

方案 1：如果设备的附属件、零配件一并作为固定资产入账。

方案 2：如果将附属件、零配件作为低值易耗品购进，单独入账。

在增值税转型改革和营改增以后，方案 1 和方案 2 对增值税的影响已经没有了，二者没有差别。

但方案 2 与方案 1 比，30 万元的低值易耗品可以尽快计入成本，获得推延纳税的好处，因此，方案 2 为优。

（三）风险分析

分类技术通过对收入或资产进行合理分类，从而获得减轻税负或扩大扣除的利益，几乎不存在风险。首先，分类技术是将具有不同归类方法的收入或资产，合理分类，需要遵循税法和会计准则的规定；其次，分类技术不改变企业的经营方式，因此，不会带来经营风险；最后，分类技术不涉及任何融资结构的改变，也不会增加财务风险。

六、"延期"技术

（一）"延期"技术的含义

"延期"是指延期纳税，它包括推迟收入的实现，提前获得各项税前扣除。"延期"技术就是通过税务筹划，尽可能推迟收入的纳税时间，提前获得税前扣除的时间。延期纳税可能并不会减少应纳税额，但延期纳税可以获得资金的时间价值，提高企业价值。

(二)"延期"技术的要点

如前所述,"延期"包括了收入和税前扣除两个方面的内容,下面分别阐述其筹划的要点。

1.加强销售的合同管理,推延收入的实现时间

在收入的确认方面,会计采用实质重于形式的原则,比如关于商品销售收入的确认,会计准则规定需要满足以下四个条件:已将商品所有权上的主要风险和报酬转移给购买方;既没有保留与所有权相联系的继续管理权,也没有对已售出商品实施控制;与交易有关的经济利益能够流入企业;相关的成本和收益能够计量。而税法则是按不同结算方式确定纳税行为发生的时间。比如:采取直接收款销售的,以取得货款或取得了索要货款的凭证;采取赊销或分期收款方式销售的,按合同约定的收款日期;委托其他纳税人代销货物,以收到代销单位销售代销清单的当天;等等。

可见,加强合同管理是推延实现收入的有效途径,赊销或代销合同,都可以实现推延收入的目的。

例1-8: 某企业2018年7月20日签订销售合同,当月26日发货,但货款2019年6月30日才能够收到。

如果该企业在签订合同时没有明确是赊销,会计上记应收账款和营业收入,企业当月就应该纳税。

但如果合同签订为"赊销",就可延期到2019年6月30日纳税,当然销售发票也需要延期到收款时开具。否则在销售时就开具了增值税发票的,在开具发票时就需要缴纳增值税。

2.做好采购规划,提前获得进项扣除

增值税的进项扣除是企业最重要的税前扣除,而我国增值税采用的又是最利于税务筹划的"购进扣税法",因此,在企业预期销项大于进项较多时,可以采用提前一些时间购进的办法,获得提前扣税的利益。

3.采用盈余管理,加快成本费用的实现

不管是存货、低值易耗品还是固定资产,甚至是一般的期间费用(销售费用、财务费用和管理费用),在会计处理上都有一定的可选择空间,在正常经营的条件下(即没有获得减免税优惠的时期),企业应该尽可能选择加快成本费用实现的策略,推延纳税的时间。

(三)风险分析

延期技术可以获得推延纳税的利益,其风险来自违法风险和经营风险。违法风险在于,有些纳税人本应该记入当期的收入不记当期,推迟入账,造成违法。在这里需要特别强调的是,延期技术的应用是事先的规划和安排,在签订合同时,已做好了税务筹划,不是等到当收入不能按时收回时再想办法推延记账,那已是舞弊行为。"延期"技术带来的经营风险主要在于代销方面,在委托代销的方式下,往往产品销售的风险无法转移到代销方,如果代销方不是自己的关联企业或不属于同一个集团公司时,需要慎用。

思考与练习

1.为什么要以企业价值最大化作为税务筹划的目标?

2.如何理解税务筹划的守法原则?

3.如何理解税务筹划风险与收益对等的原则?

4.税务筹划方案评价中的相关性是什么?如何应用?

第二章　销售的税务筹划

销售的实现是企业盈利的重要环节,销售收入的大小不仅关系到当期流转税的多少,也关系到当期所得税的多少,是影响企业税收负担的一个主要因素。在"营改增"以后,在企业的销售环节,税收对收入(不包括所得)的调节,除普遍征收增值税以外,还利用三个税种实现特别调节,即消费税、土地增值税和资源税,它们分别对货物销售、不动产销售和自然资源销售进行特别调节。本章介绍企业销售的税务筹划,主要涉及对销售收入普遍课征的增值税,以及特别调节的消费税、土地增值税和资源税。至于所得税,收入的实现时间、价格等都会对其有所影响,因此在销售的税务筹划中会涉及所得税,但税务筹划的设计方案并不专门针对所得税。

第一节　销售时纳税人身份的税务筹划

"营改增"以后,在销售环节普遍课征增值税,而企业是以小规模纳税人的身份,还是以一般纳税人的身份进行销售,不仅关系到销售方的计税方法、销售价格,也关系到购进方的进项税额、购进价格。因此,税务筹划的第一步,就是要对增值税纳税人的身份进行选择。

一、税制要点

由于我国将增值税的纳税人分为一般纳税人和小规模纳税人,二者在增值税的征收管理方面存在比较大的差异。下面介绍二者的区分标准、计税方法和税率与征收率的不同。

(一)区分标准

根据《财政部 税务总局关于统一增值税小规模纳税人标准的通知》(财税〔2018〕33号)规定,自2018年5月1日起,增值税小规模纳税人标准为年应征增值税销售额500万元及以下,不再区分不同行业。如果年应税销售额未达到一般纳税人标准,但会计核算健全,能够提供准确税务资料的,也可以申请成为一般纳税人。

(二)计税方法

小规模纳税人销售货物或者提供应税劳务,按照销售额和增值税条例规定的征收率计算应纳税额,不得抵扣进项税额,不享受出口退税的优惠,也不得使用增值税专用发票。

小规模纳税人应纳税额的计算公式是:

$$应纳税额=销售额\times征收率 \tag{2-1}$$

而一般纳税人按增值税税率计算销项税额,可以抵扣进项税额,享受出口退税的税收优惠,可以使用增值税专用发票。

一般纳税人应纳税额的计算公式:

$$应纳税额=销售收入\times税率-外购扣除项目金额\times税率 \tag{2-2}$$

3.税率与征收率

影响二者税负的,除了计税方法,关键在于征收率与税率的不同,如表2-1所示。

表 2-1 小规模纳税人的征收率与一般纳税人的增值税率比较

行业	征收率(%)	增值税税率(%)	备注
销售或进口货物	3	13	低税率 9% *
交通运输业	3	9	
建筑业	3	9	
金融保险业	3	6	
邮电通信业	3	9	增值电信服务 6%
文化体育业	3	6	
娱乐业	3	6	
服务业	3	6	
转让无形资产	3	6	
销售不动产	5	9	含土地使用权
免税农产品	—	9	购进免税农产品的扣除率
出租货物	3	13	
出租不动产	5	9	含土地使用权

说明：* 适用低税率的货物：①粮食、食用植物油；②自来水、暖气、冷水、热水、煤气、石油液化气、天然气、沼气、居民用煤炭制品；③图书、报纸、杂志；④饲料、化肥、农药、农机、农膜；⑤农业产品；⑥金属矿采选产品；⑦非金属矿采选产品；⑧音像制品和电子出版物；⑨二甲醚；⑩国务院规定的其他货物。

二、税务筹划设计

(一)小规模纳税人与一般纳税人的税负平衡点

作为一般纳税人，其税负的高低取决于进项扣除项目金额占销售收入的百分比，该比例越高税负越轻。增值税一般纳税人与小规模纳税人税负的均衡点，用通用公式表示为：

$$\frac{y}{1+t_1} \times t_1 - \frac{x}{1+t_2} \times t_2 = \frac{y}{1+a} \times a \qquad (2-3)$$

式中：y 为含税销售收入(简称销项)；x 为含税购进扣除项目金额(简称进项)；a 为征收率；t_1 和 t_2 分别为销项和进项的适用税率。

例 2-1：假定作为一般纳税人销项和进项的适用税率都是 13%，作为小规模纳税人的征收率为 3%。

根据模型(2-3)：

$$\frac{y}{1+13\%} \times 13\% - \frac{x}{1+13\%} \times 13\% = \frac{y}{1+3\%} \times 3\%$$

$$\frac{x}{y} = 75\%$$

也就是说，如果一般纳税人的进项占销项的百分比低于 75%，则其税负就会高于小规模纳税人的，这种关系进一步用图 2-1 来表示。

其余适用不同税率或征收率的纳税人，都可以按模型(2-3)的公式，套进数据计算 x/y

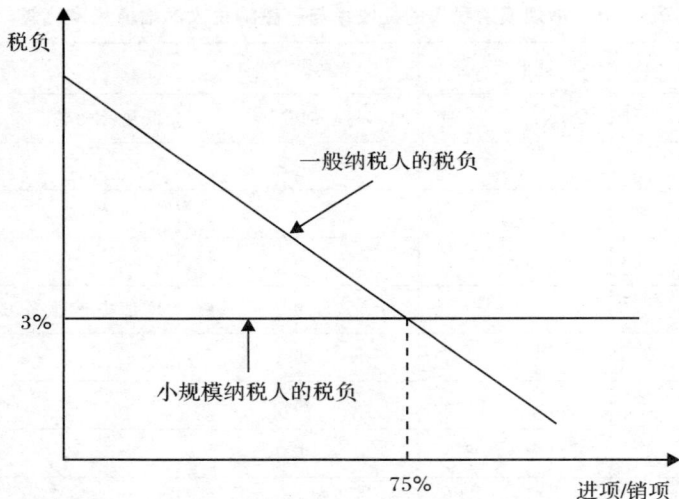

图 2-1　一般纳税人与小规模纳税人的税负关系

的比例,然后比较增值税小规模纳税人与一般纳税人的税负。

　　另外,如果按小规模纳税人销售,购买方无法获得足够的进项税额进行抵扣,往往会要求降低价格销售,那么公式(2-3)右边的 y 值就需要打一个折扣,比如按 $0.85y$ 计算,这样更符合实际。

　　从上述分析可见,如果企业的毛利率较低(即增值额较低),而销售对象又主要是增值税一般纳税人(需要专用发票),选择作为一般纳税人肯定为优;而如果企业的毛利率较高,销售对象以个人为主,选择作为小规模纳税人肯定为优。总之,企业需要综合考虑毛利率和销售对象的影响,权衡利润的高低,做出选择。

　　(二)小规模纳税人销售的价格折扣

　　一般而言,买方如果从一般纳税人购入货物,取得专用发票,可以扣税 16%、10% 或 6%,而如果从小规模纳税人购入货物,经税务机关开票,只可以扣税 3% 或 5%。不同的扣税额度,会影响到购买方的税负,因此,只有当小规模纳税人产品的价格低于一般纳税人产品的价格时,小规模纳税人的销售才可能有竞争力。那么,产品价格到底打几折,作为小规模纳税人与一般纳税人的税后利润才是相当的?下面先用一个案例进行计算说明,然后再上升到一般公式。

　　例 2-2:如果企业作为一般纳税人,其采购货物的含税价格为 113 元,增值税税率为 13%;假定产品的含税售价为 226 元,增值税税率也为 13%。如果作为小规模纳税人,假定其征收率为 3%。另外假定城建税及教育费附加为 12%,所得税税率为 25%。作为一般纳税人和作为小规模纳税人税后利润相同时,产品折扣 R 为多少?

$$\left[226-113-\left(\frac{226\times13\%}{1+13\%}-\frac{113\times13\%}{1+13\%}\right)\times(1+12\%)\right]\times(1-25\%)$$

$$=\left[226R-113-\left(\frac{226R}{1+3\%}\times3\%\right)\times(1+12\%)\right]\times(1-25\%)$$

$$R=96.71\%$$

　　计算说明:为了完整地反映增值税的影响,式中采用含税价计算利润,但与无税价计算利润的额度一致。如果按含税价计算利润,增值税构成收入,也构成成本;如果按无税价计算利润,增值税不构成收入,也不构成成本。在本例中,按含税价计算的税前利润为 $226-113-13\times(1+12\%)=98.44$(元),按无税价计算的税前利润为 $200-100-13\times12\%=98.44$(元)。

现在上升到一般的情形。设购货的含税进价为 P,增值税销项和进项的税率分别为 T_1 和 T_2(企业购进扣除项目不止一类时,扣除率应该是加权平均值),作为一般纳税人,含税售价为 S,作为小规模纳税人其售价相当于一般纳税人售价的比例为 R,征收率为 a,企业所得税率为 T。则当二者的税后净利润相等时有:

$$[S-P-(\frac{S\times T_1}{1+T_1}-\frac{P\times T_2}{1+T_2})\times(1+12\%)]\times(1-T)$$
$$=[SR-P-(\frac{S\times R\times a}{1+a})(1+12\%)]\times(1-T) \qquad (2-4)$$

代入各纳税人的具体数据,求出 R,就是作为小规模纳税人时其产品的售价比作为一般纳税人时产品售价应打的折扣。计算的这个折扣 R 是从销售方的角度而言希望达到的价格水平,但销售与购买是交易的双方,将来在采购的税务筹划中,还会介绍购买方希望的折扣,二者并不一致,需要双方协商、谈判。

(三)小规模纳税人与一般纳税人身份转换的税务筹划

本部分需要进一步讨论的问题是,小规模纳税人和一般纳税人相互转换的时候,如何进行税务筹划。

1. 一般纳税人转换为小规模纳税人的税务筹划

根据以往的税制规定,作为一般纳税人的企业不太可能再转换为小规模纳税人。然而,2018 年 5 月 1 日,税制有了很大的变化,使得很多一般纳税人可能转换为小规模纳税人。

根据《财政部 税务总局关于统一增值税小规模纳税人标准的通知》(财税〔2018〕33 号)规定,从 2018 年 5 月 1 日起,增值税小规模纳税人标准为年应征增值税销售额 500 万元及以下。而且对于已登记为增值税一般纳税人的单位和个人,在 2018 年 12 月 31 日前,也可转登记为小规模纳税人。

而在 2018 年 5 月 1 日以前,小规模纳税人的标准是工业企业 50 万元,商业企业 80 万元,服务业 500 万元。因此,服务业不存在选择的问题,而工业企业和商业企业的销售额如果超过过去 50 万元或 80 万元的标准,而低于 500 万元的标准时,可以选择转换为小规模纳税人。

一般纳税人要不要转换为小规模纳税人,前面的计算分析已经给出了答案,就是要综合考虑毛利率和销售对象的影响,权衡利润的高低。这里的问题是,如果企业决定要从一般纳税人转换为小规模纳税人,如何做好转换环节的税务筹划,其实,关键是留抵税额的处理问题。

例 2-3: A 企业是一个商贸企业,每年销售额不足 500 万元,销售对象也主要是个人消费者,在 2018 年 5 月 1 日之前是增值税一般纳税人。2018 年 5 月 1 日以后,企业决定转换为小规模纳税人,但账面的留抵税额有 20 多万元。

按税法规定,企业需要将留抵税额进行进项转出处理,也就是说,作为企业自己承担的成本处理,不能抵扣,不能退回。

于是咨询税务筹划专家,专家建议有二:一是进行销售退回处理,将进项税额进行冲减,在转化为小规模纳税人之后,再按普通发票购进,也许有价格方面的优惠;二是尽快实现销售,让进项税额与销项税额抵消完成之后再申请转换为小规模纳税人。

由于其他各种原因,需要从一般纳税人转换为小规模纳税人的,上述方法是通用的。

2. 小规模纳税人转换为一般纳税人的税务筹划

小规模纳税人转换为一般纳税人是企业发展的必由之路。当企业发展壮大,会计核算逐步健全之后,小规模纳税人申请成为一般纳税人是必然的。当然,有些类型的企业,作为小规模纳税人也可能很有优势,比如增值率较高,销售对象是个人的企业。此时,企业在发展过程中,可以不断"分劈"或另外设立小规模企业。但有些企业由于销售对象是一般纳税人,受发票管理的限制,使得一些企业十分希望成为一般纳税人。

当小规模纳税人申请成为一般纳税人的时候,其实,关键也是扣除项目金额的处理问题。

例 2 - 4:B 企业原本是一个小规模纳税人,企业今年发展较好,在销售规模和会计核算方面都已经达到一般纳税人的要求。企业于是向税务部门提出申请,希望成为一般纳税人。但提出申请以后,企业不可能停止经营,买卖仍然在继续进行。在申请提出之后,等待了两个月,终于被批准为一般纳税人了。但企业还存在比较多的库存未被利用,而这些库存的商品不可能有进项税额。

税务筹划专家建议,最好退货以后再买进,重新获得进项税额。

三、风险分析

如果纳税人选择作为一般纳税人,则会受到比较严格的税收监管,与小规模纳税人相比,其违法风险较高。而如果纳税人选择作为小规模纳税人,则会面临一定的经营风险,因为不能开具增值税专用发票,一些一般纳税人可能无法与其达成交易,因此,会丧失一些潜在的客户。

第二节　销售时计税方法的税务筹划

根据《财政部 国家税务总局关于全面推开营业税改征增值税试点的通知》(财税〔2016〕36号)、《财政部 国家税务总局关于进一步明确全面推开营改增试点金融业有关政策的通知》(财税〔2016〕46 号)以及其他相关规定,一般纳税人发生的特定应税行为和特定货物销售,可选择简易计税方法,一经选择,36 个月内不得变更。因为涉及的业务范围较多,而税务筹划的方法又基本相同,因此,我们先以不动产销售和建筑服务业为例进行详细阐述,而后对其他业务进行概括说明。

一、不动产销售或出租计税方法的税务筹划

(一)税制要点

不动产由于使用周期比较长,对于在"营改增"之前已经购置的不动产,在"营改增"之后如果销售的话,则存在销项税额无法与进项税额抵扣的问题,因此,税法规定销售不动产的一般纳税人,可以在一般计税方法与简易计税方法之间选择。

这里需要事先说明的是,小规模纳税人销售或出租不动产,无论是老项目(2016 年 4 月 30日之前购置的,下同)还是新项目(2016 年 4 月 30 日之后购置的,下同)都以 5% 的征收率按简易方法征收,没有选择权。简易计税方法的计算公式为:

$$销售额 = 全部价款和价外费用 \div (1 + 5\%)$$
$$应纳增值税 = 销售额 \times 5\%$$

(2 - 5)

而一般纳税人销售或出租不动产,增值税的具体规定如下:

(1)一般纳税人销售或出租的不动产,新项目按9%的增值税率并按一般方法计税。一般计税方法的计算公式:

销售额=(全部价款和价外费用-当期允许扣除的土地价款)÷(1+9%)

应纳增值税=销售额×9%-进项税额　　　　　　　　　　　(2-6)

(2)一般纳税人销售或出租的不动产,老项目可以选择按一般方法计税,也可以选择按简易方法计税,计算公式同前,不再赘述。

(二)税务筹划设计

小规模纳税人以及一般纳税人销售新项目不存在计税方法的选择问题,需要讨论的问题主要是一般纳税人的老项目如何进行税务筹划的问题。我们通过一个例题来计算分析。

例2-5:华远公司有一个房地产项目,在2014年就开始开发,到2019年5月才取得预售证,开始销售这个项目的房子。该项目预计销售收入10亿元(含税),相关土地价款2亿元,财务的账上没有相关的进项税额。增值税的纳税方案有二:

方案1:简易计税方法。

销售额=10÷(1+5%)=9.5238(亿元)

应纳增值税=9.5238×5%=0.4762(亿元)

方案2:一般计税方法。

销售额=(全部价款和价外费用-当期允许扣除的土地价款)÷(1+9%)

　　　=(10-2)÷(1+9%)=7.3394(亿元)

应纳增值税=7.3394×9%-0=0.6605(亿元)

一般计税方法比简易计税方法多纳税0.1843亿元,即1843万元。

(三)风险分析

由于简易计税方法征收率只有5%,低于增值税税率9%,在扣除项目较低时,肯定简易计税方法为优。但是如果企业的土地成本较高,或项目在2016年4月30日之前签订的,而业务可能在2016年4月30日之后才发生,存在进项税额的可能,此时需要权衡两种方法的平衡点,不能盲目决定采用简易计税方法,否则会带来多缴税的风险。下面介绍不动产销售增值税两种计税方法平衡点的计算。

为了计算的方便,设y为含税销售收入(未扣除土地成本),由于不动产购进的扣除项目涉及的税率可能有13%的、9%的、6%的以及0(即不能扣税),太复杂,因此假定预计进项税额为x。另外,土地成本本来是作为销售收入的减项从销项税额中直接扣减的,其经济含义相当于进项税额,因此,在平衡点的计算中,把它当作进项税额的一部分。有税负平衡点为:

$$\frac{y}{1+9\%}\times9\%-x=\frac{y}{1+5\%}\times5\%$$

$$\frac{x}{y}=3.5\%$$

平衡点取决于进项税额(含土地成本乘以税率)占销售收入(未扣除土地成本)的比例(即x/y),如果x/y的比例大于3.5%,则采用一般计税方法为优,否则采用简易计税方法为优。

二、建筑服务业计税方法的税务筹划

(一)税制要点

根据《营业税改征增值税试点有关事项的规定》的规定,一般纳税人提供的建筑服务,可以选择适用增值税简易计税方法计税的情形有三种:为建筑工程老项目提供的建筑服务、为甲供工程提供的建筑服务和以清包工方式提供的建筑服务。

1.清包工

清包工,是指建筑施工企业不采购建筑工程所需的材料或只采购辅助材料,并收取人工费、管理费等的建筑服务,是民间常说的"包工不包料"的一种形式。

根据"营改增"的相关规定,一般纳税人以清包工方式提供的建筑服务,可以选择适用简易计税方法计税。这就意味着建筑服务业在2016年5月1日后在增值税计税方法的选择上,既可以按一般计税方法计税,也可以按简易计税方法计税。如果清包工的建筑服务项目选择适用简易计税方法,则该项目进项税额不可以抵扣;如果选择一般计税方法计税,则相应的进项税额可以抵扣。

2.甲供工程

一般合同的签约涉及双方,分为甲方与乙方,建筑施工合同的甲方就是工程的发包方,乙方就是施工方或工程承包方。甲供工程,就是甲方提供主要材料,即大宗材料,包括水泥、钢筋、木材、陶瓷、燃料油等,乙方只提供一些辅助材料,并收取人工费、管理费等。其实质也属于"包工不包料"的形式。根据"营改增"的相关规定,一般纳税人为甲供工程提供的建筑服务,可以选择适用简易计税方法(3%)计税。与清包工类似,意味着建筑服务业在2016年5月1日后在增值税计税方法的选择上,既可以按一般计税方法计税,也可以按简易计税方法计税。如果建筑服务企业的甲供工程选择适用简易计税方法,则该项目进项税额不可以抵扣;如果选择一般计税方法计税,则相应的进项税额可以抵扣。

另外,根据《财政部 税务总局关于建筑服务等营改增试点政策的通知》(财税〔2017〕58号)规定,建筑工程总承包单位为房屋建筑的地基与基础、主体结构提供工程服务,建设单位自行采购全部或部分钢材、混凝土、砌体材料、预制构件的,适用简易计税方法计税,即没有选择权,只能按简易计税方法计税。

(二)税务筹划设计

作为一般纳税人的建筑施工企业,在承担清包工项目或甲供工程时(老项目类似),需要在简易计税方法和一般计税方法之间进行权衡。从税务筹划的方法来看,一般是先计算两个方法的税负平衡点,根据税负平衡点的条件再做决策。税负平衡点的计算方法如下:

设工程项目的含税总价为 y,与前面的计算方法类似,因为进项扣除项目涉及的税率有13%、9%以及6%或3%等,太复杂,假定施工方根据其可能提供的辅助材料的情况,预计进项税额为 x。因此,有税负平衡公式为:

$$\frac{y}{1+9\%} \times 9\% - x = \frac{y}{1+3\%} \times 3\%$$

$$\frac{x}{y} = 5.34\%$$

平衡点取决于进项税额占销售收入的比例(即 x/y),如果进项税额占销售收入的比例大于 5.34％,则采用一般计税方法为优,否则采用简易计税方法为优。

(三)风险分析

首先,需要明确的是,作为一般纳税人,如果承包方选择按简易计税方法计税,可以按征收率自行开具增值税专用发票(不需要到税务局代开),使付款方可以扣税,避免无谓的损失。其次,在工程承包中,甲方和乙方要尽量争取进项税额在一方能够扣除,也就是说,如果甲方是小规模纳税人,应该尽量避免采用清包工或甲供工程的方式进行施工,否则,材料成本无法获得扣税的利益。最后,一旦建筑施工企业选择了简易计税方法计税,应该尽可能不要承担辅助材料之类的购进,提供的辅助材料越少越好。

三、其他业务计税方法的税务筹划

在"营改增"的制度规定中,除了上述的房地产销售和建筑服务业的一般纳税人,可以在简易计税方法和一般计税方法之间进行选择以外,还有其他一些特定业务也是可以在两个方法之间选择的。下面按应税行为(销售不动产、无形资产和提供服务)和销售货物两个类别分别介绍,也是对一般纳税人可选择一般计税方法和简易计税方法的一个汇总与概括。简易计税的征收率直接附在每个业务的后面。

(一)特定应税行为

(1)公共交通运输服务。公共交通运输服务包括轮客渡、公交客运、地铁、城市轻轨、出租车、长途客运、班车。按 3％征收。

班车,是指按固定路线、固定时间运营并在固定站点停靠的运送旅客的陆路运输服务。按 3％征收。

(2)动漫企业相关业务。经认定的动漫企业为开发动漫产品提供的动漫脚本编撰、形象设计、背景设计、动画设计、分镜、动画制作、摄制、描线、上色、画面合成、配音、配乐、音效合成、剪辑、字幕制作、压缩转码(面向网络动漫、手机动漫格式适配)服务,以及在境内转让动漫版权(包括动漫品牌、形象或者内容的授权及再授权)。按 3％征收。

(3)电影放映服务、仓储服务、装卸搬运服务、收派服务和文化体育服务。按 3％征收。

(4)以纳入"营改增"试点之日前取得的有形动产为标的物提供的经营租赁服务。按 5％征收。

(5)在纳入"营改增"试点之日前签订的尚未执行完毕的有形动产租赁合同。按 5％征收。

(6)清包工、甲供工程、建筑工程老项目的建筑服务。按 3％征收。

(7)销售电梯的同时提供安装服务,其安装服务可按甲供工程选择简易计税。按 3％征收。

(8)销售外购老不动产(2016 年 4 月 30 日前取得)、自建老不动产。按 5％征收。

(9)房地产企业出售其开发的老项目。按 5％征收。

(10)房地产企业出租其开发的老项目。按 5％征收。

(11)出租老不动产、老土地(2016 年 4 月 30 日前取得)。按 5％征收。

(12)老高速公路通行费。5％减按 3％征收。

(13)农村信用社、村镇银行、农村资金互助社、由银行业机构全资发起设立的贷款公司、法人机构在县(县级市、区、旗)及县以下地区的农村合作银行和农村商业银行提供金融服务收入。按 3％征收。

（14）农行"三农金融事业部"试点县域支行，提供农户贷款、农村企业和农村各类组织贷款（具体清单）取得的利息收入。按3％征收。

（15）一般纳税人提供劳务派遣服务，可差额纳税，扣除代付工资、福利、社保及住房公积金后，按照简易计税依5％征收。

（16）试点前开工的一级公路、二级公路、桥、闸通行费，可简易计税，按5％征收。

（17）安全保护服务，扣除代付工资、福利、社保及住房公积金，差额简易计税，按5％征收。小规模纳税人也可全额简易计税，按3％征收。

（18）提供人力资源外包服务，不包含代发工资代缴社保，可按差额依据简易计税方法按5％征收。

（19）转让2016年4月30日前取得的土地使用权，可以减去土地原价，按差额依据简易计税方法按5％征收。

（20）老不动产融资租赁合同，可以简易计税，按5％征收。

（21）一般纳税人提供非学历教育服务（包括学前教育、各类培训、演讲、讲座、报告会等），可以简易计税，按3％征收。

（22）一般纳税人提供教育辅助服务，可以选择简易计税方法，按照3％征收。

（23）非企业性单位中的一般纳税人提供的研发和技术服务、信息技术服务、鉴证咨询服务，以及销售技术、著作权等无形资产，可选简易计税按3％征收。

（24）技术转让、技术开发和与之相关的技术咨询、技术服务，可以选择简易计税方法按照3％征收。

（25）物业管理纳税人，向服务接受方收取的自来水水费，扣除支付的自来水水费，按简易计税方法依3％征税。

除了建筑，销售、出租不动产，销售、出租土地，尚未执行完毕的老有形动产租赁合同、融资租赁合同等可按项目适用简易计税，其他均按业务分类适用简易计税。

（二）销售货物

（1）一般纳税人销售自己使用过的固定资产，即按规定不得抵扣且未抵扣进项税额的固定资产，依3％征收率减按2％征收。

$$应纳税额＝含税销售额/（1＋3％）×2％$$

（2）一般纳税人销售自产的下列货物，可选择按照简易办法，依照3％征收率计算缴纳增值税：

①县级及县级以下小型水力发电单位生产的电力。小型水力发电单位，是指各类投资主体建设的装机容量为5万千瓦以下（含5万千瓦）的小型水力发电单位。

②建筑用和生产建筑材料所用的砂、土、石料。

③以自己采掘的砂、土、石料或其他矿物连续生产的砖、瓦、石灰（不含黏土实心砖、瓦）。

④用微生物、微生物代谢产物、动物毒素、人或动物的血液或组织制成的生物制品。

⑤自来水。

⑥商品混凝土（仅限于以水泥为原料生产的水泥混凝土）。

（3）一般纳税人销售货物属于下列情形之一的，暂按简易办法依照3％征收率计算缴纳增值税：

①寄售商店代销寄售物品（包括居民个人寄售的物品在内）；

②典当业销售死当物品。

（4）属于增值税一般纳税人的单采血浆站销售非临床用人体血液，可以按照简易办法依照3％征收率计算应纳税额，但不得对外开具增值税专用发票；也可以按照销项税额抵扣进项税额的办法依照增值税适用税率计算应纳税额。

（5）药品经营企业销售生物制品。

（6）兽用药品经营企业销售兽用生物制品，可以选择简易办法按照兽用生物制品销售额和3％的征收率计算缴纳增值税。

（7）光伏发电项目发电户销售电力产品。

（8）自2018年5月1日起，增值税一般纳税人生产销售和批发、零售抗癌药品，可选择按照简易办法依照3％征收率计算缴纳增值税。

只要是一般纳税人可以选择一般计税方法与简易计税方法的业务或项目，都应该测算两种方法各自的增值税税负，进行比较决策。计算分析方法与房地产或建筑服务业的税务筹划方法类似，因此，不再赘述。

第三节　销售价格制定的税务筹划

企业销售货物或提供服务时，其价格的制定除正常的市价以外，往往有折扣销售、赠物或返券销售等促销价；对于带包装物销售的货物，其包装物如何作价也是在进行税务筹划时应该考虑的问题；企业的销售如果是在关联企业内部实现的，则转让定价是税务筹划的关键。

一、折扣销售、赠物与返券的税务筹划

（一）税制要点

1. 折扣销售

折扣销售是指销货方在向购货方销售货物或提供应税劳务时，由于购货方信誉较好、购货数额大、购货行为频繁等原因而给予购货方一定价格上的优惠的销售形式。例如，某大型商店在销售货物时规定：购买10件以上，可以享受10％的折扣；购买20件，可以享受15％的折扣；购买更多，可以享受更多的折扣。折扣和销售方的销售行为是同时发生的，所以，税法规定：若销售额和折扣额在同一张发票上体现，可按折扣后的余额作为计税销售额计算增值税；若将折扣另开发票，那么不论这项行为在财务上如何处理，均不得从销售额中减除折扣额。

例2-6：某商店为促进产品销售，规定凡购买其某种产品10件以上的，给予价格折扣10％的优惠。该产品单价为20元，则折扣后价格为18元（直接体现在发票上）。上述价格均不含增值税，增值税税率为13％。

折扣前销项税额＝10件×20元/件×13％＝26元

折扣后销项税额＝10件×18元/件×13％＝23.4元

折扣前后销项税额之差＝26－23.4＝2.6（元）

针对这笔业务来说，税法为纳税人提供了2.6元的节税空间。

2. 赠物（实物折扣）促销

赠物是一种实物折扣，其实质就是在销售货物时采取买一赠一等方式。赠物销售，根据《中华人民共和国增值税暂行条例》规定，应该"视同销售货物"中的"赠送他人"计征增值税。

但企业所得税,根据国税函〔2008〕875号文,企业以买一赠一等方式组合销售本企业商品的,不属于捐赠,应将总的销售金额按各项商品的公允价值的比例来分摊确认各项商品的销售收入。个人所得税,根据财税〔2011〕50号文,企业在向个人销售商品(产品)和提供服务的同时给予赠品,如通信企业对个人购买手机赠话费、入网费,或者购话费赠手机等,不征收个人所得税。

3.返券销售

返券销售是指消费者在购买规定限额的商品后获得一定金额购物券或直接获得现金返还的一种促销方式,该促销方式已成为目前各大商场促销的主要手段。返券与打折有相似之处,返券促销中,顾客将所得的购物券用于换取等值商品,在这种情况下,返券所售商品一般不开发票,不计税,即只需要根据发票金额计税(流转税和所得税)。

(二)税务筹划设计

对于商业企业来说,最常用的销售方式就是打折、赠物和返券(购物券)。下面用一个具体例子来说明这几种销售方式中,哪种形式对商业企业最为有利,借此,也对商家的一些促销活动进行剖析。

例2-7:某家电超市的商品销售毛利率为35%,即销售100元商品,成本为65元。该家电超市是增值税一般纳税人,购货可以取得增值税专用发票。为了计算方便,假定涉及的购销价格都是不含增值税的,购销增值税税率均为13%。为了促销该超市拟订三个方案:

方案1:将商品以8折销售;

方案2:凡购物满100元者,可获赠价值25元的商品(成本为15元),相当于8折(即花100元购买125元的商品);

方案3:凡购物满100元者,将获返券25元(也相当于8折),返券购买的商品平均成本15元。

假设消费者购买价值100元的商品,则在以上三种方式下,该超市的应纳税情况和利润情况如下(不考虑城建税和教育费附加):

方案1:商品8折销售。

价值100元的商品,8折后的售价为80元,其进价成本为65元。

①增值税:

应缴增值税=80×13%-65×13%=1.95(元)

②企业所得税:

利润额=80-65=15(元)

应缴所得税=15×25%=3.75(元)

税后利润=15-3.75=11.25(元)

方案2:购物100元,赠送价值25元的商品。

①增值税:

应缴增值税=(100+25-65-15)×13%=5.85(元)

赠送的价值25元的商品视同销售,所以应缴增值税。

②个人所得税,没有。

③企业所得税,100元的收入在正品和赠品之间分配,也就是两个商品收入100元,成本65元和15元。

企业所得税＝(100－65－15)×25％＝5(元)

税后利润＝100－65－15－5＝15(元)

方案3：购物100元，返券25元。

①增值税：

应缴增值税＝(100－65－15)×13％＝2.6(元)

返券销售的25元的商品，没有明确规定需要视同销售缴纳增值税，所以不需要缴纳增值税，企业按实现的100元收入计税即可。

②个人所得税，没有。

③企业所得税，100元的收入在正品和返券销售之间分配，也就是两个商品收入100元，成本65元和15元。

企业所得税＝(100－65－15)×25％＝5(元)

税后利润＝100－65－15－5＝15(元)

从税后利润来看，方案1为11.25元，方案2和方案3都是15元。

(三)风险分析

从税后利润来看，方案1是最差的，方案2和3无差别。但由于赠物与返券销售的增值税明显不同，因此，还需要比较三个方案的现金净流量，否则会存在误判的风险。

需要强调的是，在上述计算中，假定购销都是不含增值税的，因此，计算现金流量时需要还原为含增值税的价格；现金流出包括商品的购进、增值税和所得税。计算过程见表2－2。

表2－2　三个方案的现金流量比较　　　单位:元

	现金流入	现金流出	现金净流量
方案1	80×1.13＝90.4	65×1.13＋1.95＋3.75＝79.15	11.25
方案2	100×1.13＝113	(65＋15)×1.13＋5.85＋5＝101.25	11.75
方案3	100×1.13＝113	(65＋15)×1.13＋2.6＋5＝98	15

从表2－2可见，通过三个方案现金净流量的比较，方案3为优，即返券销售最好，而且该方案可以销售更多的库存，对消费者而言，也比买一赠一更好，因为返券销售，消费者对商品的可选择余地更多。因此，在促销活动中，返券销售是一种比较好的方式，对买卖双方而言，是双赢的方式。

另外，通过本例题的分析，发现方案1和方案3的税后利润与其现金净流量是一致的，但是方案2却不同，其税后利润为15元，而现金净流量为11.75元。方案2二者不同的原因在于，赠物要视同销售纳税，是对"没有现金流入"的25元实施了征税，从而导致了税后利润15元与现金净流量11.75元的不一致，二者刚好相差25×13％＝3.25(元)。

二、转让定价的税务筹划

转让定价是税务筹划的常用方法，在第一章的技术方法中，我们着重介绍了如何通过转让定价的方法把高税区的利润转移到低税区，可以说是侧重于所得税的筹划思路，在这里，我们将着重阐述转让定价在企业销售环节各税种中的作用。

　　企业在销售环节涉及的税种,如前所述,除增值税以外,还有对货物销售特别调节的消费税、对不动产销售特别调节的土地增值税以及对矿产资源销售特别调节的资源税。由于增值税一方的销项税额是另一方的进项税额,因此,转让定价的意义几乎没有,但对于其他三个税种,即消费税、土地增值税以及资源税都可能存在税务筹划的空间。

(一)消费税转让定价的税务筹划

1.独立核算与非独立核算销售部门的税务筹划

(1)税制要点。税法规定,纳税人通过自设的非独立核算的门市部销售的自产应税消费品,应当按照该门市部对外销售额或者销售数量计算缴纳消费税。众所周知,消费税的纳税行为发生在生产领域(包括生产、委托加工和进口),而不是流通领域或终极消费环节(金银首饰除外)。因此,如果生产企业通过自设独立核算的门市部零售本企业的产品,由于该独立核算的门市部处于销售环节而非生产环节,所以,只需缴纳增值税,无需缴纳消费税。同时,该企业在向该独立核算的门市部发货时,可以以低价销售。

(2)税务筹划设计。企业应该设置独立核算或独立法人的商业部门,实现对外销售,并且在税法允许的范围内,尽可能以较低的价格,从生产企业销售给商业企业。

例2-8:甲酒厂主要生产薯类白酒,产品销售给全国各地的批发商。薯类白酒消费税税率为20%,定额税率为0.5元/斤。根据以往经验,本地的一些商业零售户、酒店、消费者每年到该厂直接购买的白酒大约为2000箱,每箱重100斤。为了提高企业盈利水平,该厂准备今年在本地设立一个白酒经销部。

方案1:如果经销部为非独立核算形式,每箱白酒对外售价500元。

方案2:如果经销部为独立核算形式或子公司,每箱白酒购进价为400元,与销售给其他批发商的价格一样,经销部以每箱500元对外销售。

方案1:本期应纳消费税=2000×500×20%+2000×100×0.5=30(万元)

方案2:本期应纳消费税=2000×400×20%+2000×100×0.5=26(万元)

方案2比方案1可以节税4万元。

(3)风险分析。独立核算或独立法人的门市部与生产企业之间事实上存在着关联关系,关于关联企业之间的业务往来,税法规定:企业或者外国企业在中国境内设立的从事生产、经营的机构、场所与其关联企业之间的业务往来,应当按照独立企业之间的业务往来收取或者支付价款、费用;不按照独立企业之间的业务往来收取或者支付价款、费用,而减少其应纳税收入或者所得额的,税务机关有权进行合理调整。所以,企业向其自设的独立核算部门低价发货时,定的价不要明显偏低,一旦明显偏低,就会受到税务机关的调整,甚至是处罚。

目前白酒生产企业销售给关联销售单位的白酒,生产企业消费税计税价格低于销售单位对外销售价格(不含增值税)70%以下的,税务机关应核定消费税最低计税价格。

2.卷烟生产企业是否应该设立批发部门的税务筹划

(1)税制要点。经国务院批准,自2015年5月10日起,卷烟批发环节从价税税率由5%提高到11%,并按0.005元/支加征从量税,而且批发环节应纳消费税的计算,不得抵扣以前环节的已纳消费税。

由于以前消费税只是在生产企业一次课征,从而导致生产企业与销售企业之间可以通过转让定价的方式实现避税,特别是纳税大户卷烟生产企业,避税需求更大。而税务机关实施的反避税措施也一直在行动,针对卷烟的消费税,从1994年开征消费税以来,调整的次数就达到

4次之多：

①1994年，各类卷烟按出厂价，统一按40%税率计征消费税。

②1998年，将消费税税率调整为三档，一类烟50%，二、三类烟40%，四、五类烟25%。

③2001年，对卷烟消费税实行从量与从价相结合的复合计税方法，即按量每支征收0.003元的定额税，从价计征从过去的三档调整为二档，即每条调拨价为50元以上的税率为45%，50元以下的税率为30%。

④2009年，财税〔2009〕84号文，调拨价70元/条（含）以上的为甲类卷烟，税率56%，其余为乙类卷烟，税率36%。雪茄烟生产环节的税率也调整为36%。生产环节卷烟的定额税还是每支0.003元。但这次最大的调整应该是对卷烟在批发环节加征一道5%的消费税，计税依据是纳税人批发卷烟的销售额（不含增值税）。

⑤2015年，如前所述，经国务院批准，自2015年5月10日起，卷烟批发环节从价税税率由5%提高到11%，并按0.005元/支加征从量税。

（2）税务筹划设计。对于卷烟的生产销售企业而言，加入一道批发环节的消费税以后，是否设立批发部门或在什么条件下设立，就是筹划的新问题。

如果设立批发部门，一方面可以通过降低生产企业对批发部门的售价，从而降低生产部门的税负，但批发环节会增加消费税，那么转让定价的幅度为多少合适？

例2-9：假定生产企业不设批发部门直接对外的售价为P/箱，而转让给批发企业的价格为$P \times R$，批发企业对外售价仍然为P，计算税负平衡点的R。

设批发和不设批发的税负平衡点的计算，由于存在两种税率，即36%和56%，需要分别计算，另外，生产环节的定额税是每支0.003，即每箱150元；而批发环节的定额税是每支0.005，即每箱250元。

甲级卷烟平衡点的计算公式：

$$(P \times R \times 56\% + 150) + (P \times 11\% + 250) = P \times 56\% + 150$$

等式右边是不设批发部门的应纳消费税，只有一道税；等式左边是设立批发部门的应纳消费税，有两道税，用两个括弧表示。

$$R = \frac{45\%P - 250}{56\%P}$$

要计算R，需要事先确定价格P，我们假设每箱价格20000元（每条价格70元以上，每箱250条），则$R = 78\%$。乙级卷烟平衡点的计算公式：

$$(P \times R \times 36\% + 150) + (P \times 11\% + 250) = P \times 36\% + 150$$

$$R = \frac{25\%P - 250}{36\%P}$$

如果每箱价格10000元（每条价格70元以下，每箱250条），则$R = 63\%$。

（3）风险分析。对于甲级卷烟而言，如果生产企业销售给批发企业的价格低于批发企业对外销售价格的78%，则设立批发部门就是可行的，否则就是不可行的。对于乙级卷烟而言，如果生产企业销售给批发企业的价格低于批发企业对外销售价格的63%，则设立批发部门就是可行的，否则就是不可行的，但是此时的R已经低于70%，会遭遇税务调整！也就是说，在这种情况下，企业设立批发部门是不划算的。

（二）土地增值税转让定价的税务筹划

土地增值税目前实行超率累进税率，最高税率达到60%，因此，在税务筹划中，通过转让定价的方式，适当增加成本和分散收入是十分必要的。

1. 通过转让定价增加成本

（1）税制要点。土地增值税是根据不动产销售的增值率超率累进计算土地增值税的，见表2-3。

增值率＝（收入－扣除项目金额）/扣除项目金额

表2-3 土地增值税超率累进税率表

级数	增值率	税率	速算扣除率
1	不超过50%的部分	30%	0
2	超过50%～100%的部分	40%	5%
3	超过100%～200%的部分	50%	15%
4	超过200%的部分	60%	35%

$$应纳土地增值税＝增值额×税率－扣除项目金额×速算扣除率 \qquad (2-5)$$

或

$$应纳土地增值税 ＝ \sum（每级距的土地增值额×税率） \qquad (2-6)$$

通过土地增值税的计算公式可见，如果提高扣除项目金额，可以降低增值额和增值率，从而降低税负。

（2）税务筹划设计。在房地产企业的上游增加设立自己的材料等方面的供应商，通过转让定价的方法，增加房地产开发企业的开发成本。

例2-10：某房地产开发企业，假定一个项目的收入5亿元，而扣除项目金额有两个方案可选。

方案1：直接向外部企业购进材料等进项，总成本3亿元。

方案2：在房地产企业的上游，设立独立的关联供应商，通过关联供应商向外购进材料等，再销售给房地产开发企业，总成本可提高到3.5亿元。

方案1：

增值额＝5－3＝2（亿元）

增值率＝2/3＝66%

应缴土地增值税＝2×40%－3×5%＝0.65（亿元）

方案2：

增值额＝5－3.5＝1.5（亿元）

增值率＝1.5/3.5＝43%

应缴土地增值税＝1.5×30%＝0.45（亿元）

方案2比方案1节约土地增值税0.65－0.45＝0.2（亿元），即2000万元。

土地增值税率越高，节税会越多！

（3）风险分析。由于增值税（不是土地增值税，下同）是普遍课征的税种，如果上游企业提高价格，有人担心会增加增值税的负担，得不偿失，存在风险隐患。但事实上，在"营改增"以后，上游企业提高价格增加的销项税额，下游的房地产开发企业会增加相应的进项税额，二者相抵以后，增值税的负担不会增加，这一风险在"营改增"以后已经消除了。但上游企业提高价格，属于关联交易，会受到税务部门的监管，只有在适度的范围内提高价格才是可行的，否则会遭遇监管风险。

2.通过转让定价分散收入

（1）税制要点。土地增值税是根据增值率来设计税率的，而且实行道道课征制，每卖一次就需要缴纳一次。因此，如果能够将收入分散在几个环节，能够降低增值率，从而降低土地增值税的负担。

（2）税务筹划设计。在房地产开发企业的下游设置关联的房地产销售企业，通过转让定价方式，将房地产销售的增值额分散到两个或以上的关联企业中。

例 2－11：某房地产开发企业，假定扣除项目金额 3 亿元，销售实现方式有两个方案可选。

方案 1：直接向外销售，收入 5 亿元。

方案 2：在房地产企业的下游，设立独立的关联销售商。房地产开发企业将房地产以 4 亿元的价格销售给关联销售商，再通过关联销售商向外销售，最终实现市场价格 5 亿元。

方案 1：

增值额＝5－3＝2（亿元）

增值率＝2/3＝66%

应缴土地增值税＝2×40%－3×5%＝0.65（亿元）

方案 2：

房地产企业

增值额＝4－3＝1（亿元）

增值率＝1/3＝33%

应缴土地增值税＝1×30%＝0.3（亿元）

销售企业

增值额＝5－4＝1（亿元）

增值率＝1/4＝25%

应缴土地增值税＝1×30%＝0.3（亿元）

合计＝0.6 亿元

方案 2 比方案 1 节约土地增值税 0.65－0.6＝0.05（亿元），即 500 万元。

（3）风险分析。在"营改增"以后，房地产企业增加一次销售，会增加一道增值税，但上游企业的销项税额是下游企业的进项税额，相互抵消以后，流转税的整体税负不会增加，因此，增加一次销售，不存在增加流转税负担的风险。但与增加成本的税务筹划类似，上下游企业之间的关联交易，会受到税务部门的监管，只有在适度的范围内提高价格才是可行的，否则会遭遇监管风险。

（三）资源税转让定价的税务筹划

资源税是以各种应税自然资源为课税对象、为了调节资源级差收入，并体现国有资源有偿使用而征收的一种税。我国在 1984 年开始征收资源税，但在很长一段时间内都实行从量计税,使得资源税的征收无法跟上矿产资源价格的上涨。从税务筹划的角度而言,从量计征的资源税也几乎没有筹划的空间,不是税务筹划的重点。

资源税从价计税改革从 2010 年 6 月 1 日在新疆开始试点,并于 2016 年 7 月 1 日起,资源税的征收方式由从量征收全面改为从价征收(黏土、砂石除外)。

资源税实行一次课征制,其纳税人是指在中国境内开采应税矿产品或者生产盐的单位和个人,而且进口不征、出口不退。对于后续加工环节、批发环节以及零售环节,均不再征收资源税。

作为一次课征制的资源税,与一次课征制的消费税有类似的地方。而消费税的一次课征制给纳税人带来了很大的税务筹划空间,成为避税与反避税的重点领域。那么,资源税是否会是下一个消费税,也成为避税与反避税的重点领域呢?答案是否定的,因为资源税从价计征的改革,充分吸取了消费税避税与反避税的经验,在税制设计的源头上,采取"一剑封喉"的措施,几乎完全封死了上下游关联企业之间税务筹划的空间。

税法规定,资源税从价定率征收的计税依据为销售额,它是指纳税人销售应税产品向购买方收取的全部价款和价外费用,不包括增值税和运杂费用。但进一步明确,"纳税人开采应税矿产品由其关联单位对外销售的,按其关联单位的销售额征收资源税"。因此,如果开采矿产品的企业,将其开采的矿产品通过转让定价的方式,低价销售给其关联的下游加工单位或销售单位实现对外销售,那么,税法是按下游关联企业的销售来征收资源税的,因此,笔者认为转让定价方式在资源税的税务筹划中失去了作用。

三、税率变化临界点上价格制定的税务筹划

在企业销售环节征收的增值税、消费税、土地增值税和资源税中,主要是增值税、消费税和土地增值税存在税率变化的临界点筹划问题。增值税的起征点、消费税的卷烟和啤酒是根据销售价格制定税率的,而在土地增值税的征收中,房地产开发企业销售的普通住宅,增值率不超过 20% 的时候免税,超过 20% 就征收 30% 的土地增值税。因此,在税率变化的临界点上如何制定价格,是税务筹划的重点和难点。

(一)增值税起征点的税务筹划

1. 税制要点

根据《中华人民共和国增值税暂行条例实施细则》的规定,原本增值税起征点只是针对个人的,其幅度为:销售货物的,为月销售额 5000~20000 元;销售应税劳务的,为月销售额 5000~20000 元;按次纳税的,为每次(日)销售额 300~500 元。

但 2013 年开始,为进一步扶持小微企业发展,经国务院批准,自 2013 年 8 月 1 日起,对增值税小规模纳税人中月销售额不超过 2 万元的企业或非企业性单位,暂免征收增值税。而 2017 年小微企业的起征点又有所提高,根据《财政部 税务总局关于延续小微企业增值税政策的通知》(财税〔2017〕76 号)规定,增值税小规模纳税人应分别核算销售货物或者加工、修理修配劳务的销售额和销售服务、无形资产的销售额。增值税小规模纳税人销售货物或者加工、修理修配劳务月销售额不超过 3 万元(按季纳税 9 万元),销售服务、无形资产月销售额不超过 3 万元(按季纳税 9 万元)的,自 2018 年 1 月 1 日起至 2020 年 12 月 31 日,可分别享受小微企业暂免征收增值税优惠政策。需要说明的是该销售额均为不含税的销售额,即如果是含税的,则为每月 3.09 万元,每季 9.27 万元。

2. 税务筹划设计

根据财税〔2017〕76 号文的规定，小规模纳税人增值税的税务筹划需要考虑两个问题：

(1)分别核算。销售货物或者加工、修理修配劳务（原增值税范围）与销售服务、无形资产（"营改增"范围，但不包括不动产销售）应该分别核算，二者分别适用每月 3 万元或每季度 9 万元的起征点优惠。如果不分别核算，合并在一起的话，就只能适用合计每月 3 万元或每季 9 万元的起征点优惠。

(2)临界点上的税务筹划。如果每月的销售额不超过（小于或等于）3 万元或每季度 9 万元，免征增值税，而一旦超过起征点，就面临全额征收增值税。因此，在每月 3 万元或每季 9 万元的临界点上，税务筹划十分必要。

例 2-12：A 企业是小规模纳税人，按季度纳税，征收率 3%。在销售货物的同时，兼营服务业。季度含税销售额合计 13 万元，估计货物销售 9.3 万元，服务业 3.7 万元，但企业并没有严格的分别核算。

$$目前应该纳增值税 = 13/(1+3\%)\times 3\% = 0.3786(万元)$$

税务专家建议：

(1)分别核算。目前情况下即便分别核算，货物销售部分还是应该交税的，但服务业的 3.7 万元可以实现免税。应纳增值税减少到：

$$9.3/(1+3\%)\times 3\% = 0.2709(万元)$$

(2)宁可少销售。如果在临界点上多销售获得的收入，还不如交税多，宁可少销售。该纳税人如果当期货物销售少 3000 元（含税），反而不需要纳税，可能更好。

这里有一个平衡点的计算问题，其基本思路就是，如果获得的超过起征点的收入还不如交税多，就宁可少销售。设 G 是超过每季 9.27 万元（含税，即无税 9 万元）的起征点的金额，3% 是征收率，增值税附加税费按 12% 计算。按含税价格计算更便于纳税人掌握，计算公式如下：

$$(9.27+G) - \frac{9.27+G}{1+3\%}\times 3\%\times(1+12\%) = 9.27$$

$G = 0.3126(万元)$

或 $G = 3126(元)$

等式的含义，左边是超过 9.27 万元（含税）时交了税以后的收入，右边是起征点的 9.27 万元（含税）。计算结果表明，如果纳税人在超过起征点的基础上只能够获得含税收入 3126 元的销售收入，即全部含税收入 9.5826 万元（即 9.27+0.3126），还不如本期只销售 9.27 万元。

3. 风险分析

对于小规模纳税人而言，每月或每季的销售收入都必须分别不同类别进行核算，并且在临界点上面临额外征税的风险，一不小心，就有可能得不偿失，这对企业的会计核算提出了较高的要求。

(二)卷烟定价策略的税务筹划

1. 税制要点

卷烟，每标准条（200 支）的对外调拨价在 70 元以上（含 70 元，不含增值税），为甲级卷烟，按比例税率 56% 征收消费税；70 元以下为乙级卷烟，税率 36%。调拨价是指烟草工业企业卖给烟草局或烟草公司的价格。

2. 税务筹划设计

根据消费税的税制规定，如果每条卷烟的价格只比 70 元高一点，加价可能反而不划算。

因此,在税率变化的临界点上(70 元/条)需要计算税后利润平衡点的加价幅度。

例 2-13:设税率变化临界点上每一标准条的售价为 69.99 元(达到 70 元税率就变了),在其基础上提高的倍数为 G,成本为 C,企业所得税率 T。城建税及教育费附加假定为 12%。另外需要说明的是,从量定额税为每一支加收 0.003,每条 200 支,加收 0.6 元。价格都是不含增值税的。

税后利润的平衡点为:

$$[69.99-C-(0.6+P\times36\%)\times1.12](1-T)$$
$$=[69.99\times G-C-(0.6+69.99\times G\times56\%)\times1.12](1-T)$$
$$G=1.6(倍)$$

等式的左边表示未超过 69.99 元/条,是乙级卷烟,按 36% 的税率征收消费税;等式的右边表示提高价格到 69.99 元/条的 G 的倍数以后,是甲级卷烟,税率为 56%,而且只有提高到此价格时,企业的税后利润不受影响。

3.风险分析

从计算结果来看,如果企业想要改变卷烟的价格,从每标准条 69.99 元,需要提高到 111.98 元(69.99×1.6)才划算。否则,如果只是从每条 69.99 元提高到 80 元或低于 111.98 元的其他价位,价格的提高都不足以抵消税负的提高。也就是说,在这个范围的价格改变策略,都存在提高税负的风险。这是否可以解释,在市场上,要么是价格比较低的普通的卷烟,要么是价格昂贵的卷烟。

(三)啤酒定价策略的税务筹划

1.税制要点

啤酒的消费税规定,每吨啤酒出厂价格在 3000 元(不含 3000 元,不含增值税)以下的,单位税额 220 元/吨;啤酒出厂价格在 3000 元(含)以上的,单位税额 250 元/吨。

2.税务筹划设计

根据消费税的税制规定,如果啤酒的价格只比 3000 元/吨高一点,加价可能反而不划算。因此,在税率变化的临界点上 3000 元/吨需要计算税后利润平衡点的加价幅度。

例 2-14:设税率变化临界点上每一吨的售价为 2999.99 元(因为达到 3000 元税率就变了),在其基础上提高的价格为 H(不是倍数),成本为 C,企业所得税率 T。城建税及教育费附加假定为 12%。价格都是不含增值税的。

税后利润的平衡点为:

$$[2999.99-C-220\times1.12](1-T)=[2999.99+H-C-250\times1.12](1-T)$$
$$G=33.60(元),也就是说价格提高到 3033.59 元以上才行。$$

等式的左边是按 220 元/吨征收消费税的,右边则是按 250 元/吨征收消费税。

3.风险分析

从计算结果来看,如果企业想要改变啤酒的价格,从每吨 2999.99 元,需要提高到3033.59 元(2999.99+33.60)才划算。否则,如果只是从每吨 2999.99 元提高到 3033.59 元以下的其他价位,价格的提高都不足以抵消税负的提高。也就是说,在这个范围内的价格改变策略,都存在提高税负的风险。

(四)高档手表、化妆品定价策略的税务筹划

1. 税制要点

高档手表和化妆品都是根据单价来制定消费税的,而且一旦达到就全额征税。税法规定,高档手表是指销售价格(不含增值税)每只 10000 元(含)以上的各类手表,税率 20%。而根据《财政部 国家税务总局关于调整化妆品消费税政策的通知》(财税〔2016〕103 号),取消对普通美容、修饰类化妆品征收消费税,将"化妆品"税目名称更名为"高档化妆品"。征收范围包括高档美容、修饰类化妆品、高档护肤类化妆品和成套化妆品,税率调整为 15%。高档美容、修饰类化妆品和高档护肤类化妆品是指生产(进口)环节销售(完税)价格(不含增值税)在 10 元/毫升(克)或 15 元/片(张)及以上的美容、修饰类化妆品和护肤类化妆品,消费税税率 15%。

2. 税务筹划设计

从上述规定来看,高档手表和化妆品,在征免税的临界点上,如果价格只是比临界点高一点可能不划算,价格的提高还不如交的税多,因此,临界点上的定价策略十分重要。

例 2-15:A 款手表销售单价有两个方案。

方案 1:不含增值税的价格为 11000 元。

方案 2:不含增值税的价格 9500 元。

方案 1 应交消费税=11000×20%=2200(元)

税后 8800 元。

方案 2 应交消费税为 0,税后 9500 元。

(1)手表的提价策略。不征税的最高价格为 9999.99 元,需要在此基础上提价多少才划算呢?税务筹划的基本思路是,提高的价格至少应该等于应该缴纳的税款,设 G 为提高的价格,有公式:

$$(9999.99+G)(1-20\%)=9999.99$$

$$G=2500(元)$$

(2)化妆品的提价策略,10 元/毫升(克)为起征点,设 G 为提高的价格,其计算公式:

$$(9.99+G)(1-15\%)=9.99$$

$$G=1.76(元)$$

(3)化妆品的提价策略,15 元/片(张)为起征点,设 G 为提高的价格,其计算公式:

$$(14.99+G)(1-15\%)=14.99$$

$$G=2.65(元)$$

3. 风险分析

通过上述分析可见,对于手表而言,其定价要么小于等于 9999.99 元,要么高于 12499.99 元(9999.99+2500),否则,存在提价难以抵消纳税的风险。

对于化妆品而言,其价格要么小于等于 9.99 元/毫升(克),要么大于 11.75 元/毫升(克),或者价格要么小于等于 14.99 元/片(张),要么大于 17.64 元/片(张),否则,存在提价难以抵消纳税的风险。总之,在高档手表和高档化妆品的消费税起征点的临界点上,定价策略十分重要,稍有不慎,就会导致提价得不偿失的风险。

(五)土地增值税征免临界点上定价策略的税务筹划

1. 税制要点

根据《中华人民共和国土地增值税暂行条例实施细则》的规定,纳税人建造普通标准住宅出售,增值额未超过该细则规定的各项扣除项目金额之和(即增值率)20%的,免征土地增值税;增值额超过扣除项目金额之和20%的,应就其全部增值额按规定计税。

2.税务筹划设计

根据上述税制规定,显然,只要增值率高于20%,就需要按全部增值额缴纳土地增值税,因此,在增值率等于20%的临界点上的税务筹划设计就十分必要。当房地产开发项目的开发完成以后,扣除项目金额就是确定的,因此,价格的制定成为关键。在征免税的临界点上,价格也可能只是加一点点,土地增值税就会增加很多,那么,应该如何制定价格策略呢?

例2-16:假设不动产销售的扣除项目金额为C,征免平衡点的不含增值税的售价为P(不考虑流转税的附加税)。

$$\frac{P-C}{C}=20\%$$

$$P=1.2C$$

计算公式很直观,如果扣除项目金额为C,那么售价不高于1.2C时免税。但是如果售价只略高于1.2C,就适用30%的税率,因此,可能提价不划算。

问题是至少应该在1.2C的基础上提价多少才是可行的?提高的不含增值税的售价(设为G)至少应该大于等于应纳的税才是可行的,公式如下:

$$G\geqslant(1.2C+G-C)\times30\%$$

$$G\geqslant8.57\%C$$

后面各档是超率累进,不需要再计算分界点了。

3.风险分析

从计算结果来看,如果房地产开发企业在制定房地产售价时,要么价格P小于1.2C,要么提价达到P大于1.2857C(1.2C+8.57%C)。否则,如果价格在1.2C到1.2857C之间,价格的提高都不足以抵消税负的提高。也就是说,在这个范围的价格改变策略,都存在提高税负的风险。

四、销售定价中有关包装物的税务筹划

(一)税制要点

包装物是指产品生产企业用于包装其产品的各种包装容器,如桶、箱、瓶、坛、袋等。包装物包括:生产过程中用于包装产品作为产品组成部分的包装物;随同商品出售而不单独计价的包装物;随同商品出售单独计价的包装物;出租或出借给购买单位使用的包装物。

根据目前的税法规定,对于随同商品出售而不单独计价的包装物(包括构成产品组成部分的包装物)以及随同商品出售单独计价的包装物,均应并入销售收入计征流转税和所得税。

而对企业生产销售带包装物产品收取的包装物押金,无论包装物是否已随同产品销售,也不论这部分押金在财务上如何处理,凡是在规定的期限内(逾期1年)不予退还的,均并入产品销售收入中按产品所适用的税率征收消费税、增值税。包装物的租金应视为价外费用,并入销售额征税。另外,《财政部 国家税务总局关于酒类产品包装物押金征税的通知》规定,对酒类产品生产企业销售酒类产品而收取的包装物押金,无论押金是否返还及会计上如何核算,均应并入酒类产品的销售额征收消费税(啤酒、黄酒除外)。《国家税务总局关于加强增值税征收管理若干问题的通知》规定,从1995年6月1日起,对除售出啤酒、黄酒外的其他酒类产品而收

取的包装物押金,无论是否返还以及会计上如何核算,均应并入当期销售额征收增值税。

(二)税务筹划设计

1.避免包装物计税

随同产品销售的包装物,不管是单独计价还是不单独计价,都需要与销售的产品一并计税。对于增值税而言,由于销售时的销项税可以与包装物的进项税相互抵消,税收的影响不大。但对于消费税而言,由于消费税主要在生产领域征收,因此应尽量避免在生产领域包装产品,由生产企业以外的商贸企业实施包装,包装物可避免纳税,"先销售后包装"成为税务筹划的共识。

2.避免包装成套产品从高计税

纳税人兼营多种不同税率的应税产品,应当分别核算不同税率应税产品的销售金额,如果没有分别核算不同税率的应税产品或将不同税率的应税产品组成成套消费品销售的,则应当按最高税率征税,即从高计税,包括增值税和消费税。

例 2-17:某日用化妆品厂,将生产的化妆品、护肤护发品、小工艺品等组成成套消费品销售。每套消费品不含增值税的售价为 2000 元,由下列产品组成:一瓶香水 400 元、一支口红 300 元;护肤品(不属于消费税征税范围的)1000 元、高级沐浴液 150 元,其他化妆工具及小工艺品 150 元。消费税税率为 15%。

方案1:将产品包装成精美套装后再销售给商家。

应纳消费税 $= 2000 \times 15\% = 300$(元)

方案2:先分别销售给商家,再由商家包装。

应纳消费税 $= (400 + 300) \times 15\% = 105$(元)

每套化妆品节税额为 195 元。

上述产品由于都需要计征增值税,因此,对增值税没有影响。

3.避免包装物押金逾期征税

根据税法规定,包装物收取的押金不计税(黄酒、啤酒以外的酒类除外),只有在没收押金或逾期一年时才需要计税。对于周转使用的包装物,特别是使用时间在一年以上的包装物,如何避免征税,需要进行税务筹划。

例 2-18:某化妆品厂属于增值税一般纳税人,该厂 2018 年 8 月销售给乙超市化妆品 1000 套,每套 1000 元,共 100 万元(不含增值税)。这批化妆品共耗用包装物 1000 套,每只包装盒的售价为 30 元(不含增值税)。化妆品的消费税税率为 15%。

方案1:将包装物作价随同化妆品一同销售。

则包装物应并入化妆品的销售额一并征收消费税。

应纳消费税税额 $= (100 + 30 \times 1000/10000) \times 15\% = 15.45$(万元)

方案2:将包装物不作价销售而是收取押金,每套包装物收取押金 30 元。

则该项押金不并入应税消费品的销售额计征消费税。

应纳消费税税额 $= 100 \times 15\% = 15$(万元)

如果该项押金在规定期限内(一般为一年)未收回,则应将该项押金作为销售额纳税。

$(100 + 30 \times 1000/10000) \times 15\% = 15.45$(万元)

经过比较,可以看出,该厂只有对包装盒收取押金,并在规定期限内将包装物押金收回,才可以最大限度地节税。

但是有些可以周转使用的包装物,可以在超过一年的时间内使用,不能没收,比如家用纯净水的水桶,就是如此。但按税法规定逾期一年就需要计税了,税务筹划的建议是,可以将包装物押金先退回,再重新交一次押金。

(三)风险分析

对于适用消费税征税范围的产品,通过"先销售再包装"的方式进行税务筹划,避免包装物计税,以及避免包装成套产品从高计税,都不会存在风险。但对于逾期一年未退还的包装物押金,如果采用先退回包装物,再重新进行押金处理的方法,如果真的退回处理,存在增加成本的风险,可能得不偿失;而如果不是真实的退回,只是财务上的账面处理,是否存在违规风险,需要谨慎。

五、销售定价中有关运输费用的税务筹划

(一)税制要点

增值税和消费税的计税依据是销售货物向购买方收取的全部价款和价外费用。所谓价外费用,是指"价外"向购买方收取的手续费、补贴、基金、集资费返还利润、奖励费、违约金(延期付款利息)、包装费、包装物租金、储备费、优质费、运输装卸费、代收款项、代垫款项及其他各种性质的价外收费。但下列项目不包括在内:

①向购买方收取的销项税额;

②受托加工应征消费税的消费品所代收代缴的消费税;

③符合以下两个条件的代垫运费:承运部门的运费发票开具给购货方的;纳税人将该项发票转交给购货方的。

对于价外费用,无论纳税人按会计准则的规定如何进行核算,均应并入销售额计算应纳税额,目的是防止以各种名目的收费减少销售额逃避纳税现象。

由于运费在货物销售费用中占有一定的比重,因此企业有必要对其进行税务筹划,从而达到有效节税的目的。

(二)销售价格是否含运费的税务筹划

现在取得的运输发票,在计算增值税时扣税的情况有四种:取得普通发票不能扣税;从小规模纳税人取得的普通发票不能扣税或通过税务机关开具专用发票以后可以扣税 3%,从交通运输企业的一般纳税人取得专用发票,可以扣税 9%。而货物销售一般适用 13% 的增值税率,比运输费用的扣税率(不管是 3% 还是 9%)都高一些。那么,货物销售价格中是应该含运费还是不含运费呢?下面通过例题来进行说明。

例 2-19: 甲企业为增值税一般纳税人(产品适用增值税税率 13%),2019 年 5 月 21 日购入一批货物,不含税价格为 400 万元,进项税额 52 万元(税率 13%)。2019 年 7 月 11 日,甲企业把该批货物卖给了乙公司。运送方式采取送货制,甲企业雇佣丙运输企业(一般纳税人)的车辆运送该批货物到达乙方。货物价款 440 万元,另外丙运输企业收取运费 10 万元(不含税)。甲乙企业之间的结算有如下两个方案。

方案 1:含运费结算。

甲乙之间的结算价格是 450 万元(不含税),丙企业把运费发票开给甲企业。

甲企业应纳增值税 = (450 - 400) × 13% - 10 × 9% = 6.41(万元)

乙企业进项税额 = 450 × 13% = 58.5(万元)

方案 2：不含运费结算。

甲乙之间的结算价格 440 万元（不含税），丙企业把运费发票开给乙企业。

该批货物甲企业应纳增值税＝（440－400）×13％＝5.2（万元）

乙企业进项税额＝440×13％＋10×9％＝57.29（万元）

对于甲企业而言，方案 1 纳税 6.41 万元比方案 2 的 5.2 万元，多 1.21 万元；而对于乙企业而言，方案 1 则比方案 2 可以多扣税（进项税额）1.21 万元，即 58.5 万元减 57.29 万元。

（三）风险分析

显然，含运费结算对购买方有利，而对销售方不利。在买方市场的背景下，买方通常会要求销售方开具合并发票（即货物与运输费用合并开发票），这对于销售方是不利的，存在增加税负的风险。但如果销售方坚持不开具合并发票，又会造成对产品销售的不利影响，带来经营风险。

至于销售企业是否自己开设运输企业，实现销售货物与交通运输服务的混合销售，本章在特殊销售部分再详细介绍。

六、平销返利的税务筹划

1. 税制要点

平销返利，就是生产企业以大于等于商业企业经销价的价格将货物销售给商业企业，将来再用返还利润等方式弥补商业企业的进销差价损失。平销返利意味着商业企业的购进价格高估了，从增值税的角度而言，进项税额也就高估了。

根据《国家税务总局关于商业企业向货物供应方收取的部分费用征收流转税问题的通知》（国税发〔2004〕136 号）以及"营改增"的相关规定，商业企业向供货方收取的部分收入，按照以下原则征收增值税：

（1）对商业企业向供货方收取的与商品销售量、销售额无必然联系，且商业企业向供货方提供一定劳务的收入，例如进场费、广告促销费、上架费、展示费、管理费等，不属于平销返利，不冲减当期增值税进项税金，在"营改增"以后，应该按服务业征收增值税。

（2）对商业企业向供货方收取的与商品销售量、销售额挂钩（如以一定比例、金额、数量计算）的各种返还收入，均应按照平销返利行为的有关规定冲减当期增值税进项税金，并且不得开具增值税专用发票。

（3）应冲减进项税金的计算公式为：

$$当期应冲减的进项税金＝\frac{当期取得的返还资金}{1＋所购货物适用增值税税率}×所购货物适用增值税税率$$

2. 税务筹划设计

从增值税的处理规定来看，平销返利，对于购进方的商业企业而言，需要进项转出，即减少进项税；而对于销售方的生产企业则不能冲减销项税额，只能作为销售费用处理（也有建议冲减营业收入的，会计制度上没有明确规定），在税务处理上明显地存在"税收陷阱"，具有惩罚性质。如果说平销返利，对于商业企业而言，高估了购进金额，从而高估了进项税额，那么，对于生产企业而言，也就高估了销售收入，从而高估了销项税额。因此实务中很多税务筹划的方法，就是针对生产企业销项税额的冲减的。税务筹划的方法主要有：

（1）平销返利的收入，在商业企业尽可能采用与销售不挂钩的其他收费形式，比如物流配送、上架费等。商业企业只需要按6％交增值税，而不是按13％冲减进项税额。

（2）平销返利的收入，可以作为折让或折扣处理。相关的税收政策依据有二：

一是《国家税务总局关于纳税人折扣折让行为开具红字增值税专用发票问题的通知》（国税函〔2006〕1279号），纳税人销售货物并向购买方开具增值税专用发票后，由于购货方在一定时期内累计购买货物达到一定数量，或者由于市场价格下降等原因，销货方给予购货方相应的价格优惠或补偿等折扣、折让行为，销货方可按现行《增值税专用发票使用规定》的有关规定开具红字增值税专用发票。

二是《国家税务总局关于确认企业所得税收入若干问题的通知》（国税函〔2008〕875号），企业为促进商品销售而在商品价格上给予的价格扣除属于商业折扣，商品销售涉及商业折扣的，应当按照扣除商业折扣后的金额确定销售商品收入金额。

如果平销返利，商业企业可以按折扣或折让的方式进行处理，在减少进项税额的同时，作为供应商的生产企业可以减少销项税额。商业企业也可能因此获得更多的折扣，对于交易双方是一种双赢的方法。

3. 风险分析

平销返利作为一种惩罚性质的税收制度，在商业企业获得该收入时要求进项转出，而不得开具增值税发票让支付方进行抵扣或冲减销项税额。而在实务中，平销返利与折扣或折让很难区分，导致税务稽查更偏向认定为平销返利，使企业面临很大的税收风险。

例2-20： 税务稽查机关对某小汽车销售公司进行税务稽查，发现该公司在2017年年终购进货物取得的增值税专用发票上，所列的价款和税款有负数冲销现象（同一张发票上开具）。

检查合同发现，公司年销售小汽车达到200辆以上，厂家于年终按原定价的5％给予"返点"。公司在当年完成了目标后，在年终公司进货时，厂家直接在开具的增值税专用发票上注明对公司的"返点"，冲销后的结算价格远远低于当期小汽车的经销价格。检查人员认为，公司取得的销售"返点"属于平销返利行为，应当作"进项转出"处理。

但事实上，供应商并非是以"平价"开出发票之后另外给予商业企业返点，这并不符合平价销售的定义，而更符合商业折扣的定义，即企业为了鼓励客户多购商品而在商品标价上给予扣除。

当然，如果供应商不是一次性在年终兑现折扣，而是在下一个年度逐步在价格上体现这一促销的价格优惠，也可能稽查结果会不一样。

第四节　销售实现时间的税务筹划

在大多数的情况下，推延销售的实现可以推延纳税，但在一些特殊的情况下，比如金融商品转让，提前实现销售可能有节税的作用。

一、推延实现销售的税务筹划

（一）赊销（含分期收款）

1. 税制要点

赊销是销售方为了推销产品而为购货方提供商业信用的一种销售方式，赊销是企业最常用的一种推销手段。根据税法对纳税义务发生时间的规范（流转税与所得税通常一致），采取赊销方式销售货物的,以合同约定的收款日为纳税义务的发生日。但先开具发票的,以开具发票的当天为纳税义务发生日。

2.赊销与现销选择的税务筹划

例 2-21:有一批货物,现销的无税价格 800 万元。假定企业的必要报酬率为 10%,增值税税率为 13%。现在有两种销售方式,现销与分期收款销售。进项税额与如何销售无关,可以不考虑。

方案 1:现销,增值税销项税额的计税依据为 800 万元。

方案 2:分 5 年期收款,销售时第一次,以后分 4 年,即需要按首付年金或预付年金计算现值。

分期收款:

①如果不考虑税,每年收款多少?

$800 = A \times PVIFA(5,10\%) \times (1+10\%)$

$800 = A \times 3.7902 \times 1.1$

$A = 192(万元)$

即每期应该收款 192 万元,五期共收 960 万元(192×5)。

如果期数一定,贴现率越高,每年收款越高!财务人员需要根据自己的必要报酬率与对方谈判,确定年收款额。

②如何考虑增值税?

关键是如何开票!按合同约定日纳税,但提前开了发票的按发票日。

税务筹划建议:应该分次开票,分次交税,如果每次按 192 万元计税,增值税销项计税依据的现值也是 800 万元,与现销没有差异。

$192 \times 3.7902 \times (1+10\%) = 800(万元)$

但如果一次开发票,要求一次交税(因为对方可以一次扣税),购买方也应该一次把税款结清,否则销售方税负会加重。

3.风险分析

赊销是一种促销方式,与现销比较,其带来的收益往往是增加了一定的销售及其销售利润,也能够起到推延纳税的作用。但带来的风险比较多:应收账款占用资金增加,应收账款带来的坏账损失增加,应收账款带来的收账成本增加,等等。如第一章所述,如果企业的销售明知无法现在收到货款,最好在合同中明确收款时间,并明确发票的开具日期,以便为推延纳税准备依据。

(二)委托代销

1.税制要点

委托方将商品交付给受托方,受托方根据合同要求,将商品出售并开具销售货物清单交给委托方,此即委托代销商品。委托方拿到销货清单时,才确认销售收入的实现。

2.现销与委托代销方式的税务筹划

当企业的产品销售对象是商业企业时,且以销售后付款的结算方式销售,则可以采用委托代销的结算方式,按实际收到的货款分期计算销项税额。

例 2-22:某洗发水厂 2019 年 6 月向外地某超市供应洗发水 100 万元,货款结算采用销售后付款的方式。8 月份该超市汇来货款 80 万元,那么该企业应如何进行筹划(上述均为不含税价,增值税税率为 13%)?

在该笔业务中,购货企业是商业企业,且货款结算采用销售后付款方式,所以,可以选择委托代销货物形式,按委托代销结算方式进行税务处理。

按委托代销结算方式处理,该洗发水厂 6 月份可以不计算销项税额,8 月份按规定向代销单位索取销货清单并计算销售额,计提销项税额 10.4 万元(80×13%)。尚未收到的货款,可以暂缓申报计算销项税额。不按委托代销结算方式处理,则在 2019 年 6 月应计征增值税销项税额 13 万元(100×13%)。虽然最终两种方式下缴纳的税款金额是一样的,但在委托代销结算方式下,该洗发水厂能推延纳税,有一定的节税作用。

3.风险分析

委托代销尽管能够带来推延纳税的作用,但委托代销最大的风险,就是在这种销售结算方式下,销售的风险与收益没有彻底转移给购买方,如果代销方没有完成商品的销售,就会把商品退回来。因此,该销售方式需要慎用。

二、提前实现销售的税务筹划

1.税制要点

该税务筹划主要针对"营改增"以后的金融商品的转让行为。金融商品转让是指转让外汇、有价证券、非货物期货和其他金融商品所有权的业务活动,其他金融商品转让包括基金、信托、理财产品等各类资产管理产品和各种金融衍生品的转让。购入基金、信托、理财产品等各类资产管理产品持有至到期的,不属于金融商品转让行为。

金融商品转让按照卖出价扣除买入价后的余额为销售额。转让金融商品出现的正负差,按盈亏相抵后的余额为销售额。若相抵后出现负差,可结转下一纳税期与下期转让金融商品销售额相抵,但年末时仍出现负差的,不得转入下一个会计年度。

金融商品的买入价,可以选择按照加权平均法或者移动加权平均法进行核算,选择后 36个月内不得变更。金融商品的买入价是购入金融商品支付的价格,不包括买入金融商品支付的交易费用和税费。而金融商品的卖出价是卖出原价,不得扣除卖出过程中支付的税费和交易费用。

金融商品转让的增值税税率为 6%,小规模纳税人适用的征收率为 3%。

2.税务筹划设计

我们通过一个案例来进行说明。

例 2-23:某企业 2018 年 8 月份购入股票 100 万元(成本),在当年 10 月销售了 50%,增值了 20 万元。但剩余的 50%,在年底时却被套了 30%,即账面浮亏 15 万元(100×50%×30%)。对于剩余的 50% 的股票,在年底时有两个处理方案。

方案 1:被套的股票继续持有,等待解套。

股票投资在本年度需要缴纳增值税=20×6%=12(万元)

方案 2:年底实现销售,假定实现亏损 15 万元。

股票投资在本年度需要缴纳增值税=(20-15)×6%=3(万元)

企业如果希望继续持有该股票,可以随后再买进。

3.风险分析

提前实现金融商品转让的亏损,在实现盈亏相抵获得节税利益的同时,可能存在两个方面的风险：一是交易成本增加，买卖都是有成本的；二是股价波动的风险，可能卖出的股票随后上涨了，则会得不偿失。

第五节　特殊销售行为的税务筹划

这一节将介绍兼营销售、混合销售、委托加工、视同销售以及其他一些特殊销售行为的税务筹划。

一、兼营销售的税务筹划

（一）税制要点

根据《财政部　国家税务总局关于全面推开营业税改征增值税试点的通知》（财税〔2016〕36号）的规定，纳税人兼营销售货物、劳务、服务、无形资产或者不动产，适用不同税率或者征收率的，应当分别核算适用不同税率或者征收率的销售额；未分别核算的，从高适用税率。兼营会涉及两项或两项以上的交易，适用不同税率的项目应分别开具发票，但也可以在同一张发票上分项目开具。

（二）税务筹划设计

通过两个具体的实例阐述其税务筹划的方案设计方法。

例 2 - 24：某大型计算机公司是增值税一般纳税人，此公司既销售计算机硬件，也从事计算机软件的开发与转让，计算机硬件与软件的销售往往会同时实现。2019 年，该公司的硬件销售额为 4000 万元（无税），另外开发转让软件取得销售收入 1000 万元（无税），假定硬件与软件的进项税额合计为 300 万元。

注意，按税法规定，增值税一般纳税人销售其自行开发生产的软件产品，按 13％的税率征收增值税后，对其增值税实际税负超过 3％的部分实行即征即退政策。也就是说，软件产品的销售实际负担的增值税为 3％。

方案 1：不分开核算。

应纳增值税 $= 5000 \times 13\% - 300 = 350$（万元）

方案 2：分开核算。

应纳增值税 $= 4000 \times 13\% - 300 + 1000 \times 3\% = 250$（万元）

所以，分开核算可以节税 100 万元。

例 2 - 25：某瓷砖公司是增值税小规模纳税人，主要从事瓷砖的销售业务，同时又承揽一些与瓷砖有关的装修业务。某月该公司对外销售瓷砖，获得不含税销售收入 50 万元，另外又承接装修业务获得服务收入 30 万元（无税）。

方案 1：不分开核算。

应纳增值税 $= (50 + 30) \times 3\% = 2.4$（万元）

方案 2：分开核算。

应纳增值税 $= 50 \times 3\% = 1.5$（万元）

应纳增值税 $= 30 \times 3\% = 0.9$（万元）

合计 2.4 万元，无差别。

（三）风险分析

对于小规模纳税人而言，兼营不同项目时，因为增值税税率都是 3％，是否分开核算，不影响增值税税负。但如果小规模纳税人兼营的项目同时涉及特别调节的消费税等，就必须分别核算，否则，在征收增值税以后，面临从高缴纳消费税的风险。

二、混合销售的税务筹划

（一）税制要点

根据《财政部 国家税务总局关于全面推开营业税改征增值税试点的通知》（财税〔2016〕36号）的规定，一项销售行为如果既涉及服务又涉及货物，为混合销售。从事货物的生产、批发或者零售的单位和个体工商户的混合销售行为，按照销售货物缴纳增值税；其他单位和个体工商户的混合销售行为，按照销售服务缴纳增值税。该条所称从事货物的生产、批发或者零售的单位和个体工商户，包括以从事货物的生产、批发或者零售为主，并兼营销售服务的单位和个体工商户在内。

以货物的生产、批发或零售为主，是指纳税人一年的销售额中以货物的生产、批发或零售为主的销售额占 50％以上（包括 50％）。

判断是否属于混合销售应该把握的基本原则：一是其销售行为必须是一项，二是该项行为必须既涉及服务又涉及货物销售。而兼营是指两项或两项以上的交易，这是兼营销售与混合销售最大的不同。

混合销售行为，既不能强制地把纳税人的一项销售行为拆分为两项行为征税，比如餐饮企业提供餐食的同时售卖烟酒，就属于混合销售，不能按照餐饮企业兼营烟酒分别征税，因为餐饮企业销售的商品加上厨师和服务人员的劳动，共同形成了餐饮服务，应该按餐饮服务征收增值税。

注意混合销售行为的三个"一"标准：同一项销售行为，同一个购买方，同一个税率（即只按一个税率征收增值税）。

（二）税务筹划设计

例 2－26： 某木质地板公司，从事木质地板的批发、零售业务，同时也兼营木质地板砖的装修业务。该公司是增值税一般纳税人。2019 年 6 月，该公司发生一笔混合销售业务，销售一批木质地板并替客户安装，共取得收入 100 万元（无税），木质地板购入价 50 万元（无税），税率都是 13％。则该公司应如何筹划？

在计算增值税时，存在两种情况：

情况一：企业是以木质地板的批发、零售业务为主的

$$(100-50)\times13\%=6.5（万元）$$

情况二：企业是以建筑业为主的

$$100\times9\%-50\times13\%=2.5（万元）$$

第二种情况为优。

由于目前货物销售的增值税率高于服务业的，因此，当企业存在混合销售的情况时，以货物生产、批发零售为主的企业税负明显高，而以服务业为主的企业则税负低。因此，如果该企业属于第一种情况，税务筹划的建议是应该把建筑服务业务分立，单独成立企业或实行业务外包，否则按混合业务计税，十分不划算。如果是第二种情况，则企业在承接建筑服务时，可以从

事一些货物的销售,可以降低税负,但注意不要超过销售收入的 50%。

(三)风险分析

从事货物生产、批发或者零售的单位和个体工商户,如果涉及比较多的混合销售业务,根据税务筹划的方法,应该将货物销售与服务业务进行分立。业务分立以后,其风险主要来自经营风险,包括管理成本的增加、业务难以协调等。而从事服务业为主的单位和个体工商户,如果涉及混合销售行为,按税务筹划的建议,是可以适当从事混合业务的,其风险主要来自法律风险:一是混合与兼营很难区分,与税务上可能产生分歧;二是货物销售的比例不能太高,否则会被按销售货物对待,税率增高。

三、委托加工的税务筹划

(一)利用委托加工降低消费税

1. 税制要点

委托加工,是一种来料加工的销售行为。委托加工的消费品,是指由委托方提供原料和主要材料,受托方只收取加工费和代垫部分辅助材料加工的消费品。委托加工与自产自销相比,一直存在一定的税务筹划空间,是税务筹划的重要方法,但近年遭遇到反避税的制约。当然,反避税主要是针对消费税的。

消费税原规定:"委托加工的应税消费品由受托方在向委托方交货时代收代缴税款。委托加工的应税消费品,委托方用于连续生产应税消费品的,所纳税款准予按规定抵扣。""委托加工的应税消费品收回后直接出售的,不再征收消费税。"

消费税新规定,受托方代收消费税以后,委托方收回后继续销售的:如果售价不高于受托方的计税价格出售的,不再缴税;如果售价高于受托方的计税价格出售的,按售价缴税,在计税时准予扣除受托方已代收代缴的消费税。

2. 税务筹划设计

下面通过一个案例来说明委托加工对增值税和消费税的影响,以及消费税的避税与反避税。

例 2-27:甲酒厂签订一个合同,销售白酒 500 万元(无税),共计 5 万斤白酒。粮食白酒消费税税率为 20%,粮食白酒消费税定额税率为 0.5 元/斤,增值税进销均按 13% 计算。现在有两个方案可供选择:

方案 1:自行加工,需要购买原材料 100 万元(无税),加工费 100 万元。

方案 2:委托乙厂加工。原料 100 万元(无税),协议规定加工费为 100 万元(无税);加工的白酒运回甲厂后,甲厂直接可以销售。

方案 1:

增值税应纳税 =(500-100)×13%=52(万元)

消费税应纳税 =500×20%=100(万元)

合计 152 万元。

方案 2:

增值税应纳税:

受托方:100×13%=13(万元)

委托方:(500-100-100)×13%=39(万元)

委托方和受托方合计缴纳增值税52万元,与方案1无差别。

消费税应纳税:

受托方代扣代缴:

消费税组成计税价格＝(材料成本＋加工费)/(1－消费税税率)

$$＝(100＋100)/(1－20\%)＝250(万元)$$

应缴消费税＝250×20%＝50(万元)

原规定是甲厂销售白酒后,不再缴纳消费税。

因此,方案2比方案1节税一半,即节税50万元(100－50)。委托加工成为消费税的节税方法。但新规定把这个漏洞堵上了。

按新的消费税规定,由于委托方甲企业销售价格500万元,高于受托方计税价格250万元,因此,应该补税。计算公式:

补税金额＝500×20%－50(受托方已纳税)＝50(万元)

补税以后,方案2合计纳税总额也是152万元(即13＋39＋50＋50),方案2与方案1已经没有差别,反避税成功!

3.风险分析

通过上述分析可见,通过委托加工降低消费税的漏洞已经被堵上了,因此,如果想利用委托加工降低消费则将面临法律风险。

(二)利用委托加工改变交易方式,规避纳税调整

1.税制要点

在税务筹划方法中,通过关联交易,利用转让定价的方法,可以实现转移利润,起到避税作用。但是转让定价是有限度的,稍有不慎就会遭遇纳税调整。因此,如果常规的交易方法无法达到税务筹划的目标时,需要改变交易方式,委托加工就是其中的一种。

2.税务筹划设计

例2-28:甲、乙为关联企业,甲企业适用企业所得税税率25%,乙企业适用低税率15%。甲企业生产某产品,每件材料成本150元,加工费50元,对外售价300元。税务筹划的目标是将甲企业80元/件的利润转移到低税的乙企业。假定上述价格不含增值税。

方案1:甲企业按220元的价格销售给乙企业,乙企业以300元的价格对外销售。

方案2:改销售为委托加工。由乙企业购入材料150元/件,支付正常加工费50元/件给甲企业,收回后乙企业对外按300元/件销售。

分析如下:

方案1的交易,尽管可以通过转让定价的方法,实现转移利润的目标,但由于对外售价是每件300元,甲企业只以每件220元的价格销售给乙企业,这笔交易很可能遭受纳税调整。

方案2同样实现了交易目标,并且比方案1将更多的利润(100元/件)转移到低税的乙企业。但由于在委托加工的定价中,支付每件50元的加工费是符合规范的,不会遭遇纳税调整。

例2-29:有一个工程局,研发了一种可以用于土建工程建设的技术。而后成立了一个生产企业A(与工程局构成关联交易),利用该技术进行生产。生产的产品一部分对外销售,单价1万元/吨,一部分用于工程局自己的项目,由于技术是工程局自己提供的,因此,单价按3000元/吨。该产品的成本为2000元/吨。

税务局在税务检查时发现了该问题,要A企业把卖给工程局的那部分产品,按1万元/吨计税,补税并罚款。

针对这一问题,A 企业咨询税务专家,该怎么办?

税务专家建议:工程局可以自己采购材料,委托 A 企业加工,工程局支付适度的加工费给 A 企业即可。单价可能不会超过 3000 元/吨。

3.风险分析

在上述关联交易中,对比两个交易方案,显然,在直接交易可能遭遇纳税调整的风险时,委托加工是一种很好的替代方式。

（三）利用委托加工,规避税收管理的风险

下面通过两个案例,说明税务筹划的方法。

例 2 - 30:兄弟 A 和 B 都是做生意的,A 是一般纳税人,B 是小规模纳税人。B 与甲企业签订了加工合同,对方非要增值税专用发票不可,不然就不与他合作,于是 B 找 A 帮忙开专用票,并到税务局代开了小规模的发票给 A 抵扣,还补了一些差价给 A。

税务风险分析:B 与甲企业之间签订合同,应该是 B 开发票给甲企业,或者到税务局开专用发票给甲企业。现在的情况是两处违规:一是 A 开专用发票给甲企业,他们之间没有交易,这是虚开发票的情况;二是 B 到税务局开专用票给 A 抵扣,A 与 B 之间也没有交易,也属于虚开发票的情况。那么,应该怎么做,既可以实现 A 帮 B 的忙,又不违规呢?

税务筹划设计方法:应该让甲企业与 A 签订合同,然后,A 通过委托 B 加工的方式,实现甲企业的加工要求。

这样做的结果,A 给甲企业开具专用发票,完全符合要求,而通过 A 委托 B 加工,也能够实现甲企业希望 B 加工的要求,B 到税务局开具发票给 A 也是符合要求的。因此,通过委托加工的方法,可以实现规避税收管理的风险。

例 2 - 31:有一个老板,本来自己有一个企业(假定称为 A),从事个体经营,定额纳税,现在也已经成为一般纳税人了。该老板在积累了一定的财富以后,收购了一个比较大的企业(假定称为 B)。该老板属于谨慎型的企业家,老是担心自己收购的 B 企业,万一出现税收风险需要关闭该怎么办!

老板自己进行税务筹划:为了保证 B 的资产安全,希望 B 不生产,不对外开发票,只是将工厂出租给 A,收取租金。而全部的生产经营、对外开票由 A 负责,A 也是一般纳税人。老板认为,即便税务上出了麻烦,关闭 A 即可,而 A 没有太多的资产,关闭也没有什么大的危机。

税负分析:

(1)B 收取租金,需要缴纳增值税,房产和设备都涉及租金的增值税,但对于该老板而言,B 的销项税是 A 的进项税,整体税负没有增加。

(2)B 收取的租金,需要缴纳所得税,但对于该老板而言,B 的收入是 A 的成本,整体税负也没有增加。

(3)B 收取的租金,需要缴纳 12% 房产税。

税务筹划专家建议的方案:

B 有生产场地和设备,是个生产企业,因此可以由 B 生产,A 采购原料,委托加工后收回出售,经营、发票也基本上由 A 负责,B 的风险也很小。

(1)增值税方面,B 的加工费交增值税,A 可以扣除,税负不会增加。

（2）所得税方面，B的加工费收入，也是A委托加工成本，整体税负不会增加。

（3）房产税，因为是委托加工，房产税不需要按12%缴纳，只需要按房产原值减除一定比例以后，缴纳1.2%的房产税。

可见，为了达到老板规避税收管理风险的目标，委托加工比出租税负低，主要体现在房产税上，一个从租，按12%的税率，一个按原值（可减除一定比例），按1.2%的税率。

四、视同销售的税务筹划

（一）税制要点

视同销售的税制规定，涉及征税范围和计税依据两个方面，而且增值税、消费税和所得税的规定有所不同，下面分别介绍。

1.视同销售的范围

（1）增值税的规定。《中华人民共和国增值税暂行条例实施细则》以及关于"营改增"的财税〔2016〕36号文规定，视同销售包括：

①将货物交付他人代销；

②销售代销货物；

③设有两个以上机构并实行统一核算的纳税人，将货物从一个机构移送至其他机构用于销售，但相关机构设在同一县（市）的除外（简称为"移库"）；

④将自产、委托加工的货物用于非应税项目；

⑤将自产、委托加工的货物用于集体福利或个人消费；

⑥将自产、委托加工或购买的货物作为投资，提供给其他单位或个体经营者；

⑦将自产、委托加工或购买的货物用于分配给股东或投资者；

⑧将自产、委托加工或购买的货物无偿赠送他人；

⑨单位或者个体工商户向其他单位或者个人无偿提供服务，但用于公益事业或者以社会公众为对象的除外；

⑩单位或者个人向其他单位或者个人无偿转让无形资产或者不动产，但用于公益事业或者以社会公众为对象的除外；

⑪财政部和国家税务总局规定的其他情形。

增值税是按增值额纳税的，需要将销项税额与进项税额进行抵消，同时，增值税要求总、分支机构不在同一个县市的，应分别向当地税务机关申报纳税。因此，为了避免一方只有进项税额，没有销项税额，而另一方只有销项税额，没有进项税额的情况发生，视同销售不同于其他税种的判断标准，笔者总结为三个方面：

一是是否做到"税随货走"，比如代销、"移库"。举例来说，在甲县的总机构将货物移送到乙县的分支机构进行销售，那么，总、分支机构应该分别向甲乙两个县申报纳税。如果总机构不视同销售计税，则甲县的总机构只有进项税额，没有销项税额；反之，乙县的分支机构则只有销项税额，没有进项税额。这样的结果对于甲乙两个县来说也是有失公平的，因此，"移库"时需要视同销售对两地政府也是公平的。

二是进项税额与销项税额是否能够抵消。比如外购货物用于非应税项目（"营改增"以后基本没有了，可能只剩下免税项目）、集体福利和个人消费，按税法规定，外购货物用于上述情况，不允许抵扣，也就是说没有进项税额，因此，就不需要视同销售计算销项税额，否则，无法实现相互抵消。但自产或委托加工的货物用于上述情况时,由于购进货物时是为了生产应税产品,允许抵扣,有了进项税额,因此,当自产或委托加工的货物用于非应税项目、集体福利和个人消费时,需要视同销售计算销项税额。

三是所有权是否转移,比如将自产、委托加工或购买的货物用于投资、分配以及赠送他人,都涉及所有权的转移,同时也符合"税随货走"的原则,需要视同销售计税。

(2)消费税的规定。纳税人自产自用的应税消费品,除用于连续生产应税消费品外,凡用于其他方面的,于移送使用时纳税。用于其他方面的是指纳税人用于生产非应税消费品和在建工程、管理部门、非生产机构提供劳务,以及用于馈赠、赞助、集资、广告、样品、职工福利、奖励等方面的应税消费品。

消费税与增值税最大的不同,就是消费税主要是在生产领域(包括进口)实行一次课征制,因此,其视同销售的判断原则是,只课征一次(卷烟除外),但也需要保证在实现消费时,必须课征过一次消费税。因此,其判断标准包括:

一是所有权转移,这与增值税类似,比如将应税消费品用于对外投资、分配、赠送他人等。

二是是否进入消费税非应税领域,除用于连续生产应税消费品外,凡用于其他方面的,于移送使用时纳税,包括用于生产非应税消费品、在建工程、管理部门、集体福利和单位个人消费等。一旦进入非应税领域,需要在移送使用时纳税,以保证计征一次消费税。

(3)所得税的规定。视同销售行为包括:企业发生的非货币性资产交换,以及将货物、财产、劳务用于捐赠、偿债、赞助、集资、广告、样品、职工福利或者利润分配等用途的,应当视同销售货物、转让财产或者提供劳务,但国务院财政、税务主管部门另有规定的除外。

判断视同销售的基本原则是,资产所有权的形式和实质是否发生改变。当资产所有权的形式和实质未发生改变的,可作为内部处置资产,不视同销售确认收入。而企业将资产移送他人的下列情形,因资产所有权属已发生改变而不属于内部处置资产,应按规定视同销售确定收入,包括:用于市场推广或销售;用于交际应酬;用于职工奖励或福利;用于股息分配;用于对外捐赠;其他改变资产所有权属的用途。

比较所得税、消费税和增值税的视同销售的范围,所得税最窄,基本标准主要是资产权属的转移;消费税其次,其范围大于所得税而小于增值税,除了应税消费品的资产权属转移这一标准外,还有消费品是否进入非应征消费税的领域;增值税视同销售的范围最大,除了与所得税、消费税类似的标准外,即所有权转移和进入非应税领域(这里是指增值税的非应税领域),还需要保证销项税额与进项税额之间的相互抵消,需要做到"税随货走"。

2.视同销售的计税依据

(1)增值税。按以下顺序确定:

①按纳税人最近时期同类货物的平均销售价格确定;

②按其他纳税人最近时期同类货物的平均销售价格确定;

③按组成计税价格确定。

$$组成计税价格=成本\times(1+成本利润率)$$

属于应征消费税的货物,其组成计税价格中应加计消费税额。

(2)消费税。按照纳税人当月销售的同类应税消费品的销售价格计算纳税,如果当月同类应税消费品各期销售价格高低不同,应按销售数量加权平均计算。没有同类应税消费品销售价格的,按照组成计税价格计算纳税。

实行从价定率的：

$$组成计税价格＝（成本＋利润）÷（1－消费税税率）$$

实行复合计税的：

$$应纳税额＝（成本＋利润＋自产自用数量×定额税率）÷（1－消费税税率）$$

但纳税人用于换取生产资料或消费资料（以物易物）、投资入股、抵偿债务等方面的应税消费品，应当以纳税人同类应税消费品的最高销售价格为依据计算消费税。

（3）所得税。确认收入（或利润）的方法：属于企业自制的资产，应按企业同类资产同期对外销售价格确定销售收入；属于外购的资产，可按购入时的价格确定销售收入。

视同销售的计税依据，增值税和所得税基本原则是相同的，都是同期同类产品的对外销售价格，如果没有，应该组成计税价格。但消费税，只是自产自用部分，与增值税、所得税一致，而用于换取生产资料或消费资料（以物易物）、投资入股、抵偿债务等方面的应税消费品，应当以纳税人同类应税消费品的最高销售价格为依据计算消费税。

（二）税务筹划设计

在视同销售的税务筹划中，主要是计税价格的利用。计税价格大致可以分为三种：组成计税价格、同类产品的加权平均销售价格以及最高销售价格。下面通过案例比较分析三种计税价格下税负的差别，并作出税务筹划的建议。

例 2－32： 甲企业生产一批消费品，这批产品的成本为 1000 万元，增值税的进项税额 100 万元，规定的成本利润率为 10％，消费税税率为 20％。近期同类产品销售平均价格每件 50 元，最高价格每件 70 元，上述价格不含增值税。增值税税率为 13％，假定附加税费按 12％计算，所得税税率为 25％。

1. 不同计税价格的应纳税额比较

（1）按组成计税价格计算。

组成计税价格＝1000×（1＋10％）/（1－20％）＝1375（万元）

增值税应纳税＝1375×13％－100＝78.75（万元）

消费税应纳税＝1375×20％＝275（万元）

所得税应纳税＝[1375－1000－275－（78.75＋275）×12％]×25％＝14.39（万元）

合计：（78.75＋275）×（1＋12％）＋14.39＝410.59（万元）

（2）按近期同类产品平均价格计算。

100×50＝5000（万元）

增值税应纳税＝5000×13％－100＝550（万元）

消费税应纳税＝5000×20％＝1000（万元）

所得税应纳税＝[5000－1000－1000－（550＋1000）×12％]×25％＝703.5（万元）

合计：（550＋1000）×（1＋12％）＋703.5＝2439.5（万元）

（3）按近期最高价格计算。

100×70＝7000（万元）

消费税应纳税＝7000×20％＝1400（万元）

增值税和增值税无需按最高价格计算，假定还是按同类产品价格计算。

增值税应纳税＝5000×13％－100＝550（万元）

所得税应纳税＝[5000－1000－1400－（550＋1400）×12％]×25％＝591.5（万元）

合计：$(550+1400)\times(1+12\%)+591.5=2775.5$（万元）

2．税务筹划建议

比较上述三种计税价格下的应纳税额，显然，组成计税价格最优，按最高价格时税负最重。因此，建议：

（1）如果企业生产的产品为自产自用的情况，应该尽可能采用组成计税价格，在产品设计上区别于对外销售的产品，避免按同类产品计税。

（2）在消费税产品对外交换生产资料或生活资料、投资或抵债时，如果与交易对象可以按最高价格实现交易，则按最高价格计税，当然是可行的。但如果与交易对象无法按最高价格实现交易，则应该尽可能避免按最高价格计税，建议：一是尽量避免发生上述交易行为；二是可以先签订正常交易合同出售消费品，然后再进行购买、投资或还债，避免一揽子合同。

（三）风险分析

由于视同销售的计税价格差异很大，税负也有很大的差异。一些企业自产自用需要视同销售纳税时，不能够创造条件（比如自用产品与外销产品差异不明显）按组成计税价格计税，而擅自采用组成计税价格计税。还有一些企业，为了达到自用产品少纳税的目标，采用产品报废或毁损的方式，按成本价计税，实则是把报废或毁损的产品转做自用。上述行为均存在违法风险。

五、免税产品销售的税务筹划

减免税是税收优惠的主要方法，在很多税种中都会涉及。但增值税的免税产品销售，涉及买卖双方的进项税额能否抵扣，以及卖方是否应该放弃免税的一些特殊问题，在税务筹划中具有特殊的意义。因此，在销售的税务筹划中，本章只涉及增值税的免税产品销售。

（一）税制要点

1．兼营免税、减税项目

纳税人兼营免税、减税项目的，应当分别核算免税、减税项目的销售额；未分别核算的，不得免税、减税。

2．免税项目进项税额的分配

免税项目因为没有销项税额，因此，相关的进项税额不得抵扣，而且销售时不得开具增值税专用发票，购买方也无法抵扣。

采用一般计税方法的纳税人，兼营简易计税方法计税项目、免征增值税项目而无法划分不得抵扣的进项税额，按照下列公式计算不得抵扣的进项税额（即销售百分比法）：

不得抵扣的进项税额＝当期无法划分的全部进项税额×（当期简易计税方法计税项目销售额＋免征增值税项目销售额）÷当期全部销售额

3．纳税人可以选择放弃免税

纳税人销售货物、提供劳务或发生的应税行为（即销售不动产、无形资产和服务业）适用免税、减税规定的，可以放弃免税、减税，按规定缴纳增值税。放弃免税、减税后，36个月内不得再申请免税、减税。需要强调的是，纳税人一经放弃免税权，其生产销售的全部增值税应税货物、劳务或其他应税行为，均应按照适用税率征税，不得选择某一免税项目放弃免税权，也不得根据不同的销售对象选择部分货物、劳务或应税行为放弃免税权。

(二)税务筹划设计

1. 纳税人为什么会放弃免税权

如果纳税人的增值额为负数,即卖价低于买价,选择放弃免税权,这是很容易理解的。但事实上,很多增值额为正数的企业也会选择放弃免税权,免税本来是最优惠的税收政策,纳税人为什么会放弃呢?究竟是什么原因呢?我们先作一个解释,然后再阐述税务筹划的方法。

为了便于说明,假定一个产品经过三个环节,表现为三个阶段的产品 A、B 和 C,然后进入最终消费。假定最终产品售价在不同的征税条件下不变,而且假定免税产品不影响对下游企业的销售价格,因此,上游产品的销项税额就是下游产品进项税额。为了说明不同环节的免税对增值税整体税负的影响,我们把计算过程展示在表 2-4 和 2-5 中。

表 2-4　三个产品正常纳税的情况　　　　　　　　　单位:万元

产品	进项税额	销项税额	应纳税额
A	100	120	20
B	120	140	20
C	140	160	20
合计纳税			60

表 2-4 的说明:A 产品,假定进项税额 100 万元,销项税额 120 万元,正常情况下纳税 20 万元;B 产品,假定进项税额 120 万元(是上游产品的销项税额),销项税额 140 万元,正常情况下纳税 20 万元;C 产品,假定进项税额 140 万元(是上游产品的销项税额),销项税额 160 万元,正常情况下纳税 20 万元。

为了说明不同环节的免税对增值税整体税负的影响,承继表 2-4 的数据继续分析,见表 2-5,表中用"进项"和"销项"分别代表"进项税额"和"销项税额"。

表 2-5　不同环节的免税对增值税整体税负的影响　　　　　　　　　单位:万元

产品	A 免税			B 免税			C 免税		
	进项	销项	纳税	进项	销项	纳税	进项	销项	纳税
A	0	0	0	100	120	20	100	120	20
B	0	140	140	0	0	0	120	140	20
C	140	160	20	0	160	160	0	0	0
合计			160			180			40

表 2-5 的说明:表 2-5 是按三种不同的免税条件设计的,计算了每一种免税条件下,A、B、C 三种产品的进项、销项和应纳税额及其合计。如果 A 免税,导致 B 没有进项税额;而如果 B 免税,导致 C 没有进项。

从上述分析可知,免税产品销售不纳税,进项不得抵扣;买入免税产品,也没有进项。因此,对非最终产品的免税(比如 A 和 B),免税产品销售价格中包含的以前环节已纳税将不能向后转移,而是构成产品成本的一部分,并成为下一环节纳税人购入原材料成本的一部分(当然能否全部转移是不一定的,为了说明对整体税负的影响,上述计算是假设全部转移了)。所以,对非最终产品免税,免税环节未能抵扣的进项税额将直接体现为增加产品流转过程的增值税税负,而且免税环节越往后,增加的税负及重复征税部分也越大,比如 B 免税比 A 免税整体税负更重。只有对最终产品免税,整体税负是最轻的。

基于增值税税负链的整体考虑,一些非最终产品的纳税人,放弃免税权利,会减轻增值税的整体税负,在上下游的利益分配中,可能是双赢的方案。

在税收制度的安排上,对非最终产品实行先征后返、即征即退比免税政策为优,现在很多需要鼓励的行业或产品,采用该制度,比如软件产品、集成电路等。

2.纳税人是否放弃免税权的税务筹划

在上述的分析中,我们为了说明免税对增值税整体税负的影响,假设免税产品不影响其对下游的销售价格,也就是说纳税人承担的全部进项税额作为成本都转移到了下一个环节。但事实上,如果销售的产品免税,不能给下游企业开具增值税抵扣发票,往往价格是需要打一个折扣的。因此,企业需要考虑自己的税率、进项税额以及价格折扣。

例 2-33:企业销售甲产品,适用免税政策的规定。企业正在考虑要不要放弃免税权利。因此,需要在纳税与免税之间做分析与决策。

方案 1:放弃免税,正常纳税。产品销售含税价格 113 元/件,适用增值税税率 13%,增值税附加税费 12%。单位产品承担的进项税额(包括货物、服务等)10 元/件,含税成本 70 元/件。

方案 2:不放弃免税,即执行免税。产品按含税售价 113 元/件,需要打八折才可以销售出去,含税成本 70 元/件。

我们可以比较两个方案的现金流量。

方案 1:应纳增值税及其附加 $=(\frac{113}{1+13\%}\times13\%-10)\times(1+12\%)=3.36$(元/件)

销售一件产品的现金净流入:

$113-3.36-70=39.64$(元/件)

计算公式表明,销售一件产品,获得 113 元的含税销售收入,需要缴纳增值税及其附加 3.36 元,付给供应商含税成本 70 元。

方案 2:$113\times80\%-70=20.4$(元/件)

即销售一件产品,获得 113 元的销售收入的八折,不需要缴纳增值税,但付给供应商的含税成本 70 元不变。

方案 1 优于方案 2,说明免税反而不划算,应该放弃免税权才行。

如果其他条件不变,只是计算价格折扣(设为 R):

$113-3.32-70=113R-70$

$R=97.06\%$

也就是说,如果企业销售免税产品的价格在折扣率 97.06% 以上,免税是可行的,反之,如果免税产品的折扣率低于 97.06%,则免税反而不划算了。比如例题的折扣率为八折,低于 97.06%,因而,免税不划算。

3.纳税人免税产品进项税额分配的税务筹划

如前所述,采用一般计税方法的纳税人,兼营简易计税方法计税项目、免征增值税项目而无法划分不得抵扣的进项税额,按照销售百分比法计算不得抵扣的进项税额,公式见前面的阐述。

根据纳税人免税产品进项税额分配的计算公式,税务筹划的重点在于企业是否应该将免税产品单独核算,因为单独核算就不存在无法划分的问题。我们先看一个例题进行说明。

例 2-34:企业全部进项税金 100 万元,按销售百分比计算的不得抵扣的比例 40%,即 40 万元。

在税务筹划时,需要考虑免税产品实际占用的进项税额。

第一种情况,如果免税产品实际占用进项税额为 50 万元,即大于 40 万元,则企业应该将免税产品与应税产品合在一起核算为好。因为,根据税法规定的销售百分比计算不得抵扣的只有 40 万元,只要进项转出 40 万元,企业可以多获得进项税额的扣除额 10 万元。

第二种情况,如果免税产品实际占用进项税额为 30 万元,即小于 40 万元,则企业应该将免税产品与应税产品分开核算(免税产品单独核算)为好。因为如果合在一起核算,根据税法规定的销售百分比计算不得抵扣的达到了 40 万元,需要进项转出 40 万元,企业多转出进项税额 10 万元。

第三种情况,如果免税产品实际占用进项税额也是 40 万元,那么免税产品是否独立核算无所谓。

总之,免税产品实际占用的进项税额越高越应该合在一起核算,反之应该分立核算或免税产品单独核算。我们可以根据上述分析建立一个通用公式。

设免税产品的进项税额占全部进项税额的比例为 R,免税产品销售百分比为免税产品销售收入占全部销售收入的比例。假定免税产品不独立核算时全部进项税额都是无法划分的进项税额。

免税产品不独立核算时可以抵扣的进项税额

=全部进项税额-全部进项税额×免税产品销售百分比

=全部进项税额×(1-免税产品销售百分比)

免税产品独立核算时可以抵扣的进项税额=全部进项税额×(1-R)

求平衡点:

全部进项税额×(1-免税产品销售百分比)=全部进项税额×(1-R)

R=免税产品的销售百分比

当免税产品的进项税额占全部进项税额的比例 R,大于免税产品的销售百分比时,免税产品不应该单独核算;当免税产品的进项税额占全部进项税额的比例 R,小于免税产品的销售百分比时,免税产品应当独立核算,即应该合并核算;当 R 等于免税产品的销售百分比时,免税产品是否独立核算无差别。

(三)风险分析

增值税的免税政策不像其他税种,在获得免税优惠的时候,不仅对卖方自己的进项税额和销项税额产生影响,还会影响到下游企业的进项税额。因此,企业必须全面考虑上下游之间的利益关系,以及自身的进项税额和销售价格折扣等问题,做出正确的选择。否则,盲目选择免税,反而会带来不必要的税收风险,甚至由于免税产品不能抵扣,会在一定程度上影响销售,从而招致经营风险。

　　另外,对于免税产品是否独立核算的问题,根据上述的计算分析,只要免税产品的进项税额占全部进项税额的比例小于免税产品的销售百分比,就应该独立核算。但在实务中,独立核算有时候很难达到税务上的管理要求,税务局如果说企业的免税产品没有达到独立核算的要求,认为企业的进项税额需要按免税产品的销售百分比进行划分,企业也只有执行。为了避免这种风险的出现,对于需要独立核算的免税产品,企业最好进行分立。

第六节　　出口销售的税务筹划

　　为了鼓励出口,对大多数的出口产品或服务免征出口环节的关税、增值税和消费税,并给予出口退税,只对少数出口产品征收关税。因此,少交关税、争取获得出口退税,是企业税务筹划的关键。

一、出口关税的税务筹划

　　出口关税的税负取决于关税完税价格和关税税率两个因素,如果能够充分利用保税制度也是有利于企业减轻税负的。

(一)出口关税完税价格的税务筹划

　　1.税制要点

　　出口货物关税完税价格是按离岸价格(FOB,中国境内口岸)计算的。离岸价是以售予境外的成交价格为基础,加上境内的运杂费,但不包括出口关税。其计算公式,根据已知条件的不同,有以下两种:

　　如果已知出口关税,则计算公式为:

$$出口货物关税完税价格=离岸价格-出口关税$$

　　或者已知出口关税税率,其计算公式为:

$$出口货物关税完税价格=离岸价格/(1+出口关税税率)$$

　　2.税务筹划设计

　　(1)注意剔除成交价格中的境外运杂费。出口货物的离岸价格是指该项货物运离国境前的最后一个口岸的离岸价格。如果出口货物的成交价格为货价加运费或为国外口岸的到岸价格,则应先扣除境外运杂费以后,再按公式计算完税价格。

　　(2)支付给境外的佣金应当单独列明。若在出口商品成交价格中,有支付给境外与此项业务有关的佣金,那么企业应在纳税申报表上单独列明。因为税法规定,支付给境外的佣金可以扣除,但没单独列明的,则不予扣除。

　　(3)海关估价的利用。《中华人民共和国海关对出口商品审价暂行办法》第 2 条规定:出口商品的海关估价应是成交价格,即该出口商品售予境外的应售价格。应售价格应由出口商品的境内生产成本、合理利润及外贸所需的储运、保险等费用组成。

　　《中华人民共和国进出口关税条例》规定,进出口货物的收货人或发货人或者他们的代理人,在向海关递交进出口货物报关单价时,应当交验载明货物的真实价格、运费、保险费和其他费用的发票、包装清单和其他单证。如果在递交进出口货物报关验单时未交验上述规定的各项单证的,应按照海关估定的完税价格完税,事后补交单证的,税款不予调整。如果企业的商品成交价格偏高时,应尽量争取海关估价,以求最终确定一个低价。方法就是在法律许可的范围内少报或不报部分单证,以求海关估定较低的完税价格。即使事后被要求补缴单证,税款也不会有所调整。

例 2 - 35: A 公司是一家中国的高科技企业,开发了一种新技术产品,该产品目前尚未有确切的市场价格,预计售价每件 800 美元,而市场类似产品(比如都是手机,但技术含量不同)的售价为每件 600 美元。

假定 A 公司在海关申报出口时,由于单证不齐,由海关估价。A 公司申报每件 500 美元,由于是新技术产品,海关认为每件 500 美元作为完税价格合理,就会征税放行;如果认为申报不合理,则会根据市场类似产品进行价格调整,每件按 600 美元征税。

3. 风险分析

风险分析主要体现在海关估价的利用方面,如果海关估价高于成交价格,则利用海关估价的税务筹划会导致多缴出口关税的风险。

(二)出口关税适用税率的税务筹划

1. 税制要点

目前,为了鼓励出口,增加商品的国际竞争力,我国仅对一小部分关系到国计民生的重要出口商品征收出口关税,也就说,大部分出口商品是不征收出口关税的。

出口关税税率分为出口税率和暂定税率,适用出口税率的出口货物有暂定税率的,应当适用暂定税率。以 2018 年的出口商品税率为例,见表 2 - 6,限于篇幅,只能列举几个商品。比如在表 2 - 6 中,第 6 号商品"已脱胶骨、角柱",原本出口税率 40%,但 2018 年暂定税率为 0,因此,2018 年出口该类商品不需要征出口关税。而第 8 号商品"富铝红柱石",原本出口是不需要征税的,但在 2018 年的暂定关税税率为 10%,因此,2018 年出口该类商品需要缴纳出口关税。

表 2 - 6　出口商品税率表

序号	EX①	税则号列	商品名称(简称)	出口税率(%)	2018 年暂定税率(%)
1		03019210	鳗鱼苗	20	
2		05061000	经酸处理的骨胶原及骨	40	
3		05069011	含牛羊成分的骨粉及骨废物	40	
4		05069019	其他骨粉及骨废料	40	
5	EX	05069090	其他骨及角柱(已脱骨胶、角柱除外)	40	
6	EX	05069090	已脱骨胶、角柱	40	0
7		25085000	红柱石、蓝晶石及硅线石,不论是否煅烧		10
8		25086000	富铝红柱石		10
9		25101010	未碾磨磷灰石		10

注:①的"EX"表示实施暂定税率的商品应在该税号范围内,以具体商品描述为准。

2. 税务筹划设计

(1)避免征税商品出口。因为大多数出口商品是不征出口关税的,对于征收出口关税的商品,往往是国内急需或短缺的商品,因此,从节税筹划的角度出发,顺应税法意图,尽量不出口征税商品,对纳税人和国家都是有利的选择。

（2）选择适当的时机出口。出口货物有暂定税率时适用暂定税率，如前所述，一些商品可能在一定时期从不征税到征税，而另一些商品则有可能从征税到不征税，因此，对出口企业而言，选择低税的时期出口，无疑是有利的选择。

3.风险分析

企业选择不征税的商品出口，或者是选择商品在低税的时机出口，无疑是可以节税的。但是，是否会导致企业无法实现应有的收益，需要在外销与内销之间进一步权衡得失，避免经营风险的发生。

（三）利用保税区的税务筹划

1.税制要点

保税制度是关税制度的一个重要组成部分，其主要内容是对保税货物加以监管。保税货物是指经过海关批准，未办理纳税手续，在境内储存、加工、装配或复运出境的货物。目前，我国的保税制度包括保税仓库、保税工厂和保税区等。

（1）保税仓库。保税仓库是指专门存放经海关核准的保税货物的仓库。保税仓库仅限于存放供来料加工、进料加工复出口的货物及经海关批准缓办纳税手续进境的货物。

（2）保税区。我国的保税区是指在海关监管下存入和加工保税货物的特定区域。保税区一般设置在出入境比较便利的地方。国务院已批准在上海、广州、青岛、大连、深圳、厦门、宁波、福州、天津、西安等若干城市设立保税区。保税区内的企业可以享受规定的进出口税收优惠。

（3）保税工厂。保税工厂是指经海关批准且在海关监管之下专门建立的，用免税进口的原材料、零部件、元器件等加工、生产、制造或存放外销产品的专门工厂、车间。

保税工厂为外商加工、装配成品和为制造出口产品而进口的原材料、元器件、零部件、配套件、辅料、包装物和加工过程中直接消耗的数量合理的化学物品，可以缓办进口纳税手续，待加工的产成品出口后按实际耗用的进口料件免税。保税工厂进口的原材料、元器件、零部件等必须在规定的期限内加工成成品复出口。若成品打算转为内销或不能在规定期限内出口，则应补办纳税手续。

2.税务筹划设计

在进料加工（企业自己采购材料加工）复出口或来料加工（外商委托加工）复出口的情况下，充分利用保税制度可以减轻企业的税负。

例2-36：甲公司是一家外向型的进出口企业，其主要业务是从国外进口布料，经过进一步加工后再出口或转内销。

目前，甲公司把加工工厂设在上海的普通加工场所。每月出口部分的回款还算顺利，但进出口都涉及大量的关税和流转税，而且由于国内市场需求不稳，内销部分实行赊销，回款压力巨大。由此造成企业资金面十分紧张，因此，咨询了税务筹划专家。

专家通过调查发现，其实，甲公司从事的业务属于保税制度中的进料加工业务。如果该公司将加工工厂设在上海的保税区内，并在保税区内设立保税仓库，那么，依保税制度的有关规定，该公司的进出口货物均可获得免税待遇。

根据专家建议，甲企业原本出口部分的货款就能顺利、及时地收回，再加上出口货物的免税待遇，该公司的出口部分将更加有利。至于内销的部分，由于该公司在保税区设立了保税仓库，所以，内销时需要多少产品再从保税仓库提多少产品，国内需求旺盛，就多提，国内需求不足,就少提,这样,该公司内销多少就按实际内销额缴税,销售不了的,可以暂放在保税仓库中,而不是急于赊销回款。

3. 风险分析

保税制度是一个包含众多环节的过程,需要在保税区内设立加工厂和保税仓库等,在海关监管下完成来料加工复出口或进料加工复出口的业务。企业在获得节税利益的同时,也会产生许多额外的费用,带来成本增加的风险,比如需要在保税区租用加工厂和仓库,就是一笔很大的费用。

二、出口退税的税务筹划

出口退税是对出口货物在境内的已纳税(流转税)进行退还,一方面可以减轻出口商品的税负,增加国际竞争力;另一方面,也是尊重别国的主权,出口货物到进口国再征税。出口退税主要涉及增值税和消费税,但在出口退税的税务筹划中,消费税不是重点。因为消费税主要实行在生产领域一次课征制,生产企业免征消费税,就意味着在境内没有征收消费税,也就不存在退税的问题了;只有外贸企业实行退税制度,即外贸企业向生产企业购进时已经缴纳的消费税予以退还,而且征多少退多少,几乎没有税务筹划的空间。因此,这部分将只讨论增值税的出口退税问题。

(一)出口退税率的税务筹划

目前,国家出口退税政策是经常调整的(主要是退税率的调整),它构成国家产业政策调整的一种手段。出口货物退税率的调整,是基于国际环境变化及国内经济景气度和产业结构状况采取的应对之策,因此,出口退税率的调整带有时间性。这就要求出口企业在签订出口贸易合同时,应该尽量避免签订远期合同,改远期出口合同为即期合同或短期合同,以规避远期合同可能带来的出口政策风险。

另外,企业的税务筹划,也应该预测出口退税率变化的方向,为企业出口贸易的决策提供服务。一般而言,在宏观经济景气度较高时,商品会出现供不应求的情况,国家也会实时降低出口退税率,降低出口。而相反,在经济景气程度较低时,商品出现供过于求的情况,政府会为了鼓励出口,提高出口退税率。

(二)出口贸易方式的税务筹划

1. 税制要点

不同的出口贸易方式,有着不同的税收待遇,企业在出口退税筹划中,不能忽视出口贸易方式的影响。出口贸易方式主要有一般出口贸易、进料加工复出口和来料加工复出口三种基本方式。

(1)一般出口贸易。亦即国外料件正常报关进口,企业缴纳进口环节的增值税、消费税和关税,加工复出口以后再申请退还已缴纳的增值税。生产企业适用"免、抵、退"出口退税方法。

(2)进料加工复出口。这是出口企业从境外采购材料,加工以后再出口的贸易方式。增值税制度规定,从国外进料时免征进口环节的增值税,出口按"免、抵、退"出口退税方法进行退税,这意味着境内耗用的辅助材料的进项税额可以实现退税。

(3)来料加工复出口。这是境外单位或个人采购材料,委托境内企业加工复出口的贸易方式。增值税税制规定,从国外进料时免征进口环节的增值税,同时也免征加工费的增值税,对其耗用的国内辅助材料等进项税额也不办理出口退税。

2.税务筹划设计

为了比较三种方式的税负,我们用一个案例进行分析说明。

例 2-37:A 企业是增值税一般纳税人,有自营进出口权。2019 年 6 月计划进口一批材料,在国内加工以后出口。有关业务的资料如下(货币单位为人民币):

进口料件的合同价格 200 万元;

出口价格为 300 万元;

国内加工环节购入辅助材料等,获得进项税额 6 万元;

增值税征税率 13%,退税率 9%,企业无内销。进口关税税率 10%,出口关税免税,该产品不涉及消费税。

税务筹划人员设计了三个贸易方式(也就是三个方案),通过比较分析其税负差别,为企业决策提供依据。

方案 1:一般出口贸易。

(1)进口环节。

关税应纳税额=200×10%=20(万元)

进口环节应纳增值税=(关税完税价格+关税)×税率

$$=(200+20)×13\%=28.6(万元)$$

注意,进口环节缴纳的增值税 28.6 万元是可以作为进项税额的。

(2)出口退税,"免、抵、退"的计算。

"免、抵、退"的计算,根据税法的公式分步计算,一般涉及五个步骤:

①不得免抵的金额=300×(13%-9%)=12(万元)

②当期应纳税额=0-(28.6+6-12)=-22.6(万元)

负号为"当期期末留抵税额",也表示可以退税的意思。

③免抵退税额=出口货物离岸价×外汇汇率×退税率=300×9%=27(万元)

④当期期末留抵税额 22.6≤当期免抵退税额 27

本期可以退税 22.6 万元。

⑤免抵税额=免抵退税额-本期退税=27-22.6=4.4(万元)

需要解释的是,"免抵税额"的含义是出口抵减内销产品应纳税,但在企业没有内销的情况下,"免抵税额"又是怎么回事呢?我们必须从增值税"增值"的角度进行解释。不管是内销还是外销,一般产品的销售都会有一定程度的增值。税法规定,出口产品是免销项税的,购进的进项税额剔除不得免征和抵扣的税额以后,如果期末有留抵税额,就可以退税。在没有内销的情况下,"免抵税额"可以理解为企业加工增值部分的税金。由于出口无销项税,所以企业并未形成应纳税额,不需要将这部分税金上交;但是,税务部门对"免抵税额"是视同税收收入的,而且在计算企业增值税的税负时,免抵税额也是要视同应纳税额来参与计算的。会计的账务处理也是视同出口退税与企业应纳税额进行了抵消,分录是:"借:应交税费——出口抵减内销产品应纳税,贷:应交税费——出口退税"。因此,免抵税额不能看作企业获得的退税利益,不能计算为出口退税的金额,因为不可能退回税款。

另外,"不得免抵"的金额是把进项税额转做了企业的成本,由企业承担,因此,应该计算为企业承担的税负。

通过上述分析,该企业承担的税负合计为:

进口关税 20＋进口增值税 28.6＋不得免抵 12－出口退税 22.6＝38（万元）

方案 2：进料加工复出口。

（1）进口环节，免税进口，应纳增值税和关税都为 0。因此在计算"不得免抵"和"免抵退"税额时，免税进口的 200 万元需要减除（即抵减额）。

（2）出口退税，"免、抵、退"的计算。

①不得免抵的金额＝（300－200）×（13%－9%）＝4（万元）

②当期应纳税额＝0－（6－4）＝－2（万元）

③免抵退税额＝出口货物离岸价×外汇汇率×退税率－免抵退税的抵减额
＝300×9%－200×9%＝9（万元）

④当期退税 2 万元

⑤免抵税额＝9－2＝7（万元）

该企业税负合计＝进口关税 0＋进口增值税 0＋不得免抵 4－出口退税 2＝2（万元）

方案 3：来料加工复出口

（1）进口环节。

免税进口，应纳增值税为 0，应纳关税为 0。

（2）出口环节。

不退税，因此境内的进项税额 6 万元，需要进项转出，由企业自己承担。可以看作企业应纳税额为 6 万元。

可见，进料加工复出口的贸易方式是最好的，税负 2 万元；其次是来料加工复出口，税负 6 万元；最差是一般出口贸易，税负 38 万元。

3. 风险分析

在上述三种贸易方式中，一般出口贸易由于存在进出口环节的税收负担，因此，一般都比进料加工和来料加工的税负重。但在进料加工和来料加工中，由于耗用的国内辅助材料的比重不同，会影响到二者的税负，因此，需要根据具体情况而定，不能盲目地认为进料加工就比来料加工税负轻。否则，在国内辅料的占比特别少的情况下，可能会导致税务筹划失败的风险。

例 2-38：承前例的资料，假定没有耗用国内辅料，即没有进项税额 6 万元的情况，其他条件不变。我们进一步比较进料加工（方案 2）和来料加工（方案 3）的税负情况，方案 1 不再涉及。

方案 2：进料加工复出口。

（1）进口环节，免税进口，应纳增值税和关税都为 0。

（2）出口退税，"免、抵、退"的计算：

①不得免抵的金额＝（300－200）×（13%－9%）＝4（万元）

②当期应纳税额＝0－（0－4）＝4（万元）

③免抵退税额＝出口货物离岸价×外汇汇率×退税率－免抵退税的抵减额
＝300×9%－200×9%＝9（万元）

④因为当期应纳税额为正数，需要纳税 4 万元，退税 0。

⑤免抵税额＝9－0＝9（万元）

该企业税负合计
＝进口关税 0＋进口增值税 0＋不得免抵 4＋应纳增值税 4－出口退税 0＝8（万元）

方案 3:来料加工复出口。

(1)进口环节。

免税进口,应纳增值税为 0,应纳关税为 0。

(2)出口环节。

不退税,境内的进项税额为 0,企业应纳税额为 0。

显然,在没有耗用国内辅料或国内辅料所占比重特别低的情况下,来料加工可能更好。这种情况下,企业也可以在境外设立子公司,在境外采购,然后进行委托加工,即变进料加工为来料加工。

思考与练习

1.小规模纳税人与一般纳税人税负平衡点的计算方法是什么?

2.小规模纳税人转化为一般纳税人或一般纳税人转换为小规模纳税人的税务筹划方法是什么?

3.不动产销售一般计税方法与简易计算方法选择的税务筹划方法是什么?

4.从税务筹划的角度而言,折扣销售、赠物与返券何者为优?

5.卷烟、啤酒、高档手表、化妆品定价策略的税务筹划方法是什么?

6.消费品的销售为什么要先销售后包装?税务筹划的原理是什么?

7.从税务筹划的角度而言,含运费结算对购买方有利的原因是什么?

8.关于增值税的税务筹划,纳税人为什么会放弃免税权?

9.从税务筹划的角度而言,一般出口贸易、进料加工复出口和来料加工复出口何者为优?

第三章　物资采购的税务筹划

物资采购属于企业日常经营中供产销的"供应"部分。物资采购不仅影响到增值税、消费税的扣除项目金额，而且直接影响到所得税的应税所得。物资采购的税务筹划就是在遵循税法的前提下，合理选择物资的采购类别（买什么）、采购渠道（向谁买）、采购时间、采购的支付方式等，以降低企业的税收负担水平，提高企业价值。

第一节　物资采购类别的税务筹划

物资采购类别不同，增值税和消费税扣税的规定存在差别，因此，在物资采购的税务筹划中，需要重点关注增值税和消费税对已纳税的扣除规定。

一、税制要点

基于税收公平的原则，为了消除重复纳税的问题，目前流转税的计算基本上都是可以扣除前一环节的已纳税额的，我国的增值税和消费税都是如此。

（一）增值税对扣除项目金额的规定

在"营改增"以后，增值税在流转环节实行普遍课征，涉及销售（或进口）货物、提供加工修理修配劳务和应税行为（提供服务、销售不动产、转让无形资产，下同）的单位和个人。增值税的计税依据是征税对象的增值额，其应纳税额的计算公式是：

$$应纳税额＝销项税额－进项税额$$
$$＝销售收入×税率－法定扣除项目金额×税率$$

如果进项税额不能够抵扣，则采购时向销货方支付的增值税额全部由采购者承担，因此采购过程中支付的增值税能否获得抵扣是最为关键的问题。而为了加强管理，我国采用了"凭票扣税"的基本方法，税法规定未取得扣税凭证的购进项目不得抵扣。扣税凭证主要有：

（1）从销售方取得的增值税专用发票，包括货物销售、提供加工修理修配劳务以及应税行为；

（2）从海关取得的完税凭证；

（3）经主管税务机关批准使用的农产品收购凭证；

（4）从境外单位或者个人购进服务、无形资产或不动产，取得的解缴税款的完税凭证。

进项税额能够抵扣的基本条件是企业采购的物资必须用于增值税产品的生产经营用，该产品通过销售能够产生销项税额与其进项税额进行抵扣。根据《中华人民共和国增值税暂行条例》以及"营改增"的相关规定，不得从销项税额中抵扣的进项税额有：

（1）用于简易办法计税、免征增值税项目、集体福利或者个人消费的购进货物或者应税劳务等。

需要注意的是：个人消费包括纳税人的交际应酬消费；涉及的固定资产、无形资产、不动产，仅指专用于上述项目的固定资产、无形资产、不动产，而发生兼用于上述项目的可以抵扣。

（2）非正常损失的购进货物以及相关的加工修理修配劳务和交通运输服务的进项税额不得抵扣。

（3）非正常损失的在产品、产成品所耗用的购进货物（不包括固定资产）、加工修理修配劳务和交通运输服务的进项税额不得抵扣。

（4）非正常损失的不动产以及其所耗用的购进货物、设计服务和建筑服务。

（5）非正常损失的不动产在建工程（含新建、改建、扩建、修缮、装饰不动产）所耗用的购进货物、设计服务和建筑服务。

上述几个方面的"非正常损失"，仅限于因"管理不善"造成的损失以及被执法部门依法没收或者强令销毁的货物，不包括因自然灾害造成的损失以及其他损失。

（6）购进的旅客运输服务、贷款服务、餐饮服务、居民日常服务和娱乐服务。纳税人接受贷款服务向贷款方支付的与该笔贷款直接相关的投融资顾问费、手续费、咨询费等费用，其进项税额不得从销项税额中抵扣。

而住宿和旅游服务，未列入不得抵扣项目的范围，主要考虑是这两个行业属于公私消费参半的行业，因而用个人消费来进行规范，意味着用于生产经营的部分是可以抵扣的，比如员工出差的路费和住宿费等是可以抵扣的；与生产经营无关的个人消费或集体福利性质的旅游则不能抵扣。

（7）财政部和国家税务总局规定的其他情形。

（二）消费税对已纳税的扣除规定

消费税是以特定消费品为课税对象所征收的一种流转税，并不对货物实行普遍征收，只是特别调节，其征税对象只涉及税法列举的品目。为了消除重复征税，消费税实行一次课征制，主要对生产、委托加工和进口环节的应税消费品征税，另有规定者除外。

如果企业购进应纳消费税的货物，是作为最终产品消费的，则消费税由购买者承担。如果企业购进应纳消费税的货物，不是作为最终产品消费而是作为企业连续生产用的，则通常情况下已纳消费税可以扣除（扣除范围下面将详细阐述）。

根据消费税制度的规定，下列外购货物或劳务的已纳消费税可以扣除：

（1）以外购或委托加工收回的已税烟丝为原料生产的卷烟。

（2）以外购或委托加工收回的已税化妆品为原料生产的化妆品。

（3）以外购或委托加工收回的已税珠宝玉石为原料生产的贵重首饰及珠宝玉石。

（4）以外购或委托加工收回的已税鞭炮、焰火为原料生产的鞭炮、焰火。

（5）以外购或委托加工收回的已税杆头、杆身和握把为原料生产的高尔夫球杆。

（6）以外购或委托加工收回的已税木制一次性筷子为原料生产的木制一次性筷子。

（7）外购或委托加工收回的已税实木地板生产的实木地板。

（8）对外购或委托加工收回的已税汽油、柴油、石脑油、燃料油、润滑油用于连续生产应税成品油。

（9）外购葡萄酒连续生产葡萄酒的，从2015年5月1日起准予从应纳税额中扣除所耗用应税葡萄酒已纳消费税。

当期准予扣除的外购或委托加工收回的应税消费品已纳消费税税款的计算公式是：

当期准予扣除的外购或委托加工应税消费品已纳税款

＝当期准予扣除的外购应税消费品买价或委托加工成本×税率

当期准予扣除的外购应税消费品买价或委托加工成本

＝当期期初库存的外购或委托加工应税消费品的买价或委托加工成本＋当期外购或委托
　加工收回的应税消费品的买价或委托加工成本－当期期末库存的外购或委托加工应税
　消费品的买价或委托加工成本

二、税务筹划设计

在企业物资采购类别的税务筹划中,主要需要解决的问题有:是否采购已税消费品继续加工比自行加工为优? 当采购的项目扣税率不同时如何归类? 当采购的项目扣税时间不同时如何归类?

(一)购进项目归类的税务筹划

企业的购进项目,涉及增值税扣除税率的不同,有13％、9％与6％等。因此,当企业在同时购进不同扣税率的项目时,适当地选择分类则是必要的。

1. 不动产与一般货物归类的税务筹划

在增值税转型改革完成以后,企业购进的机器设备之类的固定资产已经可以扣税,税率按购进货物,一般为13％,采用购进扣税法;而在"营改增"以后,购进的不动产之类的固定资产也可以扣税了,税率为9％。

企业在购进不动产时,往往会一并购入一些相应的机器设备、低值易耗品或其他类型的货物,从增值税进项税额扣除的角度而言,如果能够归类为"货物"的购进项目,不要归类为不动产。尽管都可以扣税,但从扣税率来看,不动产的购进扣除都不及货物。

2. 不动产与服务归类的税务筹划

企业在购进不动产时,往往还会一并购入一些相应的服务,比如建筑安装、技术服务等,从增值税进项税额扣除的角度而言,如果能够归类为"不动产"的购进项目,不要归类为"服务"。尽管都可以扣税,但从扣税率来看,服务的购进扣除一般都不及不动产。

3. 货物与服务归类的税务筹划

货物的扣税率一般在13％,而服务类的扣税率一般在6％或9％。如果企业在购进货物时,一并购入服务,比如技术服务、运输服务等,从增值税进项税额扣除的角度而言,如果能够归类为"货物"的购进项目,不要归类为服务。

例3-1:A企业需要新建一个生产车间。准备购进一个厂房、相应的生产设备以及相关技术服务。购进方案有三:

方案1:买进一个完整的车间,设备是现成的,卖方不分开卖,因此,全部作为不动产购进,价值5000万元(不含增值税)。

方案2:买进厂房,价值3000万元(不含增值税),另外购进设备,价值2000万元(不含增值税),已安装完成,外加相关技术服务一并作为设备的购进。

方案3:买进厂房,价值3000万元(不含增值税),另外买进设备价值1000万元(不含增值税),提供安装服务和相关技术服务,价值各500万元(不含增值税)。

不动产和建筑业的增值税税率为9％,设备的增值税税率为13％,服务业的增值税税率为6％。

方案 1:进项税额＝5000×9％＝450(万元)

需要特别强调的是,自 2019 年 4 月 1 日起,纳税人取得不动产或者不动产在建工程的进项税额不再分 2 年抵扣,而是与其他购进项目一样,采用购进扣税法,一次性抵扣进项税额。

方案 2:进项税额＝3000×9％＋2000×13％＝270＋260＝530(万元)

方案 3:进项税额＝3000×9％＋1000×13％＋500×9％＋500×6％

$$＝270＋130＋45＋30＝475(万元)$$

对比三个方案进项税额,方案 2 最优,方案 3 其次,方案 1 最差。

例 3－2:某企业采购一项货物,关于运费的结算,有两个方案。

方案 1:运费自行支付,则无税价格为 100 万元,运费为 10 万元。

方案 2:运费组成货物价格,则价格为无税价 110 万元。

货物与运输的增值税税率分别为 13％和 9％。

对于采购方而言:

方案 1:

进项税额＝100×13％＋10×9％＝13.9(万元)

方案 2:

进项税额＝110×13％＝14.3(万元)

可见,对于采购方而言,运费组成货物价格为好。

但从销售的税务筹划可见(参见第二章),对于销售方而言,运费不组成货物价格为好。买卖双方应就运费的税收差异商谈分配,当然,在市场经济的条件下,看谁有话语权,即看是卖方市场还是买方市场。在买方市场的条件下,买方说了算,购进时运费组成货价为好。

(二)运输自营与外购的税务筹划

有些企业也可能组织自营运输,那么,值得权衡的是自营运输与外购运输哪种方式划算。筹划的重点在于,自营运输的物料消耗可以扣税的额度与外购运输的扣税额度何者为大。

例 3－3:一般纳税人 A,其采购货物的运输方式有两个方案可供选择。

方案 1:自营,假定全年花费运输费用为 200 万元,其中物料消耗 40 万元,平均每年购车支出 80 万元,人工等 60 万元。

方案 2:外购,假定支付运费 200 万元。

计算分析如下:

方案 1:进项税额＝(40＋80)×13％＝15.6(万元)

方案 2:进项税额＝200×9％＝18(万元)

外购为优。

但如果自营平均每年购车支出加上物料消耗较大,也可能自营为好,自营与外购存在分界点:

设运输总额为 A,购进项目占总运输费用的比例为 R,则有等式:

$$A×9％＝A×R×13％$$

$$R＝56.25％$$

即当 R 大于 56.25％时,自营比外购好。

（三）已税与未税消费品采购的税务筹划

有人认为，如果一个企业是消费税的纳税人，采购的原材料最好是已纳税的，因为已纳税是可以扣除的。这可能存在一些误区，需要综合考虑成本和税金，下面通过例题来进行说明。

例 3 - 4： 甲卷烟厂需要一批烟丝作原料，有两个方案可供选择。

方案 1：购进烟叶，价值 200 万元，自行加工成烟丝，加工费为 220 万元，因此该批烟丝成本 420 万元。

方案 2：外购相同数量的已税烟丝，为了说明问题，假定需要的价格有三种情况，500 万元或 600 万元或 700 万元。可以扣税 30%（烟丝消费税率）。

上述价格均为不含增值税的价格。由于方案 1 和方案 2 都涉及增值税，增值税原则上都是支付多少，扣除多少，因此，忽略增值税的影响。只是分析计算消费税。

税务筹划分析如下：

方案 1：不需要计算，烟丝的成本 420 万元。

方案 2：三种购入价格，扣税后的烟丝成本分别为

$500 \times (1 - 30\%) = 350$（万元）

$600 \times (1 - 30\%) = 420$（万元）

$700 \times (1 - 30\%) = 490$（万元）

可以看出，是否应该购入已税烟丝，与买价相关。当买价小于 600 万元时，方案 2 为优；当买价等于 600 万元，方案 1 和 2 无差别；当买价大于 600 万元时，方案 1 为优。我们可以写成一个通用公式：

$$（买入未税原料成本 + 加工费）\geqslant 买入已税原料成本 \times （1 - 税率）$$

以本例题的数据代入：

$$(200 + 220) \geqslant 买入已税原料 \times (1 - 30\%)$$

买入已税原料的成本小于等于 600 万元时，买入已税原料为优；否则，不应该买入已税原料，应该买入未税原料自行加工为优。

（四）自行加工与委托加工的税务筹划

委托加工是企业购买劳务的行为，委托加工又分为收回继续加工和收回直接销售两种。对税务筹划而言，应该如何选择呢？

例 3 - 5： 自行加工与委托加工的选择（收回后续加工的情况）。甲卷烟厂需要一批烟丝作原料，有两个方案：

方案 1：购进烟叶，价值 200 万元，自行加工成烟丝，加工费为 220 万元，因此该批烟丝成本 420 万元。

方案 2：购进烟叶，价值 200 万元，委托加工成烟丝，受托方代扣烟丝的消费税。企业收回烟丝继续加工成卷烟销售，将来销售卷烟时可以扣除代扣代缴的消费税。设加工费为 f。

假定价格都是不含增值税的，与前述一样的理由，忽略增值税的影响。写成通用公式：

$$200 + 220 \geqslant \frac{200 + f}{1 - 30\%} \times (1 - 30\%)$$

$$f \leqslant 220$$

公式的左边为自行加工，公式的右边为委托加工。从上述计算可见，由于支付的消费税又可以扣除，实际等于 0，因此，只要支付的委托加工费不高于自行加工的成本，即 f 小于等于 220 万

元,委托加工为优,反之相反。

例 3-6:自行加工与委托加工的选择(收回后直接销售的情况)。甲卷烟厂需要销售一批卷烟,其生产加工方式,有两个方案:

方案 1:购进烟叶,价值 200 万元,自行加工成烟丝,加工费为 220 万元。烟丝再继续加工成卷烟,投入加工费 100 万元。生产卷烟 100 箱,每箱 10 万元。

方案 2:购进烟叶,价值 200 万元,自行加工成烟丝,加工费为 220 万元。然后将烟丝委托加工成卷烟,支付加工费 100 万元。生产卷烟 100 箱,收回直接销售,每箱 10 万元。

假定消费税税率 36%,从量税每箱 150 元。价格都是不含增值税的,与前述一样的理由,忽略增值税的影响。

方案 1:

应纳消费税 = 100×10×36% + 100×150/10000 = 360 + 1.5 = 361.5(万元)

方案 2:

$$受托方代扣代缴消费税 = \frac{200+220+100+1.5}{1-36\%} \times 36\% + 1.5$$

$$= 293.34 + 1.5$$

$$= 294.84(万元)$$

其中 1.5 万元为从量税。

根据税制规定,委托加工收回后直接销售的,如果售价不高于受托方计税价格的,不再征税;如果售价高于受托方计税价格的,补差。

$$受托方代扣代缴消费税的计税价格 = \frac{200+220+100+1.5}{1-36\%} = 814.84(万元)$$

补税(1000 - 814.84)×36% = 66.66(万元)

方案 2 合计应纳消费税 = 294.84 + 66.66 = 361.5(万元)

如果售价一样,委托加工收回后直接销售与自行加工销售,消费税已经没有差异,是否需要委托加工要看企业自己的生产能力。

第二节 物资采购渠道的税务筹划

"物资采购渠道"探讨的是同一类别的物资向不同的供应商购买,而由于供应商所处的纳税地位不同,所开具的增值税抵扣凭证有差别,从而导致采购者进项抵扣的不同。企业所需的物资可以从国内采购,也可以从国外采购,不同的采购渠道,其税负存在差异,这为税务筹划提供了机会。

一、国内采购的税务筹划

(一)一般纳税人向小规模纳税人采购的税务筹划

1.税制要点

由于增值税实行凭增值税专用发票抵扣的制度,对纳税人会计核算的水平要求比较高,因此,《中华人民共和国增值税暂行条例》将纳税人按其经营规模的大小及会计核算健全与否划分为一般纳税人和小规模纳税人。税法对小规模纳税人实行简易征收办法,税率一般为 3%。

但小规模纳税人一般不使用增值税专用发票，并且其购进货物的进项税额不得从销项税额中扣除。增值税一般纳税人从小规模纳税人采购的货物，由于小规模纳税人不能开具增值税专用发票，因此也不能够抵扣（但由税务机关代开的除外）。由以上规定可知，税收是进货的重要成本，从不同纳税人手中购得货物，纳税人所承担的税收是不一样的。

2.税务筹划设计

一般纳税人进行物资采购，都希望获得增值税抵扣凭证，而从一般纳税人和小规模纳税人购进项目，获得的抵扣凭证肯定不同。从理论上而言，如果购进项目的品质无差别，那么，采购时需要比较不同采购渠道的税后价格（增值税扣税后，下同）。比如，从一般纳税人那里采购，价税合计支付 100 元（含税），获得抵扣（100/1.13）×13％＝11.50（元），实际承担的成本价 88.5 元（100－11.5），也可以直接计算为 100/1.13＝88.5（元）。那么，从小规模纳税人那里采购，同样的成本价即可。因此，一般纳税人与小规模纳税人的平衡点，即税后价格相等时：

$$\frac{P}{1+T}=\frac{P\times R}{1+t}$$

如果需要计算 R，可以变换公式为：

$$R=\frac{1+t}{1+T}$$

式中：P 为从一般纳税人采购的含税价格；T 为从一般纳税人采购的扣税率；t 为小规模纳税人的征收率；R 为从小规模纳税人采购相当于一般纳税人采购价格的折扣率。

例 3－7：甲公司为一般纳税人，计划购进一批应税货物。现有 A、B、C 三家可供选择的公司生产同样的产品：

A 公司是一般纳税人，能提供符合规定的增值税专用发票；

B 公司是小规模纳税人，能提供由其主管税务机关代开的注明征收率为 3％的增值税专用发票；

C 公司只能提供普通发票。

假定从 A 公司的购买价格为含税价 1130 元，扣税率 13％。那么从 B 公司或 C 公司的采购价格应该打多少折扣可行，以及具体价格为多少时可行？

根据上述计算公式，从 B 公司的采购折扣以及价格为：

$$\frac{1130}{1+13\%}=\frac{1130\times R}{1+3\%}$$

$$R=91.15\%$$

含税价格为 1130×91.15％＝1030（元）。

从 C 公司的采购折扣以及价格为：

$$\frac{1130}{1+13\%}=\frac{1130\times R}{1+0}$$

$$R=88.50\%$$

采购含税价格 1000 元，即 1130×88.5％。

从 R 的计算公式可见，价格 P 在等式两边都有，可以消除，因此只需要设定 T 和 t，就可以得出不同扣税率下的折扣 R，见表 3－1。

表 3 - 1　增值税不同扣税率下的价格折扣

$R=(1+t)/(1+T)$		
$T(\%)$	$t(\%)$	$R(\%)$
13	3	91.15
13	0	88.50
9	3	94.50
9	0	91.74
9	5	96.33
9	0	91.74
6	3	97.17
6	0	94.34

对于购进简易计税方法的,可参照小规模纳税人的情况,而对于采购免税产品的,按 t 为 0 计算即可。如果价格不打折扣,则税负会相差很大,我们来看一个例题。

例 3 - 8: 2019 年 6 月,有 A、B、C 三个银行,分别从不同的渠道获得了房地产,具体情况如下:

(1)A 银行。取得抵押过户的不动产,价值 1000 万元,该不动产属于 2016 年 4 月 30 日之前抵押不动产的企业外购的,合法凭证表明其购置价值 900 万元,转让企业选择按简易方法计税。

(2)B 银行。取得抵押过户的不动产,价值 1000 万元,该不动产属于抵押不动产的企业在 2016 年 4 月 30 日之前自建的。转让企业选择按简易方法计税。

(3)C 银行。取得抵押过户的不动产,价值 1000 万元,该不动产属于抵押不动产的企业在 2016 年 4 月 30 日之后外购的,合法凭证表明购置价值 900 万元。转让方为增值税一般纳税人。

假定上述三家银行在 2019 年 6 月过户时都获得了增值税进项的专用发票,都按 1090 万元出售回笼资金。上述相关价值均为含税价。

假定不动产增值税税率按 9% 计算。

由于三家银行获得不动产的渠道不同,从而导致进项税额有差异,具体分析如下:

(1)A 银行。获得的不动产是在 2016 年 4 月 30 日之前外购的,转让企业按简易方法计税,因此,其增值税进项税额按差额的 5% 计算。

增值税进项税额 $=(1000-900)\times 5\%/1.05=4.76$(万元)

应纳增值税 $=(1090/1.09)\times 9\%-4.76=90-4.76=85.24$(万元)

(2)B 银行。获得的不动产是在 2016 年 4 月 30 日之前自建的,转让企业按简易方法计税,因此,其增值税进项税额按全额的 5% 计算。

增值税进项税额 $=1000\times 5\%/1.05=47.62$(万元)

应纳增值税 $=(1090/1.09)\times 9\%-47.62=42.38$(万元)

(3)C 银行。获得的不动产是在 2016 年 4 月 30 日之后外购的,转让企业为一般纳税人,

按一般计税方法计税。由于不是按差额计税,因此转让方购进价值900万元在这里不需要利用。C银行的增值税计算为:

增值税进项税额＝1000×9％/1.09＝82.57(万元)

应纳增值税＝(1090/1.09)×9％－82.57＝7.43(万元)

从上述计算可见,同样售价1090万元的不动产,来源渠道不同,税负差别很大。当然,在现实生活中,购入的税负不同,成交价格会有差异!

对于小规模纳税人而言,由于其进项税额不可抵扣,进项税额构成其采购成本,因此,只要含税价格相同即可,在此不再赘述。

3.风险分析

目前,尽管一般纳税人从小规模纳税人采购可以获得一定的价格折扣,但也会存在采购物资质量方面的风险,因此,不能仅仅只考虑税负问题,经营风险不可忽视。

(二)一般纳税人向农业生产者采购免税农产品的税务筹划

1.税制要点

在增值税的有关规定中,免税农产品是有特定含义的。"免税农产品"是指种植业、养殖业、林业、牧业、水产业的初级农产品,这些初级农产品必须是农业生产者(指个人或单位)自产自销的才能免征增值税。但需要说明的是,根据国家税务总局发布的《关于纳税人采取"公司＋农户"经营模式销售畜禽有关增值税问题的公告》(国税〔2013〕8号),赋予了"公司＋农户"的畜禽饲养模式,视同农业生产者自产自销,免征增值税。"公司＋农户"的畜禽饲养模式,是指公司与农户签订委托养殖合同,向农户提供畜禽苗、饲料、兽药及疫苗等(所有权属于公司,风险由公司承担),农户饲养畜禽苗至成品后交付公司回收,公司将回收的成品畜禽用于销售。

从采购方来说,对于一般的产品,如果免征增值税,购买者就不可能获得抵扣凭证进行抵扣,但对于免税农产品,增值税制度有特殊规定,即允许购进免税农产品的一般纳税人抵扣一定扣除率(目前一般为9％)进项税额。笔者认为,有两个方面的理由,一是对农业生产的支持,因为别的免税产品并不允许抵扣,只是对免税农产品有此特别规定;二是农产品实际上是承担了增值税的,因为增值税的免税是对销售环节应纳税的免除,但农产品在生产过程中购进的农业生产资料是承担了增值税的,允许抵扣的理论依据就是对其已纳增值税的扣除,抵扣并不是凭空产生的。一般纳税人在购进免税农产品以后,在以下情况下可以抵扣:

(1)取得农产品销售发票的,以农产品销售发票上注明的农产品买价和9％的扣除率计算进项税额。

(2)开具农产品收购发票的,以农产品收购发票上注明的农产品买价和9％的扣除率计算进项税额。

(3)农产品进项税额核定扣除,按照《农产品增值税进项税额核定扣除试点实施办法》(财税〔2012〕38号)等文件规定,纳税人购进农产品,不再凭扣税凭证直接抵扣增值税进项税额,而是根据购进农产品所生产的商品或服务的销售情况,按照一定扣除标准,核定出当期农产品可抵扣的进项税额。目前该办法在试点之中,适用范围十分有限。

2.税务筹划设计

我们通过两个例题来阐述税务筹划的思路和方法。

例 3 - 9：A 企业是增值税一般纳税人。企业拥有一个牧场，饲养奶牛，并且拥有牛奶加工厂，因此对外出售经过加工的各种牛奶制品。企业的财务人员发现企业的增值税负担率远高于全国平均水平。

经税务筹划专家分析，企业的进项税额主要来自外购的饲料，销售的是加工以后的奶制品，增值额很高，从而导致了偏高的增值税负担。从进项税额和销项税额的分析来看，销项税额是不能改变的，但进项税额完全可以换一个渠道进行采购。

税务筹划方案是：将企业的牧场与牛奶加工厂进行分立，变成独立的两个法人企业。牧场向外购进饲料，向牛奶加工厂提供鲜奶。因此牧场变成免税农产品的生产者，而牛奶加工厂采购渠道从外购饲料，变成向自己的企业购进免税农产品。从而使得企业的进项税额大幅度提高，而销项税额并没有因此而增加，企业的增值税税负显著下降。

免税农产品的采购问题，涉及很多行业，税务筹划的思路与方法都是类似的。比如棉花生产和加工、畜禽生产与加工、木材生产与加工等，如果企业既有农场又有加工厂的话，上述税务筹划的方法都是通用的。但如果企业没有农场，只有加工和销售能力的话，则组织"公司＋农户"的模式是税务筹划的另一类方法。

例 3 - 10：B 企业是农产品经销商，主要销售鸡鸭肉及其制品，是一般纳税人。农产品的经销有如下两种方案：

方案 1：收购周边农户的鸡鸭，经过加工后出售，增值税税率 9%。每年可实现含税销售收入 2200 万元，获得免税农产品的购进金额 1000 万元，抵扣率 9%。

方案 2：与当地农户签署委托养殖合同。合同约定，B 企业向当地农户提供畜禽苗，并负责畜禽苗的检疫、疫苗等，养殖期间所发生的一切经济风险由 B 企业承担，养殖成熟后由 B 企业收购、加工与出售。每年可实现含税销售收入 2200 万元。

税负分析：

方案 1：每年应纳增值税为

$$2200 \times 9\% / (1 + 9\%) - 1000 \times 9\% = 91.65（万元）$$

方案 2 应纳增值税为 0。

显然，方案 2 优于方案 1。

3. 风险分析

在企业拥有农场或牧场的情况下，上述牧场与加工厂分立的税务筹划思路，并不存在风险，无论是财务的、法律的或经营的风险均不会因为税务筹划方案的实施而增加。但在"公司＋农户"的情况下，可能面临的风险有：①经营风险。因为畜禽养殖的风险不能够转移给农户，风险由企业承担，会导致企业承担很大的经营风险，而不是把养殖的风险分散到农户。②法律风险。因为"公司＋农户"的经营模式是否免税，是由税务机关认定的，如果无法获得税务上的认可，则面临额外的纳税风险。

比如有个企业，与当地农户签署养殖合同。合同约定，农户从该企业购买畜禽苗，畜禽苗的检疫、疫苗等费用由农户承担，养殖期间所发生的一切经济风险均与该企业无关，养殖成熟后由该企业收购、加工与出售。企业认为自己是"公司＋农户"的模式，享受增值税免税待遇，因而没有记录进项税额。但税务机关认为，他们不是"公司＋农户"的模式，不得享受免税待遇，最后补税罚款。税务局认为，他们的经营模式是农户向企业购买畜禽苗，而且企业没有承担经营风险，因此不符合税法的相关规定。

二、国外采购的税务筹划

从税收负担来看,国外采购与国内采购最大的不同,就是国外采购往往需要缴纳进口关税。因此,企业所需的物资如果在国内有充足的供应,就没有必要到国外采购,但在国内没有供应(比如技术等原因)或供应不足的条件下,国外采购就无法避免。既然国外采购与国内采购最大的不同在于进口关税,那么,税务筹划的核心也就是进口关税。下面先简单介绍一下我国进口关税的种类,然后阐述税务筹划的要点。

(一)进口关税税制要点

进口关税税额的多少,取决于进口关税完税价格和进口关税税率。下面分别介绍其税制要点。

1. 进口关税完税价格

进口货物的关税完税价格是由海关以货物的成交价格为基础审查确定的,并应当包括货物运抵中华人民共和国境内输入地点起卸前的运输及其相关费用、保险费,即到岸价格 CIF (cost, insurance and freight),与出口离岸价 FOB(free on board)的关系见下面的公式和图 3-1。

$$CIF=FOB+运费+保险费$$

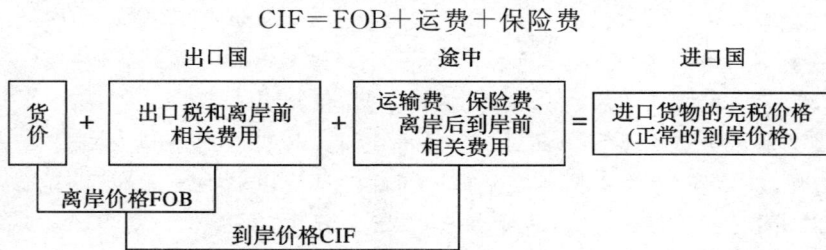

图 3-1 CIF 与 FOB 的关系

在计算关税完税价格时,进口货物的下列费用应当计入完税价格:

(1)由买方负担的购货佣金以外的佣金和经纪费;

(2)由买方负担的在审查确定完税价格时与该货物视为一体的容器的费用;

(3)由买方负担的包装材料费用和包装劳务费用;

(4)与该货物的生产和向中华人民共和国境内销售有关的,由买方以免费或者以低于成本的方式提供并可以按适当比例分摊的料件、工具、模具、消耗材料及类似货物的价款,以及在境外开发、设计等相关服务的费用;

(5)作为该货物向中华人民共和国境内销售的条件,买方必须支付的、与该货物有关的特许权使用费;

(6)卖方直接或者间接从买方获得的该货物进口后转售、处置或者使用的收益。

但下列费用,如能与该货物实付或应付价格区分,不得计入完税价格:

(1)购货佣金不计入完税价格(购货佣金是指买方为购买进口货物向自己的采购代理人支付的劳务费用,因为买方代理人属于买方内部的人员或者派出人员,向自己内部的人员支付的款项不能计入关税完税价格);

(2)厂房、机械、设备等货物进口后的基建、安装、装配、维修和技术援助的费用;

(3)货物运抵我国境内输入地点之后的运输费用;

（4）进口关税及其他国内税；

（5）为在境内复制进口货物而支付的费用；

（6）境内外技术培训及境外考察费用；

（7）符合条件的利息费用。

符合的条件包括：①利息费用是买方为购买进口货物而融资所产生的；②有书面的融资协议；③利息费用单独列明；④纳税人可以证明有关利率不高于在融资当时当地此类交易通常应当具有的利率水平，且没有融资安排的相同或类似进口货物的价格与进口货物的实付、应付价格非常接近的。

2. 进口关税税率

从不同国家进口，其关税的差异是巨大的，我国进口关税税率有以下几种类别：

（1）最惠国税率。该税率适用原产于 WTO 成员国或地区、最惠国双边协定的国家或地区，以及原产于我国境内的进口货物。

（2）协定税率。该税率适用原产于我国参加的含有关税优惠条款的区域性贸易协定的有关缔约方的进口货物。

（3）特惠税率。该税率适用原产于与我国签订有特殊优惠关税协定的国家或地区的进口货物。

（4）普通税率。该税率适用原产于上述国家或地区以外的进口货物。

（5）暂定税率和关税配额税率。因经济发展需要，一定时期内可以实施暂定税率，优先适用于优惠税率（最惠国、特定、特惠），不适用于普通税率。如暂定税率5%，最惠国税率8%，按5%；普通税率12%，仍按12%。关税配额税率，是指在配额内使用低税率，超出配额的部分适用高税率。

（6）特别关税。特别关税包括报复性关税、反倾销税反补贴税、保障性关税。

①报复性关税。它是指为报复他国对本国出口货物的关税歧视而征收的进口附加税。

②反倾销税反补贴税。它是指对外国倾销商品在征收关税的同时附加征收的一种特别关税。

③保障性关税。当某类商品进口量剧增对国内相关产业产生巨大威胁，根据 WTO 协定，可以启动保障措施。保障性关税包括提高关税税率和限制进口。

（二）进口物资的税务筹划设计

1. 进口关税完税价格构成的利用

从进口关税完税价格的构成来看，尽管都包含了成交价格和运杂费，但从具体规定来看，一些费用是不必计入完税价格的，因此，采购费用的构成不同，完税价格会存在差异，这就为税务筹划提供了机会。

例 3-11：A 公司需要从境外进口一批物资，假定相关价格都折算成人民币了，现在有两个方案可供选择。

方案1：从德国进口，货物成交价格2000万元，包装费10万元，运至我国境内输入地点起卸前的运费和保险费100万元，支付的境外中介机构佣金20万元，与该进口货物相关的境外开发设计服务费用50万元。

方案2：从日本进口，货物成交价格2000万元，包装费10万元，运至我国境内输入地点起卸前的运费和保险费30万元，支付自己的采购经理人佣金20万元，货物进口以后日方提供技术支持和培训的费用 50 万元。

方案 1 的进口关税完税价格＝2000＋10＋100＋20＋50＝2180(万元)

方案 2 的进口关税完税价格＝2000＋10＋30＝2040(万元)

二者的差为 140 万元,主要差别在于佣金和技术服务费用的不同。

2.进口物资原产地的选择

从关税税率的规定来看,对原产于不同国家或地区的货物差别巨大。因此,为了实施关税的优惠或差别待遇、数量限制或与贸易有关的其他措施,海关必须根据原产地规则的标准来确定进口货物的原产国,给以相应的海关待遇。

原产地标准有二:一是整件生产标准,即产品完全是出口国或地区生产和制造,不含有进口的和产地不明的原材料和部件;二是实质性改变标准,是适用于确定有两个或两个以上国家参与生产的产品的原产国的标准。

而我国的"实质性改变标准"又有两个:如果货物加工后在关税税则中税目一级,即前四位数级(或前四位编码)改变了,税则归类发生改变;出口国或地区加工的增值额占出口到我国的货物价值值(FOB 价格)的百分比≥30％。比如,从南非购买的钻石(四位编码 7102),在意大利镶嵌成铂金镶钻首饰(四位编码 7113),原产地变更为意大利。又比如,意大利从南非购买 100 万欧元的钻石,简单切割后价值 140 万欧元,由于四位编码不变,增值 28％(40/140),原产地不变,还是南非! 但如果价值为 150 万欧元,增值 33％(50/150),原产地变为意大利!

从关税税率的构成来看,税率从轻到重依次是特惠税率、协定税率、最惠国税率、暂定税率和关税配额税率、普通税率、特别关税(有惩罚性的关税)。因此,在税务筹划时正确选择进口原产地是最为关键的问题。首先应看其是否与我国签订有双边或多边的税收协定,或者是我国政府承诺给予特惠税率的国家或地区,如果不是,至少应该属于 WTO 成员,否则,企业的进口就会适用较高的普通税率。其次,需要避免从与我国有贸易冲突、加收高额特别关税的国家进口。比如 2018 年中美出现了严重的贸易摩擦,美国时间 2018 年 7 月 10 日,美国政府不顾中方严正交涉和强烈反对,宣布将对原产于中国的进口商品加征 10％的关税,涉及约 2000 亿美元中国对美出口。并于 2018 年 8 月 1 日,美方拟将对 2000 亿美元中国产品的征税税率由 10％提高至 25％。对美国持续违反国际义务对中国造成的紧急情况,为捍卫中方自身合法权益,中国政府依据《中华人民共和国对外贸易法》等法律法规和国际法基本原则,中国商务部于 2018 年 8 月 3 日发布《关于对原产于美国的部分商品加征关税的公告》,对原产于美国的 5207 个税目约 600 亿美元商品,加征 5％～25％不等的关税。因此,一些从美国进口的物资将面临加征进口关税的风险。

例 3 - 12:2018 年 8 月底,A 进出口公司计划进口一批牛肉(去骨),方案有三。

方案 1:从新西兰进口,适用协定关税税率为 0(特惠税率);

方案 2:从英国进口,适用最惠国税率 12％;

方案 3:从美国进口,原本适用最惠国税率 12％,2018 年 8 月 3 日起加征 25％进口关税,合计 37％的进口关税税率。

税负分析:

从进口关税税率来看,从新西兰进口税率最低,从英国进口其次,从美国进口税率最高。因此,在对美国牛肉进口加征 25％的关税税率之后,避免从美国进口牛肉可能是 A 进出口公司的最优选择。

3.进口物资加工程度的选择

有些进口物资,由于加工程度不同,进口关税税率差别也是十分巨大的,有必要进行税务筹划。

例3-13:某企业计划经销一批镶钻首饰。方案有二:

方案1:进口钻石,在国内加工成镶钻首饰。

方案2:直接进口镶钻首饰。

税负分析:

方案1,查阅2018年8月5日中国海关总署关税税则,进口"钻石",税则号列(即编码)7102,不论是否加工,但未镶嵌,税率为0,包括最惠国税率和普通税率都为0。因此,如果进口钻石回国以后再加工成镶钻首饰,可以避免缴纳进口关税。

方案2,同样查阅了2018年8月5日中国海关总署关税税则,"镶嵌钻石的",其中税则号列(即编码)为71131110,最惠国税率8%,普通税率130%。因此,如果直接进口面临较高的关税负担,特别是从适用普通关税税率的国家或地区进口,税负更高。

显然,两个方案比较,方案1比方案2为优。

4.关税优惠政策的利用

我国除对科教用品、残疾人专用品、扶贫、慈善性捐赠物品免征进口关税外,对于来料加工复出口、进料加工复出口、补偿贸易进口物资等都实施了进口免税政策。特别是,对于保税区和出口加工区用于出口加工用的进口物资均给予了免税优惠,进口商可以充分利用上述进口优惠政策。由于进料加工复出口和来料加工复出口的情况,已经在第二章进行了阐述,在此不再赘述。

第三节　物资采购时间的税务筹划

增值税采用购进扣税法,因此,当预计销项税额大于进项税额时,适当提前购货可以推延纳税。由于消费税和所得税的税前扣除都是采用实耗制,而不是购进扣税,因此,对于这两个税种来说,提前购货并没有实际的意义,在此不涉及。另外,进口关税税率受政策影响较大,比如暂定关税的实行,对企业采购时间的税务筹划也提出了需求。

一、增值税进项税额抵扣时间的税务筹划

(一)税制要点

根据《国家税务总局关于进一步明确营改增有关征管问题的公告》,增值税进项税额的抵扣时间涉及以下制度规定:

1.票据认证或确认时间

(1)专用发票。

自2017年7月1日起,增值税一般纳税人取得的2017年7月1日及以后开具的增值税专用发票和机动车销售统一发票,应自开具之日起360日内(360日属于自然天数,而非工作日)认证或登录增值税发票选择确认平台进行确认。

（2）海关专用缴款书。

增值税一般纳税人取得的 2017 年 7 月 1 日及以后开具的海关进口增值税专用缴款书，应自开具之日起 360 日内向主管国税机关报送《海关完税凭证抵扣清单》，申请稽核比对。

（3）其他抵扣凭证。

一般纳税人取得农产品收购发票或者销售发票、从境外单位或者个人购进服务、无形资产或者不动产，自税务机关或者扣缴义务人取得的解缴税款的完税凭证及道路、桥、闸通行费的通行费发票（不含财政票据，下同）等其他抵扣凭证，不需要认证或确认，也就没有认证或确认的期限，只需按规定向主管国税机关申报抵扣进项税额。

2. 抵扣申报期限

上述的 360 日仅仅是认证、确认或申请稽核比对的期限，一般纳税人认证、确认或申请稽核比对后，要在规定的认证、确认或申请稽核比对当月或当季度的纳税申报期内，向主管国税机关申报抵扣进项税额。

（1）按月申报纳税人的发票抵扣期限。为税款所属期当月 1 日前 360 日之内开具的发票及当前税款所属期开具的发票，并在下月 15 日前申报抵扣。比如 2018 年 8 月份，对 2018 年 8 月 1 日前 360 天至 2018 年 8 月 31 日当期所开具的专用发票，都可在增值税发票确认平台确认，并在 2018 年 9 月征期前（15 日前）完成 8 月份的申报抵扣。

（2）按季申报纳税人的发票抵扣期限。为税款所属期当季首月 1 日前 360 日之内开具的发票及当季开具的发票，并在季度期满以后的月份征期前（15 日前）完成申报抵扣。

除了属于《国家税务总局关于未按期申报抵扣增值税扣税凭证有关问题的公告》的客观原因以外，未按照规定申报期限抵扣的增值税专用发票不得继续申报抵扣。客观原因包括：①因自然灾害、社会突发事件等不可抗力原因造成增值税扣税凭证未按期申报抵扣；②有关司法、行政机关在办理业务或者检查中，扣押、封存纳税人账簿资料，导致纳税人未能按期办理申报手续；③税务机关信息系统、网络故障，导致纳税人未能及时取得认证结果通知书或稽核结果通知书，未能及时办理申报抵扣；④由于企业办税人员伤亡、突发危重疾病或者擅自离职，未能办理交接手续，导致未能按期申报抵扣；⑤国家税务总局规定的其他情形。

（二）税务筹划设计

如前所述，增值税采用购进扣税法，因此，当预计销项税大于进项税时，适当提前购货可以推延纳税。

例 3 - 14：某企业实行按月缴纳增值税。本月预计期末销项税额大于进项税额 15.6 万元，因此，企业准备将下月初的物资采购 120 万元提前到本月，并在本月通过了专用发票的确认。增值税税率 13%，假定不考虑其他税。

该批货物的进项税额＝120×13%＝15.6（万元）

刚好与销项税额抵消，本月可以不交税。

（三）风险分析

在购进扣税法的条件下，适当地实行提前采购策略，确实能起到推延纳税的作用，实务中很多企业采取这样的策略。但这一项税务筹划方案至少存在以下风险因素：一是有关凭证可能在当月无法通过认证或确认，从而无法实现在当月抵扣；二是提前采购的物资会导致提前支付货款，因而，延迟纳税获得的时间价值有可能会被提前支付货款所抵消；三是提前采购物资，也可能会造成一定的存货积压。

二、物资进口时间的税务筹划

从境外进口物资,除了与上述税务筹划类似的实现"提前购货、提前抵扣"以外,其时间因素的考虑,还有政策的波动性,比如进口关税的暂定税率和特别税率,都有一定的时效性,在税务筹划时不得不考虑。

(一)税制要点

1.进口暂定关税税率

关税暂定税率,如前所述,是在海关进出口税则规定的进口优惠税率的基础上,对进口的某些重要物资实行更为优惠的关税税率。这种税率一般按照年度制订,并且随时可以根据需要恢复按照法定税率征税。

适用最惠国税率的进口货物有暂定税率的,应当适用暂定税率;适用协定税率、特惠税率的进口货物有暂定税率的,应当从低适应税率;适用普通税率的进口货物,不适用暂定税率。

2.进口特别关税

进口特别关税,也就是进口附加税,是进口国家在对进口商品征收正常进口关税以后,还会出于某种目的,再加征部分进口关税。进口特别关税一般是临时性的或一次性的。

(二)税务筹划设计

暂定关税,往往给进口物资的纳税人提供了更优惠的关税条件;而相反的是,特别关税则是在正常关税的基础上,附加征收的,会加重进口物资纳税人的税收负担。

因此,在进口物资时间的选择上,应该尽可能选择进口物资在适用暂定关税时多采购,在正常关税税率时少采购,并避免采购适用特别关税的物资。

例3-15:某鱼类进口销售企业,2018年的进口计划包括以下方案。

方案1:进口墨鱼,进口关税税率,最惠国税率12%,普通税率70%,没有暂定税率。

方案2:进口鲱鱼(大西洋鲱鱼、太平洋鲱鱼),税则号列03035100,进口关税税率,最惠国税率7%,普通税率40%,暂定税率2%。

上述进口关税税率是2018年8月6日查阅中国海关总署税目税号获得的。

从税务筹划的角度来看,上述两个方案中,2018年的进口应该更倾向于多进口鲱鱼,少进口墨鱼。

(三)风险分析

暂定关税和特别关税都是在一定国际政治经济形势和国内政治经济形势下产生的,对于进口企业而言,具有不可控的因素。企业在税务筹划策略的执行中,也对未来具有不确定性的风险。另外,对于适用暂定税率的物资,如果多采购,也可能造成资金挤占和存货的积压,以及存在不适销对路的可能。当然对于特别关税,往往只是对一些特别的国家或地区的特定物资在一段特别的时间内适用,大多数的物资采购也可能是可以避免的,但对于一些只有相关国家或地区才能够供应的物资,则无法避免会承受额外的税收负担。

第四节 物资采购结算方式的税务筹划

物资采购大致可以分为几种不同的结算方式:一是现金结算;二是免息信用;三是带息信用;四是分期付款。不同的结算方式会不会影响到企业的税收负担呢,又该如何进行税务筹划呢?

一、税制要点

(一)现金结算

现金结算的物资采购,正常情况下,在结清货款时都可以取得发票,获得抵扣凭证,能够尽快实现进项税额的抵扣。

(二)免息信用

免息信用的货款结算方式,是销售方给予购买方一定的信用期,而且是不带现金折扣的。免息信用如果在合同上明确付款时间和发票日期,根据《财政部关于印发〈增值税会计处理规定〉的通知》(财会〔2016〕22号)的规定,赊购企业应该在月末按货物清单或相关合同协议上的价格暂估入账,下月初再用红字冲销原暂估入账金额。暂估入账的金额不包括增值税进项税额。也就是说,正常情况下,免息信用的赊购需要在合同约定的付款日才可能取得发票,获得进项税额的抵扣。

(三)带息信用

带息信用是销售方给与购买方一定现金折扣条件的信用,比如十天内付款给予2%的折扣,30天信用期满,即$(2/10,N/30)$。目前的会计处理采用总价法核算,税收制度的规定也是现金折扣作为财务费用,不得减少销项税额(相应地也不影响进项税额),因此,现金折扣并不影响企业税收负担。看一个例题来说明。

例3-16:某企业采购物资一批做原料,无税价款10000元,增值税1300元,约定的结算条件是$(2/10,N/30)$,产品已验收入库。

(1)购货成立时。

借:原材料　　　　　　　　　　　　　　　　　　10000
　　应交税费——应交增值税(进项税额)　　　1300
　　贷:应付账款　　　　　　　　　　　　　　　　　11300

(2)如果上述货款在10天内付款,获得2%的折扣,该折扣是根据货款10000元计算的,不得扣除进项税额。

借:应付账款　　11300
　　贷:银行存款　11100
　　　　财务费用　　200(10000×2%)

(3)如果上述货款在30天内付款。

借:应付账款　　11300
　　贷:银行存款　11300

(四)分期付款

买卖双方签订分期付款合约,通常在合约约定的付款日支付货款,开具发票。

根据会计准则的规定,由于采用分期付款方式购买的固定资产,其信用期超过了正常信用条件,该项购货(合同)实质上具有融资性质。因此,固定资产的初始成本是各期支付价款的现值,按合同约定的应支付金额,记作"长期应付款",按其差额,作为"未确认融资费用"。

根据《中华人民共和国增值税暂行条例》以及"营改增"的相关规定,销货企业将货款分解为货物销售收入和利息收入,属于混合销售行为,以销售货物为主的企业应该缴纳货物销售的增值税;相应地,购货企业将货款分解为货物采购成本和利息支出,但由于销售方是按混合销售统一开具发票的,因此购买方也都应该获得货物的进项税额(包括利息支出部分的)。因而,无论会计上如何规定,合同价全部是销货方销售货物实现的收入,应以合同价开具销售发票,购买方以合同价(全部支付价款)获得购货发票。

例3-17:承继第二章分期收款销售的例题,这里换一个角度进行分析。假定A企业需要购买一批货物,现金结算的无税价格800万元。销售方的必要报酬率为10%,增值税税率为13%。现在有两种结算方式,现金结算与分期付款。

方案1:现金结算,增值税进项税额的计税依据为800万元。

方案2:分5年期付款,购买时第一次付款,以后分4年,即需要按首付年金或预付年金计算现值。但税法是按付款总额计算增值税的。

分期付款:

① 如果不考虑增值税,每年付款?

$800 = A \times PVIFA(5,10\%) \times (1+10\%)$

$800 = A \times 3.7902 \times 1.1$

$A = 192(万元)$

总付款 $192 \times 5 = 960(万元)$

② 如何考虑增值税?

按合同约定日付款并开具发票,即每期付款192万元(无税),获得专用发票,支付税款(可以扣税)为 $192 \times 13\% = 24.96(万元)$。

考虑增值税的每期付款为:

$192 + 24.96 = 216.96(万元)$

或者:

$800 \times (1+13\%) = A \times PVIFA(5,10\%) \times (1+10\%)$

$800 \times (1+13\%) = A \times 3.7902 \times 1.1$

$A = 216.96(万元)$

如果要求对方一次开具960万元(无税)总价款的发票,理论上需要在获得抵扣发票的当期支付对方全额的税款,即 $960 \times 13\% = 124.8(万元)$。

二、税务筹划设计

根据上述物资采购不同结算方式下财税处理的规范,下面通过一个例题来分析说明企业的税务筹划方法。

例3-18:承继例3-17的资料。假定A企业需要购买一批货物,现金结算的无税价格800万元,增值税税率为13%。现在有四种结算方式:

方案1:现金结算,增值税进项税额的计税依据为800万元。

方案2:免息信用,合约约定的付款期为一个月,发票日为付款日,无税价格也是800万元。

方案3:带息信用,合约约定无税价格800万元。但给定无税价款800万元的现金折扣条件为(2/10,N/30)。企业分析放弃折扣不划算,准备在第10天付款,获得2%的折扣。假定当月可以获得进项税额的抵扣。

方案4:公允价值无税价800万元(即现值),销售方的必要报酬率为10%,分5年期付款,购买时第一次付款，以后分 4 年，即需要按首付年金或预付年金计算现值。税法是按付款总额计算增值税的。

由于这四个方案涉及时间价值的计算，因此，我们将贴现率都确定为 10％，将货款的支付（包括增值税）作为现金流出，将进项税额的抵扣作为现金流入，从而计算净现值。需要说明的是，因为每个方案都涉及纳税申报的时间延迟，因此，忽略了申报的时间，假定都在获得发票的当期实现进项税额的抵扣。

方案 1：现金结算。

$$800×(1+13\%)-800×13\%=800(万元)$$

方案 2：免息信用。

购买企业一个月以后的现金流量：

$$800×(1+13\%)-800×13\%=800(万元)$$

此时 800 万元是一个月以后的价值，需要贴现，计算公式：

$$\frac{800}{(1+10\%/12)}=793.39(万元)$$

其中 10％/12 是一个月的利率。

方案 3：带息信用。

企业在第 10 天付款，现金流量：

$$800×(1-2\%)+800×13\%-800×13\%=784(万元)$$

根据税法规定，企业的现金折扣作为财务费用，不影响销售方的销项税额，也不影响购买方的进项税额。因此，只是货款 800 万元有现金折扣（实务中也应该是这样约定的），现金折扣不影响增值税。由于假定支付的税款在本月抵扣，因此，支付的税款在抵扣后为 0。784 万元还需要计算 10 天的现值，计算公式：

$$\frac{784}{(1+10\%/365)^{10}}=781.86(万元)$$

其中 10％/365 为日利率。

方案 4：根据前面例题的计算，考虑增值税的每期付款为

$$800×(1+13\%)=A×PVIFA(5,10\%)×(1+10\%)$$

$$800×(1+13\%)=A×3.7902×1.1$$

$$A=216.96(万元)$$

216.96 万元是每期支付的含税价，根据前面例题的计算可知，可以分解为无税价 192 万元和进项税额 24.96 万元（即 192×13％）。进项税额 24.96 万元可以每期实现抵扣，因此税款部分的支付在抵扣以后为 0。那么，每期实际承担的货款 192 万元贴现为：

$$192×PVIFA(5,10\%)×(1+10\%)=800(万元)$$

通过上述分析，方案 3 带息信用最好，企业承担购买成本的净现值 781.86 万元；其次是方案 2 免息信用，企业承担购买成本的净现值 793.39 万元；方案 1 现金结算和方案 4 分期付款的净现值，理论上是无差别的。因为分期付款承担了每期 10％的利息，因此，贴现后的现值与现在支付相同。

三、风险分析

物资采购的不同结算方式，主要会影响企业的财务风险与税收风险。

　　首先,不同的结算方式,现金流出的时间差别很大,会影响到企业的资金需求,从而影响企业的财务风险。相对而言,支付时间越长的,财务风险越低。

　　其次,物资采购时不同的结算方式,也影响企业进项税额的抵扣时间,从而带来一定的税收风险。事实上,企业只要完全履行合约约定的付款日和发票日,则会在支付货款(含税款)之后获得进项税额的抵扣,时间上不会存在太大的时滞,税收风险也不大。但在目前我国的实务中,很多企业都希望先获得抵扣凭证,然后再付款,而且一拖再拖,变成三角债,不仅使自己的信誉受损,而且影响到整个社会的正常资金运转。

　　最后,企业在物资采购过程中必须重视合同管理,高水平的购货合同不应该忽略合同中的税收陷阱和风险。购货合同的管理应该是企业整个采购税务筹划的落脚点,因为采购规模、采购单位、采购时间、结算方式等最后都会反映在购货合同上,合同一旦签订,就意味着其他筹划活动的结束。如果合同出错,意味着前面的筹划成果化为乌有。因此在进行购货合同管理时应注意以下几个问题:

　　①写明采购的具体项目,比如货物名称、规格、数量、单价、交货日期及地点等。

　　②具体的结算方式或支付方式,如果有现金折扣,一定明确现金折扣的计算基础是含税还是不含税的。应该是不含税,但需要在合同中明确。

　　③发票日期。发票日期应该与付款日期相对应。

　　④验收与售后服务。

　　⑤违约责任等。

思考与练习

1.增值税不得从销项税额中抵扣的进项税额有哪些?

2.消费税可以扣除的已纳税包括什么?

3.购进项目如何进行归类的税务筹划?

4.已税与未税消费品采购的税务筹划方法是什么?

5.一般纳税人向小规模纳税人采购的价格应该打几折合算?

第四章 成本费用的税务筹划

成本费用是企业所得税税前扣除的主要内容,也是增值税税前扣除的重要内容,其高低直接关系着税负的轻重,成本费用的税务筹划就是在遵循税法与会计准则的前提下,合理选择成本费用的归集对象、成本费用的分配方法,以及相关资产的计价、折旧或分摊方法,以降低税负,提高企业价值。

需要说明的是,由于我国增值税采用购进扣税法,在物资购进之后如何分配,已对增值税没有太大的影响,主要影响的是所得税。因此,本章将主要介绍影响企业应税所得的各项成本费用的税务筹划,主要包括存货成本、固定资产使用成本、无形资产的摊销、工资及其附加、各种期间费用及损失的税务筹划。

第一节 税前扣除的成本费用范围及其确认原则

一、税前扣除的成本费用范围

根据《中华人民共和国企业所得税法》及其实施细则,所得税税前准予扣除的项目,包括纳税人每一纳税年度发生的与取得应纳税收入有关的所有必要和正常的成本、费用、税金和损失,可见成本费用是所得税税前扣除的重要内容。税前可以扣除的成本费用的范围具体为:

1. 成本

成本是纳税人销售商品(产品、材料、下脚料、废料、废旧物资等)、提供劳务、转让固定资产、无形资产(包括技术转让)的成本。从会计上而言,销售商品、提供劳务的成本主要是企业的主营业务成本或其他业务支出,而转让固定资产、无形资产的成本主要反映在企业的营业外支出之中。

2. 费用

费用是指纳税人每一纳税年度发生的可扣除的销售费用、管理费用和财务费用,已计入成本的有关费用除外,这三项费用在会计核算里被称为期间费用。

另外,根据企业所得税税前扣除办法的规定,在计算应纳税所得额时,下列支出不得扣除:

(1)向投资者支付的股息、红利权益性投资收益款项;

(2)企业所得税税款;

(3)税收滞纳金;

(4)罚金、罚款和被没收财物的损失;

(5)年度利润总额12%以外的公益性捐赠支出;

(6)企业发生与生产经营活动无关的各种非广告性质的赞助支出;

(7)未经核定的准备金支出;

(8)不能扣除的管理费、租金、特许权使用费；

(9)与取得收入无关的其他支出。

纳税人发生的费用支出必须严格区分经营性支出和资本性支出。资本性支出不得在发生当期直接扣除，必须按税收法规规定分期折旧、摊销或计入有关投资的成本。

二、税前扣除的成本费用确认原则

《中华人民共和国企业所得税法》对成本费用等税前扣除的确认，制定了一般原则，包括：

(1)权责发生制原则。即纳税人应在费用发生时而不是实际支付时确认扣除。

(2)配比原则。即纳税人发生的费用应在费用应配比或应分配的当期申报扣除。纳税人某一纳税年度应申报的可扣除费用不得提前或滞后申报扣除。

(3)相关性原则。即纳税人可扣除的费用从性质和根源上必须与取得应税收入相关。

(4)确定性原则。即纳税人可扣除的费用不论何时支付，其金额必须是确定的。

(5)合理性原则。即纳税人可扣除费用的计算和分配方法应符合一般的经营常规和会计惯例。

在企业的日常经营中，销售商品、提供劳务是其最主要的业务，因此，本书在阐述成本费用的税务筹划时，除费用设专节阐述外，将侧重于销售商品或提供劳务的成本，而材料（存货）成本、人工成本、固定资产使用成本以及无形资产摊销的成本是其成本的主要构成因素，下面将分别阐述其税务筹划。

第二节　　存货成本的税务筹划

一、存货的类型、成本构成及其计价方法

(一)存货的类型

存货是企业在生产经营过程中持有的以备出售的产成品或商品，处在生产过程中的在产品，在生产过程或提供劳务过程中耗用的材料、物料等各种资产，根据企业的生产流程，可以将存货划分为三种类型：

(1)储备资料，指企业为生产产品而储备待用的各种原材料、燃料、包装物、低值易耗品等。

(2)在产品，指企业在生产过程中尚未完工的产品。

(3)库存商品，指企业自行生产（一般为完工产品，也可以是对外出售的半成品）或外购的待售商品。

(二)存货的成本构成

根据《中华人民共和国企业所得税法》及其实施条例的规定，纳税人的各种存货应以取得时的实际成本计价。

1. 纳税人外购存货的实际成本包括购货价格、购货费用和税金

购货价格是指根据发票金额确认购货价格，但不包括按规定可以抵扣的增值税额。购货费用是指企业购入存货在入库以前所需要支付的各种费用，如在存货采购过程中发生的仓储费、包装费、运输途中的合理损耗、入库前的挑选整理费用等。税费，是指企业购买、自制或委托加工存货发生的进口关税、消费税、资源税和不能抵扣的增值税进项税额。

成本＝买价＋仓储费＋包装费＋损耗费＋整理费＋税费（关税、消费税、资源税、不能抵扣的增值税进项）

2.加工取得的存货成本，由采购成本、加工成本构成

成本＝采购成本＋加工成本

3.其他方式取得的存货的成本

（1）投资者投入存货的成本，应按照投资合同或协议约定的价值确定，但合同或协议约定价值不公允的除外。

（2）通过非货币性资产交换、债务重组、企业合并等方式取得的存货成本，按相关会计准则的规定确定。

（3）盘盈存货的成本，应按其重置成本作为入账价值，并通过"待处理财产损溢"科目进行会计处理，按管理权限报经批准后冲减当期管理费用。

纳税人必须将经营活动中发生的成本合理划分为直接成本和间接成本。直接成本是可直接计入有关成本计算对象或劳务的经营成本中的直接材料、直接人工等。间接成本是指多个部门为同一成本对象提供服务的共同成本，或者同一种投入可以制造、提供两种或两种以上的产品或劳务的联合成本。纳税人自制存货的成本除直接成本以外，还应包括制造费用等间接费用。

（三）存货的计价方法

根据《中华人民共和国企业所得税法》及实施条例的规定，纳税人各项存货的发出或领用的成本计价方法，可以采用个别计价法、先进先出法、加权平均法、移动平均法、计划成本法、零售价法等。如果纳税人正在使用的存货实物流程与后进先出法相一致，也可采用后进先出法确定发出或领用存货的成本。纳税人采用计划成本法或零售价法确定存货成本或销售成本，必须在年终申报纳税时及时结转成本差异或商品进销差价。

纳税人的存货计价方法一经确定，不得随意改变，如确需改变的，应在下一纳税年度开始前报主管税务机关批准。否则，对应税所得造成影响的，税务机关有权调整。

下面从存货成本的构成和存货计价方法的选择两个方面阐述存货的税务筹划。

二、存货成本构成的税务筹划

通常企业发生的各种资源耗费（在这里统称为成本费用），可以计入的对象除各种存货以外，还可以计入期间费用和固定资产等资本化对象之中。存货成本构成的税务筹划，就是在遵循税法和会计准则的前提下，利用企业可能存在的成本费用归集对象的可选择空间，如同第一章介绍的"分类技术"，将成本费用在不同的存货之间，以及存货与期间费用之间，存货与资本化对象（如固定资产）之间进行合理归类，以加快成本费用的税前扣除速度。

（一）成本费用在存货与资本化对象之间选择的税务筹划

如果企业的某项成本费用，能够在存货与资本化对象之间进行选择，对于纳税人而言，应该尽可能选择计入存货成本。计入存货成本的费用，不仅可以尽快获得增值税的税前扣除，而且可以加快其在所得税的税前扣除速度。

例4-1：2018年，北京某企业采购一台设备，价值100万元，随同该设备购入的，还有与该设备有关的零部件、附属件，价值30万元。假定增值税税率为13％。

方案1：零部件、附属件，随同设备计入固定资产。

方案2：零部件、附属件作为低值易耗品入账。

在增值税转型改革以后,两个方案的增值税已经没有差异了。而两个方案的所得税是存在差异的,比较如下:

二者税前扣除的金额没有差异,但方案 2 的扣除速度快于方案 1,企业可以获得资金的时间价值。

方案 1:30 万元零部件、附属件随固定资产折旧在若干年内获得税前扣除。

方案 2:30 万元零部件、附属件可以一次或在一年之内全部获得税前扣除。

时间价值的具体计算略。

(二)成本费用在不同存货之间分配的税务筹划

在前面,我们根据企业的生产流程,将存货划分为储备资料、在产品和产成品三种类型,而为了这部分阐述的方便,进一步将这三种类型称之为存货的上、中、下游和已售存货(严格来讲应是销售成本,这里只是为了阐述的方便)。存货在企业生产经营过程中不断改变形态,其成本也随存货的流转而流转,最终变成销售成本,并与其实现的收入配比计算税前利润或应税所得。而存货形态的每一次改变,都涉及存货成本的分配,成本费用在不同存货之间的分配,直接关系着企业税前扣除的速度。

总体而言,成本费用在不同存货之间的分配,应把握的基本原则是:如果成本费用在上游存货与中游存货之间分配,应该尽可能多分配给中游存货;如果成本费用在中游存货与下游存货之间分配,应该尽可能多分配给下游存货;最后,如果成本费用在下游存货与已销存货之间分配,应该尽可能多分配给已销存货,增加销售成本。

(三)成本费用在存货与期间费用之间选择的税务筹划

如果企业发生的一项成本费用,可以在存货与期间费用之间选择的话,从所得税的角度而言,应该计入期间费用为好,因为,期间费用可以在当期扣除。但从增值税的角度来看,关系到进项税额能否扣除。

总体而言,如果不涉及进项税额的扣除,则纳税人应该尽可能选择计入期间费用。但如果影响进项税额的扣除,则纳税人应该尽可能选择计入存货,因为,选择计入期间费用只是获得所得税加速扣除的好处,如果以放弃进项税额的抵扣为前提,肯定得不偿失。

三、存货计价方法选择的税务筹划

如前所述,纳税人的存货计价可以采用个别计价法、先进先出法、加权平均法、移动平均法、计划成本法、零售价法等,另外,如果纳税人正在使用的存货实物流程与后进先出法相一致,也可采用后进先出法确定发出或领用存货的成本。存货计价的方法有多种选择,为纳税人的税务筹划提供了机会和空间。

其实,存货计价方法是成本费用在存货之间(包括已销存货)分配的方法,在上述成本费用在不同存货之间分配的税务筹划,隐含了成本费用分配的基本原则。在存货计价方法的选择中,应该选择能够加大"下游"存货(含已销存货)的成本,而减少"上游"存货的成本,其实也就是能够加大发出存货的成本,减少留存存货的成本。在具体选择方法时,还要视一定时期的市况而定,即物价看涨、看跌或是比较平稳的状况。

为了下面分析的方便,有必要先将存货计价方法按其假定的成本流转顺序进行分类:①先进先出法,假定先入库的存货先发出去。②后进先出法,假定后入库的存货先发出去。③加权平均法,不管存货是先入库还是后入库,都一视同仁,平均分配成本。另外计划分配法、零售价法需要在期末分配差价,其差价的分配也是不管存货入库先后的,一视同仁,与加权平均法类似,因此,在下面的案例分析中,我们将以加权平均法作为代表。

下面将分别物价看涨、看跌和平稳的不同情况阐述其税务筹划。

(一)物价看涨情况下存货计价方法选择的税务筹划

如果物价看涨,采用后进先出法可以使发出存货的成本提高。因为后进先出法假定后入库的存货先发出去,并以这样的存货成本流转顺序计算发出存货的成本。在物价看涨的情况下,后入库的存货成本高于先入库的,如果假设后入库的存货先发出去,并以此计算发出存货的成本,则计算的发出存货的成本肯定高于留存存货的成本,从而推延纳税。

例4-2:某企业2015年先后进货两批,数量相同,进价分别为400万元和600万元,2016年和2017年各出售一半,每年售价均为1000万元,企业所得税税率为25%。该如何筹划呢?三种存货计价法如表4-1所示。

表4-1　三种存货计价法的成本分配及所得税差异比较　　　　　单位:万元

	加权平均法			先进先出法			后进先出法		
	2016	2017	合计	2016	2017	合计	2016	2017	合计
销售收入	1000	1000	2000	1000	1000	2000	1000	1000	2000
销售成本	500	500	1000	400	600	1000	600	400	1000
税前利润	500	500	1000	600	400	1000	400	600	1000
所得税	125	125	250	150	100	250	100	150	250

从表4-1可看出,两年时间内,三种存货计价方法累计缴纳所得税相同,都是250万元。但是,第一年先进先出法所缴纳的所得税比其他两种方法都高,比加权平均法高25万元(150-125),比后进先出法高50万元(150-100)。采用先进先出法等于垫付了资金,影响企业的资金效益。相比之下,后进先出法的税负较轻,延迟了交纳税金,提高了企业资金使用效益。

(二)物价看跌情况下存货计价方法选择的税务筹划

如果物价看跌,采用先进先出法可以使发出存货的成本提高。因为先进先出法假定先入库的存货先发出去,并以这样的存货成本流转顺序计算发出存货的成本。在物价看跌的情况下,先入库的存货成本高于后入库的,如果假设先入库的存货先发出去,并以此计算发出存货的成本,则计算的发出存货的成本肯定高于留存存货的成本。

例4-3:承例4-2,假定两批A产品的进价分别为每件600万元和400万元,其余情况相同。

表4-2　三种存货计价法的成本分配及所得税差异比较　　　　　单位:万元

	加权平均法			先进先出法			后进先出法		
	2016	2017	合计	2016	2017	合计	2016	2017	合计
销售收入	1000	1000	2000	1000	1000	2000	1000	1000	2000
销售成本	500	500	1000	600	400	1000	400	600	1000
税前利润	500	500	1000	400	600	1000	600	400	1000
所得税	125	125	250	100	150	250	150	100	250

从表4-2可看出,两年时间内,三种存货计价方法累计缴纳所得税相同,都是250万元。但是,第一年先进先出法所缴纳的所得税比其他两种方法都低,比加权平均法低25万元(125-100),比后进先出法低50万元(150-100)。所以在物价下跌的情况下,采用先进先出法前期纳税额最小。先进先出法延迟了缴纳税金,提高了企业资金使用效率。

(三)物价平稳情况下存货计价方法选择的税务筹划

在物价比较平稳时,先进先出法与后进先出法都失去了意义,无论采取先进先出法、后进先出法还是加权平均法,其第一年与第二年的成本与利润非常接近,应纳税额几乎相等,此时若采取先进先出法或后进先出法,不仅起不到延期纳税的作用,反而增加了存货管理和核算的麻烦,所以采用加权平均法较为简单易行。

第三节　固定资产使用成本的税务筹划

纳税人的固定资产,是指使用期限超过一年的房屋、建筑物、机器、机械、运输工具以及其他与生产经营有关的设备、器具、工具等。对于企业自有的固定资产而言,其使用成本主要包括折旧和维修,而对于租入的固定资产而言,其使用成本主要是租金。因此,本节将从固定资产折旧、维修和租金几个方面阐述其税务筹划。

一、固定资产折旧的税务筹划

折旧是固定资产由于损耗而转移到产品成本中去的那一部分价值。折旧是成本费用的重要组成部分,折旧的计算和提取必然关系到成本费用的大小,直接影响企业的利润水平,最终影响企业的税负轻重。

每期提取固定资产折旧金额的大小主要取决于三大因素,即应提折旧、折旧年限和折旧方法,下面分别不同因素阐述其税务筹划。

(一)固定资产应提折旧的税务筹划

1.固定资产应提折旧的税收政策

固定资产应提折旧的金额是指固定资产的原值减预计残值后的金额,同时,税收制度对应提折旧的固定资产范围也作出了相应的规范。

(1)固定资产原值的税收政策。固定资产原值也即固定资产的计税基础,根据《中华人民共和国企业所得税法实施条例》第五十八条的规定,固定资产按照以下方法确定计税基础:①外购的固定资产,以购买价款和支付的相关税费以及直接归属于使该资产达到预定用途发生的其他支出为计税基础;②自行建造的固定资产,以竣工结算前发生的支出为计税基础;③融资租入的固定资产,以租赁合同约定的付款总额和承租人在签订租赁合同过程中发生的相关费用为计税基础,租赁合同未约定付款总额的,以该资产的公允价值和承租人在签订租赁合同过程中发生的相关费用为计税基础;④盘盈的固定资产,以同类固定资产的重置完全价值为计税基础;⑤通过捐赠、投资、非货币性资产交换、债务重组等方式取得的固定资产,以该资产的公允价值和支付的相关税费为计税基础;⑥改建的固定资产,以改建过程中发生的改建支出增加计税基础,另有规定者除外。

(2)固定资产预计残值的税收政策。固定资产在计算折旧前,应当估计残值,从固定资产原价中减除。根据《中华人民共和国企业所得税法实施条例》第五十九条规定:"固定资产按照直线法计算的折旧,准予扣除。企业应当自固定资产投入使用月份的次月起计算折旧;停止使用的固定资产,应当自停止使用月份的次月起停止计算折旧。企业应当根据固定资产的性质和使用情况,合理确定固定资产的预计净残值。固定资产的预计净残值一经确定,不得变更。"

2. 固定资产应提折旧的税务筹划方法

固定资产应提折旧税务筹划的要点主要有两个方面:

(1)对于不能提折旧又不需用的固定资产应尽快处理,以尽快实现处理损失的税前扣除。对于企业一些技术陈旧、能耗过高或其他原因,不需要使用的固定资产,其价值的损耗又不能通过折旧获得税前扣除,而税法也不允许将各项资产的减值准备在税前扣除。但税法对固定资产处置损失是可以在税前扣除的,那么,尽快处理不需用的固定资产,让其损失尽快实现,是获得税前扣除的基本途径。

例 4-4:某企业有一项不需用的固定资产,其原值 100 万元,原本预计使用期 10 年,即按 10 年提折旧,没有预计残值。目前已使用 5 年,账面剩余价值 50 万元,由于能耗过高被停用,如果出售可以获得 5 万元。

如果该固定资产不作任何处理,账面的 50 万元,既不能提折旧,也不能将计提的跌价准备金在税前扣除,不能获得任何税前扣除。

如果处置获得 5 万元收入,则实现固定资产处置的净损失=50-5=45(万元)。

45 万元的损失现在就可以抵税,使企业当年可以少交 45×25%=11.25(万元)。

也许企业对固定资产的处置是迟早的事,但越早处理,越早获得税前扣除,至少能够获得时间价值。

(2)关于预计残值,在正常经营的条件下,预计残值越低,计提折旧的金额就越多,税前扣除的速度越快。预计净残值是在增加固定资产时确定的预计净残值率与原值的乘积,预计净残值率一般为 3%~5%。企业应当根据固定资产的性质和使用情况,合理确定固定资产的预计净残值。预计净残值一经确定,不得随意变更。

(二)固定资产折旧方法的税务筹划

1. 固定资产折旧方法的税收政策

根据《中华人民共和国企业所得税法》及其实施条例,纳税人可扣除的固定资产折旧的计算,采取直线折旧法。但税收制度逐步扩大加速折旧的范围,具体情况如下:

(1)特定行业固定资产加速折旧的规定。

①重要行业新购置的固定资产加速折旧。自 2014 年 1 月 1 日,生物制药企业,专用设备制造企业,铁路、船舶、航天航空和其他运输设备制造企业,计算机、通信和其他电子设备制造业,以及信息传输、软件和信息技术服务企业新购置的固定资产可以加速折旧,采取缩短折旧年限或加速折旧方法计算折旧在企业所得税税前扣除。

自 2015 年 1 月 1 日,轻工、纺织、机械和汽车行业的企业新购置的固定资产可以加速折旧,采取缩短折旧年限或加速的折旧方法计算折旧在企业所得税税前扣除。

②重要行业小微企业新购置的研发设备。前述重要行业的小型、微型企业,单价不超过 100 万元的研发设备,既用于研发又用于生产经营的,可一次全额在税前扣除。

③集成电路企业的集成电路生产设备加速折旧。集成电路企业的生产设备可按 3 年计算折旧在税前扣除。

（2）所有企业可享受的加速折旧的规定。

①企业购置的技术更新换代比较快的设备，可以缩短折旧年限或采取加速折旧的方法计算折旧在企业所得税税前扣除。

②企业购置的固定资产常年是在强振动、高腐蚀状态下工作的，可以缩短折旧年限或采取加速折旧的方法计算折旧在企业所得税税前扣除。

③企业购置的软件，作为固定资产或无形资产核算的，可以按两年计算的折旧或摊销额在企业所得税税前扣除。

④企业自 2014 年 1 月 1 日起新购置的、单价不超过 100 万元的、专门用于研发的设备，可以在购置当月一次全额计算折旧在企业所得税税前扣除；重要行业的非小微企业，购置的单价不超过 100 万元的设备，只有专门用于研发的才可以一次折旧扣除。

⑤自 2014 年 1 月 1 日起，企业单位价值不超过 5000 元的固定资产，可以在购置当月一次全额折旧在企业所得税税前扣除。并且规定固定资产的加速折旧可以采用余额递减法或年数总和法。

（3）加速折旧优惠的行业范围扩大到整个制造业。自 2019 年 1 月 1 日起，适用《财政部 国家税务总局关于完善固定资产加速折旧企业所得税政策的通知》（财税〔2014〕75 号）和《财政部 国家税务总局关于进一步完善固定资产加速折旧企业所得税政策的通知》（财税〔2015〕106 号）规定固定资产加速折旧优惠的行业范围，扩大至全部制造业领域。

2. 固定资产折旧方法选择的税务筹划

从表面上看，在固定资产价值既定的情况下，无论企业采用什么折旧方法，也无论折旧年限多长，计算提取的折旧总额都是一致的。但是，由于资金时间价值因素的影响，企业会因为选择的折旧方法不同，而获得不同的收益和承担不同的税负水平。

根据资金时间价值的基本原理，加速折旧比直线法能够尽快实现折旧的税前扣除，因此，在正常经营的条件下，如果企业能够在直线法与加速折旧之间选择，应该选择加速折旧。如果企业符合加速折旧的条件，一定要去申请获得加速折旧的资格。

在税务筹划时，如果要比较不同折旧方法带来的税收收益，不能采用非贴现的静态方法，而必须采用贴现的动态方法，已充分考虑资金时间价值的影响。

例 4 - 5：某企业固定资产原值 80000 元，预计残值 2000 元，使用年限 5 年，企业所得税税率为 25%，企业的必要报酬率（即贴现率）为 10%。该企业年利润（含折旧）如表 4 - 3 所示。

表 4 - 3　企业未扣除折旧的年利润

单位：元

年限	未扣除折旧的利润（元）
第一年	40000
第二年	50000
第三年	48000
第四年	40000
第五年	30000
合计	208000

下面,分别运用直线法、双倍余额递减法,计算每年的应纳税所得额。

①直线法:

年折旧率＝1/5×100％＝20％

年折旧额＝(80000－2000)×20％＝15600(元)

累计折旧额＝15600×5＝78000(元)

累计应纳所得税额＝(208000－78000)×25％＝32500(元)

②双倍余额递减法:

折旧率＝2×(1/5)×100％＝40％

第一年折旧额＝80000×40％＝32000(元)

第二年折旧额＝(80000－32000)×40％＝19200(元)

第三年折旧额＝(80000－32000－19200)×40％＝11520(元)

第四年、第五年改用直线法,每年折旧额

＝(80000－32000－19200－11520－2000)/2＝7640(元)

累计折旧额为78000元

应纳所得税额＝(208000－78000)×25％＝32500(元)

两种折旧方法计算得出的各年应纳税所得额和应纳所得税如表4-4所示。

表4-4 两种折旧方法每年应纳税所得额、应纳所得税及现值　　　单位:元

年限	直线法			双倍余额递减法		
	应税所得额	应纳税额	应纳税额现值	应税所得额	应纳税额	应纳税额现值
第一年	24400	6100	5544.9	8000	2000	1818
第二年	34400	8600	7103.6	30800	7700	6360.2
第三年	32400	8100	6083.1	36480	9120	6849.12
第四年	24400	6100	5264.3	32360	8090	6981.67
第五年	14400	3600	2235.6	22360	5590	3471.39
合计	130000	32500	26231.5	130000	32500	25480.38

注:1、2、3、4、5期10％的复利现值系数分别为0.909、0.826、0.751、0.863、0.621。

从表4-4可看出,加速折旧法(双倍余额递减法),折旧初期提取的折旧额比较多,相应的税基少,应缴纳所得税也就少,折旧期的后期折旧额较小,相应的应缴纳所得税就多。虽然整个折旧摊销期间,总的应纳税所得额和应缴所得税是一样的,但各年应缴的税款不一样。前期缴的税款少的折旧方法,就相当于最后得了一笔国家的无息贷款。从各年应纳税额的现值总额来看,双倍余额递减法较直线法节税751.12元(26231.5－25480.38)。

(三)固定资产折旧年限的税务筹划

1.固定资产折旧年限的税收政策

根据《中华人民共和国企业所得税法实施条例》,除另有规定外,固定资产计提折旧的最低年限如下:

(1)房屋、建筑物,为20年;

(2)飞机、火车、轮船、机器、机械和其他生产设备,为10年;

(3)与生产经营活动有关的器具、工具、家具等,为5年;

(4)飞机、火车、轮船以外的运输工具,为4年;

(5)电子设备,为3年。

另外,根据《国家税务总局关于企业所得税应纳税所得额若干问题的公告》(国家税务总局公告2014年第29号)关于"固定资产折旧的企业所得税处理"的规定,对会计折旧年限和税法最低折旧年限不一致时,做如下处理:

(1)企业固定资产会计折旧年限如果短于税法规定的最低折旧年限,其按会计折旧年限计提的折旧高于按税法规定的最低折旧年限计提的折旧部分,应调增当期应纳税所得额;企业固定资产会计折旧年限已期满且会计折旧已提足,但税法规定的最低折旧年限尚未到期且税收折旧尚未足额扣除,其未足额扣除的部分准予在剩余的税收折旧年限继续按规定扣除。

(2)企业固定资产会计折旧年限如果长于税法规定的最低折旧年限,其折旧应按会计折旧年限计算扣除,税法另有规定除外。

(3)企业按会计规定提取的固定资产减值准备,不得税前扣除,其折旧仍按税法确定的固定资产计税基础计算扣除。

(4)企业按税法规定实行加速折旧的,其按加速折旧办法计算的折旧额可全额在税前扣除。

(5)石油天然气开采企业在计提油气资产折耗(折旧)时,由于会计与税法规定计算方法不同导致的折耗(折旧)差异,应按税法规定进行纳税调整。

2.固定资产折旧年限选择的税务筹划方法

对一般性的企业,即处于正常生产经营期且未享有税收优惠待遇的企业来说,缩短固定资产折旧年限,往往可以加速固定资产成本的回收,使企业后期成本费用前移,前期利润后移,从而获得延期纳税的好处。当然,企业对折旧年限的选择并非只有固定的模式,也不能单纯从税收的角度考虑。企业必须充分考虑各方面因素后(关键是要有利于企业管理目标的实现),对固定资产的折旧年限作出选择。

例4-6:A企业有一台价值500000元的机器设备,残值按原值的5%估算,估计使用年限12年。假定按直线法计提年折旧额。

方案1:按12年计提折旧。
$$500000 \times (1-5\%)/12 = 39583.33(元)$$

假定利率为10%,则12年的年金现值系数为6.815,折旧节约所得税支出折合现值=$39583.33 \times 25\% \times 6.815 = 67440.1(元)$。

方案2:将折旧年限缩短为10年。
$$年计提折旧额 = 500000 \times (1-5\%)/10 = 47500(元)$$

利率为10%的10年的年金现值系数为6.145,因折旧而减少的所得税的折旧现值=$47500 \times 25\% \times 6.145 = 72971.88(元)$。

可见,尽管折旧年限的改变,并未从折旧总量上影响到企业所得税税负,但考虑到资金的时间价值,后者对企业更为有利,由于折旧年限延长了两年而多获得5531.78元(72971.88-67440.1)。

二、固定资产维修的税务筹划

（一）固定资产维修的税收政策

根据《中华人民共和国企业所得税法》第十三条规定，在计算应纳税所得额时，企业发生的下列支出作为长期待摊费用，按照规定摊销的，准予扣除：

（1）已足额提取折旧的固定资产的改建支出；

（2）租入固定资产的改建支出；

（3）固定资产的大修理支出；

（4）其他应当作为长期待摊费用的支出。

根据《中华人民共和国企业所得税法实施条例》第六十九条规定，企业所得税法第十三条第（三）项所称固定资产的大修理支出，是指同时符合下列条件的支出：

（1）修理支出达到取得固定资产时的计税基础50％以上；

（2）修理后固定资产的使用年限延长2年以上。

企业所得税法第十三条第（三）项规定的支出，按照固定资产尚可使用年限分期摊销。《中华人民共和国企业所得税法实施条例》第七十条规定："企业所得税法第十三条第（四）项所称其他应当作为长期待摊费用的支出，自支出发生月份的次月起，分期摊销，摊销年限不得低于3年。"

（二）固定资产维修选择的税务筹划方法

从《中华人民共和国企业所得税法》的规定来看，固定资产的维修费的筹划要合理，应当考虑以下因素：

（1）支出数额。固定资产的修理支出如果达到固定资产计税基础的50％以上，就不可以当期直接扣除而作为长期待摊费用。比如，固定资产原值400万元，尚可使用年限2年，维修费用210万元，维修后增加使用年限3年，就要作为长期待摊费用按照4年摊销；但是，如果按照资金状况安排三年的维修方案，每年发生维修支出70万元，就可以作为一般性修理支出在发生当期直接扣除。

（2）企业的盈亏情况。如果企业现在和预期的一段时间内为亏损，企业应考虑将支出资本化，加大资产的账面价值，由于资产按使用年限提取折旧在税前扣除，使税前扣除金额向以后年度递延，也就相当于平衡了企业各年度可扣除的费用。如果企业当前是盈利状况，就应考虑将支出费用化，加大当期的税前扣除项目，提前扣除一些可扣除项目，以达到减少当期所得税的目的。

（3）生产经营的需要。固定资产修理的支出数额和时间安排必须以生产经营的需要为重，税务筹划的方案以不影响企业的生产经营为前提。

例4-7：某企业2016年12月需要对一台生产设备进行大修理，该设备的原值为310万元，需要修理费用158万元。有两个方案可选：

方案1：2016年12月当月修理完工。可延长使用寿命1年，折旧年限从4年延长到5年。

方案2：如果该设备的修理可以分两期进行，共158万元。第一期维修工程在2016年12月完工，维修费用为120万元；第二期维修工程2017年1月份完工，维修费用38万元。

税负分析：

方案1：因为 $158 \div 310 = 51\% > 50\%$。故发生的修理费用不能在本期税前扣除，应该增加固定资产价值,在5年时间内通过折旧进入成本,减少利润。每年可减少应税所得31.6万元(158/5)。

方案2:修理支出当期可直接扣除,因此,可分别减少2016年和2017年的应税所得120万元和38万元。

方案2优于方案1。尽管两个方案的总额一致,但是方案2可以获得推延纳税的时间价值。

三、租入固定资产租金的税务筹划

(一)租入固定资产租金的税收政策

根据《中华人民共和国企业所得税法实施条例》第四十七条规定,企业根据生产经营活动的需要租入固定资产支付的租赁费,按照以下方法扣除:

一是以经营租赁方式租入固定资产发生的租赁费支出,按照租赁期限均匀扣除;

二是以融资租赁方式租入固定资产发生的租赁费支出,按照规定构成融资租入固定资产价值的部分应当提取折旧费用,分期扣除。

符合下列条件之一的租赁为融资租赁:

(1)在租赁期满时,租赁资产的所有权转让给承租方;

(2)租赁期为资产使用年限的大部分(75%或以上);

(3)租赁期内租赁最低付款额大于或基本等于租赁开始日资产的公允价值。

(二)固定资产租入与购置选择的税务筹划

企业取得固定资产的方式主要有购置(自建类似,在分析时略去)、经营性租入和融资租入,在固定资产租金的税务筹划时需要在不同的取得方式之间进行选择。

1. 经营性租入与购置选择的税务筹划

经营性租入的固定资产,其使用成本是租金,表现为每期固定金额的现金流出,要注意的是,租金可以在税前扣除,因此,税后现金流出是租金抵税后的金额。而购置的固定资产其使用成本是折旧和维修费,其现金流量表现为购置的一次性现金流出,以及每期折旧和维修抵税,要注意的是,折旧可以获得抵税的利益,但并没有现金流出。

例4-8:如果企业需要的一项固定资产,可以通过经营性租赁租入,也可以购置。企业所得税税率25%,贴现率10%。那么,在决策时有两个方案:

方案1:经营性租赁租入,每年租金10万元,假定每年年末支付,共租5年。

方案2:购置,假定买价40万元,5年提完折旧,每年8万元,假定没有残值,也没有维修费。

假定不同渠道获得的固定资产,其生产的产品无差异,因此,只需要比较设备成本的净现值。

方案1:净现值 $= -10 \times (1-25\%) \times PVIFA(5,10\%)$

$$= -10 \times (1-25\%) \times 3.791 = -28.43(万元)$$

公式中"$-10 \times (1-25\%)$"表示每年税后租金的现金流出。

方案2:净现值 $= -40 + 8 \times 25\% \times PVIFA(5,10\%) = -32.42(万元)$

公式中"$8 \times 25\%$"表示每年折旧抵税,因为可以少交税,因此是现金流入。

方案1为优。

2.融资租入与购置选择的税务筹划

融资租赁是通过融物的形式融资,不管是税收制度还是会计制度,均把融资租赁看作是融资行为。根据税法的规定,融资租赁租入的固定资产当作自有固定资产提取折旧,而租金不得在税前扣除。

因此,融资租赁租入与借款购置的差异,不存在于固定资产的使用成本,而存在于融资的利息差异,本书将在筹资一章的税务筹划中举例进行阐述,在此不再赘述。

第四节　无形资产摊销的税务筹划

无形资产的摊销,其决定因素有三个,即无形资产的价值、摊销年限以及摊销方法,下面分别阐述其税务筹划。

一、无形资产价值构成的税务筹划

(一)无形资产价值构成的税收政策

根据《中华人民共和国企业所得税法》及其实施条例的规定,无形资产按照取得时的实际成本计价,但应区别确定:

(1)投资者作为资本金或者合作条件投入的无形资产,按照评估确认或者合同、协议约定的金额计价。

(2)购入的无形资产,按照实际支付的价款计价。

(3)自行开发并且依法申请取得的无形资产,按照开发过程中实际支出计价。

(4)接受捐赠的无形资产,按照发票账单所列金额或者同类无形资产的市价计价。

另外,根据《中华人民共和国企业所得税法》及其实施条例的规定,纳税人外购无形资产的价值,包括买价和购买过程中发生的相关费用;纳税人自行研制开发无形资产,应对研究开发费用进行准确归集,凡在发生时已作为研究开发费直接扣除的,该项无形资产使用时,不得再分期摊销。

(二)无形资产价值构成的税务筹划方法

不同途径取得的无形资产,其计价不同,因此,其税务筹划也应该根据不同的取得途径分别探讨。

1.自行研发无形资产价值的税务筹划

企业自行研发的无形资产存在资本化还是费用化的问题,由于二者无法截然分开阐述其税务筹划方法,因此,只能把属于期间费用的研发支出也并入该问题一并探讨,在期间费用里将不再赘述。

(1)企业的研发支出尽可能费用化而不要资本化计入无形资产。企业自行研发的无形资产,可以作为管理费用直接进入当期税前扣除,也可以资本化作为无形资产的成本。从税务筹划的角度而言,能够费用化的成本费用不要资本化计入无形资产,因为费用化比资本化进入税前扣除的速度更快。

(2)尽量获得技术开发费的"加计扣除"。企业的研究开发活动可享受加计扣除。企业研究开发活动是指企业为获得科学与技术(不包括人文、社会科学)新知识,创造性运用科学技术新知识,或实质性改进技术、工艺、产品(服务)而持续进行的具有明确目标的研究开发活动。

根据《中华人民共和国所得税法实施条例》第九十五条的规定，以及《关于完善研究开发费用税前加计扣除政策的通知》（财税〔2015〕119号），自2016年1月1日起，原来的国税发〔2008〕116号文废止。

按规定，对于未形成无形资产计入当期损益的，在按照规定据实扣除的基础上，按照研究开发费用的75%加计扣除；形成无形资产的，按照无形资产成本的175%摊销。可以加计扣除的研发费用具体范围：

①人员人工费用。

②直接投入费用。

a. 研发活动直接消耗的材料、燃料和动力费用。

b. 用于中间试验和产品试制的模具、工艺装备开发及制造费，不构成固定资产的样品、样机及一般测试手段购置费，试制产品的检验费。

c. 用于研发活动的仪器、设备的运行维护、调整、检验、维修等费用，以及通过经营租赁方式租入的用于研发活动的仪器、设备租赁费。

③折旧费用。用于研发活动的仪器、设备的折旧费。

④无形资产摊销。用于研发活动的软件、专利权、非专利技术（包括许可证、专有技术、设计和计算方法等）的摊销费用。

⑤新产品设计费、新工艺规程制定费、新药研制的临床试验费、勘探开发技术的现场试验费。

⑥其他相关费用（太多，略）。

⑦财政部和国家税务总局规定的其他费用。

而一些研发活动（略）和一些行业的研发不得加计扣除。限制的行业包括：烟草制造业、住宿和餐饮业、批发和零售业、房地产业、租赁和商务服务业、娱乐业、财政部和国家税务总局规定的其他行业。另外，还有一些特别事项的处理规定：

①企业委托外部机构或个人进行研发活动所发生的费用，按照费用实际发生额的80%计入委托方研发费用并计算加计扣除，受托方不得再进行加计扣除。但企业委托境外机构或个人进行研发活动所发生的费用，不得加计扣除。委托外部研究开发费用实际发生额应按照独立交易原则确定。

②企业共同合作开发的项目，由合作各方就自身实际承担的研发费用分别计算加计扣除。

③企业集团可在受益成员企业间按合理方法进行分摊，由相关成员企业分别计算加计扣除。

④企业为获得创新性、创意性、突破性的产品进行创意设计活动（比如动漫、园林设计等）而发生的相关费用，可按照该政策规定进行税前加计扣除。

例4-9：上海某高科技技术有限公司主要经营业务为生产电脑打印机、电脑耗材及有关附件，其产品百分之百外销。企业经营状况良好，自开业以来连续取得赢利，每年应纳税所得额大约在2000万元左右；其企业所得税税率为25%。2018年该企业根据产品的市场需求，拟开发出一系列新产品，技术项目开发计划两年。科研部门提出技术开发费预算需要资金660万元，2018年预算为300万元，2019年预算为360万元。现有两种方案如下：

方案1：内部设立研发部门。

方案2：将其技术开发部分立出来，成立独立研发中心，作为企业的全资子公司，并接受总公司委托进行科研试制。而成立独立研发中心，作为企业全资子公司。母公司委托其子公司进行科研试制的技术开发费按照合同价格结算。假设子公司除了收取研究成本外再加收成本的10%作为对外转让溢价。

根据上述资料分析计算各方案中的下列各项：第一、二年可税前扣除额、两年累计可税前扣除额、可抵税额。根据加计扣除的新规定（2018年起），按实际发生的研发费用加计扣除75%（2018年之前是50%）。

方案1：

2018年可税前扣除额＝300＋300×75%＝525（万元）

2019年可税前扣除额＝360＋360×75%＝630（万元）

两年累计可税前扣除额＝525＋630＝1155（万元）

可抵税额＝1155×25%＝288.75（万元）

方案2：

2018年可税前扣除额＝300×（1＋10%）×80%（1＋75%）＝462（万元）

2019年可税前扣除额＝360×（1＋10%）×80%（1＋75%）＝554.4（万元）

两年累计可税前扣除额＝462＋554.4＝1016.4（万元）

可抵税额＝1016.4×25%＝254.1（万元）

方案1为优，自行研发好。

如果委托研发的加价比10%更多，也可能成立子公司研发好。

平衡点的计算，设研发费用为A，子公司可以加价的比例为x：

$$A(1+x)\times 0.8\times 1.75 = A\times 1.75$$

$$x = 25\%$$

公式中的1.75为考虑加计扣除后的扣除比例。也就是说，如果成立子公司进行研发，能够加价25%以上时，委托子公司研发为优。

2. 外购无形资产价值的税务筹划

外购无形资产价值的税务筹划的要点包括：

（1）企业外购无形资产时发生的相关费用支出应尽量作为期间费用而不计入无形资产价值。这与自行研发相同，可以加快税前扣除的时间。

（2）企业购买计算机硬件所附带的软件应尽量单独计价作无形资产。企业购买计算机硬件所附带的软件，未单独计价的应并入计算机硬件作为固定资产管理，单独计价的，应作为无形资产管理。而作为无形资产的软件其摊销年限最短为2年，如果作为固定资产，一般的折旧年限都会长于2年，达到5或10年。

3. 受赠无形资产价值的税务筹划

我国现行税法规定，企业接受捐赠的非货币性资产，须按接受捐赠时资产的入账价值（指接受捐赠的资产本身的价值）确认捐赠收入，并入当期的应纳税所得额，依法计算缴纳所得税；如果企业取得的捐赠收入金额较大，并入一个纳税年度缴税确有困难的，可向税务机关申请，经主管税务机关审核确认，可在5年内将捐赠收入均匀计入各年的应纳税所得额；另外，税法允许企业在经营中使用受赠资产时，扣除无形资产的摊销额。税法上没有明确受赠无形资产成本确认的具体方法，但由于其在确定各类资产成本时均遵循历史成本原则,所以,税法认同的应是有关凭据上标明的金额。对于接受捐赠的无形资产,从税收筹划的角度出发,企业可以要求捐赠方不提供相应凭据或不在凭据上标明金额,而通过自行估价确定受赠资产成本。由于无形资产的真实价值难以确定,税务机关容易认同企业的估价,这样,企业就可以适当低估受赠无形资产的价值,相应减少当期应缴纳的所得税。当然,企业以后各期确认的无形资产摊销额也相应减少,但企业仍然能够获得相对减税的筹划利益。

二、无形资产摊销期限的税务筹划

(一)无形资产摊销年限的税收政策

《中华人民共和国企业所得税法》及其实施条例规定,受让或投资的无形资产,其摊销年限分为以下不同的情况:

(1)法律和合同或者企业申请书分别规定有效期限和受益期限的,按法定有效期限与合同或企业申请书中规定的受益年限孰短原则摊销;

(2)法律没有规定使用年限的,按照合同或者企业申请书的受益年限摊销;

(3)法律和合同或者企业申请书没有规定使用年限的,或者自行开发的无形资产,摊销期限不得少于 10 年;企业外购的软件,符合条件,最短可为 2 年(含)。

(二)无形资产摊销期限选择的税务筹划

税法对无形资产的摊销期限赋予企业一定的选择空间,与选择固定资产折旧年限的原理相同,对于正常经营的企业,应选择较短的摊销期限,这样不仅可以加速相应资产的成本收回,避免企业未来的不确定性风险,而且还可以使企业后期成本、费用提前扣除,前期利润后移,从而获得延期纳税的好处。

例 4 - 10:某公司接受另一企业的无形资产投资。该无形资产价值 1000 万元,法律规定的有效期为 10 年。估计该项投资可以每年给公司增加利润 200 万元,使公司每年的利润达到600 万元,每年需纳税 $600 \times 25\% = 150$(万元)。假定企业的必要报酬率为 10%。

缴纳的所得税现值 $= 150 \times PVIFA(10, 10\%) = 150 \times 6.145 = 921.75$(万元)

如果公司从税务筹划的角度考虑,与投资方协商,议定该无形资产的使用年限为 5 年。则:

前 5 年每年可增加费用 100 万元(1000/5 - 1000/10),利润变为 500 万元,每年需纳税$500 \times 25\% = 125$(万元);后 5 年的无形资产摊销为 0,利润为 700 万元,每年缴税 175 万元。合计缴纳的所得税现值为:

缴纳的所得税现值
$$= 125 \times PVIFA(5, 10\%) + 175 \times [PVIFA(10, 10\%) - PVIFA(5, 10\%)]$$
$$= 125 \times 3.791 + 175 \times (6.145 - 3.791) = 885.83(万元)$$

获得时间价值 $= 921.75 - 885.83 = 35.92$(万元)

但把无形资产的使用时间从 10 年降低到 5 年,对企业的经营可能有不利影响,带来经营风险。除非预计技术的使用时间不会超过 5 年。

第五节　工资薪金支出的税务筹划

一、工资薪金支出的税收政策

1. 工资薪金支出的含义与范围

根据《中华人民共和国企业所得税法》，工资薪金支出是指纳税人每一纳税年度支付给在本企业任职或与其有雇佣关系的员工的所有现金或非现金形式的劳动报酬，包括基本工资、奖金、津贴、补贴、年终加薪、加班工资，以及与任职或者受雇有关的其他支出。地区补贴、物价补贴和误餐补贴均应作为工资薪金支出。

在本企业任职或与其有雇佣关系的员工包括固定职工、合同工、临时工，但下列情况除外：

(1)应从提取的职工福利费中列支的医务室、职工浴室、理发室、幼儿园、托儿所人员；

(2)已领取养老保险金、失业救济金的离退休职工、下岗职工、待岗职工；

(3)已出售的住房或租金收入计入住房周转金的出租房的管理服务人员；

纳税人发生的下列支出，不作为工资薪金支出：

(1)雇员向纳税人投资而分配的股息性所得；

(2)根据国家或省级政府的规定为雇员支付的社会保障性缴款；

(3)从已提取职工福利基金中支付的各项福利支出(包括职工生活困难补助、探亲路费等)；

(4)各项劳动保护支出；

(5)雇员调动工作的旅费和安家费；

(6)雇员离退休、退职待遇的各项支出；

(7)独生子女补贴；

(8)纳税人负担的住房公积金；

(9)国家税务总局认定的其他不属于工资薪金支出的项目。

2. 工资薪金支出的税前扣除标准

根据《中华人民共和国企业所得税法》，除另有规定外，企业所得税的工资薪金支出，在合理的范围内实行据实扣除的原则。注意：

(1)企业税前扣除项目的工资薪金支出，应该是企业已经实际支付给其职工的金额，不是应该支付的职工薪酬。

(2)工资薪金总额，是指企业按照有关规定实际发放的工资薪金总额，不包括企业的三项经费和五险一金。

(3)属于国有性质的企业，其工资薪金，不得超过政府有关部门给予的限定数额；超过部分，不得计入企业工资薪金总额，也不得在计算企业应纳税所得额时扣除。

(4)企业因雇用季节工、临时工、实习生、返聘离退休人员以及接受外部劳务派遣用工所实际发生的费用，应区分为工资薪金支出和职工福利费支出，并按企业所得税法规定在企业所得税税前扣除。其中属于工资薪金支出的，准予计入企业工资薪金总额的基数，作为计算其他各项相关费用扣除的依据。

而根据《关于企业工资薪金及职工福利费扣除问题的通知》(国税函〔2009〕3号)的规定，《中华人民共和国企业所得税法实施条例》第三十四条所称的"合理工资薪金"，是指企业按照股东大会、董事会、薪酬委员会或相关管理机构制定的工资薪金制度规定实际发放给员工的工资薪金。对工资薪金合理性的确认,按以下原则掌握:

(1)企业制定了较为规范的员工工资薪金制度;

(2)企业所制定的工资薪金制度符合行业及地区水平;

(3)企业在一定时期所发放的工资薪金是相对固定的,工资薪金的调整是有序进行的;

(4)企业对实际发放的工资薪金,已依法履行了代扣代缴个人所得税义务;

(5)有关工资薪金的安排,不以减少或逃避税款为目的。

3.以计税工资标准提取的三项费用

企业可以按计税工资标准提取14%的职工福利费,2%的工会经费,8%的职工教育经费,简称工资的三项附加费,合计提取计税工资的24%。

二、工资薪金支出的税务筹划方法

从企业所得税的税收政策来看,职工工薪支出与福利待遇在税前扣除方面存在较大差异,企业是否获得工薪据实扣除对所得税影响较大,这些差异为税务筹划提供了机会和空间。下面分别阐述:

1.工薪支出与福利待遇选择的税务筹划

税务筹划的基本思路是提高职工的福利水平,降低名义收入;在企业支出总额不变的情况下,加大企业所得税税前扣除,避免工资费用的税前调整,同时尽可能减少职工的个人所得税或至少使职工个人所得税不增加。企业可以采用非货币支付的办法提高职工公共福利支出,通过提高职工公共福利支出实现节税。

我国个人所得税法规定,个人每月住房公积金缴存额可从工资总额中做税前扣除,免纳个人所得税。企业所得税法规定,企业按国家规定为职工缴纳的住房公积金可以在税前扣除。而财政部、国家税务总局联合发布的《基本养老保险费基本医疗保险费、失业保险费、住房公积金有关个人所得税政策》(财税〔2006〕10号)对住房公积金缴存比例给予了明确规定,即单位和个人分别在不超过职工本人上一年度月平均工资12%的幅度内,其实际缴存的住房公积金,允许在个人应纳税所得额中扣除。

在不增加企业负担的情况下,是高工资还是高福利呢? 这里有一个最优工资支付额的设计问题,具体计算请参见第十章"个人所得的税务筹划"部分的内容。

2.股份支付的税务筹划

(1)制度规定。

根据2012年5月23发布的《国家税务总局关于我国居民企业实行股权激励计划有关企业所得税处理问题的公告》,明确我国对于股权激励企业所得税的处理原则如下:

①对股权激励计划实行后立即可以行权的,上市公司可以根据实际行权时该股票的公允价格与激励对象实际行权支付价格的差额和数量,计算确定作为当年上市公司工资薪金支出,依照税法规定进行税前扣除。

②对股权激励计划实行后,需待一定服务年限或者达到规定业绩条件(以下简称等待期)方可行权的。上市公司等待期内会计上计算确认的相关成本费用,不得在对应年度计算缴纳企业所得税时扣除。在股权激励计划可行权后,上市公司方可根据该股票实际行权时的公允价格与当年激励对象实际行权支付价格的差额及数量,计算确定作为当年上市公司工资薪金

支出，依照税法规定进行税前扣除。

③股票实际行权时的公允价格，以实际行权日该股票的收盘价格确定。

（2）税务筹划。

对于员工而言，股份支付又有两种支付方式，即现金支付和权益支付。现金支付，就是根据实际行权时的股票价格与事先授予的行权价的差异，企业支付现金给员工。比如企业授予张三股票期权1万份，每份行权价为公司股票每股10元，等待期为三年；假定三年后行权时，公司股票价格为每股30元。公司应该支付现金给张三：$1×(30-10)=20$（万元）。

权益支付，则是员工根据授予的股票期权，在等待一定时期以后，根据事先约定的行权价买入股票。当然买入以后可以按市场价格卖出，获得差异。比如企业授予张三股票期权1万份，每份行权价为公司股票每股10元，等待期为三年；假定三年后张三可以行权，公司股票价格30元/股。张三按每股10元买入，然后可以按每股30元卖出，获得20万元的差价。

从税务筹划的角度而言，现金支付与权益支付对个人所得税（都是行权时的股票市价与行权价的差异）基本没有影响。而现金支付和权益支付对企业所得税而言，也都可以税前支付。比如上述张三的两种情况下（现金支付和权益支付），都是三年后税前扣除20万元。但现金支付的激励作用不如权益支付，而且需要企业实际支付现金。因此，上市公司基本选择权益支付而非现金支付。

第六节　期间费用的税务筹划

一、期间费用的税收政策

期间费用是一个会计概念，是指与一定期间相联系，直接从企业当期销售收入中扣除的费用。而期间费用的范围与《中华人民共和国企业所得税法》中的"费用"范围基本一致，因此，本书借用"期间费用"的用法，以便使"费用"的范围更加清晰明了。

（一）期间费用的范围

根据《中华人民共和国企业所得税法》及其实施条例，费用是指纳税人每一纳税年度发生的可扣除的销售费用、管理费用和财务费用，已计入成本的有关费用除外。三项费用的具体范围是：

1. 销售费用

销售费用是应由纳税人负担的为销售商品而发生的费用，包括广告费、运输费、装卸费、包装费、展览费、保险费、销售佣金（能直接认定的进口佣金调整商品进价成本）、代销手续费、经营性租赁费及销售部门发生的差旅费、工资、福利费等费用。

从事商品流通业务的纳税人购入存货抵达仓库前发生的包装费、运杂费、运输存储过程中的保险费、装卸费、运输途中的合理损耗和入库前的挑选整理费等购货费用可直接计入销售费用。如果纳税人根据会计核算的需要已将上述购货费用计入存货成本的，不得再以销售费用的名义重复申报扣除。

从事房地产开发业务的纳税人的销售费用还包括开发产品销售之前的改装修复费、看护费、采暖费等。

从事邮电等其他业务的纳税人发生的销售费用已计入营运成本的不得再计入销售费用重复扣除。

2. 管理费用

管理费用是纳税人的行政管理部门为管理组织经营活动提供各项支援性服务而发生的费用。管理费用包括由纳税人统一负担的总部（公司）经费、研究开发费（技术开发费）、社会保障性缴款、劳动保护费、业务招待费、工会经费、职工教育经费、股东大会或董事会费、开办费摊销、无形资产摊销（含土地使用费、土地损失补偿费）、矿产资源补偿费、坏账损失、印花税等税金、消防费、排污费、绿化费、外事费和法律、财务、资料处理及会计事务方面的成本（咨询费、诉讼费、聘请中介机构费、商标注册费等），以及向总机构（指同一法人的总公司性质的总机构）支付的与本身营利活动有关的合理的管理费等。除经国家税务总局或其授权的税务机关批准外，纳税人不得列支向其关联企业支付的管理费。

总部经费又称公司经费，包括总部行政管理人员的工资薪金、福利费、差旅费、办公费、折旧费、修理费、物料消耗、低值易耗品摊销等。

3. 财务费用

财务费用是纳税人筹集经营性资金而发生的费用，包括利息净支出、汇兑净损失、金融机构手续费以及其他非资本化支出。

（二）期间费用的税前扣除标准

期间费用的税前扣除，大多数是据实扣除的，但有一些项目规定了严格的扣除限额，除了前述的工资薪金及其附加的三项费用有严格的税前扣除限额之外，《中华人民共和国企业所得税法实施条例》对以下各项费用也规定了严格的税前扣除限额：

1. 广告费

所得税扣除规定中的广告费是指企业通过一定媒介和形式介绍自己所推销的商品或所提供的服务，激发消费者的购买欲望，而支付给广告经营者、发布者的费用。纳税人因行业特点等特殊原因确实需要提高广告费扣除比例的，须报国家税务总局批准。

纳税人申报扣除的广告费支出应与赞助支出严格区分。纳税人申报扣除的广告费支出，必须符合下列条件：

（1）广告是通过经工商部门批准的专门机构制作的；

（2）已实际支付费用，并已取得相应发票；

（3）通过一定的媒体传播。

2. 业务宣传费

业务宣传费是指企业开展业务宣传活动所支付的费用，主要是指未通过广告发布者传播的广告性支出，包括企业发放的印有企业标志的礼品、纪念品等。广告费与业务宣传费的根本性区别为是否取得广告业专用发票。

《中华人民共和国企业所得税法实施条例》第四十四条规定："企业发生的符合条件的广告费和业务宣传费支出，除国务院财政、税务主管部门另有规定外，不超过当年销售（营业）收入15％的部分，准予扣除；超过部分，准予在以后纳税年度结转扣除。"

广告费与业务宣传费都是为了达到促销之目的而支付的费用，既有共同属性也有区别，由于现行税法对广告费与业务宣传费实行合并扣除，因此再从属性上对二者进行区分已没有任何实质意义，企业无论是取得广告业专用发票通过广告公司发布广告，还是通过各类印刷、制作单位制作如购物袋、遮阳伞、各类纪念品等印有企业标志的宣传物品,所支付的费用均可合并在规定比例内予以扣除。

《财政部 税务总局关于广告费和业务宣传费支出税前扣除政策的通知》(财税〔2017〕41号)对几个特殊的行业规定了特殊的政策:

(1)对化妆品制造或销售、医药制造和饮料制造(不含酒类制造)企业发生的广告费和业务宣传费支出,不超过当年销售(营业)收入30%的部分,准予扣除;超过部分,准予在以后纳税年度结转扣除。

(2)对签订广告费和业务宣传费分摊协议(以下简称分摊协议)的关联企业,其中一方发生的不超过当年销售(营业)收入税前扣除限额比例内的广告费和业务宣传费支出可以在本企业扣除,也可以将其中的部分或全部按照分摊协议归集至另一方扣除。另一方在计算本企业广告费和业务宣传费支出企业所得税税前扣除限额时,可将按照上述办法归集至本企业的广告费和业务宣传费不计算在内。

(3)烟草企业的烟草广告费和业务宣传费支出,一律不得在计算应纳税所得额时扣除。

(4)上述规定自2016年1月1日起至2020年12月31日止执行。

3.业务招待费

所谓业务招待费是指企业为生产、经营业务的合理需要而支付的应酬费用。它是企业生产经营中所发生的实实在在、必需的费用支出,是企业进行正常经营活动必需的一项成本费用。

《中华人民共和国企业所得税法实施条例》第四十三条明确规定:"企业发生的与生产经营活动有关的业务招待费支出,按发生额的60%扣除,但最高不得超过当年销售(营业)收入的5‰。"

对从事股权投资业务的企业(包括集团公司总部、创业投资企业等),其从被投资企业所分配的股息、红利以及股权转让收入,可以按规定的比例计算业务招待费扣除限额。

4.坏账损失与坏账准备准备

纳税人发生的坏账损失,原则上应按实际发生额据实扣除,企业提取的坏账准备不得在税前扣除。根据《财政部 国家税务总局关于企业资产损失税前扣除政策的通知》(财税〔2009〕57号)》和《企业资产损失所得税税前扣除管理办法》规定,纳税人符合下列条件之一的应收账款、预付款项,应作为坏账处理,在计算应纳税所得额时扣除:

(1)债务人被依法宣告破产、撤销,其剩余财产确实不足清偿的应收账款;

(2)债务人死亡或依法被宣告死亡、失踪,其财产或遗产确实不足清偿的应收账款;

(3)债务人遭受重大自然灾害或意外事故,损失巨大,以其财产(包括保险赔款等)确实无法清偿的应收账款;

(4)债务人逾期未履行偿债义务,经法院裁决,确实无法清偿的应收账款;

(5)逾期3年以上仍未收回的应收账款;

(6)经国家税务总局批准核销的应收账款。

纳税人发生非购销活动的应收债权以及关联方之间的任何往来账款,不得提取坏账准备金。关联方之间往来账款也不得确认为坏账。

5.利息

纳税人发生的经营性借款费用,符合条例对利息水平限定条件的,可以直接扣除。为购置、建造和生产固定资产、无形资产而发生的借款,在有关资产购建期间发生的借款费用,应作为资本性支出计入有关资产的成本;有关资产交付使用后发生的借款费用,可在发生当期扣除。

符合企业在生产经营活动中发生的合理的不需要资本化准予扣除的借款费用如下:

(1)企业间借款。企业在生产经营活动中发生的下列利息支出,准予扣除:

①非金融企业向金融企业借款的利息支出、金融企业的各项存款利息支出和同业拆借利息支出、企业经批准发行债券的利息支出;

②非金融企业向非金融企业借款的利息支出,不超过按照金融企业同期同类贷款利率计算的数额的部分。

(2)企业向自然人借款。企业向股东或其他与企业有关联关系的自然人借款的利息支出,应根据《中华人民共和国企业所得税法》第四十六条及《财政部 国家税务总局关于企业关联方利息支出税前扣除标准有关税收政策问题的通知》(财税〔2008〕121号)规定的条件,计算企业所得税扣除额。

企业向除上述规定以外的内部职工或其他人员借款的利息支出,其借款情况同时符合以下条件的,其利息支出在不超过按照金融企业同期同类贷款利率计算的数额的部分,根据《中华人民共和国企业所得税法》第八条和《中华人民共和国企业所得税法实施条例》第二十七条规定,准予扣除。

①企业与个人之间的借贷是真实、合法、有效的,并且不具有非法集资目的或其他违反法律、法规的行为;

②企业与个人之间签订了借款合同。

(3)特殊规定。

①企业接受关联方债权性投资利息支出问题。

a.在计算应纳税所得额时,企业实际支付给关联方的利息支出,不超过以下规定比例和企业所得税法及其实施条例有关规定计算的部分,准予扣除,超过的部分不得在发生当期和以后年度扣除。

企业实际支付给关联方的利息支出,除符合下述b项规定外,其接受关联方债权性投资与其权益性投资比例为:金融企业5∶1;其他企业2∶1。

b.企业如果能够按照企业所得税法及其实施条例的有关规定提供相关资料,并证明相关交易活动符合独立交易原则的,或者该企业的实际税负不高于境内关联方的,其实际支付给境内关联方的利息支出,在计算应纳税所得额时准予扣除。

c.企业同时从事金融业务和非金融业务,其实际支付给关联方的利息支出,应按照合理方法分开计算;没有按照合理方法分开计算的,一律按上述其他企业的比例计算准予税前扣除的利息支出。

②投资者投资未到位而发生的利息支出。

凡企业投资者在规定期限内未缴足其应缴资本额的,该企业对外借款所发生的利息,相当于投资者实缴资本额与在规定期限内应缴资本额的差额应计付的利息,其不属于企业合理的支出,应由企业投资者负担,不得在计算企业应纳税所得额时扣除。

纳税人为对外投资而借入的资金发生的借款费用,应计入有关投资的成本,不得作为纳税人的经营性费用在税前扣除。

6.手续费、佣金

手续费就是为代理他人办理有关事项，所收取的一种劳务补偿；或对委托人来讲，是属于因他人代为办理有关事项，而支付的相应报酬。如证券交易手续费、代办机票手续费、代扣代缴费用手续费、国债代办手续费等。

佣金是指代理人或经纪人为委托人介绍佣金生意或代买代卖而收取的报酬。根据佣金是否在价格条款中表明，可分为"明佣"或"暗佣"。"明佣"是指在合同价格条款中明确规定佣金率。"暗佣"是指暗中约定佣金率。若中间商从买卖双方都获得佣金，则被称为"双头佣"。

纳税人发生的手续费及佣金符合下列条件的，不超过以下规定计算限额以内的部分，可计入销售费用，准予扣除；超过部分，不得扣除。

（1）保险企业：财产保险企业按当年全部保费收入扣除退保金等后余额的15%（含本数，下同）计算限额；人身保险企业按当年全部保费收入扣除退保金等后余额的10%计算限额。

（2）房地产企业：企业委托境外机构销售开发产品的，其支付境外机构的销售费用（含佣金或手续费）不超过委托销售收入10%的部分，准予据实扣除。

（3）电信企业：电信企业在发展客户、拓展业务等过程中（如委托销售电话入网卡、电话充值卡等），需向经纪人、代办商支付手续费及佣金的，其实际发生的相关手续费及佣金支出，不超过企业当年收入总额5%的部分，准予在企业所得税前据实扣除。

（4）其他企业：按与具有合法经营资格中介服务机构或个人（不含交易双方及其雇员、代理人和代表人等）所签订服务协议或合同确认的收入金额的5%计算限额。

手续费、佣金支付的具体要求：

（1）除委托个人代理外，企业以现金等非转账方式支付的手续费及佣金不得在税前扣除。企业为发行权益性证券支付给有关证券承销机构的手续费及佣金不得在税前扣除。

（2）企业不得将手续费及佣金支出计入回扣、业务提成、返利、进场费等费用。

（3）企业已计入固定资产、无形资产等相关资产的手续费及佣金支出，应当通过折旧、摊销等方式分期扣除，不得在发生当期直接扣除。

（4）企业支付的手续费及佣金不得直接冲减服务协议或合同金额，并如实入账。

（5）企业应当如实向当地主管税务机关提供当年手续费及佣金计算分配表和其他相关资料，并依法取得合法真实凭证。

二、期间费用的税务筹划方法

期间费用税务筹划的基本原则，就是应该在遵循税法与会计准则的前提下，尽可能加大据实扣除费用的额度，对于有扣除限额的费用应该用够标准，直到规定的上限，对于需要报批的项目"报备及时"。

另外，在期间费用中存在一些可以相互转换的费用，比如广告费和业务宣传费与业务招待费，二者之间的选择，存在着税务筹划的空间；还有一些期间费用存在核算方法的选择，比如坏账损失，有直接注销法和备抵法两种方法，其选择也存在税务筹划的可能，都是税务筹划应该关注的问题。下面分别阐述其税务筹划的具体方法。

（1）尽量加大无扣除标准或扣除标准高的费用，而缩减扣除标准低的费用。比如，与业务招待费相比较而言，广告费的税前扣除不仅比例大，而且超额部分可以无限期向后结转。因此可以加大广告费的支出，而尽可能减少业务招待费的支出。

（2）设立独立的销售公司,增加扣除基数。如果纳税人能把销售部门变成一个独立的销售公司,将企业产品销售给销售公司,然后由销售公司对外销售,这样整个集团的总利润没有变,但税前费用扣除的计算基数却大为增加。

例 4 - 11: 某企业预计明年销售收入 12000 万元,预计广告费 600 万元,业务宣传费为 400 万元,业务招待费为 200 万元,其他可税前扣除的支出为 8000 万元,请对其进行纳税筹划。

方案 1:保持原状。

方案 2:在不影响经营的前提下,调减业务招待费至 100 万元,同时调增广告费至 700 万元。因为根据广告费的税前扣除标准 15% 计算,企业的广告费可以税前扣除 1800 万元（12000 万元×15%）。

税负分析:

方案 1:

业务招待费税前扣除标准为:

$200×60\%=120$（万元）

$12000×5‰=60$（万元）

只能扣除 60 万元

调增 $=200-60=140$（万元）

应纳企业所得税 $=(12000-600-400-200+140-8000)×25\%=735$（万元）

税后净利润 $=(12000-600-400-200-8000-735)=2065$（万元）

方案 2:

业务招待费税前扣除标准为:

$100×60\%=60$（万元）

$12000×5‰=60$（万元）

调减 $=100-60=40$（万元）

应纳企业所得税 $=(12000-700-400-100+40-8000)×25\%=710$（万元）

税后净利润 $=(12000-700-400-100-8000-710)=2090$（万元）

比较之后方案 2 为最优。

例 4 - 12: 某生产企业实现年销售收入为 5000 万元,发生广告费支出 600 万元,业务宣传费支出 600 万元,业务招待费支出 60 万元,其他可税前扣除的成本费用为 2500 万元,请对其进行纳税筹划。

方案 1:不设立销售公司。

方案 2:甲企业把销售部门分立出来,设立独立法人的销售公司。假设甲企业先以 4000 万元的价格将产品销售给分立的销售公司,销售公司再以 5000 万元的价格对外销售。甲企业和销售公司分别承担广告费支出 300 万元、业务宣传费支出 300 万元、业务招待费支出 30 万元。忽略购销之间多交的印花税税费。

税负分析:

方案 1:

企业广告费和宣传费可扣除 $=5000×15\%=750$（万元）

企业业务招待费可扣除 $=5000×5‰=25$（万元）

企业整体应纳企业所得税 $=(5000-2500-750-25)×25\%=431.25$（万元）

企业整体税后净利润＝(5000－2500－600－600－60－431.25)＝808.75(万元)

方案2：

广告与业务宣传费、业务招待费的扣除基数提高到(4000＋5000)万元,因此企业实际发生的广告与业务宣传费1200万元(300×2＋300×2)都可以扣除。而业务招待费的扣除标准之一为9000万元×5‰＝45万元,标准之二为发生额30万元×2×60%＝36万元,按后者扣除。

企业整体应纳企业所得税

＝(5000－2500－300×2－300×2－30×60%×2)×25%＝316(万元)

企业整体税后净利润＝(5000－2500－600－600－60－316)＝924(万元)

比较之后方案2为优。

第七节　亏损弥补的税务筹划

一、亏损弥补的税收政策

亏损是指企业依照企业所得税法的规定,将每一纳税年度的收入总额减除不征税收入、免税收入和各项扣除后小于零的数额。亏损弥补政策是我国企业所得税中的一项重要优惠措施,是国家为了扶持纳税人发展,从政策上帮助纳税人度过困难时期的一项优惠措施,它有利于亏损企业在资金上得到及时的补偿,保障企业生产经营的顺利进行。《中华人民共和国企业所得税法》第十八条规定:"企业纳税年度发生的亏损,准予向以后年度结转,用以后年度的所得弥补,但结转年限最长不得超过五年。"五年弥补期是以亏损年度后的第一年算起,连续五年内不论是盈利或亏损,都作为实际弥补年限计算。在五年内未弥补完的亏损,从第六年起应从企业税后利润或盈余公积金中弥补。对于在五年亏损弥补期间的某一年度或某几个年度当年实际经营又发生亏损的,应分别以各亏损年度后的第一年算起,连续五年弥补各自的亏损。为了正确运用亏损弥补政策,对此规定还须作以下几点说明:

(1)税法中所说的亏损,不是企业财务报表中反映的亏损额,而是企业财务报表中的亏损额经税务主管机关按税法规定核实调整后的金额。

(2)对联营企业生产、经营取得的所得,一律先就地征收所得税,然后再进行分配。联营企业的亏损,由联营企业就地按规定进行弥补。

(3)被投资企业发生的经营亏损,由被投资企业按规定结转弥补;投资企业不得调整减低其投资成本,也不得将其确认为投资损失。

(4)企业境外亏损不得用境内盈利弥补,但境外盈利可以先弥补境内亏损,再根据规定纳税。

(5)由行业和集团公司汇总、合并缴纳企业所得税的成员企业(单位)当年发生的亏损,在汇总、合并纳税时已冲抵了其他成员企业(单位)的所得额或并入了母公司的亏损额,因此发生亏损的成员企业(单位)不得用本企业(单位)以后年度实现的所得弥补。成员企业(单位)在汇总、合并纳税年度以前发生的亏损,可仍按税收法规的规定,用本企业(单位)以后年度的所得予以弥补,不得并入母(总)公司的亏损额,也不得冲抵其他成员企业(单位)的所得额。

(6)合并、分立转入(转出)可弥补的亏损额。分立,是指一家企业(以下称为被分立企业)将部分或全部资产分离转让给现存或新设的企业(以下称为分立企业),被分立企业股东换取分立企业的股权或非股权支付,实现企业的依法分立。

企业分立一般性税务处理:企业分立相关企业的亏损不得相互结转弥补。特殊性税务处理,被分立企业未超过法定弥补期限的亏损额可按分立资产占全部资产的比例进行分配,由分立企业继续弥补。

合并,是指一家或多家企业(以下称为做合并企业)将其全部资产和负债转让给另一家现存或新设企业(以下称为合并企业),被合并企业股东换取合并企业的股权或非股权交付,实现两个或两个以上企业的依法合并。

企业合并一般性税务处理:被合并企业的亏损不得在合并企业结转弥补。特殊性务处理,可由如下公式处理:

合并企业弥补的被合并企业亏损的限额＝被合并企业净资产公允价值×截至合并业务发生当年年末国家发行的最长期限的国债利率

上述规定为企业进行亏损弥补税务筹划提供了政策依据。

二、亏损弥补政策的适用范围

根据《中华人民共和国企业所得税法》规定,企业所得税亏损弥补的纳税人范围不再区分内外资企业。企业亏损额不是指企业利润表中反映的亏损额,而是企业财务报表中的亏损额经主管税务机关按税法规定核实调整后的金额。按前述规定,如果企业某一纳税年度发生亏损 100 万元,可抵减以后纳税年度应纳税所得额 100 万元,若企业所得税率为 25％,则可因此获得纳税补偿利益 25 万元,这就是亏损带来的节税效果。然而,这还不足以完全说明问题,因现行税法规定,纳税人发生的年度亏损,可以用下一纳税年度的所得弥补,下一纳税年度的所得不足弥补的,可以逐年延续弥补,但是延续弥补期最长不得超过 5 年。

三、亏损弥补的税务筹划方法

根据上述分析,企业要充分利用亏损弥补政策,以取得最大的节税效果,就必须进行认真的筹划。具体筹划如下:

(1)重视亏损年度后的运营。对企业来说,亏损的发生是很被动的,任何一个企业都不希望发生亏损,即使政府承担了部分亏损,但更主要的还是企业得承受很大的损失,所以亏损具有不可操作性,甚至是企业所不愿意见到的。然而,一旦亏损实际发生了,企业就必须从资本运营上下功夫,如企业可以减小以后 5 年内投资的风险性,以相对较安全的投资为主,确保亏损能在规定期限内尽快得到全部弥补。

(2)在亏损弥补期间,尽可能进行盈余管理,减少弥补的成本费用支出,加大利润。

(3)充分利用企业汇总纳税的亏损弥补规定按税法规定。汇总、合并纳税的成员企业发生的亏损,可直接冲抵其他成员企业的所得额或并入母公司的亏损额,不需要用本企业以后年度所得弥补。因此,一些大型集团企业,可以采取汇总、合并纳税的方式,用盈利企业所得冲抵亏损企业的亏损额,减少应纳所得税额,取得最大的纳税补偿收益。

(4)合并重组利用亏损的税务筹划。这是亏损税务筹划的一个重要组成部分,将在合并重组的税务筹划中详细介绍。

思考与练习

1. 在不同的物价趋势下,如何进行存货计价的税务筹划?

2. 从哪几个方面对固定资产进行税务筹划?

3. 研发费用的加计扣除如何进行税务筹划?

4. 自行研发与委托研发选择的税务筹划方法是什么?

5. 从税务筹划的角度而言,增加设立销售公司对企业广告等费用的扣除有何意义?

第五章　投资的税务筹划

投资报酬的高低关系着企业的生存与发展,而税收是影响投资报酬的重要因素之一。税收对投资的影响不仅涉及投资行为本身,而且还涉及投资有效期内的经营以及投资收益的分配,但经营期间供产销的税务筹划以及投资收益分配的税务筹划将另设专章予以阐述。本章主要探讨投资决策时企业组织的选择、投资区域的选择、投资方向的选择、投资方式的选择等方面的税务筹划。

第一节　税收制度对投资现金流量的影响

一、投资的含义与类型

关于投资的含义,不同学科给出的含义与范围有很大的不同。在经济学里,投资是指购买资本货物(不会被消耗掉而是被用于未来生产的物品)的行为。在财务会计里,投资科目核算的仅仅是对外投资的内容,包括股权投资、债权投资等。而从企业财务管理或理财的角度而言,企业投入资金以期在未来获得收益的行为都是投资,涵盖了经济学和会计学的投资范畴。税务筹划作为企业理财的组成部分,应该针对所有的投资活动,因此,本书的投资范畴等同于财务管理的投资范畴。

按投资的客体来分,可以分为直接投资与间接投资。直接投资是企业将资金投向于生产经营性资产以期获得收益的行为。直接投资往往基于一个生产经营项目,需要投入固定资产、无形资产,并且需要垫付营运资金。因此,在经济实务中,往往将直接投资称为项目投资。直接投资可以是对内投资,也可以是对外投资,比如合作、联营等。间接投资是企业通过投资金融资产(比如股票、债券等),以期获得收益的行为。在经济实务中,往往将间接投资称为金融投资,它只是企业的对外投资。

二、投资决策的评价基础:现金流量

1.投资决策使用现金流量作为评价基础的原因

投资决策是指当存在两个或两个以上的投资方案时,基于一定的评价方法,选择出最优投资方案的过程。自从 20 世纪 50 年代以来,投资决策的评价方法主要是动态的贴现现金流量的方法,主要有净现值(net present value,NPV)、内涵报酬率(internal rate of return,IRR)等方法。而这些方法的评价基础都是基于项目的现金流量而不是利润。

现金流量与利润相比较而言,前者是以收付实现制为基础计算的,有利于科学地考虑时间因素,也不太受人为因素的影响,而后者则是以权责发生制(即应收应付制)为基础计算的,不仅在计算时会加入许多会计人员的主观判断,也不利于时间因素的考虑。当然,在一个项目的

有效期内,二者的总额应该是相等的,只是时间的分布不同而已。

2.投资项目现金流量的构成

投资的现金流量是指投资所引起的现金流出和现金流入。下面分金融投资与项目投资分别阐述。

(1)项目投资现金流量的构成。按项目进程分为:

①初始现金流量。包括固定资产投资、流动资产投资(即垫付的营运资金)以及其他投资。

②营业现金净流量(OCF)。在计算营业现金流量时需要把全部成本分为付现成本和非付现成本。营业现金净流量的计算方法,通常有三种:

a.直接法(顺推法):

$$营业现金流量=营业收入-付现成本-所得税 \qquad (5-1)$$

b.间接法(逆推法):

$$营业现金流量=营业收入-(总成本-非付现成本)-所得税$$
$$=利润+非付现成本-所得税$$
$$=利润×(1-所得税率)+非付现成本$$
$$=净利润+非付现成本 \qquad (5-2)$$

式中的净利润为息前税后净利润,也就是说未减除利息。

c.税盾法:

营业现金流量

$$=(营业收入-付现成本-非付现成本)×(1-所得税率)+非付现成本$$
$$=营业收入×(1-所得税率)-付现成本×(1-所得税率)+非付现成本×所得税率$$
$$=税后收入-税后付现成本+非付现成本抵税 \qquad (5-3)$$

需要特别说明的是,在项目投资决策中,非付现成本主要是固定资产的折旧。

③终结现金流量。收回固定资产残值和垫付的流动资产等。

例 5-1:甲企业拟投资一条生产线,假定固定资产投资 1000 万元,使用寿命 5 年,直线法折旧,期末无残值;需要垫付的营运资金为 100 万元,在项目终止时如数收回;每年收入 600 万元,付现成本 200 万元。假定适用的企业所得税率为 30%。

固定资产折旧:1000/5=200(万元)

该项目各年的 OCF 相同,下面应用三种方法计算。

①间接法(逆推法):

OCF=利润×(1-税率)+折旧

= (收入-付现成本-折旧)×(1-税率)+折旧

=(600-200-200)×(1-30%)+200=340(万元)

②直接法(顺推法):

OCF=营业收入-付现成本-所得税

=600-200-(600-200-200)×30%=340(万元)

③税盾法:

OCF=600×(1-30%)-200×(1-30%)+200×30%=340(万元)

项目的全部现金流量见表 5-1。

表 5-1 项目全部现金流量 单位:万元

	0	1	2	3	4	5
固定资产投资	-1000					
垫付营运资金	-100					
营业现金流量		340	340	340	340	340
固定资产残值						0
营运资金收回						100
现金流量合计	-1100	340	340	340	340	350

需要进一步阐述的问题是,在项目有效期内,税后利润总额应该等于税后现金流量总额,二者只是时间的分布不同而已。为简化说明问题,假定投资只有固定资产和流动资产,有关现金流量包括:

现金流出:固定资产+流动资产

现金流入:各年利润之和+累计折旧+流动资产回收

假定垫付的营运资金如数收回,累计折旧等于固定资产投资。

所以,现金流入-现金流出=各年税后利润之和,根据例5-1的数据:

税后利润总额=(收入-付现成本-折旧)(1-税率)

=(600-200-200)×(1-30%)×5=700(万元)

税后现金流量合计=340×5+100-1100=700(万元)

(2)金融投资现金流量的构成。对于股票、债券等金融资产的投资而言,现金流量比较简单。投资所引起的现金流出就是买入股票、债券的现金支出,而现金流入则包括持有期间的股利、利息等收入以及卖出股票、债券等获得的价款。

三、税收制度对投资现金流量的影响

(一)税收制度对项目投资现金流量的影响

税收制度对一个投资项目的影响可以说是全方位的,包括对投资行为本身、投资项目运行期间的收入、折旧、损益,以及期满项目的处置。

1.税收制度对投资行为本身现金流量的影响

税收制度对投资行为本身现金流量的影响,主要体现在对固定资产投资的影响,下面主要从流转税和所得税两个方面来分析。

(1)流转税对固定资产购置现金流量的影响。从流转税来看,增值税对购进固定资产的已纳税额是否扣除,直接影响着固定资产购置的现金流量。根据增值税对购进固定资产已纳税额的不同扣除方法,可以将增值税分为以下三种不同的类型。

①消费型增值税。消费型增值税允许在固定资产购进当期全额扣除该项固定资产的已纳增值税,而对整个社会而言,就相当于对固定资产不征税,只对消费品征税,因而称之为消费型增值税。

②收入型增值税。收入型增值税根据固定资产各期的折旧所包含的已纳增值税进行扣

除,增值税的计税依据就等于销售收入减掉材料成本和折旧,也就是活劳动新创造的价值,对于整个社会而言,相当于是国民收入,称之为收入型增值税。

③生产型增值税。生产型增值税不允许扣除外购固定资产的已纳增值税,对于整个社会而言,增值税不仅对消费品征税,而且对固定资产(生产资料)征税,其税基相当于国民生产总值,因此,称之为生产型增值税。

不同类型的增值税,对投资行为本身的现金流出产生影响,如果同样的投资,消费型增值税使投资的现金流出最低,收入型增值税使投资流出的现金总量与消费型相同,但由于时间分布不同,使得其流出的现值高于消费型,而生产型消费税导致投资的现金流出最多。

目前,在世界上实行增值税的 140 多个国家和地区中,90%以上的国家和地区实行的是消费型,很小一部分国家和地区实行收入型,只有印度尼西亚实行生产型。我国 2009 年之前实行的增值税是生产型增值税,在部分地区试点消费型增值税之后,我国自 2009 年 1 月 1 日起实行了增值税的全面"转型",增值税由过去的生产型增值税转变为消费型增值税。

(2)所得税对固定资产购置现金流量的影响。投资抵免构成了所得税对固定资产购置现金流量的直接影响,它可以直接减少投资的现金流出。投资抵免,是政府为鼓励某类投资而给予的税收抵免,往往是从投资当年新增所得税中抵免投资的一定比例,比如,我国为了鼓励环境保护,对企业购置并实际使用环境保护专用设备、节能节水专用设备、安全生产专用设备的,该专用设备投资额的 10%可以从企业当年的应纳税额中抵免。

2.税收制度对投资项目营业现金流量的影响

营业现金流量涉及项目在经营期间的收入、成本和所得税。

(1)税收制度对项目收入现金流量的影响。税收对企业实现的各项营业收入的调节主要集中在流转税,另外还有特别调节的税种,比如消费税、土地增值税、资源税等,其计税依据可能是企业实现的营业收入额、销售数量,也有可能是增值额。税收对企业收入的调节会直接增加现金流出,从而减少 OCF。不同的投资项目建成以后会经营不同的业务,产生不同类别的营业收入,各项不同的营业收入,其适用的主要税种见表 5-2。

表 5-2 不同类别营业收入的适用税种

经营范围	征税对象	普遍征收	特别调节
销售货物	工业品	增值税	消费税
	矿产品	增值税	资源税
销售不动产	不动产	增值税	土地增值税
销售无形资产	无形资产	增值税	
提供劳务和服务	劳务、服务	增值税	

需要说明的是,表中的"特别调节"是指在普遍征收增值税的基础上,对其实现的收入另外再征收的税,比如烟酒等消费品,在征收增值税以后,还需征收消费税。

(2)税收制度关于折旧的规范对营业现金流量的影响。回顾 OCF 的三种计算方法,从直接法来看,折旧作为非付现成本似乎与 OCF 没有关系,而从间接法来看,在计算利润时减少折旧,而由于折旧是非付现成本,因此又加回来,但二者并没有完全抵消掉,而是相抵以后有一个折旧抵税的问题,在税法中看得十分清楚。也就是说,折旧对 OCF 的影响主要是折旧抵税的问题,而税法关于固定资产的折旧制度,尽管不会影响折旧的总额,但会影响其时间分布,从而影响其抵税的速度,最终影响项目的净现值。

折旧速度的快慢不仅取决于折旧方法,更取决于折旧年限的长短。折旧的方法主要有直线法(平均年限法)、工作量法和加速折旧(年数总和法或双倍余额递减法)。加速折旧可以使折旧抵税的时间提前,相比较而言,直线法的折旧速度慢于加速折旧,而工作量法要视固定资产的工作状况而定。而折旧年限越短,折旧的速度越快。

(3)税收制度对投资"保有"的调节对现金流量的影响。尽管在计算 OCF 的一般公式中没有考虑财产税的影响,但如果国家对纳税人"保有"的相关财产征收财产类税,比如对房地产投资许多国家都会征收财产税,我国也不例外。按年征收的财产税会直接减少每年的 OCF。

(4)税收制度对投资损益的征收对营业现金流量的影响。税收对投资损益的征收当然是指所得税。从 OCF 的计算来看,所得税率的高低直接影响 OCF 的高低。进一步而言,税收制度对投资亏损的结转制度也会影响到项目的现金流量,比如,我国税法对企业亏损的结转是当年亏损可以在连续 5 年的时间里,用税前利润补亏,即可以向后结转 5 年。

3. 税收制度对投资处置的现金流量的影响

投资的处置是指固定资产的处置,其市价与账面值的差异,应看作是对折旧的调整(而非资本利得,因为资本利得是指资产的买卖价差,而不是市值与账面值的差价)纳税。

例 5-2:一项固定资产的原值 100 万元,使用的有效期为 10 年,采用直线法折旧,假定没有预计的残值,每年折旧 10 万元。假定 5 年后处置该资产,此时其账面值 50 万元,所得税税率为 25%。

第一种情况,如果 5 年后处置该资产时获得 60 万元,由于市价高于账面值,说明原来折旧提得太快,应转回补税。

$(60-50)\times 25\% = 2.5$(万元)

出售固定资产的现金流入 $=60-2.5=57.5$(万元)

第二种情况,5 年后处置该资产时获得 30 万元,由于市价低于账面值,说明原来折旧提得太慢,看作补提折旧抵税。

$(50-30)\times 25\% = 5$(万元)

出售固定资产的现金流入 $=30+5=35$(万元)

(二)税收制度对金融投资现金流量的影响

税收制度对金融投资现金流量的影响,包括对投资交易行为本身、投资持有期间的资本收益以及处置时资本利得的税收影响。

1. 税收制度对金融投资交易行为本身现金流量的影响

我国对股票、债券的投资交易行为,即在买入股票、债券进行投资时,并不征收流转税,只是征收了印花税(目前税率 1‰),因此,对现金流量的影响并不大。

2. 税收制度对金融投资持有期间资本收益的调节

各国对金融投资的资本收益,即股利、利息等收益都会采用所得税予以调节,从而直接减少营业期间的现金流量。

关于利息收益的所得税处理,在我国除国债利息免税以外,其余的利息收益都应该缴纳企业所得税。对企业而言,是并入一般所得一起计税的。

关于股利的所得税问题,由于在被投资方已纳税,如果分回以后在投资方再征收一道所得税就会重复,因此,为了避免重复征税,各国采取的措施不同。

在企业所得税方面各国的差异就很显著,比如:在英国,分回的股利不必再纳税;在美国,持股80%以上的企业,分回的股利不纳税,其余的企业需要交纳15%的所得税;在法国和德国,分回的股利全额纳税。我国则是居民企业的股息红利免税,但持有二级市场股票不超过12个月的除外。

在个人所得税方面,各国也存在很大的差异。根据各国的做法,通常分为以下三种类别:

(1)古典税制。公司与股东完全分离,即利润分给股东后,全部要征收个人所得税,如美国、瑞典、卢森堡、荷兰、丹麦、意大利、西班牙、除英国外的大部分英联邦国家。

(2)税务扣减制。根据纳税人的全部应税收益计税后,允许从应纳税额中全部或部分抵免其已向国外政府缴纳的税款。中国、英国、德国、意大利、比利时、法国、加拿大等国采用该方法。

(3)分离税率制。对企业利润未分配的部分征较高的税,已分配的部分征较低的税,如日本、挪威、德国等。

中国的个人所得税,国内部分采用的是古典税制,如前所述,与利息一并作为一个征税项目,但从2015年9月8日起,个人从公开发行和转让市场取得的上市公司股票,持股期限超过1年的,股息红利所得暂免征收个人所得税。个人从公开发行和转让市场取得的上市公司股票,持股期限在1个月以内(含1个月)的,其股息红利所得全额计入应纳税所得额;持股期限在1个月以上至1年(含1年)的,暂减按50%计入应纳税所得额;上述所得统一适用20%的税率计征个人所得税。全国中小企业股份转让系统挂牌公司股息红利差别化个人所得税政策也按上述政策执行。现金股利的计税依据是投资人获得的现金,而股票股利则按股票的面值(往往是1元)而不是市值计税,具体情况可以参见股利分配的税务筹划一章。

3.税收制度对金融投资处置资本利得的调节

税收对资本利得(即股票、债券等买卖差价)的征税属于所得税。从各国的情况来看,大致有三种形式:①将资本利得作为普通所得的一部分,与一般经营所得一起征收所得税。②将资本利得也是作为普通所得的一部分,但对其有所优惠。③开征单独的资本利得税。

在我国,企业的股权投资转让所得以及债权投资的转让所得采取的是作为普通所得,并入企业的应纳税所得额依法缴纳企业所得税。个人的股票或债券投资的资本利得,暂免征个人所得税。

第二节　企业组织设立的税务筹划

投资可能是个人行为,但更多的时候是组织行为。在我国,企业组织的不同形式、不同性质都可能存在税收差异,因此,在投资活动开始之时,有必要对其组织的设立进行税务筹划。而企业组织的设立又分为新创设企业组织和组织扩张两种情况,下面分别阐述其税务筹划。

一、企业组织创设的税务筹划

如前所述,在我国企业组织的形式不同、性质不同,税收政策不同,因此,在创设企业组织时,应围绕企业组织形式的选择和组织性质的选择进行税务筹划。随着 2008 年 1 月 1 日内外资企业所得税的统一,企业组织性质的选择对税务筹划几乎没有影响,因此,企业组织创设的税务筹划主要考虑企业组织形式选择因素进行。

(一)企业组织形式及其税制差异

现代企业的组织形式一般包括三种,即公司、合伙企业和独资企业,三者之间税收制度的差异主要体现在所得税方面。

公司是依法设立的企业法人,它包括有限责任公司和股份有限公司。对于投资者而言,公司制的企业需要交纳两个层次的所得税,首先是企业实现的利润需要交纳企业所得税(国际上通常称之为公司所得税);在利润分配给投资者以后,往往还需要交纳一道所得税,如果投资者是个人,则需要交纳个人所得税,而如果投资者是企业,则需要交纳企业所得税。

合伙企业,是由合伙人依法订立合伙协议设立的营利性组织,它又可以分为普通合伙企业和有限合伙企业。普通合伙企业由普通合伙人组成,合伙人对合伙企业债务承担无限连带责任。有限合伙企业由普通合伙人和有限合伙人组成,普通合伙人对合伙企业债务承担无限连带责任,有限合伙人以其认缴的出资额为限对合伙企业的债务承担责任。合伙企业是非法人企业,因此其实现的利润不需要交纳企业所得税,而只需要就投资者分得的利润交纳个人所得税,即先分后税。根据我国税收制度的规定,合伙企业的投资者按照合伙企业的全部生产经营所得和合伙协议约定的分配比例确定应纳税所得额(合伙协议没有约定分配比例的,以全部生产经营所得和合伙人数量平均计算每个投资者的应纳税所得额),而生产经营所得,包括企业分配给投资者个人的所得和企业当年留存的所得(利润)。投资人分得的利润作为投资者个人的生产经营所得,比照个人所得税法的“经营所得”应税项目,适用 5%~35% 的五级超额累进税率,计算征收个人所得税。

独资企业,是指由一个自然人投资,财产为投资人个人所有,投资人以其个人财产对企业债务承担无限责任的经营实体。独资企业也是非法人企业,其实现的利润同样不需要交纳企业所得税,投资者只需要交纳个人所得税。根据我国税收制度,独资企业的生产经营所得,作为投资者的生产经营所得,比照个人所得税法的“经营所得”应税项目,适用 5%~35% 的五级超额累进税率,计算征收个人所得税。

在过去很长一段时期内,对于我国私营企业的征税问题,一直适用企业所得税法,但 2000年财政部、国家税务总局印发了《关于个人独资企业和合伙企业投资者征收个人所得税的规定》,对于私营企业里的独资和合伙企业,不再征收企业所得税,而是征收个人所得税,但对于私营企业里的公司制企业,仍然征收企业所得税。

(二)不同企业组织形式应纳税额的比较与税务筹划

1. 个体工商户、独资和合伙企业

个体工商户、独资和合伙企业(先分后税)适用《中华人民共和国个人所得税法》的“经营所得”税目,不适用企业所得税,只有个人所得税“一道税”。根据 2018 年 8 月 31 日全国人大常委会通过的《中华人民共和国个人所得税法》,“经营所得”的年所得税为 5 级超额累进税率。

表 5-3　"经营所得"个人所得税(2018 年 8 月 31 日)

级数	全年应纳税所得额	税率(%)	速算扣除数
1	不超过 3 万元	5	0
2	超过 3 万元~9 万元的部分	10	0.15 万元
3	超过 9 万元~30 万元的部分	20	1.05
4	超过 30 万元~50 万元的部分	30	4.05
5	超过 50 万元的部分	35	6.55

计算公式:

$$应纳税额 = 年应税所得 \times 适用税率 - 速算扣除$$

例 5-3:张三年收入 25 万元(或 60 万元),全年应纳所得税额为:

3 级税率:

$$25 \times 20\% - 1.05 = 3.95(万元)$$

或 5 级税率:

$$60 \times 35\% - 6.55 = 14.45(万元)$$

2. 公司制

公司制的企业有"两道税",首先需要缴纳企业所得税,我国的基本税率是 25%,小微企业 20%,高新技术企业或者设立在西部等地有所得税优惠的地方,税率 15%。公司的税后利润分给个人以后,再需要缴纳一次股息红利的个人所得税,税率 20%。

$$应纳企业所得税税额 = 年应税所得 \times 适用税率$$

$$个人所得税 = 税后利润分红 \times 20\%$$

"两道税"合计:

(1)基本税率按 25% 计算。

$$应纳税额 = 年应税所得 \times 25\% + 年应税所得 \times (1-25\%) \times 20\%$$
$$= 年应税所得 \times 40\%$$

(2)小微企业按 20% 计算。

$$应纳税额 = 年应税所得 \times 20\% + 年应税所得 \times (1-20\%) \times 20\%$$
$$= 年应税所得 \times 36\%$$

(3)高新技术企业 15% 计算。

$$应纳税额 = 年应税所得 \times 15\% + 年应税所得 \times (1-15\%) \times 20\%$$
$$= 年应税所得 \times 30\%$$

3. 税负比较及税务筹划

企业的年收益最终都是要分给个人的,如果企业所得税按基本税率 25% 计算,公司制的税负明显高于个人"经营所得"的税负(含独资、合伙企业)。不同所得的税负比较,具体计算见表 5-4。

表 5 - 4　独资合伙企业与公司制的所得税比较　　　（单位：万元）

年应税所得	独资、合伙企业（按个人"经营所得"）	公司制（合计 40%）	公司制（合计 36%）	公司制（合计 30%）
10	0.85	4	3.6	3
20	2.95	8	7.2	6
30	4.95	12	10.8	9
40	7.95	16	14	12
50	10.95	20	18	15
60	14.45	24	21.6	18
70	17.95	28	25.2	21
80	21.45	32	28.8	24
90	24.95	36	32.4	27
100	28.45	40	36	30
131	39.3	52.4	—	39.3
500	168.45	200	—	150
1000	343.45	400	—	300
2000	693.45	800	—	600

当公司制的所得税率适用基本税率 25% 时，即两道税合计在 40% 时，个人"经营所得"（含独资、合伙企业）的所得税总是低于公司制的。当企业适用小微企业 20% 的税率，即两道税合计在 36% 时，个人"经营所得"（含独资、合伙企业）的所得税也总是低于公司制的税负。但小微企业的全年应税所得低于 100 万元是标准（在 2021 可能恢复到 50 万元），高于就不是小微企业了。当企业适用高新技术企业 15% 的税率，即两道税合计在 30% 时，个人"经营所得"（含独资、合伙企业）的所得税不一定总是低于公司制的税负，在表 5 - 4 中可见，当全年所得额为 131 万元时，二者一样，当高于 131 万元时，公司制的税负低一些。

分界点在 131 万元，分界点的计算方法：

例 5 - 4：设全年应税所得 Y，个人"经营所得"的税负在等式左边，右边为公司制的"两道税"合计。

$$Y \times 35\% - 6.55 = 30\% Y$$
$$Y = 131（万元）$$

通过分析可见，只有公司制的高新技术企业（即所得税率 15%，加上分红的综合税率 30%），其综合两道税的税负会低于一道税的个体工商户。如果公司是高新技术企业，或把公司设置在只有 15% 企业所得税的地方，比如西部地区，如果年所得在 131 万元以上时，公司制更好。

（三）企业组织形式选择的税务筹划应考虑的风险分析

从前面不同企业组织形式应纳税额的比较来看，在同等应税所得的条件下，独资企业与合伙企业的应纳税额通常要低于公司制的企业,因此,独资与合伙企业比公司制的企业具有明显的税收优势。但独资企业与合伙企业的投资人需对债权人承担无限责任(在有限合伙的条件下,对债权人的无限责任并没有免除,只是由全部合伙人转变为部分合伙人的无限责任),在风险比较大的企业,无限责任会进一步加大投资人的风险。另外,个人独资与合伙企业与公司制的企业相比,举债能力较差,在同等规模下,作为业主(即不考虑债务),投资人自己投资的额度会增加。因此,在收益与风险的权衡时,需要考虑税收利益、投资人的投资额以及必要报酬率的变化,几个因素综合在一起,体现为投资人的净现值的增加额。在永续年金的条件下,计算公式为:

$$\Delta NPV = \frac{\Delta T}{\Delta K} - \Delta I \tag{5-4}$$

式中:ΔNPV 为净现值的增加额;ΔT 为追加的税收利益;ΔK 为追加风险以后投资人必要报酬的提高部分;ΔI 为投资人追加的投资。就是说合伙制不可以举债,投资人自己的出资会比公司制增加。

例 5-5: 以表 5-4 中 100000 元的应税所得额为例。比如两人合伙企业的应纳税额比公司制的企业少 31500 元(40000-8500),如果因为从有限责任变成无限责任,投资人期望的报酬率从 10% 增加到 30%,即增加 20%,投资人比在公司制的条件下多投资 200000 元。

则对于投资人而言净现值的变化为:

$$\Delta NPV = 31500/20\% - 200000 = 157500 - 200000 = -42500(元)$$

可见,尽管两人合伙时,所交的所得税比公司制的情况下少了,但由于风险增加、投资也增加,使得净现值反而下降,得不偿失。因此,组织形式的选择也需要综合考虑各种因素。

二、企业组织扩张的税务筹划

(一)分支机构的类别及其税制差异

企业为了扩大规模,往往需要设置分支机构,那么,其分支机构设为子公司还是分公司,可能会影响到企业的总体税负水平。

子公司是独立法人,因此,在税收待遇上,往往独立于母公司,可以享受到与母公司不一样的税收优惠,特别是在其创办初期,一般都能享受到几年的税收优惠,但一般情况下不能与母公司汇总纳税。

国家税务总局 2012 年第 57 号公告发布后,企业所得税以具有法人资格的企业或组织为纳税人,分公司不是独立法人,应与母公司汇总纳税。

(二)分支机构设置的税务筹划

分支机构设为具有法人资格的子公司,还是不具有法人资格的分公司,对于税收负担的影响是需要考虑的问题。

一般情况下,不具有法人资格的分支机构,能与总公司汇总纳税,但不能独立于总公司获得税收优惠。而具有法人资格的分支机构则相反,通常不能与总公司汇总纳税,但可以独立于总公司获得税收优惠。因此,在税务筹划时,总分支机构的盈利能力和税收优惠情况是问题的关键。

1. 总分支机构都不存在税收优惠

如果二者都不存在税收优惠,在税务筹划时仅仅需要考虑二者之间的盈利情况,是否可以盈亏相抵是最为关键的因素。如果总分支机构都是盈利或都是亏损的,则分支机构不管如何设置,应该都不会影响税负。但如果一方是亏损的,特别是当预期新设的分支机构在经营初期是亏损的,则设置的分支机构最好是能够汇总纳税的不具有法人资格的子公司。

例 5 - 6:某企业总机构每年实现盈利 1000 万元,现在正在考虑设立分支机构。假定该分支机构在设立之后最初两年亏损,每年亏损 50 万元,以后每年盈利 100 万元,有效期 10 年,所得税率 25%,贴现率 6%。

如果设立不具有法人资格的分公司,可以实现合并纳税。

前两年总分支机构每年应纳税＝(1000－50)×25%＝237.5(万元)

第三年起总分支机构每年应纳税＝(1000＋100)×25%＝275(万元)

如果设立具有法人资格的子公司,不可以合并纳税,前两年总分支机构每年应纳税＝1000×25%＝250(万元)

第三年子公司补亏,不应纳税,总机构纳税＝1000×25%＝250(万元)

第四年起总分支机构每年应纳税＝(1000＋100)×25%＝275(万元)

在两种情况下,从第四年起总分支机构每年应纳税相同,不需要比较,差异在前三年。

设立不具有法人资格的分公司前三年应纳税的现值

＝237.5×$PVIF(1,6\%)$＋237.5×$PVIF(2,6\%)$＋275×$PVIF(3,6\%)$

＝237.5×0.9434＋237.5×0.89＋275×0.8396＝666.3225(万元)

设立具有法人资格的子公司前三年应纳税的现值

＝250×$PVIF(1,6\%)$＋250×$PVIF(2,6\%)$＋250×$PVIF(3,6\%)$

＝250×0.9434＋250×0.89＋250×0.8396＝668.25(万元)

可见,设立不具有法人资格的分公司比具有法人资格的子公司好。

2.总分支机构存在税收优惠的情况

由于具有法人资格的子公司,是作为独立的企业所得税的纳税人存在的,因此,能够独立享受到与总机构不一样的税收优惠。总体而言,在税务筹划时,需要对比总分支机构之间的税收优惠情况。如果新设的分支机构能够享受到更优惠的税收待遇,则应该设置具有法人资格的子公司。如果新办企业有一定时期的税收优惠,而且新办企业又是预期盈利的情况下,最好设置子公司。

第三节　　投资方向的税务筹划

投资方向是指将资金直接投向于某一行业或某一具体产品的生产经营,或间接投向于股票债券等金融资产。在我国,不同行业或产品之间以及不同的金融资产之间存在着较大的税收政策差异,因此,在税务筹划时,投资方向的选择是十分重要的。

一、我国行业之间税收政策的差异

行业之间税收政策的差异主要体现在税收优惠政策的不同,下面首先详细阐述我国不同行业的税收优惠政策,为投资方向选择的税务筹划提供基础。

(一)农林牧渔业的税收优惠

1.流转税的税收优惠

(1)农业(包括种植业、养殖业、林业、牧业、水产业)生产单位和个人销售的自产初级农业产品,可以免征增值税。

(2)饲料,农用塑料薄膜,国家规定的若干种化肥、农药的生产企业,批发和零售的种子、种苗、化肥、农药、农业机械,可以暂免征收增值税。豆粕属于征收增值税的饲料产品,除豆粕以外的其他粕类饲料产品,均免征增值税。

(3)进口用于农业、林业、牧业、渔业生产和科研的种子(苗)、种畜和渔种,可以定期免征增值税。

(4)纳税人销售或者进口农业产品,可以按照9%的低税率征收增值税。

2.所得税的税收优惠

下列项目可以减征或者免征企业所得税:

(1)农村的农业技术推广站、植物保护站、水管站、林业站、畜牧兽医站、水产、种子站、农机站、气象站,农民专业技术协会,专业合作社提供技术服务或劳务取得的收入,城镇的企业、事业单位提供上述技术服务或者劳务取得的收入,可以暂免征收所得税。

(2)国有农口企业、事业单位(包括农业、农垦、农牧、渔业、林业、水利、气象、华侨农场等企业、事业单位)从事种植业、养殖业和农林产品初加工业取得的所得,可以暂免征收所得税。

(3)获得农业农村部颁发的"远洋渔业企业资格证书",远洋渔业企业从事远洋捕捞业务取得的所得,获得各级渔业主管部门核发的"渔业捕捞许可证"的渔业企业从事外海、远洋捕捞业务取得的所得,可以暂免征收企业所得税。

(4)乡镇企业可以按照应纳企业所得税税额减征百分之十,用于补助社会性开支。

(5)从事农业、林业、畜牧业、渔业、水利业的外商投资企业,经营期在十年以上的,可以从开始获利年度起,第一年和第二年免征企业所得税,第三年至第五年减半征税。其中,从事农业、林业、牧业的企业在上述减免税期满之后,经过国家税务总局批准,在以后的十年中,还可以按照其应纳企业所得税税额减征百分之十五至百分之三十。

(6)外国企业为发展中国农业、林业、牧业生产提供专有技术取得的特许权使用费,经过国家税务总局批准,可以减按百分之十的税率征收所得税。其中,技术先进或者条件优惠的,可以免征所得税。

(7)个体工商户或者个人专营种植业、养殖业、饲养业、捕捞业,其经营项目属于农业税征税范围并已征收过农业税的,不再征收个人所得税。

(8)国家确定的贫困县的农村信用社可以暂免征收企业所得税,其他地区的微利农村信用社可以暂按减低税率征收企业所得税。

(9)企业从事蔬菜、谷物、薯类、油料、豆类、棉花、麻类、糖料、水果、坚果的种植,农作物新品种选育,中药材种植,林木培育和种植,牲畜、家禽饲养,林产品采集,灌溉、农产品初加工、兽医、农技推广、农机作业和维修等农、林、牧、渔服务业项目,远洋捕捞项目所得免征企业所得税。

(10)企业从事花卉、茶以及其他饮料作物和香料作物种植,海水养殖、内陆养殖项目所得减半征收企业所得税。"公司+农户"经营模式从事农、林、牧、渔业项目生产企业,可以免征企业所得税。

企业从事国家限制和禁止发展的项目,不得享受企业所得税优惠。

3.其他税的税收优惠

(1)直接用于农业、林业、牧业、渔业的生产用地,水利设施及其管护用地,可以免征城镇土地使用税。

(2)为农业生产服务的农田水利设施用地,可以免征耕地占用税。农民新建自用住宅用地,按照规定的适用税额标准减半征收耕地占用税。

(3)农业、林业、水利业的生产性固定资产投资,固定资产投资方向调节税税率为零。

(4)主要用于农业生产的拖拉机,可以免征车船使用税。

(5)国家指定的收购部门与村民委员会、农民个人书立的农副产品收购合同,可以免征印花税。

(7)单位和个人承包荒山、荒沟、荒丘、荒滩土地使用权,用于农业、林业、牧业、渔业生产的,可以免征契税。

(8)企业根据委托合同,受托对符合《财政部 国家税务总局关于发布享受企业所得税优惠政策的农产品初加工范围(试行)的通知》(财税〔2008〕149 号)和《财政部 国家税务总局关于享受企业所得税优惠的农产品初加工有关范围的补充通知》(财税〔2011〕26 号)规定的农产品进行初加工服务,其所收取的加工费,可以按照农产品初加工的免税项目处理。

(9)财税〔2008〕149 号文件规定的"油料植物初加工"工序包括"冷却、过滤"等,"糖料植物初加工"工序包括"过滤、吸附、解析、碳脱、浓缩、干燥"等,其适用时间按照财税〔2011〕26 号文件规定执行。

(10)企业从事《中华人民共和国企业所得税法实施条例》第八十六条第(二)项适用企业所得税减半优惠的种植、养殖项目,并直接进行初加工且符合农产品初加工目录范围的,企业应合理划分不同项目的各项成本、费用支出,分别核算种植、养殖项目和初加工项目的所得,并各按适用的政策享受税收优惠。

(11)企业对外购茶叶进行筛选、分装、包装后进行销售的所得,不享受农产品初加工的优惠政策。

(12)企业将购入的农、林、牧、渔产品,在自有或租用的场地进行育肥、育秧等再种植、养殖,经过一定的生长周期,使其生物形态发生变化,且并非由于本环节对农产品进行加工而明显增加了产品的使用价值的,可视为农产品的种植、养殖项目享受相应的税收优惠。

(二)能源、交通、邮电行业的税收优惠

能源、交通、邮电行业主要的税收优惠包括:

(1)纳入财政预算管理的电力建设基金、养路费、铁路建设基金、民航基础设施建设基金、港口建设费、邮电附加费等政府性的基金和收费,可以免征增值税和所得税。

(2)新办的从事交通运输业、邮电通信业的企业和经营单位,可以从开业之日起,第一年免征所得税,第二年减半征税。

(3)从事能源工业(不包括石油、天然气开采)和交通运输业(不包括客运)的外商投资企业,经营期在十年以上的,可以从开始获利年度起,第一年和第二年免征企业所得税,第三年至第五年减半征税。其中,设在经济不发达的边远地区的企业在上述减免税期满之后,经过国家税务总局批准,在以后的十年中,还可以按照其应纳企业所得税税额减征百分之十五至百分之三十。

（4）在国务院规定的地区设立的外商投资企业，属于能源、交通、港口、码头等项目的，经过国家税务总局批准，可以减按百分之十五的税率征收企业所得税。

（5）从事港口、码头建设的中外合资经营企业，可以减按百分之十五的税率征收企业所得税。其中，经营期在 15 年以上、经过省级国家税务局批准，从开始获利年度起，第一年至第五年免征企业所得税，第六年至第十年减半征税。

（6）外国企业为中国开发能源、发展交通事业提供专用技术取得的特许权使用费，经过国家税务总局批准，可以减按百分之十的税率征收所得税。其中，技术先进或者条件优惠的，可以免征所得税。

（7）企业利用废水、废气、废渣等废弃物为主要原料进行生产的，可在五年内减缴或免缴所得税。具体规定如下：企业在原设计规定的产品以外，综合利用本企业生产过程中产生的在《资源综合利用目录》内的资源，做主要原料生产的产品的所得，自生产经营之日起，免缴所得税五年；企业利用本企业外的大宗煤矸石、炉渣、粉煤灰做主要原料，生产建材产品的所得，自生产经营之日起，免缴所得税五年；为综合利用其他企业废弃的在《资源综合利用目录》内的资源而兴办的企业，经主管税务机关批准后，可减缴或免缴所得税一年。

（三）科、教、文、卫、体育等行业的税收优惠

1. 流转税的税收优惠

（1）下列项目可以免征增值税：①避孕药品和用具；②向社会收购的古旧图书；③国家规定科学研究机构和学校（主要指省、部级单位所属的专门科研机构和国家教育部承认学历的大专以上全日制高等院校），在合理数量范围之内，进口国内不能生产的科研和教学用品（如仪器、仪表、计算机），直接用于科研和教学的（同时免征关税、消费税）；④学校办企业生产的应税货物（不包括消费税应税产品），用于本校教学、科研方面的；⑤经国务院批准成立的电影制片厂销售的电影拷贝。

（2）下列项目可以实行增值税先征后退：①各党派的各级组织，各级人民政府、人民代表大会、政治协商会议、妇女联合会、工会、共青团组织，军事部门的机关报和机关刊物；②大学、中学、小学的学生课本和为少年儿童出版发行的报纸和刊物；③科技图书和期刊；④县以下新华书店和农村供销社销售的出版物。

（3）除了有专门规定外，图书、报纸、杂志可以按照百分之九的低税率征收增值税。

（4）体育彩票发行收入不征收增值税。

（5）下列项目营改增后可以免征增值税：①托儿所、幼儿园提供养育服务；②医疗机构提供的医疗服务；③从事学历教育的学校提供的教育劳务，学生勤工俭学提供的劳务；④农业技术服务和技术培训业务；⑤纪念馆、博物馆、文化馆、美术馆、展览馆、图书馆、文物保护单位在自己的场所提供文化体育服务取得的第一道门票收入；⑥科研单位的技术转让收入；⑦个人转让人著作权的收入；⑧学校办企业为本校教学、科研提供的应税劳务（不包括旅店业、饮食业和娱乐业）。

（6）2017 年 1 月 1 日至 2019 年 12 月 31 日，继续对广播电视运营服务企业收取的有线数字电视基本收视维护费和农村有线电视基本收视费，免征增值税。

2. 所得税的税收优惠

（1）国务院批准的高新技术产业开发区内的高新技术企业，可以减按百分之十五的税率征收企业所得税；新办的高新技术企业，可以自开始生产、经营之日起，免征企业所得税 2 年。

　　(2)农村的农业技术推广站、畜牧兽医站、气象站等提供技术服务或者劳务取得的收入,城镇的企业、事业单位提供上述服务或者劳务取得的收入,可以暂免征收所得税。

　　(3)科研单位和大专院校服务于各业的技术成果转让,技术培训,技术咨询,技术服务,技术承包取得的技术性服务收入,可以暂免征收所得税。

　　(4)新办的从事科技咨询业、信息业(包括统计、科技、经济信息的收集、传播和处理服务、广告业、计算机应用服务等)、技术服务业的企业和经营单位,可以自开始生产、经营之日起,免征所得税2年。

　　(5)新办从事文化教育、卫生事业的企业和经营单位,经税务机关批准,可以自生产、经营之日起,减征或者免征所得税1年。

　　(6)企业、事业单位转让技术和在技术转让过程中发生的有关的技术咨询、技术服务、技术培训的所得,年净收入在30万元以下的部分,可以暂免征收所得税。

　　(7)教育部门所属的高等院校和中小学校办工厂、农场的生产、经营所得,可以暂免征收企业所得税;上述学校举办的各类进修班、培训班的所得,也可以暂免征收所得税。

　　(8)企业通过中国境内的社会团体、国家机关向教育、文化事业的捐赠,可以按照规定从其应纳税所得额中扣除。

　　(9)直接为生产服务的科技开发型外商投资企业,经营期在10年以上的,可以从开始获利年度起,第一年和第二年免征企业所得税,第三年至第五年减半征税。其中,设在经济不发达的边远地区的企业在上述减免税期满之后,经国家税务总局批准,在以后的十年中,还可以按照其应纳企业所得税税额减征百分之十五至百分之三十。

　　(10)外商投资举办的先进技术企业,在享受减征、免征所得税期满之后仍为先进技术企业的,可以在以后的3年中减按百分之十五或者百分之十的税率征收企业所得税。

　　3.其他税的税收优惠
　　(1)幼儿园、学校、医院用地,可以免征耕地占用税。
　　(2)财产所有人将其财产捐赠给学校所书立的书据,可以免征印花税。
　　(3)事业单位承受土地、房屋,用于办公、教学、医疗、科研者,可以免征契税。
　　(4)由国家财政部门拨付事业经费的科技、教育、文化、卫生等事业单位自用的土地、房产、车船,可以免征城镇土地使用税、房产税和车船使用税。

　　(四)第三产业的税收优惠

　　1.流转税的税收优惠
　　下列项目可以免征增值税:
　　(1)托儿所、幼儿园、养老院、残疾人福利机构提供的养育服务,婚姻介绍,殡葬服务;
　　(2)残疾人员个人为社会提供的劳务(属于增值税征税范围的,免征增值税);
　　(3)医院、诊所和其他医疗机构提供的医疗服务;
　　(4)学校和其他教育机构提供的教育服务,学生勤工俭学提供的劳务;
　　(5)农业技术服务和技术培训业务;
　　(6)保险公司开展的保期1年以上,到期返还本利的普通人寿保险、养老年金保险、健康保险业务;
　　(7)科研单位的技术转让;
　　(8)校办企业为本校教学、科研提供的应税劳务(不包括旅店业、饮食业和娱乐业)。

2.所得税的税收优惠

(1)农村的农业技术推广站、植物保护站、水管站、林业站、畜牧兽医站、水产站、种子站、农机站、气象站,农民专业技术协会,专业合作社提供技术服务或劳务取得的收入,城镇的企业、事业单位提供上述技术服务或劳务取得的收入,可以暂免征收所得税。

(2)科研单位和大专院校服务于各业技术转让,技术培训,技术咨询,技术服务,技术承包取得的技术性服务收入,可以暂免征收所得税。

(3)新办的咨询业(包括科技、法律、会计、审计、税务)、信息、技术服务业的企业和经营单位,可以自开始生产、经营之日起,免征所得税2年。

(4)新办的从事交通运输业、邮电通信业企业和经营单位,可以自开始生产、经营之日起,第一年免征所得税,第二年减半征税。

(5)新办的从事公用事业、商业、物资业、对外贸易、旅游业、仓储业、居民服务业、饮食业、教育事业、文化事业、卫生事业的企业和经营单位,经过税务机关批准,可以自开始生产、经营之日起,减半或免征所得税1年。

(6)企业、事业单位转让技术和在技术转让过程中发生的有关技术咨询、技术服务、技术培训的所得,年净收入在30万元以下的,可以暂免征收所得税。

(7)新办的城镇劳动就业服务企业,当年安置待业人员超过企业从业人员总数百分之六十,经过税务机关批准,可以自开始生产、经营之日起,免征企业所得税3年。免税期满之后,当年新安置待业人员占企业原从业人员总数百分之三十以上的,经过批准,可以减半征收所得税2年。

(8)从事直接为生产服务的科技开发、地质普查、产业信息咨询和生产设备、精密仪器维修服务业的外商投资企业,经营期在10年以上的,可以从开始获利年度起,第一年和第二年免征企业所得税,第三年至第五年减半征税。其中,设在经济不发达的边远地区的企业,在上述减免税期满之后,经过国家税务总局批准,在以后的十年中,还可以按照其应纳企业所得税税额减征百分之十五至百分之三十。

(9)外国企业为中国科学研究、开发能源、发展交通事业、农民牧业生产和开发重要技术提供专有技术取得的特许权使用费,经过国家税务总局批准,可以减按百分之十的税率征收所得税。其中技术先进或者条件优惠的,可以免征所得税。

(五)环保与资源利用的税收优惠

(1)符合国家规定的利用废渣生产的建材产品,可以免征增值税。

(2)废旧物资回收经营企业可以享受增值税先征税后返还百分之七十的优惠。

(3)病虫害防治、植物保护及其相关的技术培训,可以免征增值税。

(4)企业以国家规定的废弃资源为主要原料从事生产,可以酌情减征或者免征企业所得税,免税期最多可达5年。

(5)外国企业在节约能源和防治环境污染方面提供专有技术收取的特许权使用费,经过国家税务总局批准,可以减按百分之十的税率征收所得税。其中,技术先进或者条件优惠的,可以免征所得税。

(6)水利设施及其保护用地、林业系统的林区及有关保护用地,可以免征城镇土地使用税。

(7)改造的废弃土地,可以免征城镇土地使用税5年至10年。

(8)农用水利设施用地,安置水库移民、灾民、难民建房用地,可以免征耕地占用税。

（9）为支持农村饮水安全工程（以下简称饮水工程）巩固提升，经国务院批准，继续对饮水工程的建设、运营给予税收优惠。

①对饮水工程运营管理单位为建设饮水工程而承受土地使用权，免征契税。

②对饮水工程运营管理单位为建设饮水工程取得土地使用权而签订的产权转移书据，以及与施工单位签订的建设工程承包合同免征印花税。

③对饮水工程运营管理单位自用的生产、办公用房产、土地，免征房产税、城镇土地使用税。

④对饮水工程运营管理单位向农村居民提供生活用水取得的自来水销售收入，免征增值税。

⑤对饮水工程运营管理单位从事《公共基础设施项目企业所得税优惠目录》规定的饮水工程新建项目投资经营的所得，自项目取得第一笔生产经营收入所属纳税年度起，第一年至第三年免征企业所得税，第四年至第六年减半征收企业所得税。

⑥上述所称饮水工程，是指为农村居民提供生活用水而建设的供水工程设施。上述所称饮水工程运营管理单位，是指负责饮水工程运营管理的自来水公司、供水公司、供水（总）站（厂、中心）、村集体、农民用水合作组织等单位。

（六）经营出口产品的税收优惠

1. 出口退税

有出口经营权的各类生产企业自营出口或者委托外贸企业代理出口的货物，除了国家规定的若干种货物和禁止出口的货物之外，可以在货物报关出口并在财务上做销售处理之后，持有关凭证向税务机关申请退还或者免征增值税、消费税、关税。

2. 下列企业出口的货物可办理出口退（免）税，除另有规定外

下列企业出口属于增值税、消费税征收范围货物可办理出口退（免）税，除另有规定外，给予免税并退税：

（1）有出口经营权的内（外）资生产企业自营出口或委托外贸企业代理出口的自产货物。

（2）有出口经营权的外贸企业收购后直接出口或委托其他外贸企业代理出口的货物。

（3）生产企业（无进出口权）委托外贸企业代理出口的自产货物。

（4）保税区内企业从区外有进出口权的企业购进直接出口或加工后再出口的货物。

（5）下列特定企业（不限于是否有出口经营权）出口的货物。

①对外承包工程公司运出境外用于对外承包项目的货物；

②对外承接修理修配业务的企业用于对外修理修配的货物；

③外轮供应公司、远洋运输供应公司销售给外轮、远洋国轮而收取外汇的货物；

④企业在国内采购并运往境外作为在国外投资的货物；

⑤援外企业利用中国政府的援外优惠贷款和合资合作项目基金方式下出口的货物；

⑥外商投资企业特定投资项目采购的部分国产设备；

⑦利用国际金融组织或国外政府贷款，采用国际招标方式，由国内企业中标销售的机电产品；

⑧境外带料加工装配业务企业的出境设备、原材料及散件；

⑨外国驻华使（领）馆及其外交人员、国际组织驻华代表机构及其官员购买的中国产物品。

以上"出口"是指报关离境，退（免）税是指退（免）增值税、消费税，对无进出口权的商贸公

司,借权、挂靠企业不予退(免)税。上述"除另有规定外"是指出口的货物属于税法列举规定的免税货物或限制、禁止出口的货物。

3.下列出口货物免征增值税、消费税

(1)来料加工复出口的货物,即原材料进口免税,加工自制的货物出口不退税。

(2)避孕药品和用具、古旧图书,内销免税,出口也免税。

(3)出口卷烟:有出口卷烟,在生产环节免征增值税、消费税,出口环节不办理退税。其他非计划内出口的卷烟照章征收增值税和消费税,出口一律不退税。

(4)军品以及军队系统企业出口军需工厂生产或军需部门调拨的货物免税。

(5)国家现行税收优惠政策中享受免税的货物,如饲料、农药等货物出口不予退税。

(6)一般物资援助项下实行实报实销结算的援外出口货物;

4.下列企业出口的货物,除另有规定外,给予免税,但不予退税

(1)属于生产企业的小规模纳税人自营出口或委托外贸企业代理出口的自产货物;

(2)外贸企业从小规模纳税人购进并持普通发票的货物出口,免税但不予退税。但对下列出口货物考虑其占出口比重较大及其生产、采购的特殊因素,特准退税:抽纱、工艺品、香料油、山货、草柳竹藤制品、渔网渔具、松香、五倍子、生漆、鬃尾、山羊板皮、纸制品。

(3)外贸企业直接购进国家规定的免税货物(包括免税农产品)出口的,免税但不予退税。

(4)外贸企业自非生产企业、非市县外贸企业、非农业产品收购单位、非基层供销社和非成机电设备供应公司收购出口的货物。

5.贸易方式与出口退(免)税

出口企业出口货物的贸易方式主要有一般贸易、进料加工、易货贸易、来料加工(来件装配、来样加工)补偿贸易(现已取消)。对一般贸易、进料加工、易货贸易、补偿贸易可以按规定办理退(免)税,易货贸易与补偿贸易与一般贸易计算方式一致;来料加工免税。

(七)高新技术产业的税收优惠

(1)国务院印发的《关于加快科技服务业发展的若干意见》明确指出,完善高新技术企业认定管理办法,对认定为高新技术企业的科技服务企业,减按15%的税率征收企业所得税。

(2)高新技术企业发生的职工教育经费支出,不超过工资薪金总额8%的部分,准予在计算企业所得税应纳税所得额时扣除;超过部分,准予在以后纳税年度结转扣除。

(3)以境内、境外全部生产经营活动有关的研究开发费用总额、总收入、销售收入总额、高新技术产品(服务)收入等指标申请并经认定的高新技术企业,其来源于境外的所得可以享受高新技术企业所得税优惠政策,即对其来源于境外所得可以按照15%的优惠税率缴纳企业所得税,在计算境外抵免限额时,可按照15%的优惠税率计算境内外应纳税总额。

(八)金融保险证券业的税收优惠不征税项目

1.不征收增值税项目

(1)存款利息。

(2)被保险人获得的保险赔付。

2.免征增值税

(1)以下利息收入免征增值税:

①2016年12月31日前,金融机构农户小额贷款。小额贷款,是指单笔且该农户贷款余额总额在10万元(含本数)以下的贷款。

②国家助学贷款。

③国债、地方政府债。

④人民银行对金融机构的贷款。

⑤住房公积金管理中心用住房公积金在指定的委托银行发放的个人住房贷款。

⑥外汇管理部门在从事国家外汇储备经营过程中,委托金融机构发放的外汇贷款。

⑦统借统还业务中,企业集团或企业集团中的核心企业以及集团所属财务公司按不高于支付给金融机构的借款利率水平或者支付的债券票面利率水平,向企业集团或者集团内下属单位收取的利息。

(2)金融同业往来利息收入免征增值税。

(3)住房公积金管理中心用住房公积金在指定的委托银行发放的个人住房贷款取得的利息收入,免征增值税。

(4)外汇管理部门在从事国家外汇储备经营过程中,委托金融机构发放的外汇贷款取得的利息收入,免征增值税。

(5)人民银行对金融机构的贷款取得的利息收入,免征增值税。

(6)被撤销金融机构以货物、不动产、无形资产、有价证券、票据等财产清偿债务免征增值税。

(7)保险公司开办的一年期以上人身保险产品取得的保费收入免征增值税。

(8)下列金融商品转让收入免征增值税:

①合格境外投资者(QFII)委托境内公司在我国从事证券买卖业务。

②香港市场投资者(包括单位和个人)通过沪港通买卖上海证券交易所上市A股。

③对香港市场投资者(包括单位和个人)通过基金互认买卖内地基金份额。

④证券投资基金(封闭式证券投资基金,开放式证券投资基金)管理人运用基金买卖股票、债券。

⑤个人从事金融商品转让业务。

(9)同时符合下列条件的担保机构从事中小企业信用担保或者再担保业务取得的收入(不含信用评级、咨询、培训等收入)3年内免征增值税:

①已取得监管部门颁发的融资性担保机构经营许可证,依法登记注册为企(事)业法人,实收资本超过2000万元。

②平均年担保费率不超过银行同期贷款基准利率的50%。平均年担保费率=本期担保费收入/(期初担保余额+本期增加担保金额)×100%。

③连续合规经营2年以上,资金主要用于担保业务,具备健全的内部管理制度和为中小企业提供担保的能力,经营业绩突出,对受保项目具有完善的事前评估、事中监控、事后追偿与处置机制。

④为中小企业提供的累计担保贷款额占其两年累计担保业务总额的80%以上,单笔800万元以下的累计担保贷款额占其累计担保业务总额的50%以上。

⑤对单个受保企业提供的担保余额不超过担保机构实收资本总额的10%,且平均单笔担保责任金额最多不超过3000万元人民币。

⑥担保责任余额不低于其净资产的3倍,且代偿率不超过2%。

3.增值税即征即退

经人民银行、银监会或者商务部批准从事融资租赁业务的试点纳税人中的一般纳税人,提供有形动产融资租赁服务和有形动产融资性售后回租服务,对其增值税实际税负超过3%的部分实行增值税即征即退政策。商务部授权的省级商务主管部门和国家经济技术开发区批准的从事融资租赁业务和融资性售后回租业务的试点纳税人中的一般纳税人,2016年5月1日后实收资本达到1.7亿元的,从达到标准的当月起按照上述规定执行;2016年5月1日后实收资本未达到1.7亿元但注册资本达到1.7亿元的,在2016年7月31日前仍可按照上述规定执行,2016年8月1日后开展的有形动产融资租赁业务和有形动产融资性售后回租业务不得按照上述规定执行。

上述所称增值税实际税负,是指纳税人当期提供应税服务实际缴纳的增值税额占纳税人当期提供应税服务取得的全部价款和价外费用的比例。

4.跨境金融服务免征增值税

5.所得税的税收优惠

(1)贫困县农村信用社免所得税。

(2)证券投资基金收入免税。对证券投资基金从证券市场中取得的收入,包括买卖股票、债券的差价收入,股票的股息、红利收入,债券的利息收入及其他收入,暂不征收企业所得税。

(3)证券投资基金投资者收入免税。对企业投资者从证券投资基金投资基金分配中获得的国债利息收入、买卖股票价差收入和债券差价收入,暂不征收企业所得税。

(4)个人住房贷款利息收入免税。从2000年9月1日起,对住房公积金管理中心用住房公积金购买国债、在指定的委托银行发放个人住房贷款取得的利息收入,免征企业所得税。

(5)金融保险企业国债利息收入免税。金融保险企业购买(包括在二级市场购买)的国债到期(或分期)兑付所取得的国债利息收入,免征企业所得税,但相关费用不得在税前扣除。金融保险企业在二级市场购买的国债未到兑付期而销售所取得的收入,应征收企业所得税。

(6)出口信用保险业务先征后返。对中国进出口银行和中保财险公司的出口信用保险业务,企业所得税实行先征后返。

(7)股息所得免税。对持有B股或海外股而从发行B股或海外股的中国境内企业取得的股息所得,暂免征企业所得税。

(8)投资者个人的国债利息以及买卖股票、基金的价差收入,暂不征收个人所得税。

(9)我国港澳台地区和国外储户存款利息免税。我国港澳台地区和国外储户在外资银行特区分行存款利息,免征个人所得税。

二、投资方向选择的税务筹划

投资方向的选择,除了与投资区域选择一样,需要综合考虑原材料的供应、产品的销售、税负的轻重以外,还需要考虑投资人在特定行业的竞争能力,另外,在投资方向选择的税务筹划中,不仅需要考虑所得税的差别,而且还需要考虑不同行业流转税的差别。下面详细阐述投资方向选择的税务筹划要点。

(一)合理选择企业组织的隶属关系

从行业税收优惠来看,隶属关系不同,往往税收优惠有很大的不同,比如归口农业、能源、交通、科教文卫等,在税收方面有很多不同于一般企业的优惠。因此,企业在设置组织时,可以选择在低税的行业设置独立企业、总机构或子公司。

(二)合理选择适当的金融资产投资

金融资产投资包括银行存款、外汇、投资股票、债券、基金等。由于不同的金融产品,其投资的风险与收益差异很大,很多品种之间并不具有可比性,但国债与企业债、银行存款都属于低风险的品种,其收益应该是可比的。

在我国,不管是个人投资者还是企业投资者,国债的利息都是免所得税的。而企业债券所得和存款利息所得均需要交纳企业所得税,并入其他所得一并计税。个人投资者存款利息所得暂免个人所得税,但企业债券利息所得需要缴纳20%的个人所得税。

那么,无税的国债年利率相当于应税的企业债利率多少时,就是可行的?

设国债年利率为 X,企业债券或存款年利率为 Y,所得税率为 t,得到等式:

$$X=Y(1-t) \tag{5-5}$$

例 5－7:个人所得税率为20%,企业所得税率为25%或15%。

代入式 5－5:

对于个人而言 $X=Y(1-20\%)$

$$X/Y=80\%$$

对于适用税率25%的企业而言 $X=Y(1-25\%)$

$$X/Y=75\%$$

对于适用税率15%的企业而言 $X=Y(1-15\%)$

$$X/Y=85\%$$

可见,对于个人投资者而言,只要国债利率高于企业债利率80%,投资国债更有效;而对于企业投资者而言,只要国债利率高于企业债利率75%(适用税率25%)或85%(适用税率15%),投资国债更有效。

关于股利分配的税务筹划请参见第七章。

(三)合理分离企业的高新技术产品单独投资

高新技术产业有很多的税收优惠,而对制造业而言,在生产工艺中往往包含着核心技术,如果能够把该项核心技术分离出来,单独建立生产线,就可以设法到高新技术开发区去建立子公司或分公司。当然,企业研发出来的新技术、新工艺,如果能够单独设厂,应该在高新技术开发区单独设立分公司。

(四)投资于"三废"的利用项目

企业在生产过程中往往会产生一些对环境有污染的废气、废水、废渣,如果企业投资于利用"三废"生产产品的项目,在减少环境污染的同时,企业也会获得税收优惠的好处。

(五)投资于出口产品的生产经营

中国的产品由于价格低廉,在国际市场上往往具有较好的竞争能力,而如果企业投资于出口产品的生产经营,往往可以获得出口退税的优惠。

三、投资方向选择税务筹划的风险分析

投资于低税的行业,可以获得税收优惠的利益,也不存在违法风险和财务风险,只存在经营风险,主要表现在:

(1)低税行业可能是发展相对落后,需要大力扶持的行业,其营利能力相对较弱,比如农

业、基础设施建设等。

（2）低税行业可能是国家急需发展的高新技术行业，存在较大的经营风险。

（3）低税行业可能是国家在一定时期发展战略的重点，这些行业，要么需要企业做额外的投资，比如节能环保，有些可能需要企业面对国际的竞争，比如出口创汇。

第四节　投资方式的税务筹划

投资方式是指以现金、无形资产、固定资产或其他资产进行投资。以不同资产进行投资在税收方面也存在一定的差异，因此，有必要对投资方式的选择进行税务筹划。下面主要阐述以无形资产对外投资、以房地产对外投资、国产设备投资的税务筹划。

一、以无形资产对外投资的税务筹划

当企业或个人有一项无形资产自己不需要使用时，可能的选择是出售或对外投资，从税务筹划的角度而言，不同的选择税负会有较大的差别。下面首先阐述以无形资产对外投资与转让的税收政策差异，再用具体案例说明税务筹划的方法。

（一）以无形资产对外投资与转让的税收政策差异

根据现行税法，转让无形资产，即转让土地使用权、专利权、非专利技术、商标权、著作权、商誉取得的收入，应征收增值税，也应征收企业所得税。而以无形资产投资入股，参与接受投资方的利润分配、共同承担投资风险的行为，从2003年1月1日起，不征收营业税，在投资后转让该项股权的也不征收营业税。因为以各种无形资产投资入股的行为，不属于转让行为，不属于营业税征税范围。2016年5月1日起，全面推开营改增试点后，企业发生无形资产、不动产投资入股以及股权转让行为，是否需要缴纳增值税？根据财税〔2016〕36号文件附件一《营业税改征增值税试点实施办法》规定："销售服务、无形资产或者不动产，是指有偿提供服务、有偿转让无形资产或者不动产。""有偿，是指取得货币、货物或者其他经济利益。"也就是说，对将不动产投资入股换取股权行为属于有偿获得其他经济利益，需要按有偿销售不动产、无形资产行为征收增值税。原因在于，转让一方的销项税额，是另一方的进项税额，接通了增值税"环环征收、层层抵扣"链条。但这次"营改增"试点征收范围不包括股权转让行为，也就是说，股权转让行为不属于"营改增"试点征收范围，因此，笔者认为，股权转让行为原来不征营业税，"营改增"后也不征增值税。

从企业所得税来看，以无形资产对外投资，应依法征收所得税。企业以无形资产对外投资，属于以部分非货币资产对外投资的行为。根据《国家税务总局关于非货币性资产投资企业所得税有关征管问题的公告》（国家税务总局公告2015年第33号），实行查账征收的居民企业（以下简称企业）以非货币性资产对外投资确认的非货币性资产转让所得，可自确认非货币性资产转让收入年度起不超过连续5个纳税年度的期间内，分期均匀计入相应年度的应纳税所得额，按规定计算缴纳企业所得税；关联企业之间发生的非货币性资产投资行为，投资协议生效后12个月内尚未完成股权变更登记手续的，于投资协议生效时，确认非货币性资产转让收入的实现。根据现行税法，企业以经营活动的部分非货币资产对外投资，应在投资交易发生时，将其分解为按公允价值销售有关非货币性资产和投资两项业务进行所得税处理，并按规定确认资产的转让所得或损失，依法缴纳企业所得税。也就是说，企业以非货币资产（如无形资产)对外投资时,其公允价值大于其账面价值的增值部分,视同转让所得纳入应税所得计征企业所得税,但如果数额较大,可以申请在5年时间内平均交纳;其公允价值小于其账面价值部分视同转让损失,可以在所得税前扣除。

综上所述,企业转让无形资产与以无形资产对外投资,二者之间主要的税收差别在于所得税缴纳税款的时间不同。

(二)以无形资产对外投资与转让的税务筹划方案

下面用一个具体案例来进行阐述。

例5-8:某企业有一项专利技术,其账面价值100万元,公允价值300万元。如果转让,可以按公允价值获得300万元,而如果对外投资,假定每年可以获得分红50万元,有效期为10年。假定投资方与被投资方的所得税率均为25%,贴现率6%。

方案1:转让方案

方案2:投资方案

由于转让与投资的增值税及其附加没有差别,因此,只需要比较所得税。

方案1:

转让时获得收入300万元

应纳所得税＝(300－100)×25%＝50(万元)

相关现金流量的现值＝300－50＝250(万元)

方案2:投资方案税后收益的现值

投资时应纳所得税＝(300－100)×25%＝50(万元)

根据税法可以在5年时间内分期交纳,假定每年交纳10万元(50/5)。

5年交纳所得税的现值＝10×$PVIFA(5,6\%)$＝10×4.212＝42.12(万元)

收益不是像转让那样可以一次获得300万元,而是通过分红获得收益。

每年分红应纳所得税为0。

每年收益的现值＝50×$PVIFA(10,6\%)$＝50×7.36＝368(万元)

相关现金流量的现值＝368－42.12＝325.88(万元)

方案2为优。账面价值100万元在两个方案中都有,在比较优劣时,可以不考虑,是无关的项目。

(三)以无形资产对外投资税务筹划的风险分析

从例5-8可以看到,以无形资产对外投资比直接转让,使所得税可以递延交纳,这是以无形资产对外投资与转让相比,所获得的利益。但是,如果以无形资产投资,不能够一次获得全部收益,其收益的获得需要视投资项目的收益情况以及对方的分配情况,因此,无形资产的投资比转让要承担大得多的风险。在例5-8中,每年获得分红达到50万元,使得投资的税后收益的现值远高于转让,那么,需要进一步分析的是,每年的分红为多少时,投资与转让税后收益的现值相等?

例5-9:承例5-8,设每年的分红为M,其余条件不变。

可以得到相关现金流量的等式:

$M×PVIFA(10,6\%)－42.12＝250$

$M×7.36－42.12＝250$

$M＝28.24(万元)$

等式的左边为投资方案,右边为转让方案。

通过计算可知,如果每年的分红达不到 28.24 万元,尽管无形资产转让的税负高,但依然为优,反之以无形资产投资为优。

二、以房地产对外投资的税务筹划

当企业或个人需要处置其拥有的房地产时,与无形资产一样,可能的选择是转让或对外投资,从税务筹划的角度而言,不同的选择税负也会有较大的差别。

(一)以房地产对外投资与转让的税收政策差异

根据现行税法,如果企业将房地产对外销售转让,需要交的税主要包括增值税、土地增值税、所得税,以及一些比较小的地方税种,比如契税、印花税等。而以房地产对外投资,暂时免征土地增值税,但被投资企业再将该房地产对外转让,就需要缴纳土地增值税。以房地产投资入股也需要缴纳所得税(具体规定同无形资产)、契税和印花税。可见,以房地产对外投资与转让的税收差异主要在于土地增值税,增值税、契税和所得税几乎没有差别。

(二)以房地产对外投资与转让的税务筹划方案

下面用一个实例来详细说明以房地产对外投资与转让的税务筹划方法。

例 5 - 10:A 公司为非房地产开发企业,准备将一处房地产转让给 B 公司,公允市价 5000 万元,土地增值税准予扣除项目金额 2500 万元(包含转让过程中的税费),当地契税税率为 3%,增值税税率为 9%,假定城建税及教育费附加分别为 5% 和 5%,A、B 双方的所得税税率均为 25%。忽略税率极低的印花税。

由于以房地产直接对外投资的税务筹划方案与以无形资产直接对外投资的税务筹划方案相似,因此,在税务筹划方案的设计时,这种方案不再重复,下面设计三个方案,对比税负的高低。

方案 1:直接销售,价格 5000 万元。

方案 2:A 公司将该房地产作价 5000 万元投入 B 公司,然后将持有 B 公司的股权以 5000 万元转让给 B 公司的母公司。

首先需要说明的是,转让与投资的所得税差别在无形资产的税务筹划中已经阐述,因此,本案例假定两个方案的应税所得都来自房地产的公允价值与账面价值的差异(投资时也不实行分期缴纳),而获得房地产的一方其折旧也一样,因此,所得税在两个方案中基本相同,成为无关因素,在分析时将其忽略不计。希望强调,房地产转让与投资的差别主要在于土地增值税的不同。

税负分析如下:

方案 1:直接转让

A 公司应纳税费:

应纳增值税 $= 5000 \times 9\% = 450$(万元)

城建税及教育费附加 $= 450 \times 10\% = 45$(万元)

应纳土地增值税:

增值率 $= (5000 - 2500)/2500 \times 100\% = 100\%$

$(5000 - 2500) \times 50\% - 2500 \times 15\% = 875$(万元)

A 公司应纳税费合计:$450 + 45 + 875 = 1370$(万元)

B 公司应纳税额：

抵扣增值税进项税额 450 万元

应纳契税＝5000×3％＝150（万元）

双方合计纳税＝1370＋150－450＝1070（万元）

方案 2：A 公司将该房地产作价 5000 万元投入 B 公司，然后将持有 B 公司的股权以 5000 万元转让给 B 公司的母公司。

A 公司应纳税费：

应纳增值税＝5000×9％＝450（万元）

城建税及教育费附加＝450×10％＝45（万元）

土地增值税 0

B 公司接受投资须缴纳契税：

应纳契税 5000×3％＝150（万元）

抵扣增值税进项税额 450 万元

双方共纳税＝450＋45＋150－450＝195（万元）

与方案 1 对比节约纳税＝1070－195＝875（万元）

两个方案的关键差别就是土地增值税 875 万元。

（三）以房地产对外投资税务筹划的风险分析

以房地产对外投资比直接销售转让，可以少交土地增值税。而如果以房地产直接投资，如同以无形资产直接对外投资一样，不能够一次获得全部收益，其收益的获得需要视投资项目的收益情况以及对方的分配情况，或者股权转让的收入而定，因此，在这种情况下，投资比转让要承担大得多的风险。

三、特定设备投资抵免的税务筹划

现行政策中有关购买固定资产抵免企业所得税的政策，主要体现在以下两个文件当中：一个是《财政部 税务总局 国家发展改革委 工业和信息化部 环境保护部关于印发节能节水和环境保护专用设备企业所得税优惠目录（2017 年版）的通知》（财税〔2017〕71 号），二是《财政部 税务总局 应急管理部关于印发〈安全生产专用设备企业所得税优惠目录（2018 年版）〉的通知》（财税〔2018〕84 号）。

根据以上相关文件，可以从以下几个方面理解现行环保设备和安全生产设备的投资抵免政策以及税务筹划方法。

1. 享受抵免所得税优惠政策的设备范围

（1）节能节水设备。符合《节能节水专用设备企业所得税优惠目录（2017 年版）》条件的各项节能节水设备。节能设备包括电动机、空气调节设备、风机、水泵、压缩机、变频器、变压器、电焊机、锅炉、换热器、LED 照明、发电设备、时效处理仪、通信用铅酸蓄电池。节水设备包括洗涤设备、冷却设备、滴灌设备、水处理及回用设备。

（2）环境保护专用设备。符合《环境保护专用设备企业所得税优惠目录（2017 年版）》条件的各项环境专用设备，包括水污染防治设备、大气污染防治设备、土壤污染防治设备、固体废物处置设备、环境监测专用仪器仪表、噪声与振动控制设备。

（3）安全生产专用设备。符合《安全生产专用设备企业所得税优惠目录（2018 年版）》条件的各项安全生产专用设备,包括煤矿、非煤矿山、石油及危险化学品、民爆及烟花爆竹、交通运输、电力、建筑施工、应急救援等各类设备。

2.企业所得税抵免政策

根据《中华人民共和国企业所得税法实施条例》第一百条的规定,节能节水设备和环保设备的税额抵免,是指企业购置并实际使用《环境保护专用设备企业所得税优惠目录》、《节能节水专用设备企业所得税优惠目录》和《安全生产专用设备企业所得税优惠目录》规定的环境保护、节能节水、安全生产等专用设备的,该专用设备的投资额的10%可以从企业当年的应纳税额中抵免;当年不足抵免的,可以在以后5个纳税年度结转抵免。享受上述规定的企业所得税优惠的企业,应当实际购置并自身实际投入使用上述规定的专用设备;企业购置上述专用设备在5年内转让、出租的,应当停止享受企业所得税优惠,并补缴已经抵免的企业所得税税款。

3.投资抵免的税务筹划方法

下面通过具体案例说明税务筹划的方法。

例5-11:某企业年应纳税所得额假定为3000万元,适用25%的企业所得税税率,该企业2018年1月投资1亿元购买一大型设备并投入使用。该设备列入《环境保护专用设备企业所得税优惠目录》。

该企业可以从2018年1月开始,按该专用设备投资额的10%抵免企业所得税应纳税额。

该专用设备投资额可抵免企业所得税应纳税额＝10000×10%＝1000(万元)

该企业2018年企业所得税应纳税额＝3000×25%＝750(万元)

750＜1000,所以该企业2018年可抵免企业应纳税额为750万元,余下250万元(1000－750)可以向以后年度结转。

如果2019年盈利依然是3000万元,那么:

2019年应纳税额＝3000×25%＝750(万元)

2019年在抵免250万元以后,只需要纳税500万元。因此,企业在盈利年份进行一些环保设备或节能节水设备的投资,是有利的,可以减轻税负。

思考与练习

1.独资、合伙企业与公司制的所得税比较,从税务筹划的角度,应该如何选择企业组织?

2.企业组织扩张的税务筹划,在什么情况下应该选择子公司?什么情况下应该选择分公司?

3.投资方向选择的税务筹划要点包括哪些?

4.无形资产投资与转让选择的税务筹划方法是什么?

5.房地产投资与转让选择的税务筹划方法是什么?

6.特定设备投资抵免的税务筹划应该注意什么?

第六章　筹资的税务筹划

筹资行为是企业进行一系列经营活动的先决条件,也是财务管理活动的重要内容之一。市场经济环境下,企业可以从多种渠道以不同方式筹集所需的资金,而不同的筹资渠道和不同的筹资方式组合,将给企业带来不同的预期收益,也将使企业承担不同的税负水平,这就需要企业进行税务筹划。企业筹措的资金按资金来源渠道不同可分为权益资金和负债资金两大类。企业通过发行股票、吸收直接投资、利用留存收益等方式筹集的资金都属于企业的权益资金;通过向银行借款、利用商业信用、发行公司债券、融资租赁等方式筹集的资金都属于负债资金。一般来说,筹集负债资金时支付的借款利息、债券利息、租金等都可计入企业的当期费用在税前列支,从而可以减少应税所得额,起到节税的效果。这就是负债融资的杠杆效应。而筹集权益资金时所支付给股东的股息必须是税后利润,不能作为当期费用列支,因而较筹集负债资金多纳所得税。但应该注意,有时税收负担的减少(增加负债资金)并不一定等于所有者收益的增加。当负债的利息率高于息税前的投资收益率时,权益资本的收益会随着债务的增加而下降,此时如果再增加负债,将使企业的获利能力大大减少。因此,在筹资过程中开展税务筹划研究,还应该考虑资本结构(负债资本与权益资本的比例)的变动对企业预期收益和税负水平的影响,以及怎样的资本配置才能使企业在有效地抑制税负的同时,实现企业利益最大化目标。

第一节　银行借款的税务筹划

银行借款是企业筹资的重要渠道。企业向银行借款以取得信贷资金有两种筹资方式:一是短期借款;二是长期借款。

一、短期借款的税务筹划

从财务管理的角度分析,短期借款属于企业筹资中的短期负债筹资方式。进行短期借款的税务筹划,最主要的内容是进行短期负债各种筹资方式的资金成本比较,以选择成本最小的短期负债筹资方式。

(一)短期负债筹资的特点与方式

1.短期负债筹资的特点

采用短期负债筹资方式筹集的资金使用时间较短,一般不超过一年。短期负债筹资具有以下特点:

(1)筹资速度快,容易取得。长期负债的债权人为了保护自身利益,往往要对债务人进行全面的财务调查。因而筹资所需时间一般较长,且资金不易取得。短期负债在较短时间内即可归还,故债权人顾虑较少,债务人较容易取得资金。

（2）筹资富有弹性。举借长期负债，债权人或有关方面经常会向债务人提出很多限定性条件或管理规定；而短期负债的限制则相对宽松，筹资企业的资金使用较为灵活，富有弹性。

（3）筹资成本低。一般来说，短期负债的利率要低于长期负债。短期筹资的成本也就较低。

（4）筹资风险高。短期负债须在短期内偿还，因而要求筹资企业在短期内拿出足够的资金偿还债务。若企业届时资金安排不当，就会造成财务危机。此外，短期负债利率的波动比较大，有时高于长期负债的水平也是可能的。

2.短期负债的主要形式

短期负债的主要形式是短期借款和商业信用。

（1）短期借款。短期借款是指企业向银行或其他非银行金融机构借入的期限在一年以内的借款。我国目前的短期借款按照借款目的和用途不同，主要有生产周转借款、临时借款、结算借款等。按照国际通行做法，短期借款还可依偿还方式不同，分为一次性偿还和分期偿还借款；依利息支付方式不同，分为收款法借款、贴现法借款和加息法借款；依有无担保，分为抵押借款和信用借款；等等。企业在申请借款时，应根据各种借款的条件和需要加以选择。

（2）商业信用。商业信用是指在商品交易中由于延期付款或预收货款所形成的企业间的借贷关系。商业信用在短期负债中占相当大的比重。商业信用最大的优点是容易取得。首先，对于多数企业来说，商业信用是一种持续性的信贷形式，且无需办理筹资手续。其次，如果没有现金折扣或使用不带息票据，商业信用筹资不负担成本。其缺陷在于期限较短，在放弃现金折扣时所付出的成本较高。商业信用的具体形式有应付账款、应付票据、预收账款等。

（二）短期负债筹资的税务筹划

1.短期借款的税务筹划

税法规定短期借款的利息和安排借款发生的辅助费用摊销在企业所得税前直接扣除，因而实际的借款成本要低于利息费用支出。企业面对相同的利率，但由于适用的所得税税率的不同，其短期借款的成本是不同的，因此企业可以对此进行合理的筹划。

2.商业信用的税务筹划

对附有现金折扣的商业信用，如果能以低于放弃现金折扣的成本的利率借入资金，应在现金折扣期内借入现金，享受折扣；如果在折扣期内短期投资所得的投资收益率高于放弃现金折扣的成本，则应放弃折扣。税收在其中的影响是借入资金在折扣期内付款，其借款利息可以在企业所得税税前扣除，实际上降低了借入资金的成本。

应付票据是企业进行延期付款的商品交易时开具的反映债权债务关系的票据。应付票据分为商业承兑汇票和银行承兑汇票。可带息，也可不带息。应付票据的利率一般比银行借款利率低，带息票据的利息可以在企业所得税税前扣除，但如发生违约而交付的罚金不能在所得税税前扣除。

预收账款是卖方在交付货物之前向买方预先收取的部分或全部货款，相当于买方借入资金后用货物抵偿。从税收上讲，它实质上是延期纳税，又不付利息，纳税人应多多运用。企业还会有一些存在于非商品交易中，也成为自发性融资的应付费用，如应缴税金，也是一种短期筹资形式。企业在遵循税法的前提下，合理运用应付税金，能起到延期纳税的作用。

例 6-1：假定某企业每天赊购 8000 元的商品，赊购条件为（4/15，N/60），银行短期贷款利率为 8%/年。试比较采用现金折扣筹资与放弃现金折扣而利用银行借款对企业所得税的影响。该企业适用所得税税率为 25%。

方案 1：享受现金折扣，并向银行借款。

享受现金折扣可以获得折扣收益，就意味着提前付款，需要向银行借款，支付借款利息。

折扣收益：每天少付 320 元（8000×4%）的货币资金，全年节省支出 116800 元（320×365）。假设年内购货全部消耗，则此举增加利润 116800 元，所得税增加 29200 元（116800×25%），税后利润增加 87600 元（116800－29200）。

借款利息：由于借入银行短期资金 360000 元[8000×（60－15）]来提前付款，每年利息支出增加 28800 元（360000×8%），由于可以税前扣除，少缴所得税 7200 元（28800×25%），其承担的税后资金成本为 21600 元（28800－7200），即税后利润下降 21600 元。需要说明的是，360000 元的借款是需要循环使用的，不是 45 天后就可以归还的。

税后利润增加 87600 元和税后利润减少 21600 元相抵，税后利润净增加 66000 元。

方案 2：不享受现金折扣，利用商业信用，不需要向银行借款。

不享受现金折扣就意味着到期付款，采购成本增加 116800 元（8000×4%×365），假设购货全年耗尽，可以少缴的所得税为 29200 元（116800×25%），税后利润减少 87600 元（116800－29200）。

方案 1 为优。从此例来看，享受现金折扣尽管会带来所得税的增加，但税后利润也是增加的，对纳税人而言是有效的方案，这是因为用借款来提前付款享受现金折扣的代价小于享受现金折扣的好处。

例 6－2：某企业欲筹资 100 万元，期限 6 个月。

方案 1：利用商业票据，年利率为 6%，筹资费用为 2000 元；

方案 2：利用银行借款，年利率为 8%，假定没有筹资费用。

假定当年该企业息税前利润为 50 万元，试分析这两种筹资方式对企业所得税的影响。假定企业适用所得税率 25%。

税负分析：

方案 1：商业票据筹资

利息和筹资费用都可以在税前扣除，其有节税作用。

支付利息＝100×6%×6÷12＝3（万元）

发生筹资费用 2000 元

税前扣除 3.2 万元

税前利润＝50－3－0.2＝46.8（万元）

税后利润＝46.8×（1－25%）＝35.1（万元）

方案 2：向银行借款

只有利息可以在税前扣除。

支付利息＝100×8%×6÷12＝4（万元）

税前利润＝50－4＝46（万元）

税后利润＝46×（1－25%）＝34.5（万元）

可见，采用商业票据筹资比短期借款筹资更有利，税后利润增加 0.6 万元（35.1－34.5）。

二、长期借款的税务筹划

(一)长期借款的特点

长期借款是指企业根据借款协议或合同向银行或其他金融机构借入的款项,企业向银行等金融机构借入的、期限在一年以上的各种借款都归为长期借款,它以企业的生产经营及获利能力为依托,用于满足企业长期投资和永久性流动资产的需要。与债券筹资相比,长期借款的特点如下:

1. 筹资速度快

长期借款的手续比发行债券简单得多,得到借款所花费的时间较短。

2. 借款弹性较大

借款时企业与银行直接交涉,有关条件可谈判确定;用款期间发生变动,亦可与银行再协商。而债券筹资所面对的是社会广大投资者,协商改善筹资条件的可能性也较小。

3. 借款成本较高

受流动性影响,长期借款利率一般高于债券利率。因为持有债券的人可以随时变现,因此,往往要求的利率低一些。

4. 使用限制多

银行为确保贷款的安全性,对借款的使用附加了很多约束性条款,制约了企业的生产经营的作用。

(二)长期借款筹资的税务筹划

《中华人民共和国企业所得税法》规定:纳税人在生产经营期间,向金融机构借款的利息支出,按照实际发生数扣除;向非金融机构借款的利息支出,包括纳税人之间相互拆借的利息支出,按照不高于金融机构同类同期贷款利率计算的数额以内的部分,准予数扣除,超过部分不得在税前扣除。资本性利息支出,如为建造、购置固定资产(指竣工决算前)或开发、购置无形资产而发生的借款利息,企业开办期间的利息支出等,不得作为费用一次性从应税所得中扣除。

由于银行对企业长期借款的约束性条款较多,且对不同的还款方案有不同的费用条件,企业可就此进行筹划,选择有利于降低资金成本的还本付息方案。

(三)长期借款税务筹划案例

例6-3:某企业欲购置生产设备,但由于资金紧张,因此从银行借款2000万元,借款期限5年,年利率10%。在贷款时,银行方面提供了以下还本付息方案:

方案1:每年支付利息,到期一次性归还本金。

方案2:定额本金,即每年归还相同的本金,并结清余款利息。

方案3:定额本息,即每年偿还等额本息,就是财务意义上的年金。

(1)不考虑所得税的影响,分析三个方案的本息和(终值),四舍五入以后保留整数。

方案1:

$$200 \times FVIFA(5, 10\%) + 2000$$

$$= 200 \times 6.1051 + 2000$$

$$= 3221(万元)$$

方案2:每年归还本金400,即2000/5,具体见表6-1。

表 6-1　定额本金偿还方式的还本付息情况 单位:万元

时间	支付本金	支付利息	支付合计	借款余额
0				2000
1	400	200	600	1600
2	400	160	560	1200
3	400	120	520	800
4	400	80	480	400
5	400	40	440	0

本息和 $=600\times(1+10\%)^4+560\times(1+10\%)^3+520\times(1+10\%)^2+480\times(1+10\%)^1+440$
$=3221$(万元)

方案 3:

每年等额本息的偿还金额为 527.6 万元,其计算方法是:已知现值 2000 万元,根据年金现值的公式求年金:

$$\frac{2000}{PVIFA(5,10\%)}=\frac{2000}{3.7908}=527.6(万元)$$

再根据年金 527.6 计算终值:

$527.6\times FVIFA(5,10\%)=527.6\times6.1051=3221(万元)$

三个方案偿还的本息和没有本质的差异。

(2)分析税前可以扣除的利息。

可以在税前扣除的利息,是会计意义上而非财务意义上的利息,但由于支付利息的时间不同,税前扣除的时间也不同,需要计算时间价值才可比。可以计算终值比较,也可以计算现值比较,只要在同一个时间都是可比的。由于前述问题是计算终值的,那么在此也计算终值进行比较。

方案 1:根据每年支付的利息 200 万元计算终值:

$200\times6.1051=1221(万元)$

方案 2:根据每年支付的利息计算终值,每年支付利息的数据见表 6-1。

$200\times(1+10\%)^4+160\times(1+10\%)^3+120\times(1+10\%)^2+80\times(1+10\%)^1+40=779(万元)$

方案 3:在每年的偿还金额 527.6 万元中,包含借款余额的应付利息,如果还有剩余,则为偿还的本金,具体计算见表 6-2。

表 6-2　定额本息偿还方式的还本付息情况 单位:万元

年份	每年偿还金额	应付利息	偿还本金	本金余额
0				2000
1	527.6	200	327.6	1672.4
2	527.6	167.24	360.36	1312.04
3	527.6	131.20	396.4	915.64
4	527.6	91.56	436.06	479.60
5	527.6	47.96	479.60	0

根据上述每年的利息计算终值：

$200 \times (1+10\%)^4 + 167.24 \times (1+10\%)^3 + 131.20 \times (1+10\%)^2 + 91.56 \times (1+10\%)^1 + 47.96 = 823$（万元）

三个方案税前扣除利息的终值比较：

方案 1 最多，为 1221 万元，其次方案 3，为 823 万元，最少是方案 2，只有 779 万元。原因在于方案 1 每年支付利息，到期还本，归还速度最慢，利息最多，而利息多意味着交税少。对于筹资企业而言，是最好的归还方式，不仅在通货膨胀条件下可以获得购买力的好处，而且可以获得更多的利息扣除。

其次是方案 3，归还速度快于方案 1，但慢于方案 2，因此，对筹资企业而言，也是次优方案。

最差是方案 2，定额本金方式，归还速度最快，税前可以扣除的利息最少。

笔者认为，在通货膨胀的现实情况下，企业借款归还的速度越慢越好，不仅可以获得购买力的好处，税前扣除的利息也多一些。

如果企业借款利息需要资本化，则需要在资本化与费用化之间选择，请看下面的例题。

例 6 - 4：某公司根据 2019 年财务收支计划，当年资金缺口 2000 万元，拟通过一年期的银行借款来弥补资金缺口。企业当年除了正常的生产经营外，为了提高管理的信息化水平，拟请某软件公司为本公司开发应用软件，软件开发期预计为一年，当年末即可投入使用，须支付软件费用 1000 万元。假定公司当年及以后两年的息税前利润为 2000 万元，银行一年期的正常贷款利率为 10%；企业处于正常的纳税期，没有享受企业所得税减免优惠。那么，怎样对该企业 2000 万元银行借款进行筹划呢？

方案 1：该企业以流动资金名义借款。

当年扣除借款费用后的应纳税所得额为 1800 万元（2000－2000×10%），应缴纳所得税为 450 万元（1800×25%）。第 2 年和第 3 年没有利息，交税 500 万元（2000×25%）。

方案 2：以组合名义借款，即企业在借款合同中注明 1000 万元用于购置软件，另外 1000 万元用于流动资金，则可以购置软件的借款利息不能直接在税前扣除。记入无形资产成本的借款费用可以在以后两年分期摊销到费用中去，第二、三年每年可摊销的费用为 50 万元。

税负分析：

方案 1：三年期税后利润的净现值为：

净现值＝（息税前利润－利息－应缴所得税）×复利现值系数

第一年：(2000－200－450)×0.9091＝1227.285（万元）

第二年：(2000－500)×0.8264＝1239.6（万元）

第三年：(2000－500)×0.7513＝1126.95（万元）

三年净现值累计为 3593.835 万元。

方案 2：企业当年扣除借款费用（流动资金借款）后的应纳税所得额为 1900 万元（2000－1000×10%），应缴纳所得税为 475 万元（1900×25%）。由于 200 万元的利息支出（即现金流出）在第一年发生，因此，在计算现金流量的现值时，200 万元全部放在第一年，但其抵税作用发生在第二、三年，即第二、三年的应税所得为 1950 万元（2000－50）。

三年的净现值的计算为：

第一年：(2000－200－475)×0.9091＝1204.56（万元）

第二年：$(2000-1950\times25\%)\times0.8264=1249.93$（万元）

第三年：$(2000-1950\times25\%)\times0.7513=1136.34$（万元）

三年净现金累计为 3590.83 万元。

经比较可知，以流动资金的名义借款比以组合名义借款，三年净现值多 3.005 万元，因为其利息可以提早在税前扣除，获得资金的时间价值。

第二节　债券筹资的税务筹划

在市场经济体制下，发行债券是大公司融资的重要方式之一。债券是经济主体为筹集资金而发行的，用以记载和反映债权债务关系的有价证券，由企业发行的债券称为企业债券或公司债券。债券发行筹资对象广，市场大，企业比较容易找到降低融资成本、提高整体收益的方法。

一、债券筹资税务筹划的基本思路

税法规定，纳税人为经营活动需要承担的、与借入资金相关的利息费用，包括发行公司债券所支付的各期利息以及与债券相关的折价和溢价的摊销、安排借款时发生的辅助费用的摊销可在税前直接扣除。但扣除有一个限制，就是纳税人在生产经营期间，向非金融机构借款的利息支出，不得高于按照金融机构同类、同期贷款利率计算的数额以内的部分，否则不予扣除。可见发行公司债券筹集长期资金，其资金成本较发行股票低，其允许税前扣除的利息抵减利润后，可达到降低所得税税负的目的。

企业债券可以等价发行，也可以溢价或折价发行。在溢价发行或折价发行时，必须在发行期内进行摊销。溢价或折价摊销计入财务费用，冲减利息费用或增加利息费用。利息费用作为计算所得税应纳税所得额的扣除项目可以在所得额中扣除，纳税人利息费用的多少直接影响纳税人应纳税所得额的多少。摊销方法有直线摊销法和实际利率摊销法两种，虽然两种方法不影响利息费用的总和，但会影响各年的利息费用摊销额，从而影响各年的应纳税所得额。因此，企业在发行债券筹集资金时，可以在两种方法上进行筹划，以实现延期纳税。

二、债券溢价、折价摊销的税务筹划

（一）企业债券溢价摊销

1. 企业债券溢价摊销的直线法

企业债券溢价摊销的直线法，是指将债券的溢价按债券的存续年限平均分摊到各年以冲减利息费用的方法。

2. 企业债券溢价摊销的实际利率法

企业债券溢价发行的实际利率法，是以应付债券的现值乘以实际利率计算出来的利息与票面利息的比较，将其差额作为溢价摊销额。其特点是负债递减，利息也随着递减，溢价摊销额则相应地逐年增加。

（二）企业债券折价摊销

1. 企业债券折价摊销的直线法

企业债券折价摊销的直线法，是指将债券的折价按债券存续年限平均分摊到各年以冲减利息费用的方法。

2.企业债券折价摊销的实际利率法

企业债券折价摊销的实际利率法,是以应付债券的现值乘以实际利率计算出来的利息与票面利息的比较,将其差额作为折价摊销额。其特点是:摊销折价,使负债递增,利息也随着递增,折价摊销额则相应地逐年递减。

三、债券溢价、折价摊销的税务筹划案例

例6-5:华宝公司 2017 年 1 月 1 日发行债券 100000 元,期限为 5 年,票面利率为 10%,每年支付一次利息。公司按溢价 108030 元发行,市场利率为 8%。

(1)直线法摊销。

溢价 8030,每年摊销 8030/5＝1606 元。具体计算分析如表 6-3 所示。

表 6-3　公司债券溢价直线法摊销　　　　　　　　单位:元

付息日期	实付利息	利息费用	溢价摊销	未摊销溢价	账面价值
2017.1.1				8030	108030
2018.12.31	10000	8394	1606	6424	106424
2019.12.31	10000	8394	1606	4818	104818
2020.12.31	10000	8394	1606	3212	103212
2021.12.31	10000	8394	1606	1606	101606
2022.12.31	10000	8394	1606	0	100000
合　计	50000	41970	8030	—	—

注:实付利息＝债券面值×票面利率

　　利息费用＝实付利息－溢价摊销

　　未摊销溢价＝期初未摊销溢价－本期溢价摊销

　　账面价值＝期初账面价值－本期溢价摊销

(2)实际利率法摊销。其计算分析如表 6-4 所示。

表 6-4　公司债券溢价实际利率法摊销　　　　　　单位:元

付息日期	实付利息	利息费用	溢价摊销	未摊销溢价	账面价值
2017.1.1				8030	108030
2018.12.31	10000	8462.2	1357.6	6672.4	106672.4
2019.12.31	10000	8533.8	1466.2	5206.2	105206.2
2020.12.31	10000	8416.5	1583.5	3622.7	103622.7
2021.12.31	10000	8289.8	1710.2	1912.5	101912.5
2022.12.31	10000	8087.5	1912.5	0	100000
合　计	50000	41970	8030	—	—

注:实付利息＝债券面值×票面利率

　　利息费用＝账面价值×市场利率(即实际利率)

　　溢价摊销＝实付利息－利息费用

　　未摊销溢价＝期初未摊销溢价－本期溢价摊销

　　账面价值＝期初账面价值－本期溢价摊销

债券溢价摊销方法不同,不会影响利息费用总和,但要影响各年度的利息费用摊销额。如果采用实际利率法,前几年的溢价摊销额会少于直线法的摊销额,前几年的利息费用则大于直线法的利息费用,公司前期缴纳税收较少,后期缴纳税收较多。因此,由于资金的时间价值,大多数企业愿意采用实际利率法对债券的溢价进行摊销。

债券折价筹划的原理与溢价筹划原理正相反。债券折价发行,大多数企业愿意采用直线法对债券折价进行摊销。在此不再赘述。

第三节　权益筹资的税务筹划

企业的权益资金,是通过吸收直接投资、发行股票、内部留存收益等方式取得的。权益资金一般成本较高、风险相对较小。

一、吸收直接投资的税务筹划

(一)吸收直接投资的优缺点

吸收直接投资是指企业以协议合同等形式吸收国家、其他企业、个人和外商等直接投入资金,形成企业资本金的一种筹资方式。它不以股票为媒介,适用于非股份制企业,是非股份制企业筹集股权资本最主要的形式。吸收直接投资有吸收现金投资和非现金投资两种。

1.吸收直接投资的优点

吸收直接投资是我国大多数非股份制企业筹集资本金的主要方式,它具有以下优点:

(1)吸收直接投资所筹资本属于股权资本。因此与债务资本相比,它能提高企业对外负债的能力。吸收的直接投资越多,举债能力就越强。

(2)吸收直接投资不仅可以筹集现金,而且能够直接取得所需的先进设备和技术(在投资者以专利权、商标权、非专有技术、土地使用权等无形资产投资的情况下),从而能尽快地形成企业的生产能力。

(3)吸收直接投资方式与股票筹资相比,其履行的法律程序相对简单,从而筹资速度相对较快。

(4)从宏观看,吸收直接投资有利于资产组合与资产结构调整,从而为企业规模调整与产业结构调整提供了客观的物质基础,也为产权交易市场的形成与完善提供了条件。

2.吸收直接投资的缺点

吸收直接投资方式也存在一定的缺点,主要表现在:

(1)吸收直接投资成本较高。因为投资者有参与利润分红,如果企业有可观的利润,这笔分红将大大高于企业融资的成本。这也就是一些业绩好的企业倾向于举债的原因。

(2)由于不以证券为媒介,从而在产权关系不明确的情况下吸收投资,容易产生产权纠纷。同时,由于产权交易市场的交易能力较差,因此不利于吸引广大的投资者投资,也不利于股权的转让。

(二)吸收直接投资的税务筹划

企业通过吸收直接投资筹集的资金构成企业的权益资金,其支付的红利不能在税前扣除,这与发行普通股所支付的股利,在税收效应上是一致的,因此,其税务筹划的具体方法,请参见本节"发行股票筹资的税务筹划"。

二、发行股票筹资的税务筹划

股票是股份公司发行给股东的所有权凭证,股票可分为普通股和优先股。从税收上讲,股利在税后利润中支付,不像债券那样其利息作为费用在税前列支,因而不具有抵税作用。在我国税法中,个人股东分得的股利还要交纳个人所得税。另外,普通股的发行费用一般较高,但可以作为费用在税前列支。

例6-6:A公司所得税税率为25%。该公司为扩大生产规模,拟筹集资金5000万元。现有下述方案可供公司选择:

方案1:增发普通股5000万股,每股1元。

方案2:增发普通股3000万股,每股1元;发行债券2000万元,债券票面年利率为5%。

方案3:增发普通股2000万股,每股1元;发行债券3000万元,债券票面年利率为6%。

方案4:增发普通股1000万股,每股1元;发行债券4000万元,债券票面年利率为10%。

该公司扩大生产前每年息税前利润为500万元,年息税前投资收益率为10%,即每年增加息税前利润500万元(5000×10%),合计1000万元。为分析方便,假定上述债券利率均不高于同期银行贷款利率。

根据案例资料计算的该公司的有关经营数据如表6-5所示。

表6-5 四种筹资方案的税负比较

方案	息税前利润（万元）	利息费用（万元）	应纳税所得额（万元）	所得税（万元）	税后利润（万元）	每股收益（元）
1	1000	0	1000	250	750	0.15
2	1000	100	900	225	675	0.225
3	1000	180	820	205	615	0.3075
4	1000	400	600	150	450	0.45

通过表6-5不难看出,方案4每股普通股票的税后收益额为0.45元,比其他三个方案都要高。其原因就在于,债券利息可以在所得税前扣除,减少了企业应纳税所得额,从而少缴了企业所得税,导致每股股票的收益额提高。

因此,设计方案时,需要考虑的因素有股票和债券的发行数量、年息税前利润额以及债券利率等。实际操作中,还要考虑债券本息偿还等财务风险。

例6-7:某股份有限公司损益表数据如表6-6所示。

表6-6 某股份有限公司损益表 单位:元

息税前利润	10000000
利息	400000
税前利润	9600000
所得税(25%)	2400000
税后利润	7200000
普通股数	3000000股(每股1元)
每股收益	2.4

现在有一个项目可增加息税前利润 500 万元,需筹资 2000 万元,企业面临三种筹资方案:

方案 1:向银行举借长期借款 2000 万元,年利率 10%。

方案 2:按面值发行公司债券 2000 万元,年利率 10%;发行费用 50 万元,分 5 年平均摊销。

方案 3:溢价发行普通股筹资净额 2000 万元,预计发行总股数为 50 万股。发行费用 100 万元已在溢价中抵减。

根据资料计算的三种筹资方案如表 6-7 所示。

表 6-7　三种筹资方案的税收效果比较　　　　　　单位:元

项目	方案 1	方案 2	方案 3
息税前利润	15000000	15000000	15000000
利息、费用摊销	2400000	2500000	400000
税前利润	12600000	12500000	14600000
所得税(25%)	3150000	3125000	3650000
税后利润	9450000	9375000	10950000
普通股权	3000000	3000000	3500000
每股收益	3.15	3.125	3.129

从以上分析可知,长期借款筹资优于发行公司债券和股票,比发行公司债券每股收益增加 0.025 元,比发行股票每股收益增加 0.021 元;而发行股票又优于公司债券,普通股筹资每股收益比债券筹资增加 0.004 元。如果其他条件不变,发行普通股股数变化,情况就可能发生变化。

三、留存收益的税务筹划

留存收益是企业实现的盈利未向股东派发而留于企业使用的部分,包括未分配利润和提取的盈余公积,留存收益属于企业的内源融资。留存收益的多少,取决于企业的利润分配政策。而利润分配的税务筹划将在第七章详细阐述,在此不再赘述。

第四节　资本结构的税务筹划

资本结构是企业筹资决策的核心。在筹资的税务筹划过程中,寻找最佳资本结构,是筹资税务筹划的主要任务。

一、资本结构的内涵

资本结构是指企业各种资本的构成及其比例关系,它有广义与狭义之分。广义的资本结构是指企业的全部资金的来源构成,不但包括长期资本,还包括短期负债,又称为财务结构。狭义的资本结构是指长期资本(长期债务资本与股权资本)的构成及其比例关系,而将短期债务列入营运资本。资本结构的税务筹划指长期资本结构的税务筹划。

二、资本结构税务筹划的基本思路

现代企业的资金来源除资本金（或权益资本）外，主要就是负债。从资本成本及筹资风险的分析看，发行股票属于增加权益资本。其优点是风险小、稳定、无固定利息负担；不利之处是成本为股利，必须从税后利润中支付，并且股东获得股利后还需要征收个人所得税或企业所得税。负债筹资具有节税、降低资本成本、使净资产收益率不断提高等杠杆作用和功能，因此，对外负债是企业采用的主要筹资方式。但负债也有缺点，这就是到期必须还本付息。当企业资不抵债时，可能要破产清算，因而风险大。这样，企业就面临着资本结构的选择，是侧重发行股票筹集自有资本（权益资本），还是通过举债的方式借入资本（债务资本）？

一般而言，在支付利息和所得税前的收益不低于负债成本总额的前提下，负债比例越高，额度越大，节税效果就越明显。另外，在负债比例未超过一定的界限时，权益资本收益率及普通股每股收益额随负债比率的上升而增大，充分体现出负债的税收庇护作用。这里的税务筹划技巧是，通过在投资总额中压缩注册资本比例，增加贷款所支付的利息，不仅可以节省所得税支出，而且能够享受财务杠杆利益，即提高权益资本的收益水平或普通股每股收益。

三、资本结构税务筹划案例

例6-8：开元公司欲投资100万元用于一项新产品的生产，制定了A、B、C三个筹资方案。假定三个方案的负债利率都是10%，企业所得税税率都为25%。三个方案的负债与权益资本比例以及各自的权益资本收益率如表6-8所示。

表6-8　不同资本结构下的投资利润比较

债务资本：权益资本	A(0∶100)	B(20∶80)	C(60∶40)
息税前利润（万元）	30	30	30
利率（%）	10	10	10
税前利润（万元）	30	28	24
纳税额（万元）	7.5	7	6
税后利润（万元）	22.5	21	18
税前投资收益率（权益资本）	30%	35%	60%
税后投资收益率（权益资本）	22.5%	26.25%	45%

从表6-8可见，随着负债比例的提高，企业纳税额呈递减趋势，从7.5万元减为7万元，再减至6万元，从而显示债务筹资具有避税功能；同时，我们还可以发现：当投资利润大于负债利润时，债务资本在投资中所占的比例越高，对企业权益资本越有利。以B方案为例，全部资金的息税前投资收益率为35%，即100万元投资的息税前投资收益率为30%；债权人提供的资本为总资本的20%，债权人按其债权资本分到了10%（利率）的利润，而债务人从债务资本中所创造的利润剩下的部分归属权益资本，提高了权益资本的投资收益率。这就是企业负债融资得到的好处，即除了必要的筹资以外，还得到一笔额外的利润收入。由此可见，当投资收

益率大于负债利润率时,债务资本在投资中所占比例越高,对企业权益资本收益就越有利,也越有利于减轻税负。

值得注意的是,在对负债融资的财务杠杆作用进行考察时,我们还需要考虑其他约束条件,尤其是风险因素及风险成本的追加等。如果因为财务风险成本的增加,使负债的成本水平超过了息税前投资收益率,从而使负债融资呈负杠杆效应,那么税务筹划就丧失了整体性和前提。

例 6-9: 某股份公司的资本结构备选方案如表6-9所示,如何确定其负债总规模。

表 6-9 各方案的资本结构

项目	方案 A	方案 B	方案 C	方案 D	方案 E
债务:权益	0:1	1:1	2:1	3:1	4:1
负债成本率	—	6%	7%	9%	10.5%
投资收益率	10%	10%	10%	10%	10%
负债额(万元)	0	3000	4000	4500	4800
权益资本额(万元)	6000	3000	2000	1500	1200
普通股股数(万股)	60	30	20	15	12
年息税前利润额(万元)	600	600	600	600	600
减:负债利息成本(万元)	—	180	280	405	504
年息后税前净利(万元)	600	420	320	195	96
所得税率	25%	25%	25%	25%	25%
应纳所得税额(万元)	150	105	80	48.75	24
年息税后利润(万元)	450	315	240	146.25	72
权益资本收益率	7.5%	10.5%	12%	9.75%	6%
普通股每股收益额(元)	7.5	10.5	12	9.75	6

从以上五种选择方案可以看出,方案 B、C、D 利用了负债融资的方式,由于负债利息可以在税前扣除,因此,降低了所得税的税收负担,这三个方案的权益资本收益率和普通股每股收益额均高于完全靠权益资金融资的方案 A,充分体现出负债的杠杆效应。

分析表明,随着企业负债比例的不断提高,企业融资的成本也在不断提高,反映在表格中是负债成本率不断提高,这是符合现实的。正是由于负债成本率的不断提高,增加的债务融资成本逐渐超过因其抵税作用带来的收益,这时,通过增加负债比例进行税务筹划的空间就走到尽头了。上述五种方案所带来的权益资本收益率和普通股每股收益额的变化充分说明了这一规律。从方案 A 到方案 C,随着企业负债比例的不断提高,权益资本收益率和普通股每股收益额也在不断提高,说明税收效应处于明显的优势。但从方案 C 到方案 D 则出现了权益资本收益率和普通股每股收益额逐渐下降的趋势,这时起主导作用的因素已经开始向负债成本转移,债务成本抵税作用带来的收益增加效应已经受到削弱与抵消,但与完全采用股权性融资的方案相比,仍是有利可图的。但到方案 E 时,债务融资税收挡板作用带来的收益就完全被负债成本的增加所抵消,而且负债成本已经超过节税的效应了,因此,方案 E 的权益资本收益率和普通股每股收益额已经低于完全不进行融资时(即方案 A)的收益了。此时,融资所带来的就不是收益而是成本了。

在筹资的税务筹划过程中,纳税成本的降低与控制企业的财务风险和经营风险必须紧密地结合在一起,寻求企业的最优负债量,最大限度降低纳税成本,同时,也确立了使股东财富最大化的企业资本结构。

第五节 集团内资金筹集的税务筹划

目前在集团公司内部成员企业之间的资金融通或资金筹集,从税务筹划的角度而言,主要涉及关联方利息支出的税前扣除和集团内统借统还两个方面的税务筹划问题,下面分别阐述。

一、关联方利息支出税前扣除的税务筹划

(一)关联方利息支出税前扣除标准

1.利率标准

根据《中华人民共和国企业所得税法》和《中华人民共和国企业所得税法实施条例》,企业在生产经营活动中发生的下列利息支出,准予扣除:非金融企业向金融企业借款的利息支出、金融企业的各项存款利息支出和同业拆借利息支出、企业经批准发行债券的利息支出;非金融企业向非金融企业借款的利息支出,不超过按照金融企业同期同类贷款利率计算的数额的部分。

"金融企业的同期同类贷款利率",是指在签订借款合同当时,本省任何一家金融企业提供同期同类贷款利率情况。该金融企业应为经政府有关部门批准成立的可以从事贷款业务的企业,包括银行、财务公司和信托公司等金融机构。"同期同类贷款利率"指在贷款期限、贷款金额、贷款担保以及企业信誉等条件基本相同下,金融企业提供贷款的利率,既可以是金融企业公布的同期同类平均利率,也可以是金融企业对某些企业提供的实际贷款利率。

利息支出包括直接或间接关联债权投资实际支付的利息、担保费、抵押费和其他具有利息性质的费用。不能人为分解利息,即借款利率被人为分解为较低利率,其他部分以手续费、咨询费和服务费等名义收取。

2.关联方债权筹资比例限制标准

《中华人民共和国企业所得税法》第四十六条规定,企业从其关联方接受的债权性投资与权益性投资的比例超过规定标准而发生的利息支出,不得在计算应纳税所得额时扣除。《财政部 国家税务总局关于企业关联方利息支出税前扣除标准有关税收政策问题的通知》(财税〔2008〕121 号)进一步规范了关联企业之间的利息支出扣除标准。企业接受关联方债权性投资利息支出税前扣除标准为:在计算应纳税所得额时,企业实际支付给关联方的利息支出,不超过以下规定比例和税法及其实施条例有关规定计算的部分,准予扣除,超过的部分不得在发生当期和以后年度扣除。其接受关联方债权性投资与其权益性投资比例(简称债资比)为:金融企业为 5∶1,其他企业为 2∶1。

在《特别纳税调整实施办法(试行)》中,对资本弱化调整,即关联方债权筹资超过规定比例时需要调整,给出了具体的计算公式:

不得扣除的利息＝年度实际支付的全部关联方利息×（1－标准比例/关联债资比例）

关联债资比例＝年度各月平均关联债权投资之和/年度各月平均权益投资之和

各月平均关联债权投资＝（关联债权投资月初账面余额＋月末账面余额）/2

各月平均权益投资＝（权益投资月初账面余额＋月末账面余额）/2

税前可以扣除的利息支出是实际已经支付并取得有效凭证的利息，预先提取尚未支付的不得扣除。

（二）税务筹划设计

集团内债务筹资的利率和债资比例都被税收制度进行了限制，因此，集团内关联交易的利息支出需要事前筹划，否则，很可能遭遇税务调整。而且对于超标准的利息部分，在利息支出一方不得税前扣除，但在利息收入一方全额纳税。

如果一个企业向关联方借款，借款利率超过金融企业同期同类贷款利率，同时也超过债资比标准，那么需要分步进行纳税调整。我们先通过例题分析纳税调整的步骤，再剖析税务筹划的要点。

例 6－10：假如 A 公司的关联方借款全年平均 2000 万元，关联方股东权益全年平均为 500 万元，利率 8％，同期同类银行借款利率 5％。假定借款全部用于流动资金，利息无需资本化。

1. 纳税调整方法

直观地说，企业关联借款 2000 万元，根据规定的债资比上限为 2∶1，由于企业权益资金 500 万元，税前扣除的债务上限 1000 万元，同期同类金融机构利率 5％，税前扣除上限 1000×5％＝50 万元，企业支付给关联企业利息 2000×8％＝160 万元，有 110 万元需要纳税调整。

2. 税务筹划要点

（1）关联企业之间的债务筹资，利率约定最好不要超过同期同类金融机构的利率。如果不超标准，一方的收入是另一方的支出，对于关联交易双方而言，如果税率相同，不存在纳税影响（收支抵消了）。否则，像例 6－10，在计算所得税时，支付方税前只能扣除 5％，而收入方则需要按 8％计算收入，在关联交易中因利率超标产生了 60 万元（2000×3％）的纳税影响。

如果关联交易之间希望用较高的利率支付利息，企业在向税务机关报送"金融企业的同期同类贷款利率情况说明"时，应尽量以财务公司、信托公司等金融企业的利率作为同期同类贷款利率来源，这样则可以提高利息支出税前扣除的限额。因为财务公司、信托公司的利率一般要高于银行的利率。

（2）按税法要求提供相关材料，争取债资比超标不需要调整纳税。根据《财政部 国家税务总局关于企业关联方利息支出税前扣除标准有关税收政策问题的通知》（财税〔2008〕121号），企业如果能够按照税法及其实施条例的有关规定提供相关资料，并证明相关交易活动符合独立交易原则的，或者该企业的实际税负不高于境内关联方的，其实际支付给境内关联方的利息支出，在计算应纳税所得额时准予扣除。

《特别纳税调整实施办法（试行）》第八十九条规定，企业关联债资比例超过标准比例的利息支出，如要在计算应纳税所得额时扣除，除遵照该办法第三章规定的"同期资料管理"外，还应准备、保存并按税务机关要求提供以下同期资料，证明关联债权投资金额、利率、期限、融资条件以及债资比例等均符合独立交易原则：

①企业偿债能力和举债能力分析；

②企业集团举债能力及融资结构情况分析；

③企业注册资本等权益投资的变动情况说明；

④关联债权投资的性质、目的及取得时的市场状况；

⑤关联债权投资的货币种类、金额、利率、期限及融资条件；

⑥企业提供的抵押品情况及条件；

⑦担保人状况及担保条件；

⑧同类同期贷款的利率情况及融资条件；

⑨可转换公司债券的转换条件；

⑩其他能够证明符合独立交易原则的资料。

如果企业未按规定准备、保存和提供同期资料证明关联债权投资金额、利率、期限、融资条件以及债资比例等符合独立交易原则的，其超过标准比例的关联方利息支出，不得在计算应纳税所得额时扣除。

需要说明的是，利率超过同期同类金融机构的比例是必须调整的，不属于关联交易的债资比超标范畴，也就是说，符合独立交易原则的仅仅只是对债资比超过标准的优惠处理。

在例6-10中，如果企业能够提供证明相关交易活动符合独立交易原则的，或者该企业的实际税负不高于境内关联方的，则债资比超标的部分不需要纳税调整，只需要调整利率超标部分。

二、集团内统借统还的税务筹划

(一)税制规定

1.增值税

根据营改增试点方案36号文附件3的定义，"统借统还"是指以下两种情况：

(1)企业集团或者企业集团中的核心企业向金融机构借款或对外发行债券取得资金后，将所借资金分拨给下属单位(包括独立核算单位和非独立核算单位，下同)，并向下属单位收取用于归还金融机构或债券购买方本息的业务。

(2)企业集团向金融机构借款或对外发行债券取得资金后，由集团所属财务公司与企业集团或者集团内下属单位签订统借统还贷款合同并分拨资金，并向企业集团或者集团内下属单位收取本息，再转付企业集团，由企业集团统一归还金融机构或债券购买方的业务。

增值税制度规定，在统借统还业务中，企业集团或企业集团中的核心企业以及集团所属财务公司按不高于支付给金融机构的借款利率水平或者支付的债券票面利率水平，向企业集团或者集团内下属单位收取的利息，免增值税。统借方向资金使用单位收取的利息，高于支付给金融机构借款利率水平或者支付的债券票面利率水平的，应全额缴纳增值税。

2.所得税

关于统借统还的所得税税前扣除，税法没有明确规定。实务中有人认为统借统还没有改变银行贷款的性质，因此不应该比照关联方交易，进行资本弱化调整，应该按银行贷款对待。

这里可以援用一个税法规定，就是《房地产开发经营业务企业所得税处理办法》(国税发〔2009〕31号)第二十一条："企业集团或其成员企业统一向金融机构借款分摊集团内部其他成员企业使用的，借入方凡能出具从金融机构取得借款的证明文件，可以在使用借款的企业间合理地分摊利息费用，使用借款的企业分摊的合理利息准予在税前扣除。"由于这个31号文的发文日期晚于前述的财税〔2008〕121号文，且未提关联债资比例的限制，可以理解为税务总局默认"统借统还"借款不属于关联企业之间的借款。

（二）税务筹划设计

1.集团组织设置的税务筹划

在统借统还的税制规定中，必须是集团公司或集团公司的核心企业，统一向银行借款或发行债券以后，再向其下属企业分拨资金，才有可能获得增值税的免税优惠。因此，是否设立集团公司是统借统还增值税免税的前提条件，其他组织形式无法获得这一优惠。从税务筹划的角度而言，能够有条件设立集团公司的应该尽可能建立集团公司架构。

2.集团公司内部利率选择的税务筹划

在集团公司内部统借统还的运作中，向下属企业收取的利率一定不要超过向金融机构借款利率或债券发行的票面利率，这是增值税免税的第二个必要条件，否则，需要全额征收增值税。

3.集团公司"资金池"模式的税务筹划

一般集团公司均会建立"资金池"进行资金管理，以提高集团资金使用效率，降低融资成本。资金池的运行模式主要分为两种：一是通过集团内部的结算中心运作，二是通过集团的财务公司运营。为了进行税务筹划的选择，需要先比较分析二者之间的税收制度。

（1）结算中心运作模式的相关税制。集团母公司设立的结算中心一般隶属于财务部门，不具有法人资格，也不具备经营金融业务的许可。结算中心主要借助网上银行对资金池进行管理。根据集团与银行之间就"资金池"业务签订的协议，集团及纳入"资金池"管理的下属企业必须在指定银行开户，采取收支两条线的方式。集团结算中心对于上存资金的子公司，一般按照银行同期活期存款利率支付息，对使用资金的子公司，一般按照银行同期贷款利率收取利息。

增值税方面，首先是集团公司获得了使用资金的下属企业的利息收入，需要缴纳增值税。其次，上存企业也获得了资金的利息收入，同样需要缴纳增值税。而根据增值税的制度规定，利息支出方不得作为进项税额扣除。

所得税方面，获得利息收入的集团公司或上存企业，需要将收入计入企业应税所得计算企业所得税，至于支付利息的一方是否可以全额扣除？取决于前述的两个条件，一是利率是否超过同期同类金融机构利率，二是债资比是否超标。但如果企业集团的财务部门能够提供证明相关交易活动符合独立交易原则和支付利息企业的实际税负不高于境内关联方的资料，并与主管税务机关进行充分的沟通，尽量确保企业支付的利息能够全额得到税前扣除。

（2）财务公司运作模式的相关税制。财务公司是集团的子公司，具有独立的法人地位，属于非银行金融机构，财务公司提供的服务也类似于商业银行。集团成员企业将资金存入财务公司，可以获得利息收入，同样成员企业从财务公司获得贷款也需要支付利息。

增值税方面，存入财务公司获得的利息收入，视同银行存款，目前存款利息免征增值税。但成员企业支付给财务公司的利息支出也不能够获得进项税额的扣除。

所得税方面，财务公司是金融机构，成员企业之间的贷款利率不需要符合超过同期同类金融机构利率的限制。但成员企业是关联企业，依然需要遵循税法的一般原则，即关联交易的"独立交易原则"，也即市场原则。因此，不合理的利率水平很可能遭遇税务调整。

至于财务公司的贷款是否需要纳入债资比标准进行"特别纳税调整"？因为财务公司与企业集团成员企业之间构成关联关系，因此，是需要根据债资比标准进行纳税调整的，如前所述，除非能够证明相关交易活动符合独立交易原则和支付利息企业的实际税负不高于境内关联方的,成员企业支付的利息才能够全额得到税前扣除。

对比两种资金池运作模式的税制,财务公司模式具有两个优势:一是成员企业之间存款利息收入,免征增值税;二是成员企业之间的贷款利息支出,理论上等同于金融机构的贷款,不需要根据同期同类金融机构的利率调整,只有特别不合理时,才可能遭遇税务机关根据"独立交易原则"进行调整。因此,财务公司模式明显优于结算中心模式,但由于财务公司注册资本高,牌照获取不易,很多集团公司无法获得资格。

思考与练习

1. 假定某企业每天赊购 2 亿元的商品,赊购条件为(2/10,N/30),银行短期贷款利率为年利率 8%,企业适用所得税税率为 25%。税务筹划方案:企业应该享受现金折扣,并向银行借款? 还是放弃折扣,利用商业信用?

2. 企业借款 500 万元,利率 10%,所得税税率 25%。在以下归还方式中,请进行税务筹划,回答何者为优?

方案1:每年支付利息,到期一次性归还本金。

方案2:定额本金,即每年归还相同的本金,并结清余款利息。

方案3:定额本息,即每年偿还等额本息,就是财务意义上的年金。

3. 债券溢价摊销与折价摊销的税务筹划方法是什么?

4. A 企业欲投资 1000 万元用于一项新产品的生产,制定了 A、B、C 三个筹资方案。假定三个方案的负债利率都是 10%,企业所得税税率都为 25%。项目息税前利润都是 100 万元。

方案1:债务权益比 30:70

方案2:债权权益比 40:60

方案3:债务权益比 50:50

请计算税后净利润进行税务筹划,比较三个方案,回答何者为优。

5. 假如 A 公司的关联方借款全年平均 4000 万元,关联方股东权益全年平均为 1000 万元,利率 8%,同期同类银行借款利率 5%。根据企业所得税规定,该企业需要调整纳税的总金额是多少?

6. 企业统借统还的增值税税务筹划的要点是什么?

第七章　股利分配的税务筹划

股利分配的税务筹划是指在遵循税法的前提下,合理选择股利分配的程度(即股利支付率)和形式,减轻股东的税负。众所周知,在企业盈利分配的情况下,股东可以获得股利,在企业盈利不分配的情况下,留存收益可以转化为资本利得,而各国对股利与资本利得的税收政策往往存在差异,这就为股利分配的税务筹划提供了空间。本章将介绍股利政策、股利与资本利得的税收政策、股利分配的税务筹划方法。

第一节　股利政策

税务筹划是公司理财的一个组成部分,而股利分配是公司理财中一个十分复杂的问题,需要考虑的因素很多,税收因素只是其中的一个因素,因此,在进行税务筹划时,有必要了解股利分配的基本理论、影响因素以及常见的股利政策。

一、股利及其类型

股利是公司将盈余(包括目前或累计留存收益)按股东的持股比例分配给股东的收益。需要特别强调的是,如果分配的是来自盈余之外的资源,则不是股利,比如用资本公积转增股本,就不属于股利。股利支付的类型通常有现金股利、股票股利和财产股利,目前股票回购作为一种替代现金股利的形式也越来越受到重视。下面分别介绍现金股利、股票股利、财产股利和股票回购。

(一)现金股利

现金股利是指企业将当期盈余或累计留存收益中的一部分以现金的形式向股东发放,是一种最常见的股利支付形式。

股份有限公司向股东支付股利,其主要的过程包括股利宣告日、股权登记日、除息日、支付日,下面以一个真实的案例予以说明。

例7-1: 珠海格力电器股份有限公司(格力电器,000651)2016年年度权益分派方案已获2017年5月18日召开的2016年年度股东大会审议通过,现将权益分派事宜公告如下:

本公司2016年年度权益分派方案为:以公司现有总股本6015730878股为基数,向全体股东每10股派18.00元人民币现金(含税);扣税后,QFII、RQFII以及持有股改限售股、首发限售股的个人和证券投资基金每10股派16.20元;持有非股改、非首发限售股及无限售流通股的个人股息红利税实行差别化税率征收,先按每10股派18.00元,权益登记日后根据投资者减持股票情况,再按实际持股期限补缴税款;持有非股改、非首发限售股及无限售流通股的证券投资基金所涉红利税,对香港投资者持有基金份额部分按10%征收,对内地投资者持有基金份额部分实行差别化税率征收;对于QFII、RQFII外的其他非居民企业,本公司未代扣代缴所得税,由纳税人在所得发生地缴纳。

本次权益分派股权登记日为 2017 年 7 月 4 日。

除权除息日为 2017 年 7 月 5 日。

需要说明以下几个概念:

(1)股权登记日。即有权领取股利的股东资格登记截止日期。只有在股权登记日在公司股东名册上登记的股东,才有权分享该次分配的股利。

(2)除息日。即在这一天股票将不再含有股利,也就是说在除息日之前的股票交易都是含息的,在除息日以及以后的股票交易是不含息的。除息日通常在股权登记日后的一个交易日。

(3)股利支付日。即支付股利给登记在册股东的日期。

(4)差别化税率,是根据先进先出的原则,以投资者证券账户为单位计算持股期限,持股 1 个月(含 1 个月)以内,每 10 股补缴税款 3.60 元;持股 1 个月以上至 1 年(含 1 年)的,每 10 股补缴税款 1.80 元;持股超过 1 年的,不需补缴税款。上述税款是根据例 7-1 中的资料计算的。

(二)股票股利

股票股利是以股票形式发放的股利,即股票股利对于企业来说,没有现金流出企业,只不过是将资本从留存收益账户转移到其他股东权益账户,没有改变每位股东的权益比例,同时因增加流通在外的股票数量,会降低股票的每股价值。现举例说明如下:

例 7-2:某公司发放股票股利前,股东权益情况见表 7-1。

表 7-1　发放股票股利前的股东权益情况表　　　　　　　　　　单位:元

普通股(面额 1 元,已发行 200000)	200000
资本公积	400000
未分配利润	1200000
股东权益合计	1800000

假设公司宣布发放 10% 的股票股利,即发放 20000 股普通股。

由于股票的面值不变,发放 20000 股,普通股只应增加 20000 元,未分配利润减少 20000 元,而公司的股东权益总额保持不变。发放股票股利后,公司股东权益各项目见表 7-2。

表 7-2　发放股票股利后的股东权益情况表　　　　　　　　　　单位:元

普通股(面额 1 元,已发行 220000)	220000
资本公积	400000
未分配利润	1180000
股东权益合计	1800000

可见该公司股东权益总额不变,由于股票股利并没有带来股东权益的变化,因此,随着股票数量的增加,必然使股票的市场价格下降。假定上述股票股利发放前的市场价格是 20 元,发放后的市场价格为:

$$股票股利发放后市场价格 = \frac{股票股利发放前市场价格}{1+送股比率} = \frac{20}{1+10\%} = 18.18(元)$$

相反,在资本市场里,把股票股利发放后的市场价格恢复到股票股利发放前的市场价格称之为复权,如本例的复权价为 $18.18 \times (1+10\%) = 20(元)$。

(三)财产股利

财产股利是以现金之外的其他财产发放的股利,如存货、固定资产、无形资产、股权投资等非货币性资产。财产股利是一种不常用的股利分配形式,而且我国的上市公司不允许发放财产股利。但是,对于非上市公司而言,由于股权比较集中,如果被投资企业需要出售的财产正好是投资企业所需要的,财产股利也是一种可以选择的股利形式。

(四)股票回购

股票回购是指公司出资购回其自身发行的流通在外的股票。被购回的股票要么被注销,我国的规定通常是这种情况;要么成为库藏股票,如果需要可以重新出售。股票回购实际上是公司利用多余的现金去回购自己的股票而代替发放现金股利,而且在许多西方国家,股票回购是一种较好的避税工具。近年来,股票回购已成为公司向股东分配利润的一种重要形式。

二、股利政策的影响因素

(一)法律因素

为了保护公司债权人和股东的利益,《中华人民共和国公司法》《中华人民共和国证券法》等有关法规对公司股利的分配进行了一定的限制,主要包括:

1. 资本保全

规定公司不能用资本(股本和资本公积)发放股利。实施这一限制的目的是为了保证公司有完整的产权基础,充分维护债权人的利益。

2. 公司积累

规定公司必须按净利润的一定比例提取法定盈余公积,即公司的股利只能从当期的利润和过去的留存收益中支付。如我国规定公司的年度税后利润必须提取 10% 的法定盈余公积金和一定比例的任意盈余公积金,只有当公积金的累计提取数达到注册资本的 50% 时才可以不再计提。

3. 净收益

规定公司年度累计利润必须为正数时,才可以发放股利,以前年度的亏损必须足额弥补。

4. 偿债能力

规定公司如果要发放股利就必须有充分的偿债能力,若无力偿付债务或因支付股利将失去偿债能力,公司就不能支付股利,以保障债权人的利益。

(二)契约性限制

当公司以长期借款协议、债券协议、优先股协议以及租赁合约等形式向公司外部筹资时,常常应对方的要求,接受一些关于股利支付的限制性条款。这种限制性条款包括:未来股利支付只能用协议签订以后新的收益支付;营运资本低于一定的标准时不能支付股利;利息保障倍数低于一定标准时不能支付股利。其目的是公司的利润按照一定条款的要求进行再投资,同时要保障借款如期归还,保障债权人的利益。

(三)公司因素

1.变现能力

公司保有一定的现金和其他流动资产,是维持正常生产经营的重要条件。较多的现金股利会影响公司的现金持有量,降低公司资产的流动性。如果一个公司的资产有较强的变现能力,现金的来源较充裕,其支付现金股利的能力就较强。而高速成长中的、盈利性较好的企业,如果其大量的资金投在固定资产和永久性营运资金上,他们通常不愿意支付较多的现金股利而影响公司的长期发展。

2.举债能力

举债能力较强的公司往往可以采用较宽松的股利政策,举债能力较弱的公司,为了滞留大量的利润,不得不采用较低的股利政策。大量的现金股利必然影响到公司的偿债能力。公司在确定股利分配数量时,一定要考虑现金股利分配对公司偿债能力的影响,保证在现金股利分配后,公司仍能保持较强的偿债能力,以维护公司的信誉和借贷能力。

3.投资机会

公司股利政策在较大程度上要受到投资机会的制约。一般来说若公司的投资机会多,对资金的需求量大,往往会采取低股利、高留存利润的政策;反之,若投资机会少,资金需求量小,就可能采取高股利政策。

4.资本成本

公司在确定股利政策时,应全面考虑各筹资渠道资金来源的数量大小和成本高低,使股利政策与公司合理的资本结构、资本成本相适应。

5.营利能力

公司的股利政策在很大程度上会受其营利能力的限制。一般而言,营利能力比较强的公司,通常采取较宽松的股利政策,而营利能力较弱或不够稳定的公司,通常采取较低的股利政策。

(四)股东因素

股东在稳定收入、股权稀释、税负等方面的要求也会对公司的股利政策产生影响。

1.稳定收入

公司股东的收益包括两部分,即股利收入和资本利得。对于长期投资于股票、依靠股利生活的股东来说,往往要求较稳定的股利收入,因为公司留存利润带来的新的收益或将来股票交易产生的资本利得有很大的不确定性。如果公司留存较多的收益,将遭到这部分股东的反对。

2.股权稀释

如果公司通过增募股本的方式筹集资金,现有股东的控制权将会被稀释,为了防止自己的控制权被稀释,宁可公司不分配股利而反对募集新股。另外,随着新股的发行,流通在外的普通股的股数必将增加,如果公司的成长性不太好,最终将导致普通股的每股收益和每股市价的下跌,从而对现有的股东产生不利的影响。

3.税负

税负主要是指股利所得税税率与资本利得所得税税率之间的差异,在综合所得税制下,股东的收入水平不同,适用的边际税率不同。高收入者往往希望低股利支付政策,而低收入者往往希望高股利支付政策。

三、股利政策的类型

管理当局在制定股利政策时，通常是在综合考虑各种因素的基础上，对各种不同的股利政策进行比较，选择符合本公司特点与需要的股利政策，最终由股东大会投票表决。

(一)剩余股利政策

剩余股利政策是指公司的盈利应该先满足公司投资机会所需资金，如果还有剩余，则发放股利，如果没有剩余就不发放股利。剩余股利政策将使股利的发放额每年随投资机会和盈利水平的波动而波动，比较适合于新成立的或处于高速成长的企业。

采用剩余股利政策时，应采取以下四个步骤：①设定目标资本结构，即确定权益资本与债务资本的比率，在此资本结构下，加权平均资本成本将达到最低水平；②确定目标资本结构下投资所需要的股东权益数额；③最大限度地使用保留盈余来满足投资方案所需的权益资本数额；④投资方案所需权益资本已经满足后若有剩余，将其作为股利发放给股东。

例 7-3：某公司当年盈利 500 万元，公司的目标资本结构是权益资本占 60％，债务资本占 40％。预计明年需要增加资本投资为 600 万元，公司采用剩余股利政策。

资本支出需要的股东权益资金＝600×60％＝360(万元)

股利发放额＝500－360＝140(万元)

股利支付率＝140/500＝28％

采用剩余股利政策，意味着公司只将剩余的盈余用于发放股利，这样做的根本理由是为了保持理想的资本结构，使加权平均资本成本最低。如上例公司不按剩余股利政策发放股利，将盈余 500 万元全部用于投资或者将其全部作为股利发放给股东，然后再去筹资，这两种做法都会破坏目标资本结构，导致加权平均资本成本的提高，不利于提高公司的价值。

(二)稳定性股利政策

稳定性股利政策是指公司每期支付某一固定金额的股利，即便盈利下降，公司也不减少股利。这种股利政策能够向投资者传递公司良好经营的信息，市场会对该股票充满信心，有利于稳定公司股价，树立良好的市场形象。但是，这种股利政策有时候可能会使股利与公司的盈利脱节，给公司的财务运作带来压力。尤其是在公司出现短暂的困难时，如派发的股利金额大于公司实现的盈利，必将侵蚀公司的留存收益或资本，影响公司的发展和正常经营。成熟的、盈利比较好的公司通常采用该政策。

(三)固定股利支付率政策

固定股利支付率政策是指公司按每年盈利的某一固定百分比作为股利分配给股东，真正体现多盈多分，少盈少分，不盈不分的原则。股利随盈利的波动而波动，向市场传递的公司未来收益前景的信息显得不够稳定，确定多大的固定股利支付率才算合理，难度也较大。

(四)低正常股利加额外股利政策

低正常股利加额外股利政策是指在一般情况下公司每年只支付数额较低的正常股利，只有在经营非常好时或投资需要资金较少年份，才在原有数额基础上再发放额外股利。公司支付股利有较大的灵活性，通过支付额外股利，公司主要向投资者表明这并不是原有股利支付率的提高。额外股利的运用，既可以使企业保持固定股利的稳定记录，又可以使股东分享企业业绩增长的好处，能够向市场传递公司目前与未来经营业绩的积极信息，该政策尤其适合于盈利经常波动的企业。这种股利政策在理论上分析似乎优点较多，但在实务中却很少被应用。

第二节　股利与资本利得的税收政策

股利与资本利得的税收政策差异,是股利分配税务筹划的基本条件。股利与资本利得的税收政策差异主要体现在所得税方面,而我国股利与资本利得的所得税政策又存在个人所得税与企业所得税的差异。

一、股利与资本利得的个人所得税政策

(一)股息红利的差别化个人所得税政策

根据《中华人民共和国个人所得税法》及实施条例的规定:利息、股息、红利所得,是指个人拥有债权、股权而取得的利息、股息、红利所得,适用税率20%,并由支付所得单位按照税法规定履行扣缴义务。另外,根据《关于上市公司股息红利差别化个人所得税政策有关问题的通知》(财税〔2015〕101号)规定,自2015年9月8日起,个人从公开发行和转让市场取得的上市公司股票,持股超过1年的,其取得的股息红利所得暂免征收个人所得税;个人从公开发行和转让市场取得的上市公司股票,持股期限在1个月以内(含1个月)的,其股息红利所得全额计入应纳税所得额;持股期限在1个月以上至1年(含1年)的,暂减按50%计入应纳税所得额;持股时间1年以上的,免税。上述所得统一适用20%的税率计征个人所得税,即税负分别为20%、10%和0。

个人持股1年以内(含1年)的,上市公司派息时先暂不扣缴个人所得税;待个人转让股票时,证券登记结算公司根据个人持股期限计算应纳税额,由证券公司等股份托管机构从个人资金账户中扣收并划付证券登记结算公司,证券登记结算公司应于次月5个工作日内划付上市公司,上市公司在收到税款当月的法定申报期内向主管税务机关申报缴纳。上市公司是指在上海证券交易所、深圳证券交易所挂牌交易的上市公司;持股期限是指个人从公开发行和转让市场取得上市公司股票之日至转让交割该股票之日前一日的持有时间。但股利的形式有现金股利和股票股利,在计税时有所不同。对全国中小企业股份转让系统的挂牌公司的股息红利也执行同样的税率差别化政策。

(二)不同股利形式的个人所得税

1.现金股利

以发放的现金股利金额,根据持股时间执行差别化税收政策,税负为20%、10%或0。

2.股票股利

应以派发红股的股票票面金额为收入额,按利息、股息、红利项目计征个人所得税,同样根据持股时间,税负为20%、10%或0。

3.资本公积转增股本

股票股利包括以当期盈利和计提的盈余公积金(包括法定盈余公积、法定公益金、任意盈余公积)转增股本,但不包括以资本公积金转增股本。也就是说,资本公积金转增股本不征收个人所得税。

但是,根据《关于中关村国家自主创新示范区企业转增股本个人所得税试点政策的通知》(财税〔2013〕73号)规定:"企业以未分配利润、盈余公积、资本公积向个人股东转增股本时,应按照'利息、股息、红利所得'项目,适用20%税率征收个人所得税。对示范区中小高新技术企

业以未分配利润、盈余公积、资本公积向个人股东转增股本时,个人股东一次缴纳个人所得税确有困难的,经主管税务机关审核,可分期缴纳,但最长不得超过 5 年。"2015 年将实施范围推广至全国。2015 年 11 月 16 日,国家税务总局发布《关于股权奖励和转增股本个人所得税征管问题的公告》(国家税务总局公告 2015 年第 80 号)明确规定:

①上市公司或在全国中小企业股份转让系统挂牌的企业转增股本(不含以股票发行溢价形成的资本公积转增股本),按现行有关股息红利差别化政策执行。特别强调,如果企业用于转增股本的资本公积,是来自股票发行溢价形成的资本公积,则转增股本时不需要缴纳个人所得税,否则就需要缴纳个人所得税。个人所得税的计算方法同股票股利。

②对于其他企业,如果属于中小高新技术企业以未分配利润、盈余公积、资本公积向个人股东转增股本,可分 5 期缴纳个人所得税;如果属于非中小高新技术企业,应及时代扣代缴个人所得税(即一次性缴纳)。当然以股票发行溢价形成的资本公积转增股本,也不需要缴纳个人所得税。

(三)资本利得的个人所得税政策

如果企业的盈利不分配,则股东可以获得资本利得(即买卖差价)。按我国个人所得税的有关规定,如果投资者的股票是从二级市场获得的,则资本利得不需要缴纳个人所得税,而其余情况下股权转让获得的资本利得,则需要按 20% 的税率缴纳个人所得税,即按个人所得税的"财产转让"税目征税。

二、股利与资本利得的企业所得税政策

(一)股利的所得税政策

(1)股利。股利即企业的股权投资所得,是指企业通过股权投资从被投资企业所得税后累计未分配利润和累计盈余公积金中分配取得股息性质的投资收益。根据企业所得税法的规定,居民企业之间的股息红利免税,但不包括连续持有居民企业公开发行并上市流通的股票不足 12 个月取得的投资收益。

(2)被投资企业分配给投资方企业的全部货币性资产和非货币性资产(包括被投资企业为投资方企业支付的与本身经营无关的任何费用),应全部视为被投资企业对投资方企业的分配支付额。货币性资产是指企业持有的现金及将以固定或可确定金额的货币收取的资产,包括现金、应收账款、应收票据和债券等。非货币资产是指企业持有的货币性资产以外的资产,包括存货、固定资产、无形资产、股权投资等。被投资企业向投资方分配非货币性资产,在所得税处理上应视为以公允价值销售有关非货币性资产和分配两项经济业务,并按规定计算财产转让所得或损失。

(3)除另有规定者外,不论企业会计账务中对投资采取何种方法核算,被投资企业会计账务上实际做利润分配处理(包括以盈余公积和未分配利润转增资本)时,投资方企业应确认投资所得的实现。《国家税务总局关于贯彻落实企业所得税法若干税收问题的通知》(国税函〔2010〕79 号)第四条规定:"企业权益性投资取得股息、红利等收入,应以被投资企业股东会或股东大会作出利润分配或转股决定的日期,确定收入的实现。"

(二)资本利得的所得税政策

(1)资本利得,即企业股权投资转让所得和损失,是指企业因收回、转让或清算处置股权投资的收入减除股权投资成本后的余额。企业股权投资转让所得应并入企业的应纳税所得,依

法缴纳企业所得税。

被投资企业对投资方的分配支付额,如果超过被投资企业的累计未分配利润和累计盈余公积金而低于投资方的投资成本的,视为投资回收,应冲减投资成本;超过投资成本的部分,视为投资方企业的股权转让所得,应并入企业的应纳税所得,依法缴纳企业所得税。

(2)被投资企业发生的经营亏损,由被投资企业按规定结转弥补;投资方企业不得调整减低其投资成本,也不得确认投资损失。

第三节　股利分配的税务筹划方法

股利分配的税务筹划是一个比较复杂的问题,需要考虑不同收益(股利与资本利得)的税负差异、不同股东的税负差异、不同股利支付形式的税负差异以及投资方与被投资方的税负差异等。因此,在税务筹划时至少存在这样几个方面的选择:股利支付率的选择、现金股利与股票股利的选择、现金股利与财产股利的选择、现金股利与股票回购的选择以及其他特殊情况下税务筹划问题。

一、股利支付率选择的税务筹划

股利支付率是指企业分配的股利占盈利的百分比。股利支付率的选择涉及企业的盈利是否分配、多分还是少分的决策。如前所述,如果企业的盈利进行分配,股东可以获得股利,反之可以获得资本利得,因此股利支付率选择的税务筹划,关键的因素决定于股利与资本利得在不同股东之间的税收差异。

对于个人而言,由于分回的股利需要交纳个人所得税,而一般情况下资本利得则不需要计征个人所得税,因此,从税收负担的角度考虑,企业的盈利尽量留用,提高资本利得是比较好的选择。但由于存在委托代理的问题,如果企业的盈利不分配,大股东或高管可能存在"乱花"企业盈利的情况,损害中小股东的利益。因此,是否应该多分配股利,税收负担只是需要考虑的一个因素而已。

而对于法人企业而言,股息红利在一般情况下是免税的,而资本利得则需要缴纳企业所得税,因此,多分股利也不存在多缴税的情况。企业更多地需要考虑被投资企业的盈利能力是否比自己更强,以及被投资企业的所得税率是否比自己更高。也就是说,需要综合考虑被投资企业的税后回报是否比自己更好,如果更好,则建议少分配股利,多留存给被投资企业,反之相反。

但众所周知,股利的分配最终是由股东大会投票表决的,因此,一个企业股利分配的税务筹划也需要考虑股东的构成。在一股一票的条件下,最终的决定权在很大程度上取决于控股股东,控股股东也代表了多数股东的利益,从股东财富最大化的角度考虑,满足多数股东利益的方案才是可行的方案,因此,税务筹划方案的考虑不能离开企业控股股东的偏好。也就是说,不同的控股股东(法人企业或个人)税务筹划的方案可能不同。

二、现金股利与股票股利选择的税务筹划

在企业选择发放股利的前提下,还存在另一个选择,就是发现金股利还是发股票股利的问题。在我国的税收制度上,现金股利与股票股利的计税存在一定的差别,现金股利按发放的全额计税,而股票股利则只是按面值而非市值全额计税。下面以个人投资者的股利分配为例,阐

述现金股利与股票股利的计税差异。

例 7-4：某公司目前发行在外的普通股为 5000 万股，每股面值 1 元，每股市价 20 元。假定现在有 9000 万元的留存收益可供分配，为了比较的方便，假定现金股利与股票股利动用同样的留存收益，并假定股东均为个人，假定持股时间平均为 1 个月到 1 年之间，税负减半。

方案 1：发放现金股利 9000 万元，每股股利 1.8 元（9000/5000）。

方案 2：发放股票股利，每股发放 1.8 股，共 9000 万股。需要说明的是，发放股票股利时，会计上是按面值记账的，而不是按市值记账的。所以，企业的股本增加 9000 万元，留存收益减少 9000 万元，股东权益不变。

税负分析：

方案 1：应纳个人所得税＝9000×50％×20％＝900（万元）

方案 2：按面值计税

应纳个人所得税＝9000×50％×20％＝900（万元）

两个方案对股东财富的影响如何，请看表 7-3 的计算。

表 7-3　现金股利与股票股利对税后股东财富的影响

	当前情况	派发现金股利后	派发股票股利后
股数（万股）	5000	5000	14000
市价（元）	20	18.2	7.143［20/(1＋1.8)］
总市值（亿元）	10	9.1	10
税前股东财富（亿元）	10	10	10
税后股东财富（亿元）	10	9.91	9.91

两种股利对总市值有一定的影响，派发现金股利时总市值为 9.1 亿元，而派发股票股利时，总市值不变，还是 10 亿元。这是因为现金股利有资金"退出"企业，会减少企业的股东权益总额，而股票股利不会改变股东权益总额。

另外，对于企业类投资人而言，如果分回股票股利，尽管在分配时一般不需要纳税，但在企业把获得的股票出售时，会实现资本利得，则股票股利转化为需要纳税的利益，因此，股票股利对于企业而言，存在未来需要纳税的可能。

尽管股票股利并没有节税的作用，甚至对于企业类投资人而言还存在增加纳税的可能，但对于派发股利的企业而言，它能够起到保留现金，增加投资机会的作用；而对于股东而言，股价在除权时可能成倍地下降，但一个成长性较好的公司，随后的股价可能上升，因此，在一定意义上股票股利往往表现为公司成长的信号。

三、现金股利与财产股利选择的税务筹划

出售财产后发放现金股利与直接以财产发放股利，从本质上而言，并没有太大的区别，但在投资企业与被投资企业的税率存在较大差异的情况下，财产股利可以利用转让定价转移一定的利润，从而产生较好的节税效应，下面将用具体案例进行分析。

例 7-5：乙公司是甲公司的全资子公司，正准备派发股利，有两种方案可供选择。

方案 1：现金股利 1000 万元。

方案2：将乙公司的A产品100万件作为股利派发给甲公司。假定A产品的市价在8元到12元之间（不会遭到税务调整的区域），平均价10元，假定其单位成本6元。乙公司按每件8元支付给甲公司，甲公司再按市价10元对外销售。上述价格均为不含增值税的价格，甲公司的所得税税率为15%，乙公司的所得税税率为25%。

方案1：

派发现金股利1000万元。为了与方案2对比，其价值相当于按市场均价每件10元出售100万个A产品。

乙公司实现利润＝（10－6）×100＝400（万元）

应纳税额＝400×25%＝100（万元）

甲公司分回利润不需纳税。

双方共纳税100万元。

选择方案2：

乙公司实现利润＝（8－6）×100＝200（万元）

应纳税额＝200×25%＝50（万元）

甲公司分回的利润不应纳税，而销售A产品获利应纳税为：

（10－8）×100×15%＝30（万元）

双方共纳税＝50＋30＝80（万元）

方案2比方案1少纳税100－80＝20（万元）

可见，财产股利在一定程度上可以利用转移定价实现利润的转移，从而减轻税负。

四、现金股利与股票回购选择的税务筹划

如前所述，股票回购是一种现金股利的替代形式，不是真实的股利，对于股东而言，在卖出股票获得现金的时候，实现的是资本利得而非股利。

例7-6：某公司在刚刚结束的一年里实现了5000万元的利润，有3000万元可以用于派发股利。假定流通在外的普通股股数为1亿股，每股股价10元。公司正在考虑派发现金股利还是用现金回购股票。如果派发现金股利，每股可以派发0.3元，如果按目前股价回购股票，3000万元可以回购300万股。

（1）不考虑所得税的情况。派发现金股利与股票回购对股东权益的影响，见表7-4。

表7-4　现金股利与股票回购对股东财富的影响

	当前情况	派发现金后	回购股票后
股数（亿股）	1	1	0.97
市价（元）	10	9.7	10
盈利（万元）	5000	5000	5000
每股收益（元）	0.5	0.5	0.515
市盈率（倍）	20	19.4	19.4
股东财富（亿元）	10	10	10

说明：派发现金后的股东财富10亿元＝市价9.7亿元＋分配现金0.3亿元，回购股票后的股东财富10亿元＝市价9.7亿元＋回购股票的现金0.3亿元。

因此,在不考虑税金的情况下,现金股利和股票回购对股东而言并没有差异。

(2)考虑所得税的情况。对于个人股东而言,派发现金股利意味着需要按 20%的税率纳税(目前根据持股时间有优惠),而股票回购,获得的是资本利得,一般不需要纳税。因此,对于个人股东而言,股票回购是很好的避税工具。

但对于企业股东而言,派发现金股利一般不需要纳税(居民企业之间股息红利免税),而股票回购,获得的是资本利得,需要并入企业所得纳税。因此,对于企业股东而言,股票回购并不是避税工具。而且我国以前要求上市公司回购的股票需要注销,而不是作为库存股,因此,很长一段时间里,上市公司对股票的回购并不积极。但是 2018 年股票回购却创下历史新高,据报道,截至 9 月 16 日,2018 年已有 510 家 A 股上市公司实施回购,累计回购 687 笔,回购总规模达 248.07 亿元,比上年大幅增加,也创下近 5 年来股票回购额最高纪录。笔者认为,原因与税负无关,而是由于 A 股市场持续下跌,上市公司大股东普遍存在股票质押的情况,面临爆仓风险,股票回购成为救市的方法与途径。

五、其他情况的税务筹划

在股利分配的税务筹划中,除了股利支付率高低的选择、现金股利与股票股利的选择、现金股利与财产股利的选择、现金股利与股票回购的选择等税务筹划以外,还有一些其他情况存在税务筹划的机会。

(一)持股时间临界点的税务筹划

1.税制规定

我国上市公司股息红利实行差别化个人所得税政策,根据持股时间确定税负。持股不超过 1 个月的,全额征税 20%;持股超过 1 个月到 1 年的,减半征收;持股超过 1 年的,免税。持股时间是指投资人从买入到卖出的时间,而不是从买入到分红的时间。关于持股时间的确定,参照先进先出法计算,算头不算尾,例如持股 1 年是指从上一年某月某日至本年同月同日的前一日连续持股。

2.税务筹划方案设计

例 7-7:张三于 2018 年 8 月 9 日买入甲公司的 A 股,如果他于 2018 年 9 月 8 日或之前卖出,则持有该股票的期限为 1 个月以内(不超过 1 个月),全额征税;

如果他于 2018 年 9 月 9 日到 2019 年 8 月 8 日之间卖出,则持有该股票的期限为 1 个月以上到 1 年(不超过 1 年),减半征收;

如果他于 2019 年 8 月 9 日或以后卖出,则持有该股票的期限为 1 年以上(超过 1 年),免税。

因此,如果上市公司在张三的持股期间分红,那么需要在差别化征税的持股时间的临界点上谨慎决策。比如:是 2018 年 9 月 8 日还是 9 月 9 日卖出股票,是 2019 年 8 月 8 日还是 8 月 9 日卖出股票,1 天之差,税负相差很大。

例 7-8:张三于 2017 年 9 月到 2018 年 8 月之间多次买卖乙公司的 A 股。先进先出法如何计算持股时间呢? 表 7-5 是股票买卖以及先进先出法的计算。

表 7 - 5　持股时间的先进先出法计算

日期	买入（股）	卖出（股）
2017.5.15	8000	
2017.8.15		3000
2018.3.15	3000	
2018.5.15	5000	
2018.6.10		10000
2018.8.9		3000
合计	16000	16000

根据先进先出法计算持股时间：

(1)2017 年 8 月 15 日卖出的 3000 股是 2017 年 5 月 15 日买入的，持股时间 3 个月，减半征收。

(2)2018 年 6 月 10 日卖出的 10000 股，其中：

5000 股是 2017 年 5 月 15 日买入的，持股时间超过 1 年，免税；

3000 股是 2018 年 3 月 15 日买入的，持股时间超过 1 个月不到 1 年减半征税；

2000 股是 2018 年 5 月 15 日买入的，持股时间不到 1 个月，全额征税。

(3)2018 年 8 月 9 日卖出的 3000 股是 2018 年 5 月 15 日买入的，持股时间超过 1 个月不到 1 年，减半征收。

税务筹划的方法，依然是关注出售时持股的时间问题，在临界点时谨慎决策。

(二)投资人撤资或股权转让前股利分配的税务筹划

1.税制规定

(1)关于撤资的税务处理规定。

国家税务总局 2011 年第 34 号公告规定，投资企业从被投资企业撤回或减少投资，其取得的资产中：①相当于初始出资的部分，应确认为投资收回；②相当于被投资企业累计未分配利润和累计盈余公积按减少实收资本比例计算的部分应确认为股息所得；③其余部分是投资资产转让所得，需要计税。

(2)关于股权转让价格中包含的累计盈利的税务处理。

根据企业所得税法的规定，符合条件的居民企业之间的股息、红利等权益性投资收益，是指居民企业直接投资于其他居民企业取得的投资收益，免税，但不包括连续持有居民企业公开发行并上市流通的股票不足 12 个月取得的投资收益。

另外，国税函〔2010〕79 号文明确转让股权收入扣除为取得该股权所发生的成本后，为股权转让所得。企业在计算股权转让所得时，不得扣除被投资企业未分配利润等股东留存收益中按该项股权所可能分配的金额。

2.税务筹划方案设计

下面分撤资和股权转让分别举例说明。

例 7 - 9：A 公司 2015 年初出资 1000 万元投资 B 公司，占 B 公司总注册资本的 30%。

B 公司 2015 年度和 2016 年未向投资者进行利润分配。截至 2017 年 1 月 B 公司累计未分配利润和累计盈余公积 700 万元。2017 年 1 月经股东会决议，A 公司撤回投资，A 公司分得资金 1600 万元。A 公司的投资撤回应该如何计税？

(1)1000 万元为投资收回，不计税；

(2)被投资企业累计未分配利润和累计盈余公积 700 万元，A 企业占 30％，即 210 万元(700×30％)，居民企业之间股息红利不计税；

(3)确认投资转让所得为 1600－1000－210＝390(万元)

A 公司就 390 万元按照适用税率缴纳企业所得税。可见，撤资时如果被投资企业的股息红利未分配，在计算投资收益时可以减除未分配的盈利(即算作股息红利免税)，因此，撤资前累计盈利不分配不会影响税负。但股权转让就不同了。

例 7－10：甲公司持有乙公司 50％的股权，计税投资成本 500 万元。乙公司现有留存收益 600 万元，也就是说，甲公司按比例占有乙公司的留存收益 300 万元。现在甲公司准备转让其持有的乙公司股票。

方案 1：转让前留存收益不分配，可以取得转让收入 1000 万元。

方案 2：转让前留存收益进行分配，转让收入 700 万元。

税负分析：

方案 1：应税所得为 1000－500＝500(万元)

方案 2：应税所得为 700－500＝200(万元)

税务筹划结论：应先分配再转让，而分得的股息红利免税。

(三)限售股转让中"高送转"的税务筹划

1.税制规定

(1)个人减持限售股。根据《关于个人转让上市公司限售股所得征收个人所得税有关问题的通知》(财税〔2009〕167 号)的规定，自 2010 年 1 月 1 日起，对个人转让限售股取得的所得，按照"财产转让所得"，适用 20％的比例税率征收个人所得税。

①限售股的范围，包括：

一是上市公司股权分置改革完成后股票复牌日之前股东所持原非流通股股份，以及股票复牌日至解禁日期间由上述股份孳生的送、转股(以下统称股改限售股)；

二是 2006 年股权分置改革新老划断后，首次公开发行股票并上市的公司形成的限售股，以及上市首日至解禁日期间由上述股份孳生的送、转股(以下统称新股限售股)；

三是财政部、税务总局、法制办和证监会共同确定的其他限售股。

②应税所得的计算。个人转让限售股，以每次限售股转让收入，减除股票原值和合理税费后的余额，为应纳税所得额。而限售股原值，是指限售股买入时的买入价及按照规定缴纳的有关费用。如果纳税人未能提供完整、真实的限售股原值凭证的，不能准确计算限售股原值的，主管税务机关一律按限售股转让收入的 15％核定限售股原值及合理税费。

(2)企业转让代个人持有的限售股。根据《国家税务总局关于企业转让上市公司限售股有关所得税问题的公告》(国家税务总局公告 2011 年第 39 号)，因股权分置改革造成原由个人出资而由企业代持有的限售股，企业在转让时按以下规定处理：

①企业转让上述限售股取得的收入，应作为企业应税收入计算纳税。

上述限售股转让收入扣除限售股原值和合理税费后的余额为该限售股转让所得。企业未能提供完整、真实的限售股原值凭证，不能准确计算该限售股原值的，主管税务机关一律按该限售股转让收入的 15%,核定为该限售股原值和合理税费。

依照上述规定完成纳税义务后的限售股转让收入余额转付给实际所有人时不再纳税。

②依法院判决、裁定等原因,通过证券登记结算公司,企业将其代持的个人限售股直接变更到实际所有人名下的,不视同转让限售股。

(3)税务筹划方案设计。如果个人转让二级市场获得的股票,其资本利得是免税的。但个人(比如员工、高管)转让的限售股(不是在二级市场获得的)需要交 20%的个人所得税。但按规定,在限售股解禁前的送转股属于征税范围,而解禁后的则不算限售股,因此解禁后的高送转成为免税工具。

例 7-11:某企业高管持有公司 100 万股,成本价(原值加上合理税费)假定每股 1 元,目前股价 60 元。

方案 1:解禁后不实施送转股出售股票。

应纳个人所得税为:(100×60-100×1)×20%=1180(万元)

方案 2:实施 10 送或转 10,股价变为 30。

100 万股成为 200 万股,其中 100 万股免税。

应纳个人所得税为:(100×30-100×1)×20%=580(万元)

关于企业代持的个人股份,先按企业所得税计税,再分给个人不再重复征税。但企业所得税是全面征收的,即不管是二级市场获得的还是非二级市场获得的,都要按差价征税,因此,限售股解禁后的"高送转"对企业代持的个人限售股没有税务筹划的作用。

另外,由于个人从二级市场获得的股票,其资本利得免税,而出售限售股的资本利得需要征税,因此,在资本市场上,利用大宗交易把限售股变成二级市场的股票,也可以减轻个人税负。因为二级市场的大宗交易,往往比集中竞价的价格低一些,因此,高管减持时选择在利益关系人之间低价减持,可以减少纳税。

例 7-12:张三持有某上市公司的限售股 100 万股,成本价每股 1 元,目前二级市场价格 30 元。

方案 1:二级市场直接减持。

应纳个人所得税为:(30-1)×100×20%=580(万元)

方案 2:大宗交易卖给自己亲属,假定每股 28 元(可双方协商),亲属可以二级市场再出售。

应纳个人所得税为:(28-1)×100×20%=540(万元)

亲属高价卖出时,属于二级市场获得的股票,不需要交税了。

(四)企业购买基金分红的税务筹划

1.税制规定

根据财政部、国家税务总局的《关于证券投资基金税收问题的通知》(财税〔2004〕78 号)及《关于企业所得税若干优惠政策的通知》(财税〔2008〕1 号)规定,对投资者从证券投资基金分配中取得的收入,暂不征收企业所得税(个人也不征收)。而企业从基金投资获得的损益则需要计入企业的综合所得,一并征收企业所得税。但是,基金投资的损益与基金分红之间是可以转换的,这就为税务筹划留下了空间和机会。

例 7-13:某企业当年实现税前利润 1000 万元,所得税按 25%计税。

方案 1:不进行基金投资。

方案 2：利用企业富余资金买入某公募基金 2000 万元，假定分红所得 500 万元（免税），然后卖出基金所得 1500 万元（基金除息后净值自动降低），则基金的交易亏损 500 万元。

税负分析：

方案 1：应交纳企业所得税＝1000×25％＝250（万元）

方案 2：应交纳企业所得税＝(1000－500)×25％＝125（万元）

节税 125 万元。

思考与练习

1. 股利与资本利得的所得税差别在哪里？个人与企业税务筹划的差别又在哪里？

2. 股票股利如何计税？现金股利与股票股利的所得税有差异吗？

3. 如何解释股票回购是现金股利的替代方式，并且股票回购是避税工具？

4. 企业作为投资人，在其转让被投资企业的股份时，对留存收益应该如何进行税务筹划？

5. 从税务筹划的角度阐述我国上市公司流行高送转的原因。

第八章　企业并购与分立的税务筹划

企业在其发展壮大的过程中,为充分利用自己的品牌、技术等优势,往往需要整合外部资源,进行合并活动以加速发展;而企业内部的专业化分工发展到一定程度以后,出于提高企业经营效率及其他目的,也需要进行业务的分立或剥离。无论是合并还是分立,都以提高经济效益,增强竞争能力为主要目的。在合并、分立等企业的重组活动中,存在着很大的税务筹划空间,企业应该充分加以利用,以获取最大的经济效益。本章主要介绍企业在并购、分立的重组过程中的税务筹划方法。

第一节　企业并购、分立的税务筹划概述

一、企业并购的概念与种类

(一)企业并购的概念

企业并购(M&A)是企业扩张型重组的重要途径,包括合并(merger)和收购(acquisition)两种方式。并购的基本类型如图 8-1 所示。

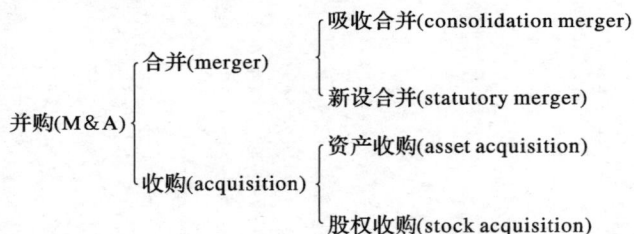

图 8-1　企业并购的分类

企业合并是指两个或两个以上的企业按照规定程序合并为一个企业的法律行为。在我国理论界一般认为,企业合并又包括吸收合并与新设合并两种形式。其中吸收合并指一个企业吸收其他企业,被吸收的企业解散。新设合并指两个或两个以上企业合并成一个新企业,合并各方解散。合并的含义也有广义和狭义之分:狭义的合并仅指两个或两个以上的企业依照法定程序,重组后只有一个企业继续保持其法人地位,而其他企业的法人资格消失;而广义的合并则包括狭义兼并、收购、联合以及接管等几种形式的企业产权变更,目标企业的法人地位可能消失,也可能继续保留。

收购是指一家公司用现金、债券或股票等资产,对其他企业的全部或部分所有权的购买行为。其中购买的一方被称为收购公司或主并公司,另一方被称为被收购公司或目标公司。按照收购对象的不同,收购可以分为资产收购和股权收购,具体解释见后面的阐述。

从广义的角度看,合并与收购并无明显的差别,收购也可以看作是合并的一种。然而,从合并的狭义角度来看,合并与收购在概念上是有区别的。在狭义的合并中,目标公司丧失了法人资格或改变法人实体,在法律上不再存在;而在收购中,原目标公司的实体资格还保留。而且,在财税〔2009〕59号文件中,明确了资产收购、股权收购、合并的含义,将三者做了区分,每种类型适用其自身的税务处理方法。因此,在研究我国企业并购中的税收筹划问题时,应将三者区别对待。

并购是企业的一种产权重组行为,在市场经济条件下,企业并购的目的是多种多样的,但一般最主要的目的是通过并购扩大企业的规模,以获取最大的经济效益。由于市场竞争的巨大压力,在强大的竞争态势下,一个企业为了生存与获利,战胜竞争对手,往往需要依靠规模效益。实现规模效益有两个途径,即企业的内部扩展和外部扩张。内部扩展由于受资金和企业能力等因素的影响,在规模和速度上往往难以迅速达到目标,而通过合并方式收购其他企业则可在快速实现企业扩大经营规模的目的的同时节约企业扩张成本,还可延伸企业的产品线,实现企业的多样化经营,扩大企业市场份额等。当然,在目前市场经济条件下,企业合并绝对不是仅仅受一两种因素的影响,而是多种因素综合平衡的结果。这些因素主要包括:

1. 谋求管理协同效应

如果某企业拥有一支高效率的管理队伍,其管理能力超出管理该企业的需要,但这批人才只能发挥集体力量才能实现其效率、企业不能通过解聘释放能量,那么该企业可通过合并那些由于缺乏管理人才而效率低下的企业,利用这支管理队伍通过提高整体效率水平而获利。

2. 谋求经营协同效应

由于经济上的互补性及规模经济的因素,两个或两个以上的企业合并后可提高其生产经营活动的效率,这就是所谓的经营协同效应。获取经营协同效应的一个重要前提是产业中的确存在规模经济,而在合并前企业尚未达到规模经济。

3. 谋求财务协同效应

企业合并的效益不仅要在经营效率提高方面获得,而且还可由财务方面给企业带来收益,企业可以通过合并提高财务能力,合理避税,实现预期效应。

通过合并,企业还可实现战略重组,开展多元化经营。企业通过经营相关程度较低的不同行业可以分散风险、稳定收入来源、增强企业资产的安全性。多元化经营可以通过内部积累和外部合并来实现,但在大多数情况下,通过合并的方式可能更有利,可以起到降低代理成本的作用。

(二)企业并购的种类

1. 吸收合并

吸收合并指两个以上的企业合并时,其中一个接收另一个或一个以上的企业加入本公司,加入方解散并取消法人资格,接纳方存续,也就是所谓企业兼并。

在实施吸收合并的过程中,兼并公司必须承担被并公司的全部债务,如果是以发行股票的方式换取被兼并公司的净资产,则被兼并公司的股东成为兼并公司的债权人。吸收合并后,只有兼并公司仍然存在并保持法人地位,其他企业均失去法人资格,从名义上不复存在。

2.新设合并

新设合并是指公司与一个或一个以上的企业合并成立一个新企业,原合并各方解散,取消法人资格。

新设合并后,新公司必须接受原有企业的全部资产和负债,原有企业的股东在以原股份换取新设立公司的股份后,成为新企业的股东。原有企业不再作为独立的法律主体存在,新设立的企业成为一个新的经济主体和法律主体,并承担独立的法律责任。

3.股权收购

股权收购,是指一家公司通过购买另一家或几家公司的股份以取得对这些公司的控制股权,使被收购公司成为它的子公司或附属公司,它自己则成为这些子公司的母公司或控股公司。实施合并后,母子公司共同组成一个企业集团,但都保持其经济主体和法律主体的地位。

4.资产收购

资产收购是一种购买目标公司资产的行为,这种行为的目的是获取某项具有使用价值的资产,而被收购方只是出卖部分资产,并不影响其继续经营。而如果目标公司出卖了全部的资产,这时目标公司就成了空壳公司,可以被其他不满足上市条件的公司利用进行买壳上市。

目前对企业合并的具体解释有广义与狭义之分。广义合并是指两个或两个以上企业,成为一个依据有关法律需要编制合并会计报表的企业集团,包括吸收合并、新设合并、收购(控股合并)等。而狭义合并则仅指两个或两个以上企业,依据有关法律合并为一个企业,包括吸收合并与新设合并。我国公司法所规范的合并即指狭义的合并。《中华人民共和国公司法》规定,公司合并可以采用吸收合并与新设合并两种形式。

二、企业分立的概念与种类

(一)分立的概念

企业分立是指将部分业务从公司总业务中或者某个子公司从母公司独立出来,将公司分立成为几个相对独立的单位。

企业进行分立,一般主要出自以下因素:一是为了开发新的融资渠道,主要针对的是一些整体经营业绩不好、融资渠道较少的上市公司,可将其优质资产分立上市,以取得较多的资金,由于我国股票发行多通过溢价发行的方式,被分立企业也将取得资本增值;二是为了适应经营环境的变化,使营业部门更加专业化提高效益;三是为了达到分散经营风险的目的;四是为了反兼并与反收购。除此以外,在发达的国家,为了反垄断,国家通过立法强迫企业分立。

(二)分立的种类

1.存续分立

存续分立指原企业存续,而其中一部分分出设立一个或几个新的企业。

(1)让产分股式分立。让产分股式分立指将公司没有法人资格的部分营业分立出去成立新的子公司或转让给现存的公司,将接受资产的子公司的股份分给股东。

(2)让产赎股式分立。让产赎股式分立是指企业将部分资产分立出去,成立新的企业或转让给现存公司,将接受资产企业的股权只分配给部分股东。得到新设企业股权的股东,必须放弃被分立企业的股权。

2.新设分立

新设分立指原企业解散,分立出的各方分别设立为新的企业。

三、企业并购与分立中税务筹划的作用

(一)企业并购与分立的税务筹划概念

企业并购与分立是企业的重组行为,其税务筹划是指在税法要求的范围内,重组各方从税务角度对合并可分立的方案进行科学、合理的事先筹划和安排,尽可能减轻企业税负,从而达到降低重组成本,实现企业整体价值最大化的目的。

(二)企业并购与分立税务筹划的意义

企业无论是进行并购还是分立,其重组目的就是要获取经济利益,提高经济效益,而且许多企业在正常经营状态下无法获得的税收收益,却有可能通过重组活动享受到。重组前进行必要的税务筹划,有可能从以下几方面获取好处:

(1)进行重组的企业依法进行税务筹划,可以享受税收政策的种种好处,减轻企业税务负担,增加自身利益,为实现企业价值最大化服务。比如,根据高新技术企业税收优惠的条件,通过并购与分立"组装"一个符合条件的高新技术企业,享受税收优惠。

(2)企业根据国家的税收优惠政策考虑重组方案,按税收法规引导的方向经营,客观上起到了更快更好地落实国家经济政策的作用。

(3)重组的税务筹划过程,可以极大地提高企业的纳税筹划水平,增强企业纳税意识,强化税法观念。

(4)能促进国家税法的改革和完善,并能促进企业的产业结构调整和资源优化配置。

(三)企业合并与分立税务筹划的可能性

在企业进行重组的过程中,税务因素也影响着重组的动机和过程。甚至一部分重组的发生,就是出于企业税收负担最小化的方面的考虑。所以重组的税务筹划在实务中考虑的主要也是两个方面:首先,不同企业的纳税差别形成不同的税收收益;其次,重组的不同出资方式或重组涉及的规模不同造成纳税金额和纳税时间的差别。

第二节　企业并购的税务筹划

一、企业并购中的所得税筹划

(一)税制规定

企业并购中的所得税政策,主要是财政部和国家税务总局 2014 年 12 月 25 日颁布的《关于促进企业重组有关企业所得税处理问题的通知》(财税〔2014〕109 号)和 2009 年 4 月 30 日财政部和国家税务总局联合出台的《关于企业重组业务企业所得税处理若干问题的通知》(财税〔2009〕59 号)。依照以上文件的规定,企业并购中的所得税处理,分为一般性税务处理和特殊性税务处理。二者的区别,主要在于所得或损失的计量,以及相关资产或股权的计税基础。一般性税务处理是按照税收原理和市场原则进行的规范,而特殊性税务处理实质上给予了纳税人延期纳税的优惠政策。

1. 并购的一般重组

一般性税务处理方法，即应税重组。一般情况下，企业合并应按照下列规定进行税务处理：①合并企业应按公允价值确定接受被合并企业各项资产和负债的计税基础；②被合并企业及其股东都应按清算进行所得税处理；③被合并企业的亏损不得在合并企业结转弥补。

一般情况下，企业股权收购、资产收购重组交易，相关交易应按以下规定处理：①被收购方应确认股权、资产转让所得或损失；②收购方取得股权或资产的计税基础应以公允价值为基础确定；③被收购企业的相关所得税事项原则上保持不变。

2. 并购的特殊重组

(1)适用条件。

特殊性税务处理，即免税重组。在企业并购中，如果同时满足下述条件，可以进行特殊性税务处理。

第一，具有合理的商业目的，且不以减少、免除或者推迟缴纳税款为主要目的。

第二，被收购、合并或分立部分的资产或股权比例符合规定的比例。

对于企业合并而言，被合并企业消失，该比例不必再做限制。

对于股权收购而言，该比例指"收购企业购买的股权不低于被收购企业全部股权的50％"。

对于资产收购而言，该比例指"受让企业收购的资产不低于转让企业全部资产的50％"。

以上"50％"的比例限制，源于财税〔2014〕109号文的规定，并自2014年1月1日起执行。该通知发布前尚未处理的企业重组，符合该通知规定的可按该通知执行。而此前财税〔2009〕59号文所规定的以上两个比例，均为"75％"。

第三，企业重组后的连续12个月内不改变重组资产原来的实质性经营活动。

第四，重组交易对价中涉及股权支付金额符合规定比例。

①股权支付的认定。根据财税〔2009〕59号文，股权支付，是指企业重组中购买、换取资产的一方支付的对价中，以本企业或其控股企业的股权、股份作为支付的形式；所称非股权支付，是指以本企业的现金、银行存款、应收款项、本企业或其控股企业股权和股份以外的有价证券、存货、固定资产、其他资产以及承担债务等作为支付的形式。

②规定比例的限制。在企业合并中，这一比例是指"企业股东在该企业合并发生时取得的股权支付金额不低于其交易支付总额的85％"。"同一控制下且不需要支付对价的企业合并"，也可以认定为符合该比例规定。

在股权收购中，这一比例是指"收购企业在该股权收购发生时的股权支付金额不低于其交易支付总额的85％"。

在资产收购中，这一比例是指"受让企业在该资产收购发生时的股权支付金额不低于其交易支付总额的85％"。

第五，企业重组中取得股权支付的原主要股东，在重组后连续12个月内，不得转让所取得的股权。

第六，企业发生涉及中国境内与境外之间（包括港澳台地区）的股权和资产收购交易，除应符合以上各项条件外，还应同时符合下列条件，才可选择适用特殊性税务处理规定。

①非居民企业向其100％直接控股的另一非居民企业转让其拥有的居民企业股权，没有

因此造成以后该项股权转让所得预提税负担变化,且转让方非居民企业向主管税务机关书面承诺在三年(含三年)内不转让其拥有受让方非居民企业的股权。

②非居民企业向与其具有100%直接控股关系的居民企业转让其拥有的另一居民企业股权。

③居民企业以其拥有的资产或股权向其100%直接控股的非居民企业进行投资。

④财政部、国家税务总局核准的其他情形。

(2)特殊性税务处理政策。

企业合并中的特殊税务处理方式包括:①合并企业接受被合并企业资产和负债的计税基础,以被合并企业的原有计税基础确定;②被合并企业合并前的相关所得税事项由合并企业承继;③可由合并企业弥补的被合并企业亏损的限额=被合并企业净资产公允价值×截至合并业务发生当年年末国家发行的最长期限的国债利率;④被合并企业股东取得合并企业股权的计税基础,以其原持有的被合并企业股权的计税基础确定。

符合特殊性税务处理的股权收购业务,可以选择按以下规定进行所得税处理:①被收购企业的股东取得收购企业股权的计税基础,以被收购股权的原有计税基础确定;②收购企业取得被收购企业股权的计税基础,以被收购股权的原有计税基础确定;③收购企业、被收购企业的原有各项资产和负债的计税基础和其他相关所得税事项保持不变。

符合特殊性税务处理的资产收购业务,可以选择按以下规定进行所得税处理:①转让企业取得受让企业股权的计税基础,以被转让资产的原有计税基础确定;②受让企业取得转让企业资产的计税基础,以被转让资产的原有计税基础确定。

前述企业发生涉及中国境内与境外之间(包括港澳台地区)的股权和资产收购交易中,居民企业以其拥有的资产或股权向其100%直接控股关系的非居民企业进行投资的,其资产或股权转让收益如果选择特殊性税务处理,可以在10个纳税年度内均匀计入各年度应纳税所得额。

此外,财税〔2014〕109号对于股权、资产划转的特殊性税务处理方法进行了明确:对100%直接控制的居民企业之间,以及受同一或相同多家居民企业100%直接控制的居民企业之间按账面净值划转股权或资产,凡具有合理商业目的且不以减少、免除或者推迟缴纳税款为主要目的,股权或资产划转后连续12个月内不改变被划转股权或资产原来实质性经营活动,且划出方企业和划入方企业均未在会计上确认损益的,可以选择按以下规定进行特殊性税务处理:①划出方企业和划入方企业均不确认所得;②划入方企业取得被划转股权或资产的计税基础,以被划转股权或资产的原账面净值确定;③划入方企业取得的被划转资产,应按其原账面净值计算折旧扣除。

3.一般重组与特殊重组的税制比较

税收筹划的前提,是分析不同税务处理方式的差异,并根据企业的具体情况,灵活加以运用。比较企业并购中一般性税务处理与特殊性税务处理的差异,有助于纳税人根据自身的实际情况,选择适合于自己的税务处理方法。以企业合并中的政策差异为例,见表8-1。

表 8-1　一般重组与特殊重组的税收政策对比

企业合并的处理		一般税务处理	特殊税务处理
合并方的处理	被合并企业的资产、负债的计税基础	按公允价值确定计税基础	以被合并企业原有计税基础确定
	被合并企业的亏损	不得在合并企业结转弥补	由合并企业继承(有弥补限额)
被合并方的处理	被合并企业及其股东的所得	按清算进行所得税处理	所取得合并企业股权的计税基础,以其原持有的被合并企业股权的计税基础确定

从表 8-1 中的分析可以发现,二者的根本差异在于,当相关资产或负债的公允价值和原有账面价值产生差异时,一般性税务处理在并购发生的当期即确认了这种价值变动,并且由此对企业的盈亏产生影响;而在特殊税务处理中,相关资产或负值是以原计税基础确定新的入账价值,无论是升值还是贬值,都不会对当期所得税产生影响一直到这些资产或负债日后再次被销售出去,才会将此次的价值变动一起实现。

可见,特殊性税务处理实际上是一种延期纳税政策。当资产出现增值的时候,特殊性税务处理对企业更加有利,有助于企业推迟纳税时间;但当资产出现贬值的时候,一般性税务处理可以使企业减少当期的应纳税所得额,因而更有助于企业降低税负。

(二)税务筹划方案设计

1. 并购标的选择的税务筹划

在企业并购过程中,确定最佳目标企业(即标的)是并购决策的首要问题,它是整个并购过程的基础。在这一环节充分考虑税收因素,可以在一定程度上降低企业的并购成本,甚至减轻并购后存续企业的税收负担,而且这样的结果将增加并购成功的可能性,促进合并后存续企业的发展。

(1)选择税收优惠地区的目标企业。

我国税收政策在地区间的差异,决定了在并购不同地区的相同性质和经营状况的目标企业时,可以获得不同的收益。虽然企业所得税法大大弱化了区域性的税收优惠政策,但仍保留了对在经济特区、西部地区等特殊区域注册经营的企业的一些特殊的优惠。企业在选择并购目标时,可选择能享受到这些优惠政策的企业作为并购对象,同时在并购后,争取使新企业能够适用相关的优惠政策。当企业集团内存在多个独立的纳税人时,被并购企业保持独立的纳税地位,并在企业集团内进行适度的税务筹划,也可以在整体上实现税务筹划的目标。

(2)选择符合国家产业政策的企业作为目标企业。

现行《中华人民共和国企业所得税法》将税收优惠的重心转移到产业优惠上,鼓励环保节能产业的发展和环保节能设备的运用以及高科技产业。如国家重点扶持的高新技术企业享受15%低税率的税收优惠,采用符合国家再生资源生产的企业享受三免三减半的税收优惠,农业生产所得享受的免税或减半征收的税收优惠等。这些使得企业在选择被并购企业时,可以根据行业性质和收益程度选择恰当的目标企业。

（3）选择累计经营亏损的目标企业。

并购企业若有较高盈利水平，为改变其整体的纳税水平，可选择一家具有大量经营亏损的企业作为并购目标。通过盈利与亏损的相互抵消，实现企业所得税的减免。如果并购纳税中出现亏损，合并企业还可以实现亏损的递延，推迟纳税。因此，目标企业尚未弥补的亏损和尚未享受完的税收优惠，应当是决定是否实施并购的一个重要因素。并购亏损企业一直是企业资本运作的主要方法，更是税务筹划的主要方法，但因为避税严重，漏洞太大，税务上被迫进行反避税防御，因此并购方能够弥补被并方以前年度亏损的金额十分有限。

按企业重组的所得税政策规定，符合特定条件的重组，即免税重组，以原计税基础计量，亏损可以由并购方弥补，但其弥补的限额为：

可由合并企业弥补的被合并企业亏损的限额＝被合并企业净资产公允价值×截至合并业务发生当年年末国家发行的最长期限的国债利率

例8-1：甲公司于2017年12月收购乙公司，乙公司当时已有3000万元的经营性亏损，需递延至以后年度由税前利润弥补。并购前甲公司第1～3年盈亏情况见表8-2。假定最长期限国债利率为5%。

表8-2　甲公司并购前盈亏情况表　　　　单位：万元

项　　目	第1年	第2年	第3年	合　　计
利润总额	900	1200	1500	3600
减：所得税（25%）	225	300	375	900
所有者净利润	675	900	1125	2700

甲公司与乙公司并购后，其第1～3年度盈亏情况见表8-3。

可以弥补的亏损＝3000×5%＝150（万元）

表8-3　甲、乙公司并购后盈亏情况表　　　　单位：万元

项　　目	第1年	第2年	第3年	合　　计
利润总额	900	1200	1500	3600
减：亏损	150	0	0	150
应税利润总额	750	1200	1500	3450
减：所得税（25%）	187.5	300	375	862.5
所有者净利润	712.5	900	1125	2737.5

通过表8-2和表8-3可以看出，通过企业收购的税务筹划，使甲乙两公司三年内的整体税负由原来的900万元降低到862.5万元，减少了37.5万元，归属于所有者的资金流入相应地增加了37.5万元。

可见，如果正向并购，即盈利企业并购亏损企业，能够弥补以前年度亏损的金额只有相当于最长期限国债利率的额度，几乎可以忽略不计了。但从税务筹划的角度考虑，有专家指出，也可以采用反向并购，即亏损企业并购盈利企业，那么亏损就可以完全利用了。

承上例,如果反向并购,亏损全部可以利用,所有者净利润的计算,见表8－4。

表8－4 乙公司如果反向并购甲公司的盈亏情况表　　　　单位:万元

项　目	第1年	第2年	第3年	合　计
利润总额	900	1200	1500	3600
减:亏损	900	1200	900	3000
应税利润总额	0	0	600	600
减:所得税(25%)	0	0	150	150
所有者净资金流入	900	1200	1350	3450

如果反向并购,使甲乙两公司三年内的整体税负由原来的900万元降低到150万元,减少了750万元,归属于所有者的资金流入相应地增加了750万元。

2.一般重组与特殊重组选择的税务筹划

财税〔2009〕59号和财税〔2014〕109号文件的出台使得企业在合并中进行税务筹划的条件更为严格,企业合并的所得税筹划空间趋小,因此,研究企业合并税务筹划更要重视全流程的整体安排,并将税务筹划的重点放在对"一般税务处理"与"特殊税务处理"的选择上。

在新制度下企业合并中税务筹划的亮点在于,当企业采取特殊税务处理方法时,可以递延纳税,暂不计算评估增值部分所得,且可以将目标企业的未弥补亏损转由合并后的企业进行税前抵扣,减轻了企业重组的税收成本,有利于企业开展重组,进行资源的重新整合、布置。

例8－2:甲企业2017年底兼并乙企业。乙企业账面资产1000万元,负债470万元,未弥补亏损80万元,评估公允价值资产1200万元,负债470万元。假定计税基础等于账面价值。假定贴现率6%,企业所得税税率25%,最长期限国债利率5%。

方案1:现金支付,应税并购。

(1)被并企业乙的应纳所得税(现金流出):

$[(1200-470)-(1000-470)]\times25\%=50$(万元)

(2)合并企业的应纳所得税。

合并企业以资产的公允值1200万元计算成本,假定有效期10年,每年摊销120万元:

抵税$120\times25\%=30$(万元)(相当于现金流入)

注意被并企业的亏损不得结转弥补。

双方纳税与抵税后净现值$=30\times PVIFA-50$

$=30\times7.3601-50$

$=170.8$(万元)

方案2:股票支付,免税并购。

(1)并购时,被合并企业免税。

(2)合并后,合并企业以1000万元的账面值计算成本。

财税〔2009〕59号文规定:可由合并企业弥补的被合并企业亏损的限额

＝被合并企业净资产公允价值×截至合并业务发生当年年末国家发行的最长期限的国债利率

可以弥补的亏损＝(1200－470)×5％＝36.5(万元)

亏损抵税＝36.5×25％＝9.125(万元)

1000万元在10年摊销,每年100万元,抵税金额25万元(100×25％)

净现值＝25×$PVIFA$(10,6％)＋9.125(补亏部分)

$\qquad$＝25×7.3601＋9.125

$\qquad$＝193.125(万元)

因此,免税合并比应税合并节税:

193.125－170.8＝22.325(万元)

在评估增值的条件下,往往免税重组可以节税,反之,如果评估减值的情况,免税重组未必为优,计算过程类似,不再重复介绍。

二、企业并购中的流转税筹划

(一)税收政策

1.增值税

《国家税务总局关于纳税人资产重组有关增值税问题的公告》(国家税务总局公告2011年第13号)规定:纳税人在资产重组过程中,通过合并、分立、出售、置换等方式,将全部或者部分实物资产以及与其相关联的债权、负债和劳动力一并转让给其他单位和个人,不属于增值税的征税范围,其中涉及的货物转让,不征收增值税。

但在执行过程中,有些重组是分几次完成的,免税规定的执行遇到困难,为此国家税务总局发布了《国家税务总局关于纳税人资产重组有关增值税问题的公告》(国家税务总局公告2013年第66号):纳税人在资产重组过程中,通过合并、分立、出售、置换等方式,将全部或者部分实物资产以及与其相关联的债权、负债经多次转让后,最终的受让方与劳动力接收方为同一单位和个人的,仍适用《国家税务总局关于纳税人资产重组有关增值税问题的公告》(国家税务总局公告2011年第13号)的相关规定,其中货物的多次转让行为均不征收增值税。资产的出让方需将资产重组方案等文件资料报其主管税务机关。

2.原营业税政策与"营改增"

《国家税务总局关于纳税人资产重组有关营业税问题的公告》(国家税务总局公告2011年第51号)规定:纳税人在资产重组过程中,通过合并、分立、出售、置换等方式,将全部或者部分实物资产以及与其相关联的债权、债务和劳动力一并转让给其他单位和个人的行为,不属于营业税征收范围,其中涉及的不动产、土地使用权转让,不征收营业税。

"营改增"继续沿用免税规定,《财政部 国家税务总局关于全面推开营业税改征增值税试点的通知》(财税〔2016〕36号)的附件2《营业税改征增值税试点有关事项的规定》第一条第二款第五项规定:在资产重组过程中,通过合并、分立、出售、置换等方式,将全部或者部分实物资产以及与其相关联的债权、负债和劳动力一并转让给其他单位和个人,其中涉及的不动产、土地使用权转让行为不征增值税。

3.重组过程中增值税"进项税额"的处理

根据前述的税法规定,重组过程中资产转让方免征增值税,但增值税还存在进项税额的抵扣问题。如果资产转让方免征增值税,则相应的进项税额需要转出,资产转入方无法获得进项税额的抵扣。这对于重组双方而言,是不利的,因此国家税务总局对此做了进一步的规定。

《国家税务总局关于纳税人资产重组增值税留抵税额处理有关问题的公告》(国家税务总局公告 212 年第 55 号)规定,增值税一般纳税人(以下称原纳税人)在资产重组过程中,将全部资产、负债和劳动力一并转让给其他增值税一般纳税人(以下称新纳税人),并按程序办理注销税务登记的,其在办理注销登记前尚未抵扣的进项税额可结转至新纳税人处继续抵扣。

(二)税务筹划设计

1. 资产转让与整体转让的税务筹划

如果只是资产转让,不与债权债务以及劳动力一并进行整体转让,则转让方需要正常缴纳增值税。对于转让方而言,如果存在增值,则会多缴税款。但如果转让方需要缴纳增值税,则并购方可以获得增值税的抵扣凭证,抵扣相应的增值税。对于交易双方而言,由于增值税的可抵扣性,是否免税意义不是很大。

例 8 - 3:甲企业并购乙企业。乙企业目前账面资产 1000 万元,假定有进项税额 130 万元。甲企业不存在并购事项时,当期销项税额 500 万元,进项税额 300 万元。

方案 1:纯资产转让,乙企业资产的公允价值 1200 万元,销售相关资产的增值税税率 13%。

乙企业:销项税额 1200×13%=156(万元)

进项税额 130 万元

应纳增值税=156-130=26(万元)

甲企业:

甲企业因为并购增加 156 万元的进项税额。

应纳增值税=500-300-56=44(万元)

甲乙双方应纳增值税合计 70 万元。

方案 2:资产与债权债务以及劳动力一并转让,转让方(乙企业)增值税免税,假定进项税额并购方(甲企业)可以承继抵扣。

乙企业:

免税,应纳增值税为 0。

甲企业:

甲企业因为并购增加 130 万元的进项税额。

应纳增值税=500-300-130=70(万元)

甲乙双方应纳增值税 70 万元。

可见,免税与否,对于交易双方而言,应纳增值税总额是没有影响的。

2. 争取"进项税额"的承继抵扣

重组过程中,被并方的进项税额能否由被并购方承继抵扣,是有严格的要求的,重组过程中,必须要准备相关材料,才可以抵扣。

重组过程中,原纳税人主管税务机关应认真核查纳税人资产重组相关资料,核实原纳税人在办理注销税务登记前尚未抵扣的进项税额,填写增值税一般纳税人"资产重组进项留抵税额转移单"。增值税一般纳税人资产重组进项留抵税额转移单一式三份:

(1)原纳税人主管税务机关留存一份;

(2)交原纳税人一份;

(3)传递新纳税人主管税务机关一份。

新纳税人主管税务机关应将原纳税人主管税务机关传递来的增值税一般纳税人资产重组进项留抵税额转移单与纳税人报送资料进行认真核对,对原纳税人尚未抵扣的进项税额,在确认无误后,允许新纳税人继续申报抵扣。通过以被并购企业库存存货的增值税进项税额,抵减并购后企业的销项税额,实现合并后增值税税负的降低。

3.零价收购,增加进项税额的抵扣

所谓"零价收购",是指将净资产为零(总资产等于总负债)的企业无偿出售,其主要条件是收购方承担原有企业的全部债务。此时,并购方没有立即出资(将来归还债务),而可以获得进项税额的抵扣,至少可以获得税款的时间价值。

例8-4:甲公司本期销售商品1200万元,销项税额为156万元(税率13%),本期进项税额为100万元,实际应缴纳增值税为56万元。乙公司资产与负债相等,但乙公司原有库存存货300万元,相应的进项税额假定尚有39万元。

甲公司可以采取"零价收购"法兼并乙公司。

甲企业应纳增值税:

本期进项税额=100+39=139(万元)

应缴纳的增值税=156-139=17(万元)

兼并后,甲公司本期进项增值税增加39万元,导致本期应纳增值税减少39万元。

使用该方法进行税收筹划时,必须全面考虑零价收购给企业带来的全面影响。例如,乙公司原有的债务也会因此转移给甲公司。如果原来乙公司的账面资产质量不高,不足以承担其原有债务,该税收筹划的效果将受到影响,甚至会影响税收筹划方案的可行性。

三、企业并购中的其他税筹划

(一)税收政策

在重组过程中,具有税务筹划意义的其他税种主要是土地增值税,其他一些小税种影响不大,可以忽略不计。

依据《财政部 国家税务总局关于企业改制重组有关土地增值税政策的通知》(财税〔2015〕5号),下面几种情况免征土地增值税。

1.企业改组

按照《中华人民共和国公司法》的规定,非公司制企业整体改建为有限责任公司或者股份有限公司,有限责任公司(股份有限公司)整体改建为股份有限公司(有限责任公司)。对改建前的企业将国有土地、房屋权属转移、变更到改建后的企业,暂不征土地增值税。本通知所称体改建是指不改变原企业的投资主体,并承继原企业权利、义务的行为。

2.企业合并

按照法律规定或者合同约定,两个或两个以上企业合并为一个企业,且原企业投资主体存续的,对原企业将国有土地、房屋权属转移、变更到合并后的企业,暂不征土地增值税。

3.企业分立

按照法律规定或者合同约定,企业分设为两个或两个以上与原企业投资主体相同的企业,对原企业将国有土地、房屋权属转移、变更到分立后的企业,暂不征土地增值税。

4.改组中的不动产投资

单位、个人在改制重组时以国有土地、房屋进行投资,对其将国有土地、房屋权属转移、变更到被投资的企业,暂不征土地增值税。

上述改制重组有关土地增值税政策不适用于房地产开发企业。

上述通知的执行期限为 2015 年 1 月 1 日至 2017 年 12 月 31 日。

但《关于继续实施企业改制重组有关土地增值税政策的通知》(财税〔2018〕57 号)又把上述免税规定延展到 2020 年了。另外,并购与分立过程中涉及的不动产转让,免征土地增值税,但房地产开发企业除外。

(二)税务筹划设计

1.并购标的选择的税务筹划

当政府意图限制或约束某一行业的发展时,通常会采取对该行业开征专门税种的方法——就像中国当前对房地产行业征收的土地增值税。我国现行的土地增值税是对转让国有土地使用权、地上建筑物及附着物并取得收入的单位和个人而征收的税种,其目的是为了限制房地产企业的过高盈利水平。但当我们将房地产行业置于市场当中,不难发现,它只是房地产生产链条中的其中一个环节:土地增值税只覆盖了这一个环节,而放弃了对它的上下游产业的调节。于是,房地产企业完全可以通过并购行为形成企业集团化盈利模式,通过将盈利分配给上游的设计企业、建筑企业,或下游的物业管理企业,实现利润的分散化,进而降低土地增值税。

例 8-5:甲房地产公司主要经营写字楼开发和销售。2017 年 8 月甲房地产销售一栋由乙建筑公司承建的写字楼,收入总额为 30000 万元。该企业在开发过程中发生的有关支出包括:支付地价款及各种费用 4000 万元;支付给乙建筑公司的房地产开发成本 8000 万元(由于甲、乙公司之间长期的合作关系,此价格略低于市场价格);财务费用中的利息支出为 1000 万元(可按转让项目计算分推并提供金融机构证明),但其中有 100 万元属加罚的利息;转让环节缴纳的有关税费共计为 800 万元。开发费用的扣除标准按 5%。土地增值税计算表见表 8-5。

表 8-5   土地增值税四级超率累进税率表

级数	增值额与扣除项目金额的比率	税率(%)	速算扣除系数(%)
1	不超过 50% 的部分	30	0
2	超过(含)50%~100% 的部分	40	5
3	超过(含)100%~200% 的部分	50	15
4	超过(含)200% 的部分	60	35

这时甲房地产公司应该缴纳的土地增值税应计算如下。

第一步:计算扣除项目金额

(1)取得土地使用权支付的地价款及有关费用=4000(万元)

(2)支付给乙建筑公司的房地产开发成本=8000(万元)

(3)房地产开发费用=(1000-100)+(4000+8000)×5%=1500(万元)

(4)允许扣除的税费=800(万元)

(5)从事房地产开发的纳税人加计扣除 20%

允许扣除额=(4000+8000)×20%=2400(万元)

（6）允许扣除的项目金额＝4000＋8000＋1500＋800＋2400＝16700（万元）

第二步：计算增值额

土地增值额＝30000－16700＝13300（万元）

增值率＝13300÷16700×100％＝79.64％

第三步：计算应纳税额

应纳土地增值税＝13300×40％－16700×5％＝4485（万元）

由于上述土地增值税税额较大，甲房地产公司可以通过收购乙建筑公司进行业务重构，对于甲支付给乙建筑公司的房地产开发成本，在可接受的幅度内进行适度的转让定价会增加甲公司土地增值税的扣除项目金额，减少土地增值税。

实行并购后，甲公司支付给乙公司的房地产开发成本由8000万元增加到10000万元，则此时甲公司缴纳土地增值税情况如表8-6所示。

表8-6　甲房地产公司并购前后土地增值税对比　　　　　　　单位：万元

土地增值税计算步骤	并购前		并购后	
	计算过程	计算结果	计算过程	计算结果
取得土地使用权支付地价及有关费用		4000		4000
支付给乙建筑公司的房地产开发成本		8000		10000
房地产开发费用	1000－100＋（4000＋8000）×5％	1500	1000－100＋（4000＋10000）×5％	1600
允许扣除的税费		800		800
从事房地产开发的纳税人加计扣除20％	（4000＋8000）×20％	2400	（4000＋10000）×20％	2800
允许扣除的项目金额合计	4000＋8000＋1500＋800＋2400	16700	4000＋10000＋1600＋800＋2800	19200
增值额	30000－16700	13300	30000－19200	10800
增值率	13300÷16700×100％	79.64％	10800÷19200×100％	56.25％
应纳税额	13300×40％－16700×5％	4485	10800×40％－19200×5％	3360
业务重构的税收筹划结果	税负降低＝4485－3360＝1125			

企业通过上述并购行为筹划土地增值税还需要付出相应的成本。例如，并购中的相应费用（例如由于资产转让而相应产生的增值税）、支付并购对价时对企业资产结构和资产流动性产生的影响等。这些都需要企业进行通盘考虑。

从前述案例中可以看出,房地产企业并购上游或下游企业而实现的税收筹划,有以下几条规律可循。

第一,并购的目的是为了更方便地进行转让定价,而不是实现税收筹划的充分条件。如上述案例8-5中,并购前甲、乙公司之间的交易价格低于市场价格,是乙企业对长期客户甲企业的让利。虽然节约了建筑成本,但也导致土地增值税的增加。并购后的转让定价,不仅可以纠正偏低的市场价格,还可以在可接受的范围内适当上浮。同理,如果房地产企业并购了下游企业,就可以通过适当的价格下浮进行土地增值税筹划。

第二,转让定价减少了土地增值税的税基。房地产企业并购其上游或下游企业之后,无论是通过提高对上游企业的支付而增加成本,还是通过降低对下游企业的价格减少收入,最终的目标,都是降低房地产企业的增值额,通过缩小税基,实现土地增值税的筹划。

第三,土地增值税边际税率的降低。我国土地增值税采用的是超率累进税率,房地产的增值额越高,其对应税率越高,相应缴纳的土地增值税也就越多。通过并购行为,将房地产增值额在企业集团内部进行重新分布,当房地产企业的土地增值率下降至更低税级,企业就可以按照更低的边际税率缴纳土地增值税。

2. 不动产销售与并购选择的税务筹划

如果不动产直接销售给购买方,土地增值税一直是一笔很大的负担,但是,如果采用并购重组的方式将不动产转移到购买方,则可以节省土地增值税。具体的税务筹划方法我们已经在销售部分进行了计算分析,在此不再赘述。

第三节　企业分立的税务筹划

企业分立是指一家企业(称为被分立企业)将部分或全部资产分离转让给现存或新设的企业(称为分立企业),被分立企业股东换取分立企业的股权或非股权支付,实现企业的依法分立。企业不论采取何种方式分立,均不须经过清算程序。分立前企业的股东(投资者)可以决定继续以全部或部分资产投资各分立后的企业;分立前企业的债券和债务,按法律规定的程序和分立协议的约定,由分立后的企业承继。总之,原企业从本质上并没有消灭,只是有了新的变化,也正是这种实质上的存续,为税务筹划提供了可能。

一、企业分立的所得税筹划

(一)税制规定

企业分立中所得税的基本规范,是2009年4月30日财政部和国家税务总局联合出台的《关于企业重组业务企业所得税处理若干问题的通知》(财税〔2009〕59号)。该文件规定,企业重组的税务处理区分不同条件分别适用一般性税务处理规定和特殊性税务处理规定。

1. 分立的一般重组

分立的一般重组方式,是指应税分立,即采用公允价值的交易方法,具体包括:

(1)被分立企业对分立出去资产应按公允价值确认资产转让所得或损失。

(2)分立企业应按公允价值确认接受资产的计税基础。

(3)被分立企业继续存在时,其股东取得的对价应视同被分立企业分配进行处理。

(4)被分立企业不再继续存在时,被分立企业及其股东都应按清算进行所得税处理。

（5）企业分立相关企业的亏损不得相互结转弥补。

2.分立的特殊重组

分立的特殊重组方式，是指免税分立，以原计税基础分立资产。

（1）适用条件。企业重组（分立）同时符合下列条件的，适用特殊性税务处理规定：

第一，具有合理的商业目的，且不以减少、免除或者推迟缴纳税款为主要目的；

第二，被收购、合并或分立部分的资产或股权比例符合规定的比例；

第三，企业重组后的连续 12 个月内不改变重组资产原来的实质性经营活动；

第四，重组交易对价中涉及股权支付金额符合规定比例（即 85%）；

第五，企业重组中取得股权支付的原主要股东，在重组后连续 12 个月内，不得转让所取得的股权。

（2）税务处理规定。被分立企业所有股东按原持股比例取得分立企业的股权，分立企业和被分立企业均不改变原来的实质经营活动，且被分立企业股东在该企业分立发生时取得的股权支付金额不低于其交易支付总额的 85%，可以选择按以下规定处理：

第一，分立企业接受被分立企业资产和负债的计税基础，以被分立企业的原有计税基础确定；

第二，被分立企业已分立出去资产相应的所得税事项由分立企业承继；

第三，被分立企业未超过法定弥补期限的亏损额可按分立资产占全部资产的比例进行分配，由分立企业继续弥补。

在企业存续分立中，分立后的存续企业性质及适用税收优惠的条件未发生改变的，可以继续享受分立前该企业剩余期限的税收优惠，其优惠金额按该企业分立前一年的应纳税所得额（亏损计为零）乘以分立后存续企业资产占分立前该企业全部资产的比例计算。

（二）税务筹划设计

1.分立目标选择的税务筹划

分立不同于并购的地方，是不需要选择标的的，但从所得税税务筹划的角度而言，分立目标或动机（为什么要分立）有以下几个类别。

（1）通过分立，适用小微企业的纳税条件。

在企业所得税采用累进税率的情况下，企业分立后，可能分别适用相对较低的税率级次，从而降低企业整体税负。我国现行企业所得税税率名义上虽采用 25% 的比例税率，但针对小型微利企业制定了特殊的 20% 的优惠税率。这样企业分立后，就有可能适用相对较低的 20% 的税率级次，从而降低企业整体税负。

例 8-6：甲企业是一家小型出版社，除销售一般图书外，还销售古旧图书。该企业某年共实现销售额 600 万元（不含税），当年企业可抵扣的进项增值税税额为 60 万元；全年应纳税所得额为 120 万元，适用 25% 的企业所得税税率。经过内部大概核算，其中免增值税项目的销售额为 300 万元。由于该企业未能准确划分应税和免税项目的进项税额、销项税额，因此应税项目和免税项目一并缴纳了增值税。销售产品增值税税率为 13%。

①分立前。

甲企业：

应纳增值税税额＝600×13%－60＝18（万元）

应纳企业所得税税额＝120×25%＝30（万元）

应纳增值税和企业所得税合计为 48 万元。

②企业分立后。

该企业可以选择将生产免税产品的部门分立出来，成为一个独立的乙企业。

从企业所得税角度来看，分立出来的生产免增值税项目的企业和生产增值税应税项目的企业均满足小型微利企业的标准（利润各 60 万元），应适用 20% 的优惠税率。从增值税角度来看，避孕药品属于增值税免税项目，如果将免税项目的生产部门分立出来成立独立企业，实行独立核算，就可以免缴增值税，而且分立后的生产增值税应税项目的企业销售额没有超过 500 万元，都属于小规模纳税人，非免税项目按 3% 计缴增值税。

分立后，甲企业和乙企业：

应纳增值税税额 $=300×3\%=9$（万元）

应纳所得税额 $=60×20\%×2=24$（万元）

应纳增值税和企业所得税合计 33 万元。

比企业分立前降低税负了 15 万元。

目前小微企业的税收政策在不断调整，为了促进小微企业的健康发展，预期对小微企业的税收政策会朝着更优惠的方向改进。

（2）通过分立，适用高新技术企业的纳税条件。

高新技术只有 15% 的所得税税率，但其要求的条件很难达到，比如销售比例、研发费用比例、研发人员比例等，对于一些规模较大的企业，可能上述比例不好实现。因此，分立出一个符合条件的企业，申请为高新技术企业，可以降低企业的所得税负担。

2. 应税分立与免税分立的税务筹划

企业在分立时可以对照应税分立与免税分立的条件进行税务筹划，但是，需要事先计算分析，究竟应税分立为好还是免税分立为好？下面我们通过例题进行分析，给出税务筹划的建议。

例 8 - 7： 2017 年底甲企业的资产账面价值 2000 万元，公允价值 3000 万元；负债 1000 万元，公允价值也是 1000 万元；没有未弥补的亏损。假定分立出一个乙企业，资产和负债五五分。资产的账面价值就是计税基础，所得税税率 25%，贴现率 6%。

方案 1：应税分立。

（1）甲企业。

在分立时相当于出售了一半的资产，应纳所得税的计算：

应税所得 $=(3000-2000)×50\%=500$（万元）

应纳所得税 $=500×25\%=125$（万元）

（2）乙企业。

乙企业可以获得 1500 万元的资产（3000 万元的 50%），假定在未来按 10 年摊销，每年 150 万元。

每年抵税金额 $150×25\%=37.5$ 万元（相当于现金流入）

（3）双方纳税与抵税后的净现值。

$37.5×PVIFA(10,6\%)-125=37.5×7.3601-125=151$（万元）

方案 2：免税分立。

（1）甲企业。

分立时免税。

（2）乙企业。

按原账面价值获得 1000 万元的资产（2000 万元的 50%），假定在未来 10 年摊销。

1000 万元在 10 年摊销，每年 100 万元，抵税金额 25 万元（100×25%）

净现值＝25×$PVIFA$（10,6%）＝25×7.3601＝184（万元）

因此，免税合并比应税合并节税：

184－151＝33（万元）

与并购类似，在评估增值的条件下，往往免税重组可以节税，反之，如果评估减值的情况，免税重组未必为优，计算过程略去。

二、企业分立中的增值税筹划

（一）税制规定

企业分立涉及的增值税优惠政策在并购的税务筹划中已经一并阐述了，在此不再赘述。

（二）税务筹划设计

由于分立重组过程中涉及的增值税优惠，以及进项税额如何在转入方获得抵扣的问题，在前述并购的税务筹划中已经介绍了，在此不再赘述。但基于增值税的考虑，在税务筹划中，也有很多分立的目标（或动机）可以筹划，因此下面主要介绍企业分立重组的税务筹划目标或动机。

1.免税项目分立的税务筹划

我国增值税暂行条例规定，增值税的免税项目包括：农业生产者销售的自产农业产品、避孕药品和用具、古旧图书、由残疾人组织直接进口供残疾人专用的物品等。免税项目是否需要分立？我们通过例题来阐述税务筹划方法。

例 8-8：甲公司为增值税一般纳税人，除经营增值税应税项目的产品外，还兼营免税项目的产品。其两类产品的购销情况见表 8-7。

表 8-7　甲公司购销情况表　　　　　　　单位：万元

类　别	销售收入	占全部产品比例（%）	进项税额
免税产品 A	30	30	—
非免税品 B	70	70	—
合　计	100	100	10

我国现行税收制度对增值税纳税人兼营行为的规定是：纳税人兼营免税项目（不包括固定资产与在建工程）而无法划分不得抵扣的进项税额时，按下列公式计算不得抵扣的进项税额。

不得抵扣的进项税额＝当月无法划分的全部进项税额×当月免税项目销售额、非增值税应税劳务营业额合计÷当月全部销售额、营业额合计

根据表 8-7 中的数据及以上公式可以计算如下。

合并经营时，甲公司可抵扣的全部进项税额为：

可抵扣进项税＝10－10×30%＝7（万元）

设立一个独立企业生产免税产品 A 产品时：

（1）新企业中 A 产品的进项税为 2 万元，则新企业有 2 万元的进项税不能抵扣，但甲公司

的存续部分(生产非免税产品 B 的部分)可以抵扣 8 万元(10－2)进项税。

此时两企业一共可以抵扣的进项税 8 万元大于合并经营时的 7 万元,可以多抵扣 1 万元,所以此时分立经营较为有利。

(2)新企业中 A 产品的进项税为 4 万元,则新企业有 4 万元的进项税不能抵扣,甲公司的存续部分(生产非免税产品 B 的部分)可以抵扣的进项税变为 6 万元(10－4)。

此时,分立经营可抵扣的进项税(6 万元)小于合并经营时可以抵扣的进项税(7 万元),所以应选择合并经营。

可见,免税产品进项税额的比例直接决定了企业应分立经营或合并经营。如果我们假设免税产品的进项税额占全部进项税额的比例为 X,则其平衡点为:

$$100000 \times [(1-X) \times 100\%] = 70000$$

$$X = 30\%$$

本例中免税产品的进项税额占全部进项税额 30% 以上时,应采用合并经营较为有利;反之,如果在 30% 以下时,则应分设一独立的 B 公司专门经营免税产品更为有利。

在以上计算的基础上,我们还可以把以上筹划思路一般化,即

$$全部进项税额 \times [(1-\frac{免税产品进项税额}{全部进项税额}) \times 100\%] = 全部进项税额 \times 可抵扣比例$$

$$可抵扣比例 = (全部销售额 - 免税销售额) / 全部销售额$$

平衡点为: $\dfrac{免税产品进项税额}{全部进项税额} = \dfrac{免税产品销售额}{全部销售额}$

当 $\dfrac{免税产品进项税额}{全部进项税额} > \dfrac{免税产品销售额}{全部销售额}$ 时,采用合并经营法较为有利;

反之,当 $\dfrac{免税产品进项税额}{全部进项税额} < \dfrac{免税产品销售额}{全部销售额}$ 时,应将免税产品的经营业务分立到一个新的公司,才可以实现税收筹划。

2. 免税农产品分立的税务筹划

在分析企业如何通过分立免税农产品来降低增值税负担之前,我们先来看一下某食品厂的案例。

例 8-9:某食品厂为增值税一般纳税人,适用 13% 的增值税税率。该食品厂自行种植苹果,并将苹果加工成果脯、饮料等(以下简称"加工品")对外销售。2019 年 5 月该食品厂共销售苹果加工品 100 万元(无税),销项税额为 13 万元。但企业经核算,发现与该项业务有关的进项增值税只有化肥等项目产生了 1 万元的进项税额。

为了降低增值税负担,该食品厂应采取企业分立的方法降低增值税负担,即食品厂将苹果的种植业务分立为一个独立的企业,并使其具有独立的法人资格,实行独立核算,也就是使之成为一个独立的纳税人。

我国增值税暂行条例规定,一般纳税人向农业生产者购买的免税农业产品,或者向小规模纳税人购买的农业产品,准予按照购买价格和规定的扣除率计算进项税额并从当期销项税额中扣除。将种植业务独立后,食品厂就可以按照购买价格和规定的扣除率计算进项增值税,而种植企业也不必缴纳增值税,因为直接从事植物的种植、收割和动物的饲养、捕捞的单位和个人销售的自产农业产品,免征增值税。

本例中的税务筹划方法不适用于以购进农产品为原料生产销售液体乳及乳制品、酒及酒

精、植物油的增值税一般纳税人,因为根据财税〔2012〕38 号文件,自 2012 年 7 月 1 日起,以购进农产品为原料生产销售以上产品的增值税一般纳税人,纳入农产品增值税进项税额核定扣除试点范围,其购进农产品无论是否用于生产上述产品,增值税进项税额均实施核定扣除办法。

由于其他税种的税制规定,分立与并购没有特别的不同,在并购部分已经做了介绍,因此,在分立的税务筹划部分不再赘述。

三、并购与分立综合应用的税务筹划

企业在并购与分立过程中,由于所得税免税条件很难达到,可能需要综合利用并购与分立进行税务筹划,下面我们用两个例题来阐述。

例 8 - 10: A 公司持有 B 公司 100% 的股权。A 公司现在希望向 C 公司出售 B 公司 40% 的股权,获得 C 公司 20% 的股权作为对价。

(1)免税条件分析。

A 公司出售控股的 B 公司 40% 的股权,未达到免税重组要求的 50% 的比例,但获得的收益全部是股份,即 C 公司 20% 的股份。如果直接重组,不符合所得税的免税条件。

(2)免税重组的筹划。

如果 A 公司希望进行特殊重组,即免税重组,如何筹划?

建议方案:A 公司先将 B 公司进行分立,比如按四六开分成两个公司,即续存公司 B,以及分立企业 B1 公司。再将 B 公司的股权 100% 卖给 C,并获得 C 公司 20% 的股份。

通过先分立再出售的方法,从而使得出售股权的比例也达到免税条件,从而实现免税重组。

例 8 - 11: A 公司持有 B 公司 100% 的股权,其公允价值 300 万元。A 公司希望向 C 公司出售 B 公司 100% 的股权,获得 C 公司 20% 的股权和 200 万元现金。

(1)免税条件分析。

A 公司出售控股的 B 公司 100% 的股权,达到了免税重组的要求。但获得的收益三分之二(200 万元/300 万元)为现金,股权支付只占三分之一,因此,不符合免税条件。因此直接重组不可能免税重组。

(2)免税重组的筹划。

如果 A 公司希望进行特殊重组,如何筹划?

筹划方法:A 公司先将 B 公司进行分立,分成 B1 公司 200 万元,续存 B 公司 100 万元。再将 B 公司和 B1 公司出售给 C 公司。

假定出售续存的 B 公司,获得股权支付,价值 100 万元,可以实现免税重组。

而出售 B1 公司,获得现金支付,价值 200 万元,无法实现免税。

但计税基础从 300 万元降至 200 万元,可以减轻税负。

思考与练习

1.企业特殊性并购与分立的条件是什么?

2.甲企业 2017 年底兼并乙企业。乙企业账面资产 5000 万元,负债 3000 万元,未弥补亏损 1000 万元,评估公允价值资产 6000 万元,负债 3000 万元。假定计税基础等于账面价值。

假定贴现率10%,企业所得税税率25%,最长期限国债利率5%。请进行税务筹划分析,回答是应税重组好还是免税重组好。

3.为什么说增值税免税与否,对于重组交易双方而言,应纳增值税总额是没有影响的?

4.从税务筹划的角度考虑,免税产品在什么条件下应该分立经营为好?

5.甲企业是增值税一般纳税人,拥有一个牧场饲养奶牛,并且拥有牛奶加工厂,因此对外出售经过加工的各种牛奶制品。对牧场的税务筹划方法是什么?

第九章　国际业务的税务筹划

国际业务税务筹划是指跨国纳税人以合法的方式,利用各国税收法规的漏洞和差异,或利用国际税收协定中的缺陷,通过变更其经营地点、经营方式以及人和财产跨越税境的流动等方法来谋求最大限度地减轻或规避税收负担的行为。国际业务税务筹划实际上是国内税务筹划和涉外企业税务筹划在国际范围内的延伸和发展,它与国内税务筹划既有联系又有区别。从筹划使用的手段和要达到的目的来看,两者基本一致,但是,由于国际业务税务筹划行为主体是跨国纳税人,其税务筹划行为不仅跨越了税境,而且一般都涉及两个以上相关国家的税收法规、管理机制及经济利益。因此,国际业务税务筹划较之国内税务筹划和涉外企业税务筹划更为复杂。

第一节　国际税收与国际业务税务筹划概述

一、国际税收概述

(一)国际税收的概念和特点

1. 国际税收的概念

国际税收是指两个或两个以上国家在对跨国纳税人征税过程中所发生的国家与国家之间的税收分配关系。

所谓跨国纳税人是指在两个或两个以上国家取得收入或拥有财产,从而对两个或两个以上国家负有纳税义务的人,包括跨国自然人和跨国法人。

国际税收关系形成于19世纪下半叶,随着国际分工的发展,各国经济相互渗透,相互依赖,经济生活呈现了空前未有的国际化。各国的商品、资本、技术、劳动力等经济要素不断地跨国流动,导致了统一的世界市场的形成,在这些经济要素的流通中,商品输出和资本流通占据着重要地位。商品与资本的国际化带来了企业的国际化和人员的国际流动,从而带来了收入的国际化。企业或个人一旦参与了国际经济活动,其收入有了国际化的特点,就可能面临着被两个或两个以上国家征税的问题。尤其是所得课税和财产课税超出了一个国家的征税范围,涉及至少两个国家的税收管辖权,从而涉及国家与国家之间的税收权益分配,引起税收在国际间的一系列矛盾、冲突以及协调,当政府课税涉及国际税收权益分配时,国际税收关系便不可避免地产生了。

2. 国际税收的特点

国际税收的特点主要有以下几个方面:

(1)国际税收是一种税收活动,不能脱离国家而独立存在。如果没有各个国家对其管辖范围内的纳税人的课征,就不会产生国际税收活动。所以,以国家为征收方,跨国纳税人为缴纳方的税收征纳行为及征纳关系,构成了国际税收的基本内容,国际税收因此也就不能离开国家而独立存在。

(2)国际税收是一种特定的税收分配关系。并不是所有国家与纳税人之间的税收征纳关系都会形成国际税收关系,只有当至少两个国家对同一课税对象,都有征税权时,两个国家在相同课税时段对同一课税对象以相似税种进行的征税行为,才涉及至少两个国家的财权利益,才属于国际税收的特定内容。

(3)国际税收是国家与国家之间的税收分配关系。国际税收是一种发生在国家之间的税收往来活动,是处理国家与国家之间的税收利益经济关系的活动。国际税收自身既无特定的税种、税率,也无具体的课税对象和纳税人,它既不是一种具体的税收制度,也不是一个独立的税种,它所要处理的,是国家间由于对跨国纳税人征税而引起的经济利益关系。

(4)国际税收不是超越于国家之上的法律范畴。从法的角度来说,国际上并不存在一种对一切国家具有法律强制力的国际税法。国家在税收方面行使税收管辖权而制定的税法,是国家意志的体现。这种国家意志只能施行于本国管辖范围内,不能强加于别国政府,对于两国或多国为了处理或协调彼此间的税收分配关系,经过谈判和协商所达成的协定,虽然在经过多方各自完成法律程序后,对各方都具有约束力,但不能认为是超越国家之上的法律。

(二)国际税收研究的对象与内容

由于国际税收反映了至少两个国家对同一纳税人的同一跨国所得各自行使征税权力所形成的国家之间的税收分配关系。因此,国际税收的研究对象包括两种相联系的税收关系:一是各国政府与其所管辖范围内的跨国纳税人之间的税收征纳关系;二是由此形成的国家与国家之间的税收分配关系。

国际税收的研究内容主要包括以下四个方面:

(1)税收管辖权问题。税收管辖权就是一国政府在征税方面所行使的管理权力及其范围,主要包括属地管辖权和属人管辖权两大类。由于各国选用的管辖权不同,就有可能造成对跨国所得重复征税的问题,进而影响国与国之间税收权益关系。因而国际税收关系是税收管辖权的具体体现。

(2)国际双重征税消除的问题。国际双重征税,是指两个或两个以上国家对同一跨国纳税人的同一项跨国所得进行的重复课税。它是各国税收管辖权交错的结果。随着各国经济的发展,这一问题极大地影响了商品、劳务、资本、人员的国际流通。因此,如何消除双重征税,就成为国际税收研究中最重要的问题之一。

(3)国际避税和逃税问题。由于各国税制结构设置不同,税率高低不同,往往引起跨国纳税人利用各国税制差异及存在的漏洞避税和逃税。为了有效地解决这一问题,需要各国不断地完善税收法规和强化税收的征收管理。同时,也需要有关国家采取措施,及时地相互提供有关纳税人的生产经营活动情况,相互配合才能取得较好的效果。

(4)国际税收协定缔结问题。国际税收协定,是有关主权国家为了协调相互间的税收分配关系及处理税务方面的问题,通过谈判缔结的一种税收协议或条约。其主要作用是使各国在处理与他国财权利益关系问题上有法可依。

(三)税收管辖权

税收管辖权在国际税收中是一个相当重要的概念,几乎所有的国际税收问题都与税收管辖权相关。

1. 税收管辖权的概念

税收管辖权,是国家主权在税收领域中的表现,是一国政府在征税方面所行使的管理权力及其范围。

税收管辖权是国家主权的重要组成部分,所以税收管辖权同国家的其他管辖权一样,具有独立性和排他性。其独立性体现在主权国家在税收方面行使权力的完全自主性,对本国的税收立法和税务管理具有独立的管辖权力;排他性则意味着处理本国税收事务时不受外来干涉和控制。

2. 确立税收管辖权的原则

既然税收管辖权是国家主权的重要组成部分,那么它的确立也受到国家政治权力所能达到的范围的制约。确定一个主权国家的政治权力所能达到的范围,国际上通行两个原则:一是属地原则,即一国只能在属于该国的区域内,包括该国疆界内所属领土的全部空间行使其政治权力;二是属人原则,即一国可以对该国的全部的公民和居民行使政治权力。

与此相适应,一个国家的税收管辖权,也可按照属地和属人原则来确立。按属地原则确定的税收管辖权称作地域管辖权或收入来源地管辖权;按属人原则确定的税收管辖权称作居民管辖权或公民管辖权。

3. 税收管辖权的类型

按照上述属地原则和属人原则确立的税收管辖权,一般分为以下三种类型:

(1)收入来源地管辖权,也称地域管辖权,即一个国家可以对来源于该国境内的全部所得以及存在于本国领土范围内的财产行使征税权力,而不考虑取得所得收入者和财产所有者是否为该国的居民或公民。

(2)居民管辖权,也称居住管辖权,即一个国家可对该国居民(包括自然人和法人)的世界范围的全部所得和财产行使征税的权力,而不考虑该居民的所得是来源于国内,还是国外。

(3)公民管辖权,即国家可对具有本国国籍的公民在世界范围的全部所得和财产行使征税权力,而不考虑该公民是否为本国居民。

在三种不同的税收管辖权中,收入来源地管辖权处于优先地位。这是因为对在本国境内发生的收入进行征税比较容易控制税源,征收管理较为简便易行;同时由于所得税首先在来源国征收,来源国如何计算应税所得,怎样设计所得税税率等,直接影响着征税国和纳税人的经济利益,因此按照来源国优先原则实行地域管辖权,是国际税收的通行惯例,跨国纳税人的居住国政府,只能在所得来源国课税后方可对之课税。

从世界各国的现行税制看,大多数国家或地区都同时采用居民管辖权和收入来源地管辖。单一行使收入来源地管辖权的国家和地区较少,除文莱、中国香港,多为拉丁美洲的国家,如巴拿马、巴西、乌拉圭、阿根廷等。美国是同时实行居民管辖权、公民管辖权和收入来源地管辖权的国家。我国在所得税方面同时采用了居民管辖权和收入来源地管辖权。

二、国际业务税务筹划概述

(一)国际业务税务筹划的概念

国际业务税务筹划是指跨国纳税人以合法的方式,利用各国税收法规的漏洞和差异或利用国际税收协定中的缺陷,通过变更其经营地点、经营方式以及人和财产跨越税境的变化等方法来谋求最大限度地减轻或规避税收负担的行为。

税境,是指一个国家税收管辖权所能够覆盖的界限,它与国境不是一个概念,它不像国境那样,在地理位置上能够找到一个确切和明显的界线或标志。由于各国执行的税收原则和政策不同,就有可能会出现税境小于、等于或大于国境的不同情况。如果一个国家在国内设立有完全免税的"无税区",则它的税境就会小于它的国境;而如果一国仅实行属地主义原则,仅行使税收地域管辖权,它的税境就基本等同于它的国境;而如果一国坚持属人主义原则,行使税收公民或居民管辖权,则它的税境就会大于它的国境。

(二)国际业务税务筹划的特征

1.目的性

跨国税务筹划的最终目的是使跨国纳税人在国际经营中实现税负最低、跨国公司整体利益最大化。围绕这一目的,不同企业或同一企业在不同时期的具体目标可能有所不同,有所侧重。这些具体目标通常包括:①减轻税负。通过对跨国公司在各个国家的税务筹划来降低整体税负。②延期纳税。通过对跨国公司纳税时间的筹划,延缓纳税,以获得税款的时间价值。③降低纳税成本。跨国公司为履行纳税义务,必然会发生相应的纳税成本,如税款计算成本、税务筹划成本等。降低纳税成本,可相应增加税务筹划收益。④实现涉税零风险。保证账目清晰,纳税及时足额,履行纳税义务,可以避免与各国税务机关发生税务纠纷而受处罚,从而规避税务风险。

2.合法性

合法性是跨国税务筹划最基本的特性。各国税法是各国政府明确纳税人权利和义务的法律准绳,跨国纳税人作为纳税义务人必须依法纳税。跨国税务筹划是在遵守各国税法的前提下,利用各国税法差异做出纳税方案选择,以避免法定纳税义务之外的任何纳税成本的发生,从而保护自身利益的一种财务决策手段。

如果偏离了合法性,就可能演变为避税或偷逃税,跨国纳税人将面临涉税风险,可能被有关政府制裁,遭受经济和名誉的双重损失。

3.综合性

跨国纳税人在进行国际业务税务筹划时,所要考虑的问题涉及很多方面,如跨国公司下属公司所在各国的税收环境各异,每个公司内部涉税的各生产经营环节、各公司之间的税负、各税种的税基均有不同程度的关联。跨国公司一方面税负的减少可能带来另一方面税负的增加;近期税负的减少可能使远期税负增加;整体税负的下降可能导致其他方面的负面影响。因此,跨国公司的税务筹划必须综合考虑各下属公司、各生产经营环节、各个时期的涉税事项,并结合企业的发展目标、经营方向、社会形象等方面,进行全方位、多层次的整体运筹和安排,才能筹划出能增加跨国公司整体和长远利益的纳税方案。

4.专业性

国际业务税务筹划的综合性,决定了它是一项高智能的筹划活动。这对税务筹划人员提出了相当高的专业要求:其一,要深入了解各个国家的税法及国情,并能充分预计其税法变动趋势;其二,要熟悉各国的财务会计制度及其与税法关系;其三,要掌握各公司生产经营状况及其涉税事项;其四,要熟悉各公司之间的税务联系及各税基间的相互关系。另外,随着跨国公司数量和规模的扩大、国际税收环境日趋复杂、各国税法日益呈现复杂性,单靠跨国公司自己进行税务筹划已显得力不从心,并且税务筹划成本也十分高昂。事实上,跨国公司可将税务筹划工作委托给各国从事税务代理、咨询及筹划业务的专业人员和专业机构去做,这样既可以降低税务筹划成本,也可以获得更好的税务筹划方案。

5.超前性

企业的纳税义务通常是在应税行为发生之后才履行的,具有滞后性。但税务筹划不是在应税行为发生之后设法减轻税负,而是在跨国筹资、投资时运用财务预测、分析等方法进行事先筹划,即对应税经济行为事先进行规划、设计和安排,测算比较不同经济行为下的税负并择优,具有超前性。

(三)国际业务税务筹划的主观动机和客观条件

1.国际业务税务筹划的主观动机

国际业务税务筹划与国内税务筹划一样,其主观动机都是降低税收负担,获取最高的经济利益,而从事国际贸易的跨国纳税人与普通纳税人相比,其降低税收负担的欲望更加强烈。跨国纳税人进行税务筹划的主观因素有:

(1)企业发展战略和利益最大化的驱使。跨国纳税人站在全球化发展的战略高度,追求在国际市场上的地位和全球市场份额,企业战略目标的实现需要更大的利润支撑,在国际税收、通货膨胀和累进税制的情况下,如果不做税务筹划,不对收入或资本价格进行调整的话,跨国所得被两个或两个以上国家征收,通货膨胀所造成的名义收入增长会将纳税人推向更高的税率档次,使得跨国纳税人实际可支配的税后收益大幅下降,为了保证利润最大化以满足支持跨国企业发展的需要,跨国纳税人必然会产生减轻税收负担的愿望。

(2)国际竞争日趋激烈。国际市场具有涉及范围广、成交数量大、发展速度快、商品劳务种类多等显著特点,为跨国企业运作增添了活力。但国际市场变幻莫测,经营环境复杂多变又使得跨国企业往往面临着比国内企业更为复杂和激烈的竞争环境,生存压力更大,面对重重的竞争压力,税负轻重成为了影响跨国企业竞争成败的重要因素。

(3)国际重复征税。跨国纳税人的跨国经营,涉及两个或两个以上国家的税收管辖,一项跨国业务或所得同时被两个以上的国家征税,使跨国业务税负加重,投资回报减少。

(4)依法维权意识。在依法治国依法治税的国际背景下,纳税人的法制观念大大增强。在不违反各国法律的情况下,安排自己的经营活动,追求自身利益的最大化是跨国纳税人的合法权利。

2.国际业务税务筹划的客观条件

跨国纳税人在追求获取最大限度的所得利益的愿望下,各国经济现状、客观环境、经济制度、税收制度等存在的差异,客观上为跨国纳税进行国际税务筹划提供了有利条件。主要有以下几点:

(1)各国税收管辖权的差别,给跨国纳税人创造了规避管辖权的机会。各国在实行居民管辖权时,制定的居民身份标准不同。在确定自然人居民时,有的国家采用住所标准,有的国家可能采用时间标准,但时限不一致,还有的国家则可能采用意愿标准;在确定法人居民时,有的国家采用登记注册标准,有的国家采用总机构标准,还有的国家则可能采用实际管理中心标准。这就为税务筹划创造了条件。例如,有一家跨国公司在英国注册成立,而实际管理机构设在加拿大。英国是以实际管理机构认定法人居民身份的,而加拿大则是以注册为标准。因此,该跨国公司按照加拿大和英国的国内法,都被判断为非居民。这样,该跨国公司就可以成功地在两国均逃避税收义务。所以同时实行居民管辖权的国家,由于法律认定居民身份的标准不同,容易为国际税务筹划创造条件。

　　同样各国在实行地域管辖权时,采用的收入来源地标准不同,也可能形成真空地带,为避税提供可乘之机。若一国实行居民管辖权,一国实行地域管辖权,则更容易发生避税情况。在实行居民管辖权的国家,只要不是该国居民,就不向其行使征税权,在实行地域管辖权的国家,只要收入不被确认为来源于本国,也不进行征税。

　　(2)国家间税收制度的差别,为跨国纳税人提供了追求低税负的可能性。

　　①税率上的差别。各国税率高低不一,税率形式不同,有的采取比例税率,有的采取超额累进税率。税率形成的差别极大,导致同一笔跨国所得在不同国家所纳的税款相差很大。对税务筹划者来说,这种税率高低的差异就是税务筹划的客观基础,通过经营场所、地点的变动,资金所得的流动等,追逐较低的税率。

　　②税种或税基(即课税的基础与依据)的差别。同一项经营,同一项业务,在不同国家缴纳不同的税,或者即使缴纳同一种税,由于对计税收入的确认和费用扣除的不同,使得税基不同,导致同样的经营与所得在不同国家承担不同的税收。

　　③各国税制结构的差别。就各国税制体系的总体结构而言,多数国家基本上都实现了以所得课税为主体税种的税制格局,但各国所得税结构有很大的不同。如有的国家公司所得税、个人所得税、财产税、资本利得税并举,且征管手续严格。而有的国家则基本上不开征财产税和资本利得税,即便开征,税负也非常轻。如在对个人所得税的征收过程中,有的国家采用综合征收制,而有的国家则采用分类征收制,给跨国税务筹划带来了可利用的条件。

　　④各国税收优惠的差别。许多国家,尤其是发展中国家,经济发展需求迫切,在国内资金不足的情况下,为了吸引外国投资,采用了大量的税收优惠措施,为投资者提供减免税或纳税扣除。有些发达国家,为鼓励其国内资本向外流动,可能会规定对外投资减免税的措施。例如:美国为鼓励其企业对外投资,规定其跨国公司在国外的公司取得收入,在汇回美国之前,可以免缴公司所得税;只有当这笔所得汇回美国以后,才缴纳公司所得税。由于各国税收优惠措施存在程度上的差异,为跨国纳税人选择从事经营活动的国家和地区提供了回旋余地。

　　(3)避免国际双重征税方法的差别。两个或两个以上的国家,对跨国纳税人的同一项跨国所得进行重复课税,就是国际双重征税。为了促进国际经济贸易的发展,各国都采取了一些措施避免或消除国际重复征税。有的采用免税法即豁免法,使国外所得免于征税;有的采用扣除法,将国外已纳税所得从应税所得中扣除;有的采用抵免法,将国外已纳税额从应纳税额中扣除。由此造成税负的差异。而这些方法的差别也给跨国纳税人带来国际税务筹划的机会,尤其是豁免法。

　　(4)各国税收征收管理水平存在差异,为跨国纳税人提供了更宽松的税收环境。一些精明的跨国纳税人往往利用各国征管水平的差距,有针对性地采用一些先进的逃税工具和方法,公开与税务机关相博弈。国际税务筹划的执行者和研究者们也在不断寻求更为高明的手段和更为先进的工具,而许多国家的税务当局征管水平低,征管方式落后,税务信息处理速度慢,不仅合法的税务筹划畅通无阻,就是非法的逃税也层出不穷,更给国际税务筹划提供了客观条件。

　　事实上不管税法制定得如何严密,最终都要靠税务人员执行,涉外税法能否严格执行在很大程度上与涉外税务人员的素质相关。涉外税务人员要熟悉和掌握各种业务,不仅要了解税法,而且还应该掌握诸如财务会计、审计、统计、国际贸易和金融等方面的知识。但在实际生活中,涉外税务人员这些方面的素质与国家的要求存在差距。

　　(5)国际间税收协作的困难,提高了跨国避税的成功概率。一般来说,由于条件限制,一国不可能经常去境外调查；有时由于政治或其他因素，根本无法去境外取证；或者由于各国行政司法制度不同，即使是相同的一种涉税行为，可能两国间在处理方式以及确认标准方面也难以取得一致意见。某些国与国之间税收协定及协作条约的空白，税收情报交换的不充分及数据对接的口径不一致等因素，影响国际间的税收协作。某些国家或地区出于自身利益的需要，拒绝提供信息资料或拒绝协作，例如日益增多的避税地区或国家（30 年前，全球仅有 10～15 个避税地，目前已翻至 3 倍），一些避税地不签订国际税收情报交换和税收协作条约，实行宽松的金融制度和银行信息保密制度，进一步加大国际反避税的困难。

同时，跨国纳税人的经营活动是国际性的，想要有效地防止其避税，必须对纳税人的跨国经营活动进行调查，但这项调查工作进行起来的困难较大。一方面跨国纳税人为了自身税务筹划的需要，尽可能少地提供资料，以确保税务筹划的隐蔽性和有效性；即使税务当局从各类中介机构专业人员如注册会计师、审计师、税理士等人员处获取情报，由于为客户服务和保密的目的也未必能充分提供。所以这两者给税务当局调查工作带来了极大的不方便。

（6）技术进步的影响。信息技术的不断创新和发展使得经营管理与经营地点的联系弱化，视频会议、网络劳务等使得税务当局很难确定管理活动的地点和劳务提供地点，电子商务不受国界地理上的限制，使国际经营业务的收入来源地和跨国纳税的居民身份难以确定。技术进步，有助于纳税人凭借先进的科学技术来实行其避税措施。纳税人还充分利用了电子计算机，用它来获得信息、储存资料，综合比较之后选择最少纳税的方式。

三、中国跨国公司国际业务税务筹划的必要性与可行性

（一）必要性

中国的跨国公司发展，尤其是培育一批世界水平的跨国公司对于实施全球价值链升级战略，构建中国企业主导的跨境产业链及加强国际产能合作意义重大。在"走出去"战略和"一带一路"建设的带动下，中国的跨国公司进入了一个快速发展阶段。中国的跨国公司从无到有、从小到大、从少到多，已经逐渐发展成为全球跨国公司大家庭的重要组成部分。由跨国公司构建的全球价值链是当前国际分工的主要形态，也是世界经济发展的重要方向，中国只有拥有了更多自己的跨国公司，才能更好地参与到国际分工中去，才能更有效地借助全球价值链整合资源。当前国际分工和跨境生产经营主要围绕着在产业链中处于核心地位的跨国公司展开，这些跨国公司凭借对全球价值链的掌控和影响而获得巨大的利益。对全球价值链主导权的争夺是各国跨国公司从事对外投资和建设国际生产经营网络的主要目的之一。一批世界水平的中国跨国公司的诞生和快速成长无疑将推动构建中国企业主导的跨境产业链的进程，并将为中国企业获得价值链主导权和走向价值链高端奠定必要、坚实的基础。

近年来，中国对外直接投资发展迅速，2014 年已与引进外资基本持平，中国已成为一个现实的对外投资大国（目前排名世界第三）。与此同时，中国企业的实力和国际竞争力也明显提高，已经拥有一批在国际上享有信誉的企业。

加入 WTO 后中国经济已融入世界经济大潮，跨国公司的培育和发展对中国的经济建设意义深远，在经济全球化背景下，国与国之间的竞争，越来越演化为各国大企业特别是跨国公司的竞争。因而，中国跨国公司在全球化发展的趋势中如何广泛吸收国外跨国公司的避税经验，合理制定国际税收计划，成功地规避或减轻国际税收负担，已成为促进中国跨国公司进一步发展壮大的现实需要。

(二)可行性

在千姿百态的国际税收环境中,跨国公司纳税优化选择的可能性多种多样。中国跨国公司与其他国家跨国公司面对相同的国际税收环境,相同的国际税务筹划的客观条件,如利用各国税法存在漏洞、各国之间存在税率差异、法人税收居民确定标准的不同、跨国协作产品公允价值确定缺少充分数据资料和国际间反避税协作存在的困难,以及发达国家和发展中国家提供的形式多样的税收优惠等客观条件进行跨国业务的税务筹划。另外,国际知名跨国公司税务筹划的方法和成功的税务筹划案例,为中国跨国公司国际业务税务筹划提供了可以借鉴的经验和方法,如利用避税地设立基地公司转移和积累利润,利用转让定价减少所得税、减少关税,利用各国优惠政策和税收饶让条款双边、国际税收协定等,减轻跨国所得的纳税负担,实现中国跨国公司国际业务利润的最大化,增强其在国际市场上的竞争力,充分发挥中国跨国公司在国际经济发展中的作用。

(三)应注意的问题

1.要充分了解各国税收制度及相关信息

当前世界各国税收制度千差万别,税种、税率、计税方法各种各样,课税关系相当复杂。另外,税收地点的政治、军事、科技、文化、民俗等也会影响跨国公司的经营活动,进而影响财务和税务安排。因此,跨国公司在进行国际税务筹划时必须充分考虑税收地有关税务、政治文化等方面的具体情况,而且应时刻注意跨国公司所处外部环境条件的变迁,包括未来经济环境的发展趋势、有关国家政策的变动、税法与税率的可能变动趋势等。

2.树立全局观念

跨国公司要在全球范围内进行税务筹划,追求的是全球规模的纳税负担最小化,而不是某个子公司的税负最小化。另外成功的税务筹划应有助于跨国公司的整体发展目标的实现,而不能仅局限于税负的减轻。也就是说,跨国公司进行税务筹划使得税负降低的同时,也要有助于企业总体目标的实现,不能顾此失彼。因此,跨国公司应站在宏观的高度看问题,从全局的观点出发安排税务筹划问题。

3.树立长远观念

税务筹划应具有前瞻性,不能杀鸡取卵,为追求眼前利益而忽略长远利益。有的税务筹划方案可能会使纳税人在某一时期税负最低,但却不利于其长远的发展。因此,在进行税务筹划方案选择时,不能仅把眼光盯在某一时期纳税最少的方案上,而是要考虑企业的发展目标,选择有助于企业发展,能增加企业整体收益的税务筹划方案。

4.遵循成本效益原则

任何一项税务筹划方案都有其两面性,纳税人在取得部分收益的同时,必然会为该筹划方案的实施付出额外的费用。跨国公司在进行国际税务筹划时,必须遵循成本效益原则,只有当筹划方案的所得大于支出时,该项税务筹划才是成功的筹划。

5.建立合法的税务筹划观念

税务筹划必须遵守税收法律和政策。中国跨国公司在进行国际税务筹划时,这一条界限不可逾越,必须坚决杜绝那种抱侥幸心理进行非法逃税、偷税的冒险行为,以免得不偿失,给中国海外企业的声誉、利益带来损失,并影响到中国海外投资业的拓展以及国际市场的开拓。

第二节 国际避税地

一、避税地的概念及产生的原因

避税地是指对跨国纳税人提供低税、免税或给予大量税收优惠的国家和地区。根据国际财政文献局所编《国际税收辞汇》的解释，凡符合以下条件的国家或地区，就可以认定为避税地：一是不征税或税率很低，特别是所得税和资本利得税；二是实行僵硬的银行或商务保密法，为当事人保密，不得通融；三是外汇开放，毫无限制，资金来去自由；四是拒绝与外国税务当局进行任何合作；五是一般不定税收协定或只有很少的税收协定；六是非常便利的金融、交通和信息中心。有的国家或地区，表面上税制正常，但有多种优惠减免规定，又制定有相应的税收协定借以充分利用这些减免条款，实际税负是很低的。这类国家或地区也会被视为避税地。不言而喻，具有上述条件的国家或地区必然会引得企图避（逃）税者趋之若鹜，从而形成避税地。

为什么世界上存在着避税地呢？或者说为什么一些国家或地区的税收制度不同于一般国家和地区呢？当一国或地区的政府为了吸引外国资本流入，繁荣本国或本地区的经济，弥补自身的资本不足和改善国际收支状况，或为了通过引进外国先进技术，提高本国或本地区技术水平，吸引国际民间投资，就会在本国或本国的一定区域和范围内，不征税或征收极少的税收吸引外国资本和民间在此投资，从事各种经济贸易活动。除此之外，还有许多其他的因素。从历史因素上看，一些国家和地区过去是殖民地，有的至今仍是殖民地。政治上不能独立，就意味着失去了一切依附于政治的自主权，因此也就丧失了税收自主权。即使独立后，也由于经济基础较差，尚未形成现代工业体系，在经济上对发达国家存在着较强的依赖性。这类国家和地区要求政治独立和稳定，并保持中立，而经济上不能够独立，因而容易过渡为避税地。从制度因素来看，一些国家和地区，历史上就存优惠的公司法、银行法、严格的银行保密制度以及外币结算自由汇入等，也使其具有成为避税地重要制度条件。从经济因素来看，发达国家税负较高、人们急于逃避沉重税收负担的事实，给一些小国家带来了可利用的机会。它们纷纷利用避税地模式为自己国家带来较高的经济利益。而一些发达国家则将这些国家和地区视为自己国家较高经济压力的"减压阀"，对其的存在采取睁眼闭眼的态度，毕竟，跨国纳税人虽然利用避税地逃避了一些税收压力，但其主要经济实体还是在主要的国际市场。

二、国际避税港需要具备的条件

避税地之所以对跨国投资者具有巨大的吸引力，除了无税（所得税等直接税）或低税以外，还具有其他一些有利条件。比如，有严格的银行保密法、银行业发达、政局稳定、通信和交通便利等。避税地的这些有利条件实际上正是避税地所具有的一些非税特征。只有具备了这些特征才能使避税地真正成为跨国投资者的避税"天堂"。

（一）政治和社会稳定

作为一个避税地，政治和社会稳定是前提条件，否则就不能吸引跨国公司来这里投资。目前，世界上一些著名的避税地多是一些小国或半自治区，它们的政局都较稳定，其中许多国家和地区没有军队，一般认为这为这些国家和地区的政局稳定奠定了基础（政变和内战的可能性极小)。相反,过去亚洲著名的避税地黎巴嫩(黎巴嫩实行单一的地域管辖权,并对控股公司和离岸公司免税;贝鲁特曾一度成为在中东经营的跨国公司的银行和金融中心),由于后来战火不断,许多跨国公司从黎巴嫩撤走,从而丧失了避税地的地位。

(二)交通和通信便利

交通和通信便利是避税地应具备的"硬件"之一。目前,大多数成功实行了避税地政策的国家和地区都重视这一条件。从避税地在全球的分布情况不难看出,一些重要的或著名的避税地与主要的资本输出国在地理位置上都很接近,这就为避税地吸引跨国公司前来投资创造了便利条件。

另外。避税地与主要投资国的交通一般也很发达。例如,百慕大群岛距离美国的纽约只有 1247 公里,从百慕大群岛到纽约每隔 2 小时就有一个航班,飞行时间不到 2 个小时;开曼群岛到美国的迈阿密飞行时间仅为 1 个小时,每天都有几个航班;泽西岛和根西岛到伦敦的飞行时间也仅有 1 个小时。另外,避税地的通信也都十分发达,各地基本上都能打国际直拨电话。交通不便使一个国家无法成为避税地的例子有很多。例如,欧洲的安道尔位于法国和西班牙之间,从税收上看,这里没有任何所得税、资本利得税、财产税和遗产税,显然已具备了避税地在税收方面的条件。但安道尔的交通十分不便,限制了欧洲国家的投资者利用安道尔的无税优势进行避税,也严重影响了安道尔国际避税的地位。

(三)银行保密制度严格

跨国公司集团利用避税地避税主要是人为地将公司集团的利润从高税国的关联公司转移到避税地的基地公司(base company),这无疑会损害高税国的税收利益,所以高税国对本国公司向境外转移利润的问题会十分关注。在这种情况下,如果避税地没有银行为客户存款严格保密的法律或制度,跨国公司向避税地转移资金的行为就会暴露在光天化日之下,高税国的反避税措施也就比较容易收到成效。为了吸引避税公司,避税地国家或地区一般都很重视银行的保密问题。有银行保密法,对银行职员的泄密行为要给予严惩。

有些避税地(如荷属安地列斯、百慕大群岛、中国香港等)虽然没有制定银行保密法,但根据本地的其他法律规定,银行业不能向他人泄露客户的情况,除非有法院的命令。由于一些无税或低税的纯避税地一般都没有国际税收协定,所以发达国家的税务部门也无法通过税收情报交换这一渠道取得避税地方面的有关信息。不过,迫于发达国家的巨大压力,一些避税地已开始与发达国家签订税收情报交换协定。例如,2001 年 11 月 27 日,开曼群岛与美国签订了税收情报交换协议,该协议于 2004 年 1 月生效。

(四)对汇出资金不进行限制

跨国公司利用避税地进行国际避税经常要与避税地的基地公司之间调出调入资金,这就要求避税地政府对跨国公司的资金调出不能加以限制。目前,世界上存在的主要避税地基本都属于这种情况。比如,开曼群岛、特克斯和凯科斯群岛、英属维尔京群岛、巴拿马、瑞士、卢森堡、海峡群岛、马恩岛、列支敦士登、中国香港、瑙鲁、瓦努阿图等。其中一些避税地并没有本地的货币,而是以发达国家的货币作为自己的流通货币。例如,特克斯和凯科斯群岛、英属维尔京群岛都以美元为流通货币;列支敦士登以瑞士法郎作为流通货币;瑙鲁则以澳大利亚元作为自己的流通货币。二是虽然实行外汇管制,但这种外汇管制不适用于非本地居民组建的公司。百慕大群岛、荷属安第列斯、巴哈马等就属于这类避税地。

三、国际避税地的分类

避税地类型的选择取决于该国或该地区的政治、经济、社会、资源、地理位置等因素。目前世界上主要有三种类型的避税港：

(1)无税避税地。不征个人所得税、公司所得税、资本利得税和财产税，如百慕大群岛、巴哈马、瓦努阿图、开曼群岛等。

(2)低税避税地。以低于一般国际水平的税率征收个人所得税、公司所得税、资本利得税、财产税等税种，如列支敦士登、英属维尔京群岛、荷属安的列斯群岛、中国香港、中国澳门等。

(3)特惠避税地。在国内税法的基础上采取特别的税收优惠措施，如爱尔兰的香农、菲律宾的巴丹、新加坡的裕廊等地区。

第三节　国际业务税务筹划的方法

国际税务筹划的主要内容是减轻或消除跨国纳税人在有关国家的纳税义务。而跨国纳税人要避免在一国的纳税义务，首先必须有效地避免该国的税收管辖。目前世界上大多数国家都同时行使居民管辖权和地域管辖权，但不同国家对税收管辖权的行使各有侧重。一般而言，发达国家资本输出较多，本国居民或公民来源于国外的收入较多，因而较为强调居民或公民管辖权，以达到对其税收居民的全球范围所得课税的目的。而发展中国家则因外来投资较多而侧重强调税收地域管辖权，以便对外来投资者来源于本国境内的收入征税，因此，要想避免一国的税收管辖，无非是在两方面做文章：一是避免该国对人的税收管辖，即避免成为行使居民管辖权国家的居民或公民；二是避免该国对收入来源的税收管辖。在无法避免居民税收管辖和收入来源地管辖的情况下，寻求最少纳税的方法。

一、利用投资地点的合理选择进行国际税务筹划

(一)充分利用各国的税收优惠政策选择税负水平低的国家和地区进行投资

在跨国经营中，投资者除了要考虑基础设施、原材料供应、金融环境、技术和劳动力供应等常规因素外，不同地区的税制差别也是重要的考虑因素。不同的国家和地区税收负担水平有很大的差别，且各国也都规定有各种税收优惠政策，如加速折旧、税收抵免、差别税率、亏损结转等。跨国投资企业如果能选择有较多税收优惠的国家和地区进行投资，必能长期受益，获得较高的投资回报，从而提高其在国际市场上的竞争力。通常，这些企业可通过计算，比较不同国家或地区的税收负担率后，选择税收负担率低、综合投资环境较好的国家或地区进行投资。目前，世界上有近千个有各种税收优惠政策的经济性特区，这些地区总体税负尤其是所得税税负较低，是跨国投资者的投资乐园。

同时，还应考虑投资地对企业的利润汇出有无限制。因为一些发展中国家，一方面以低所得税甚至免税来吸引外资，同时又对外资企业的利润汇出实行限制，希望以此促使外商进行再投资。此外，在跨国投资中，投资者还会遇到国际双重征税问题，规避国际双重征税也是跨国投资者在选择投资地点时必须加以考虑的因素。为了避免国际双重征税，现今国家与国家之间普遍都签订了双边的全面性税收协定，根据协定，缔约国双方的居民和非居民均可以享受到许多关于境外缴纳税款扣除或抵免等税收优惠政策。因此跨国投资应尽量选择与母国（母公

司所在国)签订有国际税收协定的国家和地区,以规避国际双重征税。目前世界上国与国之间签订的双边全面性税收条约已有 1000 多个。

(二)选择国际避税地进行投资

如果投资者能选择在避税地进行投资,无疑可以获得免税或低税的好处。通常跨国纳税人可以在避税地建立基地公司的方式达到国际税务筹划的目的。较典型的是在避税地建立总部公司作为母公司和子公司或子公司之间的中转销售机构。通过设在避税地的总部公司中转,整个公司将利润体现在免税或低税的避税地,从而达到总体税负减轻的目的。

在避税地设立国际控股公司、国际信托公司、国际金融公司、受控保险公司、国际投资公司等也是当今跨国公司进行税务筹划的重要途径之一。跨国公司往往通过在缔约国、低税国或避税地设立此类公司,可以获得少缴预提税方面的利益,或者比较容易地把利润转移到免税或低税地。同时还由于子公司税后所得不汇回,母公司可获得延期纳税的好处,此外还可以较容易地筹集资本,调整子公司的财务状况,如用一国子公司的利润冲抵另一国子公司的亏损。

二、选择有利的企业组织方式进行国际税务筹划

跨国投资者在国外新办企业、扩充投资组建子公司或设立分支机构都会涉及企业组织方式的选择问题,不同的企业组织方式在税收待遇上有很大的差别。

(1)就分公司和子公司而言,子公司由于在国外是以独立的法人身份出现的,因而可享受所在国提供的包括免税期在内的税收优惠待遇,而分公司由于是作为企业的组成部分之一派往国外,不能享受税收优惠。另外,子公司的亏损不能汇入国内总公司,而分公司与总公司由于是同一法人企业,经营过程中发生的亏损便可汇入总公司账上,减少了公司所得额。因此,跨国经营时,可根据所在国企业自身情况采取不同的组织形式达到减轻税负的目的。例如,在海外公司初创期,由于亏损的可能性较大,可以采用分公司的组织形式。当海外公司转为盈利后,若能及时地将其转变为子公司形式,便能获得分公司无法获得的许多税收好处。

(2)就股份有限公司制和合伙制的选择而言,许多国家对公司和合伙企业实行不同的税收政策。因此,我国海外投资企业应在分析比较两种组织方式的税基、税率结构、税收优惠政策和投资地具体的税收政策等多种因素的前提下,选择综合税负较低的组织形式,来组建自己的海外企业。

三、利用关联交易的转让定价进行国际税务筹划

转让定价是指在国际税收事务中,有关联各方之间在交易往来中人为确定价格,而非独立各方在公平市场中按正常交易原则确定价格。如通过控制零部件、半成品等中间产品的交易价格来影响子公司成本;通过控制对海外子公司固定资产的出售价格或使用期限来影响子公司的成本费用;通过提供贷款和利息的高低来影响子公司的成本费用;通过对专利、专有技术、商标、厂商名称等无形资产转让收取特许使用费的高低,来影响子公司的成本和利润;通过技术、管理、广告、咨询等劳务费用来影响海外公司的成本和利润;通过产品的销售,给予海外公司以较高或较低的佣金和回扣,或利用母公司控制的运输系统、保险系统,通过向子公司收取较高或较低的运输、装卸、保险费用,来影响海外公司的成本和利润。

转让定价的制定过程是一项十分机密和复杂的工作,随着国际反避税的发展,跨国公司为了应对反避税措施,设计了具有一定隐蔽性的转让定价避税方式。跨国公司利用转让定价常

见的避税策略如下：

（一）利用不同产品类型价格错配避税

产品价格错配，指公司未参照市场价格而随意对其不同产品制定不合理价格。通常，产品类别不同，其价格也应不同。在与集团外第三方交易时，跨国垄断公司利用对上下游产品生产的控制优势，在确保集团整体利润的前提下，根据集团内各关联方实际税负来确定不同类型产品的交易价格。一般情况下，实际税负低的公司产品价格畸高，实际税负高的公司产品价格畸低，从而降低集团的整体税负。

例 9－1： 某家从事打印机生产的跨国垄断公司 A，为占领中国市场而实施低价营销策略，并由其设立在中国境内子公司 B 生产并直接向第三方经销商低价销售打印机。由于 B 公司生产的打印机有其专用的打印机耗材，因此 A 公司通过其在本土的另一家从事打印机耗材生产的子公司 C，向该第三方经销商高价销售墨盒等打印机耗材。虽然该打印机产品最终销售价格低，但这种以占领市场或带动专用墨盒销售为目的的做法，影响 B 公司应获取的合理常规的利润，加大 C 的利润。

就该类交易的表象而言，跨国公司集团内各关联方是直接与第三方交易，不存在转让定价避税嫌疑。但从该类交易整体实质来看，这就是跨国公司滥用其商业优势地位的具体表现——强迫第三方在与其交易时利用不同产品价格错位来协助其避税，从而规避税务机关对其进行转让定价调整。此类避税手段非常隐蔽。

（二）利用不同交易类型价格错配避税

公司利用不同交易类型价格错配也是跨国公司常见避税手段，即垄断型跨国公司在与同一交易方进行不同类型交易时，通过不合理调增不同交易类型之间的交易价格进行避税。

例 9－2： 某境外公司 A 与境内公司 B 签订一份发动机销售合同，约定由 A 公司设立在境内的子公司 C 为 B 公司生产该发动机设备，由 A 公司在境外的另外一家子公司 D 在境外为 B 公司组织发动机使用培训等活动，并约定培训费用按照发动机价格 20% 收取。税务机关经过初步调查后发现，培训一般是按照参加人次等标准收取，按照发动机价格 20% 收取的培训费金额远远高于行业标准。经进一步取证并确认，A 公司存在利用税收管辖权和劳务不易监控等因素，通过压低境内公司发动机销售价格，抬高境外公司提供后续劳务价格的行为，其商业目的不合理，并减少了境内应纳税所得额。

通过掩饰关联交易避税，有些跨国垄断公司在与其境内关联方交易价值链中，故意插入独立第三方委托、代理、信托和其他金融工具等一系列交易，在形式上隐匿关联交易，从而采取高进低出、低进低出的方式规避境内应纳税所得额。

在现代国际贸易中，跨国公司的内部交易占有很大比例，因而可通过利用其在世界范围内的高低税收差异，借助转移价格实现利润的转移，以减轻公司的总体税负，从而保证整个公司获得最大利润。目前，各国都将出于避税目的的转让定价作为反避税的头等目标，并制定转让定价税制，这为跨国经营企业利用转让定价进行国际税务筹划带来了难度。但各国为了吸引外资，增加就业，发展本国经济，转让定价税制的规定和具体实施往往松紧不一，从而又为跨国经营企业利用转让定价来进行税务筹划创造了较大的弹性空间。

（三）利用抵消交易行为避税

当一个公司向其关联公司提供的利益，被该关联方提供的其他利益补偿时，就产生抵消交易。实际上，跨国垄断公司常常滥用其商业优势地位，强行要求第三方与自己进行抵消交易，从而降低来源于中国境内应纳税所得额。

　　例 9 - 3：跨国垄断公司 A 是一家从事软件开发的公司，在欧洲下设两家公司 B 和 C。B 公司主要负责自主研发操作系统，C 公司主要是委托市场第三方研发运用软件。其中，应用软件必须要以某种操作系统为开发平台，而操作系统也需要有大量与之相兼容的应用软件，才能真正为用户解决问题。由于 B 公司开发的操作系统在市场上具有垄断地位，A 公司就要求其中国境内客户 D 免费为其关联公司 C 研发运用软件，并承诺将因此少收取客户 D 公司操作系统使用费作为补偿。经调查分析，D 公司免费为 C 公司提供研发服务，将减少 D 公司境内的应纳税所得额；B 公司少收取操作系统费用，将减少其来自中国境内所得，规避中国非居民公司所得税。

四、通过避免构成常设机构进行国际税务筹划

　　常设机构是指企业进行全部或部分营业的固定场所，包括管理场所、分支机构、办事处、工厂、作业场所等。目前，它已成为许多缔约国判定对非居民营业利润征税与否的标准。对于跨国经营而言，避免了常设机构，也就随之有可能避免在该非居住国的有限纳税义务，特别是当非居住国税率高于居住国税率时，这一点显得更为重要。因而，跨国企业可通过货物仓储、存货管理、货物购买、广告宣传、信息提供或其他辅助性营业活动而并非设立常设机构，来达到在非居住国免予纳税的优惠。例如，韩国不少海外建筑公司在中东和拉美国家承包工程，这些国家规定非居民公司在半年内获得的收入可以免税，所以，这些韩国公司常常设法在半年以内完成其承包工程，以免交收入所得税。又如，日本早在 20 世纪 80 年代初就兴建了许多海上流动工厂车间，这些工厂车间全部设置在船上，可以流动作业。这些流动工厂曾先后到亚洲其他国家、非洲、南美洲等地进行流动作业。1981 年，日本的一家公司到我国收购花生，该公司派出它的一个海上车间在我国港口停留 27 天，把收购的花生加工成花生浆，把花生皮压碎后制成板又卖给我国。结果，我国从日本获得的出售花生收入的 64% 又返还给日本，而且日本公司获得的花生皮制板的收入税款分文未交。造成这一现象的原因就是我国和其他多数国家都对非居民公司的存留时间做了规定，日本公司就是利用这一规定来合法避税的。

　　随着科技的发展，电子商务日益成为国际贸易的一种重要方式。电子商务的诸多特点，更为国际税务筹划提供了便利。我国的跨国经营企业也应充分利用电子商务的特点来合法避税。

五、通过选择有利的会计处理方法进行国际税务筹划

　　会计方法的多样性为税务筹划提供了保障。会计准则、会计制度等会计法规，一方面起到了规范企业会计行为的作用，另一方面也为企业提供了可供选择的不同的会计方法，为企业在这些框架和各项规则中"自由流动"创造了机会。我国跨国经营企业应熟悉东道国的各种会计制度，并巧妙地使用各种会计处理方法，以减轻税负或延缓纳税。例如：适当地将收益和费用的结算日期滞后数日或提前数日，可达到延期纳税的目的；而在免征或低于所得税率征收资本利得的国家，海外企业应及时调整财务决策和会计政策，尽力将流动性收益转化为资本性收益，就会获得相当可观的效果。平均费用分摊是最大限度地抵消利润、减轻纳税的最佳方法，企业可把长期经营活动中发生的各项费用尽量平均分摊在各期中，使其所获利润平均，不会出现某阶段纳税过高的现象；在物价上涨的情况下，存货计价中采用后进先出法可以有效地减轻

纳税负担；在对于固定资产进行折旧处理时，采用加速折旧法，可达到早日收回固定资产投资，减少同期利润，延缓缴纳所得税的目的。

六、利用在避税地财产信托的国际税务筹划

目前在许多国家中，除了所得税以外，如遗产税、继承税、赠与税、资本转移等对个人征收的一般财产税，也是跨国自然人不可忽视的税负。赠与税和遗产税的税率一般都在50％以上，有的高达70％，甚至90％。跨国自然人可以通过一系列主体的非移动与客体转移相结合的方式利用避税地进行避税，其中虚构避税地信托财产是一种较为常见的手法。

由于信托或遗产被作为一个单独的纳税实体对待，所以，建立信托就可以使委托人合法地与其财产所有权分离，在一般情况下，委托人对信托财产及所得不再负有纳税义务，利用信托避税的基本机制正是源于这种所有权的合法分离。它已成为减轻个人税负的家庭税务筹划重要手段之一。在个人所得税实行累进税率的情况下，其避税作用将会更大。

另外，一种比较流行而有争议的利用信托转移家庭收入的方法，称为赠与回租，即纳税人将其拥有在经营活动中使用的资产作为赠与礼物，转变为纳税人子女或其他低税率档次家庭成员为受益人的信托财产，然后由独立的受托人按公平的租赁价值将资产再回租给纳税人使用。纳税人付的租金一方面作为正常和必要的营业费用加以扣除，另一方面则成为纳税人子女即信托受益人的所得。

在诸种信托形式中，纳税人最常选用的是灵活信托。在避税地建立这种信托的受托人可以享受自由、灵活的管理权。例如只要受托人不分配信托所得，高税国的受益人就可以不负担对这些所得的纳税义务，而由信托实体按低税率纳税。受托人再将积累下来的所得归并到信托财产里，转变为信托资本，然后在今后年度里以信托本金名义分配给受益人，受益人就可不必为此缴纳所得税。由于信托不存在销售、交换等活动，所以以此项分配款项也不会作为资本利得处理，无须缴纳资本利得税。著名的信托避税地有巴哈马、百慕大、开曼群岛、列士敦士登和海峡群岛的要西、泽西等。

高税国中的跨国纳税人，通过建立避税地信托，在法律上实现了与信托财产的所有权分离，使这部分客体摆脱了高税国居民（公民）管辖权的直接控制，从而既不用迁出高税国，也不必假移居，而是仍然留在高税国，只是委托别人在某个国际避税地管理其所得和资产，以创造机会逃避所得税、遗产税和赠与税等。

利用避税地财产信托进行国际税务筹划的常用方法有：建立个人持股信托公司，订立其他形式的信托合同，以信托掩饰股东的权力，等等。

七、利用住所变化进行税务筹划

（一）利用个人住所变化进行税务筹划

在行使居民管辖权的情况下，多数国家均规定将在本国拥有住所（包括永久性居住地，即住所，经常性居住地，即居所，以及习惯性居住地）并在本国居住一定时间以上的自然人确定为本国居民，即无限纳税义务人，但各国在具体的规定上存在很大的不同。因此，以各种方法改变跨国自然人成为某国居民纳税人身份，便成为避免无限纳税义务的关键。利用个人住所的变化进行国际税务筹划，具体有三种操作方法。

1. 住所的避免

许多国家的税法都规定对居民纳税人的全球范围所得课税,而对非居民则仅对其来源于本国的所得课税。居民的确定,又主要取决于住所的存在。因此,在实行居民管辖权的国家,一个纳税人只要避免了住所,也就推卸了对该国就其全球范围所得所应承担的纳税义务,而仅需就其来源于该国的所得负有有限纳税义务。虽然各国在税法中对居民纳税人的住所均有严格的规定,但跨国纳税人仍可借助某些手段或方式自由地游离于各国之间,确保自己不成为任何一个国家的居民,进而躲避纳税义务。例如,纳税人可以在较长的时间内流动作业,在不同的国家、不同旅馆从事不超过规定期限的活动,或利用对临时纳税人身份的规定,享受所在地给予的税收优惠。甚至住在船上或游船上,以避免住所地对他的纳税要求。在国际上,这些人被称为税务上的"无国籍人"或"税收难民"。

2. 住所的转移

住所的转移,是指纳税人通过移居国外以改变其居民身份,躲避原来居住国政府较高税收负担的行为。通过筹划利用住所迁移进行避税的通常有两种人:第一种是已退休的纳税人,这些人从原来的高税区住所迁移到低税区住所,以便在支付退休金税收和财产、遗产、赠与税方面获得好处;第二种是在某一国居住,但在另一国工作,以躲避高税负的压迫。据德国媒体报道,目前,德国的足球运动员纷纷跑起了"通勤"。这些运动员越过边境,将家重新安在卢森堡或比利时境内,然后每天开车甚至骑自行车回德国参加训练和比赛,以此来逃避高额的德国税收负担。

当然,利用个人住所的转移进行税务筹划也需要注意两个问题:①在大多数国家,出于跨国税务筹划目的而迁移住所,首先要克服两个障碍,即支付现已查定的税款和就一定的资本利得缴纳所得税或资本利得税。例如,变卖某些营业资产,这类利得在移居之年就成了财务收入,需要纳税。②必须使自己成为至少在形式上的"真正"移民,避免给政府一种虚假移民或部分迁移的现象,否则会给纳税人带来麻烦,因为进行虚假移民躲避税收负担的行为构成逃税,是要受到严惩的。所谓虚假移民,是指纳税人出于获得国内税收的某些优惠的目的而进行的临时性移民(例如迁移时间仅1、2年,甚至不足1年)。对这种旨在规避纳税义务的移民,许多国家有一些相应的限制措施。所谓部分迁移,是指个人并未实现完全迁移,仍保留着与原居住国某些社会或经济上的依附或联系。例如,在原居住国仍保留有临时住所,进行劳务活动,保留有银行账户等。这些不彻底的迁移往往给税务当局留下课税的口舌,使跨国税务筹划流产,甚至冒双重纳税的风险。仍以德国为例,2002年10月24日,德国慕尼黑法院宣布德国前网球明星鲍里斯·贝克尔犯有逃税罪,并判其补缴税款、罚款并处以监外察看两年。为了查找贝克尔逃税的确凿证据,税务机关进行了长达10年的调查,还对其在德国的住所进行了几次搜查。在一段时期内,调查人员对贝克尔甚至到了如影随形的地步。他们不放过一点蛛丝马迹,终于从一位贝克尔迷多年收集的剪报中,找到了有力证据。这份剪报详细记录了贝克尔的行踪,可以证明贝克尔在1991—1993年间真正的居住地仍是德国。同时,精明的税务调查员还掌握了大量贝克尔的银行账户资料、信用卡收据、电话单、机票收据等"罪证",在贝克尔逃税案开庭之前,税务调查人员已做好充分准备。

3. 个人临时纳税人地位

个人取得临时纳税人地位有两种情况:一是被派往其他国家从事临时性工作。当个人被派往其他国家从事临时性工作时,常常可以享受所得优惠待遇,这就为高级行政主管等管理人员进行税务筹划提供了方便。二是"临时入境者",这些人在被确定为"完全居民"之前,可以享受暂时的临时住所的好处。例如,在美国未获得绿卡的人均为临时入境者,他们不承担任何纳税义务。所以,只要不是非法移民,都不必在此期间为缴税大伤脑筋。

(二)利用公司居民身份变化进行税务筹划

在分析跨国公司的住所变化之前,首先要明了各国对于公司法人居民身份和非居民身份的确定标准,再根据这一标准分析存在的避税可能。大多数国家判断一个公司是居民公司还是非居民公司主要是看其注册地或公司实施控制和管理的主要地点,美国以公司注册地区来区分居民公司和非居民公司,英国以公司实施控制和管理的主要地点区分居民公司和非居民公司,注册的公司可以是他国的居民公司。也就是说,一个注册在英国的公司可能是他国的居民公司。因此,对在英国的公司居民身份的避免,就是要虚化实际控制和管理中心所在地。例如某公司以下列方式和手段避免在英国具有税收居民身份:①该公司的英国股东不参与管理活动,其股份与管理权分离,英国股东只享有收取股息和参与分红的权利。②选用非英国居民做管理工作,如经理、董事会成员等。③不在英国召开董事会或股东大会,所有与公司有关的会议、材料、报告等均在英国本土以外进行,即使档案资料也尽量不放在英国国内。④不以英国电话、电讯等有关方式发布指示与命令。⑤为应付紧急情况或临时交易,在英国境内建立一个分离的英国"服务"公司,并按照核定税率缴纳公司税,以此作为对英国国库的一种让步。⑥"国外"会议记录必须包括在国外做出的重大营业决策的详细资料。实践证明,该公司的这些做法十分有效,成功地规避了在英国应缴纳的大量税款。

与自然人住所的避免不同,公司法人的转移必须三思而后行。因为一公司若想实现整体迁移比较困难。首先,公司带不走厂房、土地;其次,对某些重型成套设备或固定设施的拆装成本较高;再次,变卖不动产、固定资产仍要交税等。

第四节　国际业务税务筹划的案例评析

本节将通过一些具体案例的评析,说明国际业务税务筹划的具体方法。

例9-4:某跨国公司总部设在A国,并在B国、C国、D国分设甲公司、乙公司、丙公司三个子公司。各国所得税税率水平分别为:B国30%,C国40%,D国20%。三家公司之间的交易有如下两个方案:

方案1:甲公司为在C国的乙公司提供布料,假设有1万匹布料,按甲公司所在国的正常市场价,成本为每匹2600元,这批布料应以每匹3000元出售给乙公司;再由乙公司加工成服装后按3600万元转售给D国的丙公司,丙公司加价20%销售。

方案2:该跨国公司为逃避一定税负,采取了由甲公司以每匹布2800元的价格卖给D国的丙公司,再由丙公司以每匹3400元的价格转售给C国的乙公司,再由C国乙公司按总价格3600万元把加工好的服装出售给丙公司,丙公司加价20%进行销售。

方案1:在正常交易情况下的税负

甲公司应纳所得税=(3000-2600)×1×30%=120(万元)

乙公司应纳所得税=(3600-3000×1)×40%=240(万元)

丙公司应纳所得税=3600×20%×20%=144(万元)

则对此项交易,该跨国公司应纳所得税额合计=120+240+144=504(万元)

方案 2：税务筹划方案

甲公司应纳所得税＝(2800－2600)×1×30%＝60(万元)

乙公司应纳所得税＝(3600－3400)×40%＝80(万元)

丙公司应纳所得税＝(3400－2800)×1×20%＋3600×20%×20%

$$＝120＋144＝264(万元)$$

则该跨国公司应纳所得税合计＝60＋80＋264＝404(万元)

比正常交易节约税收支付 100 万元。这种避税行为的发生，主要是由于 B、C、D 三国税负差异的存在，给纳税人利用转让定价转移税负提供了前提。

例 9-5：甲公司是 A 国的跨国公司，分别在 B 国和 C 国拥有乙公司、丙公司两家全资子公司。B 国和 C 国均按 20% 征收预提所得税。乙公司当年盈利 2000 万元，丙公司当年盈利 3000 万元。对于盈利的分配，有如下两个方案：

方案 1：乙公司按 10% 的固定股利率，年终应向甲公司支付股息 200 万元；丙公司按 5% 的固定股利率，年终应向甲公司支付股息 150 万元。

方案 2：为逃避这部分税收，乙公司、丙公司将市场价值 1000 万元和 800 万元的商品分别以 800 万元、650 万元卖给了甲公司，以代替股息支付。

方案 1：正常支付股利时的税负

乙公司应纳税额＝200×20%＝40(万元)

丙公司应纳预提税税额＝150×20%＝30(万元)

共应纳预提税税额＝40＋30＝70(万元)

方案 2：以商品代替股息支付时的税负，乙、丙公司将商品以低价售给甲公司，甲公司从中获得与股息等值的回报，乙、丙公司因支付方式改变，且无盈利，既可避免所得税，又不必纳预提税。

例 9-6：西班牙一家服装公司在荷兰阿姆斯特丹建立一个机构，此机构负责为该服装公司搜集北欧国家纺织服装的信息。西班牙政府与荷兰政府的税收协定中规定，此类搜集信息、情报的机构为非常设机构，不承担纳税义务。然而，该机构在实际运作中执行的职能已远远超出了简单的搜集信息，并为服装公司承担了有关借贷和订货合同的谈判和协商，但因为该机构未在合同和订单上代表服装公司签字，因而荷兰税务部门无法据以对其征税。

这是运用"假办事机构"的办法，滥用税收协定的例子。通过设立办事机构，同时避免充当常设机构，既可获利，又逃脱了一部分税收义务。

例 9-7：A 国有一个跨国公司甲，在避税地百慕大设了全资子公司乙。现在甲公司需要向 B 国出售一批货物，有两个交易方案：

方案 1：甲公司直接向 B 国出售一批货物，销售收入 2000 万美元，销售成本 800 万美元，A 国所得税税率为 30%。

方案 2：甲公司以成本价将货物销售给乙公司，乙公司按 2000 万美元销售给 B 国。百慕大没有所得税。

税负分析：

方案 1：按照正常交易原则，甲公司在 A 国应纳公司所得税为：(2000－800)×30%＝360(万美元)

方案 2：甲公司通过虚设避税地营业，并未将此笔交易利润表现在本公司 A 国的账面上。

百慕大的子公司虽有收入,也无须缴税,若该子公司利用这笔账面收入投资,获得收益也可免缴资本所得税;若该子公司将此笔收入赠与其他公司、企业,还可不缴纳赠与税。这就是避税地的好处。

例 9-8:A 国甲公司在 B 国、C 国分设乙、丙两家分公司。A、B、C 三国的企业所得税税率分别为 35%、30%、30%。A 国允许采取分国抵免法进行税收抵免,但抵免额不得超过同额所得按 A 国税率计算的税额。

假设该年度甲公司在 A 国实现应纳税所得额 2400 万元;乙公司在 B 国获应纳税所得额 500 万元;丙公司在 C 国亏损 100 万元。

为减轻税负,税务筹划方案为:降低乙公司对丙公司的材料售价,使丙公司在 C 国从亏损 100 万元变为盈利 100 万元,而乙公司的利润从 500 万元降低到 300 万元。

分析一下甲公司总体税负的变化:

1. 在正常交易情况下的税负

(1)乙分公司在 B 国应纳所得税额:$500 \times 30\% = 150$(万元)

在 A 国可抵免限额:$500 \times 35\% = 175$(万元)

实际可抵免税额:150 万元。

(2)丙分公司因为亏损,因此,在 C 国的已纳所得税额以及在 A 国可抵免限额均为 0。

(3)甲公司总体可抵免额:$150 + 0 = 150$(万元)

(4)甲公司在 A 国应缴纳的所得税额:$(2400 + 500) \times 35\% - 150 = 865$(万元)

2. 在税务筹划方案下的税负

(1)乙分公司在 B 国已纳税额:$300 \times 30\% = 90$(万元)

乙分公司在 A 国的抵免限额:$300 \times 35\% = 105$(万元)

90 万元<105 万元,可抵免限额为 90 万元。

(2)丙分公司在 C 国已纳税额:$100 \times 30\% = 30$(万元)

丙公司在 A 国抵免限额:$100 \times 35\% = 35$(万元)

30 万<35 万,可抵免限额为 30 万元。

(3)甲公司在 A 国可抵免总额:$90 + 30 = 120$(万元)

(4)甲公司在 A 国应缴所得税额:$(2400 + 300 + 100) \times 35\% - 120 = 860$(万元)

这是跨国纳税人利用税收抵免来避税的例子,各国税率差异也是此种避税应考虑的因素。

例 9-9:高盛退出双汇发展的国际税务筹划

(1)引子。2010 年 8 月,河南省漯河市国税局透露,高盛在境外转让河南双汇投资发展股份有限公司(下称"双汇发展",000895.SZ)的股权,获得了丰厚的收益,但并没有向河南省国税局纳税。

(2)国际避税的组织构架。2006 年 3 月,高盛、鼎晖在英属维尔京群岛注册设立子公司 Shine B,同年又在香港设立 Shine B 的下属全资子公司罗特克斯,并由罗特克斯公司投资双汇发展。组织构架见图 9-1。

高盛通过维尔京公司 Shine B,实现了在中国境外对双汇发展的实际减持。2006 年高盛间接持股双汇发展 31%,到 2009 年底时,这一比例降至 3.3%。根据双汇发展 2006 年、2007 年、2008 年的年报估算,高盛收益预计达到 21 亿元,按中国预提所得税 10% 估计避税 2.1 亿元人民币。

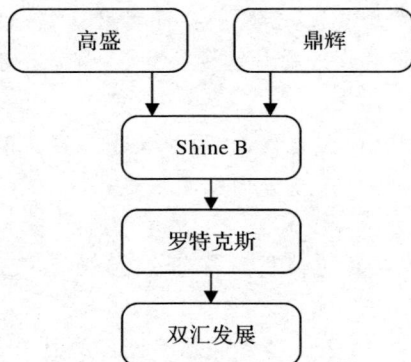

图 9-1　高盛投资双汇发展的组织构架

根据图 9-1,对其避税方法的分析,基于假设的逻辑思路,分析如下:

(1)如果不在避税地设 Shine B 和罗特克斯公司,即高盛直接控股双汇发展,就是说在避税地不设公司。按中国税法,其转让的股份,非居民企业来自中国境内的所得,需要征收 20% 的预提所得税(一般减半征收,按 10%)。因为转让的被投资企业在中国境内,因此,该笔收益属于来自中国境内的所得。同时,高盛是在美国注册的公司,是美国的居民企业,因此,在美国也需要缴税!

(2)如果不设罗特克斯公司,由 Shine B 持有双汇股份,就是说,在避税地只设置一层公司。Shine B 减持双汇发展在中国一样要交税(理由同前),但是可以免除在美国的所得税。

(3)同时在避税地设两层公司。按税务筹划后的结果,在避税地设置两层公司,只要避税地公司(Shine B)卖掉香港公司(罗特克斯),高盛间接控股双汇发展,又间接退出,高盛实现了避税。一方面,避税地英属维尔京群岛不需要交所得税,另一方面,被投资企业所在地香港,其所得税(利得税)规定,售卖资本资产所得的利润在征税范围之外,也不需要所得税。因此,高盛在间接退出双汇发展的时候,在中国和美国都不需要交税。

在避税地设置双重子公司,是国际避税的常见方法,尤其是国际创投公司,在避税地设立特殊目的公司(SPV)的组织构架,基本相似。间接持股、间接退出,是国际创投投资与避税的基本方法。

例 9-10:苹果公司国际税务筹划

美国企业所得税法定税率在联邦层面可高达 35%,再加上州税,综合平均为 39%,为世界上最高法定税率之一,而爱尔兰的法定税率只有 12.5%。基于此,美国跨国公司有很强的税务筹划动力,而爱尔兰的税制是美国税制的"完美搭档",似乎就是专为美国公司进行税务筹划而设计的。

但是,法定税负是不能说明任何问题的。苹果公司的一个爱尔兰子公司 Apple Sales International(ASI)2009—2011 年的税前收入为 380 亿美元,但只交纳了 0.21 亿美元的税款,税负 0.06%。

苹果公司避税问题出现后,美国参议院专门委员会对其进行调查并发布了报告,美国证券交易所 SEC(证券交易委员会)对其也进行过调查,但是所有的结论都是苹果公司的整体税务架构是合法的,从法律上来讲没有任何问题,这是税务筹划的结果。另外,苹果公司签署的成本分摊协议每年都经过美国税务局审查,美国税务局也都一直认可。

那么,苹果公司是如何做到的?

1. 苹果公司组织架构

苹果公司的组织架构,也是苹果公司国际税务筹划构架,如图9-2所示。

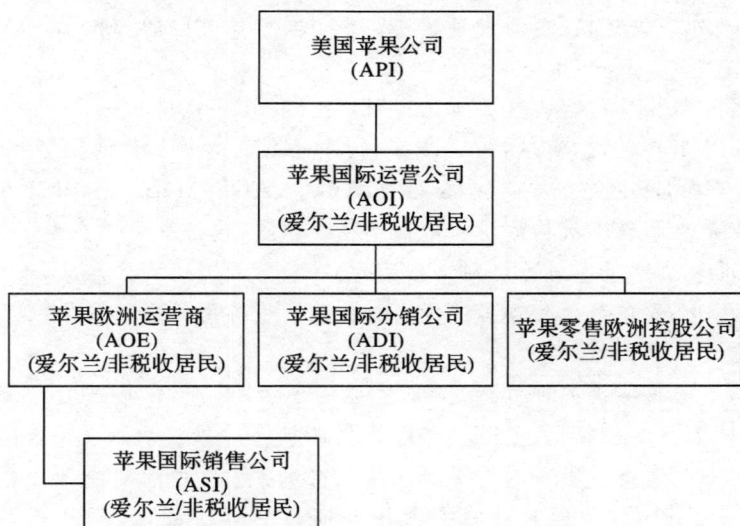

图9-2 苹果公司国际税务筹划构架图

最上层是美国的控股公司 Apple Inc(API),注册地为美国加利福尼亚州的库比蒂诺市(Cupertino)。但是苹果公司为了规避加州的所得税,在离加州只有200英里的一个赌城,内华达州的里诺设立了一个办公室。请注意,内华达州不征州所得税。

Apple Inc 是苹果公司知识产权唯一法律意义上的所有人。这也是许多美国公司的做法。为了知识产权的保护,美国公司一般都会把知识产权注册在美国。但苹果公司的组织架构至关重要的是,Apple Inc 仅仅是苹果公司知识产权在美洲销售产品的经济收益的所有人(约为整体收益的40%)。

AOI 是第一层爱尔兰公司,成立的历史很长了,是1980年成立的。这个公司本身是没有雇员的,也没有什么固定的办公场所,就是一个"信箱公司"。AOI 的董事会里面有三个人,其中有两个人是美国的;它的董事会会议,截至2013年的记录,33次董事会会议中的32次都是在美国开的,同时这个公司的资产都是由苹果公司在美国的公司来进行管理的,银行账户也不在爱尔兰而在美国。而且 AOI 公司在30多年中,它是法律意义上的存在,但是在世界任何一个国家都不是税务居民。另外,至少从2009年到2012年,AOI 获得的300亿美金的股息没有在任何地方纳税,这是关于 AOI 公司的一个基本事实。

第二层爱尔兰公司 AOE 公司在爱尔兰有一个非常小的生产基地,2012年以后,才有250名雇员;2012年前,AOE 的雇员人数是可以忽略不计的。AOE 这个公司下面还有第三层爱尔兰的公司 ASI,这个公司和大家所用的苹果手机有直接关系。

第三层的爱尔兰公司 ASI,其注册地在爱尔兰,但并非爱尔兰的税务居民,只就爱尔兰销售部分申报纳税,董事会会议全部在美国召开。ASI 公司2012年以前也是没有雇员的,在2012年以后有了250名雇员。ASI 公司作为委托方,与富士康公司签署协议,并委托富士康生产苹果产品。富士康公司生产完成的苹果产品的所有权是属于 ASI 的,也就是说富士康公司只是一个代工厂。在这个产品生产完成后,ASI 会和两个公司 ADI 和 Apple South Asia Pte Ltd.(Apple Singapore)签署销售协议来负责销售产品。

ASI 另外一个核心的功能是与 Apple Inc 签署成本分摊协议,"共同研发"知识产权,并享有知识产权在美洲外的收益权(在调查年度占苹果公司整体收益的 60%)。

2.如何避税

第一步:利用爱尔兰与美国的税务居民规则,绕开税收管辖权。

在 2015 年 1 月 1 日之前,爱尔兰在判定一个公司是不是爱尔兰的税务居民时,唯一的标准是公司的实际管理机构所在地。苹果公司架构图中,AOI、AOE 和 ASI 三个公司的注册地都是在爱尔兰,但是实际管理机构的所在地都不在爱尔兰,这三个公司在爱尔兰税法上就是非税务居民。而美国税法的税务居民规则是相反的,一般只看公司的注册地,不看公司的实际管理机构所在地。因此,爱尔兰的税务居民规则与美国的税务居民规则是"完美搭档",容易创造双重非税务居民。

从理论上讲,美国税务机关可以适用"刺破公司面纱"制度①,将 AOI 公司视为实际管理机构所在地在美国而行使征税权。但是,美国的税务机关一直没有这么做。因为在美国的司法体系下,适用这一制度需要很多的前提。从法院在税务案件中的判决历史看,美国税务机关成功的案例非常少。因此,美国税务机关考虑到高昂的诉讼成本,不愿意去碰这个烫手的山芋。

第二步:成本分摊协议,将利润转到境外。

苹果公司的知识产权都是注册在美国的,这也是大部分美国跨国公司的做法,这是基于知识产权保护的目的,考虑到美国比较完善的法律体系。但对于知识产权来说,最关键的问题是其经济意义上的收益权,苹果公司通过成本分摊协议来实现其收益②。

成本分摊协议在美国跨国高科技公司的税务筹划架构中几乎随处可见。苹果公司,其美国的最终控股公司(API)是知识产权唯一法律意义上的所有人,但是从经济意义上不是。API 与爱尔兰公司 ASI 签署了成本分摊协议,双方共同投资、分担风险来开发知识产权。未来收益是如何分成的呢? 苹果美国公司 API 仅仅有权利收取苹果产品在美洲,包括在北美洲和南美洲进行产品销售所获得的收益,而爱尔兰公司 ASI 可以获得在世界其他地方销售美国产品所获得的收益。最终我们看到的比例是,美国苹果获得的收益不到苹果整个公司收益的40%,但爱尔兰公司占了 60%多。

美国公司虽然是知识产权法律意义上的所有人,但是它只获得 40%的经济收益;爱尔兰公司虽然不是法律所有人,但拿走了 60%的收益。这就是成本分摊协议非常奥妙的地方。成本分摊协议的前提建立在一个非常美好的愿望之上:从事研发的公司对知识产权的未来前景不确定,此时大家共同投资、分摊风险。有收益按照约定比例来分摊收益。事实证明,这是税务机关一厢情愿的善良假设。在现实中,大多数美国跨国公司只有在确定知识产权一定会

---

① "刺破公司面纱",是指在特定的情况下,法律不顾公司法人的人格独立特性,追溯公司法律特性背后的实际情况,从而责令特定的公司股东直接承担公司的义务和责任。

② 所谓成本分摊协议是指两个独立的企业在合作进行研发的时候,因为对知识产权要投入很多研发成本,可能花几千万、几个亿的美元去投资,但是知识产权的商业化前景可能是非常不清楚的。为了分摊成本、风险和未来的收益,就签署一个成本分摊协议。双方按比例共同进行研发投资,未来有收益的时候再分享经济上的收益。成本分摊协议是转让定价领域的一个重要制度。

成功的情况下才会签署成本分摊协议。苹果公司会根据当年的境外和美洲所销售产品的收入比例去分摊它们的知识产权的开发成本，仅此而已。苹果公司几乎所有的研发人员都在美国，爱尔兰公司实际上并没有承担风险。

另外，对于像苹果这么成功的高科技公司来讲，知识产权的投资成本和收益差别是很大的，可能投资成本是 1，但最终获得的收益是 100。以成本投资比例来分摊销售收入，有悖于该制度设立初衷。

但是，苹果公司签署的成本分摊协议在美国是合法的，而且每年都通过了美国税务局的审核，从来没有任何的问题！这就是现行成本分摊协议制度设计的漏洞，因为现行的成本分摊协议是建立在一个传统的生产型企业模式上的，它假定知识产权研发活动与当地的生产基地、生产机构场所有某种一致性。但是在这样的一个数字经济的时代，这种一致性对于很多行业是不存在的，或者完全可以分开的，而且很多公司已经不存在自己的生产设施。苹果公司的产品大都外包生产。

第三步：利用"打钩"规则，绕开受控外国公司制度。

通过成本分摊协议，苹果公司实现了将利润转到爱尔兰的目的。但此时面临受控外国公司制度"CFC"的问题。下面先解释一下受控外国公司及 CFC 制度。

受控外国公司（CFC rule）：子公司一般来说属于具有独立的法人资格，在税法上也是独立的纳税主体，因此，子公司的利润在进行股息分配汇回给母公司之前，母公司一般不需要就子公司的利润进行纳税。但是，为了防止跨国公司把利润囤积在基地公司长期不汇回利润，美国税法规定符合一定条件的受控外国公司，即使利润不汇回母公司，也需要视同股息分配，当期在母公司所在国纳税。CFC 制度是一个反避税的措施。

在美国税法中，对受控外国公司的定义为：凡有选举权股票的 50% 以上被美国股东掌握的外国公司，即是受控外国公司。"美国股东"，在这里系指任何美国公民或具有美国居民身份的个人、合伙组织或法人实体，握有该外国公司有选举权股票的 10% 或 10% 以上者。美国国外基地公司所得（Subpart F）有豁免规则，如"同一国家所得排除"（same country exclusion）规则，生产制造例外（manufacturing exception）。具体而言，与本案例相关的是：①适用受控外国企业规则的基地公司 Subpart F 的收入由两部分组成，一是与关联方有关的销售商品、提供服务的积极收入，二是股息利息等消极收入。②不属于 Subpart F 的所得也有两种：受控外国公司进行积极营业活动来自非关联方的收入部分不属于 Subpart F 所得，以及受控外国公司自己制造产品然后销售获得的所得不属于 Subpart F 所得。

CFC 只要满足以下两个条件中的任何一个，就可以获得 CFC 规则的豁免：第一，CFC 对从关联方购进的原材料进行了实质性加工，改变了原材料的原有特性并形成新的最终产品；第二，CFC 从关联方购买部件进行资产的建造，这些部件属于初始原料且其包含了制造、生产和建造的过程。投资者对外投资，如果获得收益要进行纳税；为了避免进行纳税，投资者可以把所得全部放在境外的公司或者其他工具中不派回来，这样所得就可以一直留在境外，而不进行纳税。如果境外的所得在来源地不纳税或者纳税很少，将所得留在境外利益更大。为避免这一种状态的存在，在纳税人存在避税意图的情况下，即使没有派回而将其视同派回进行征税。

美国是 CFC 制度的鼻祖。美国 CFC 制度下又有详细的规则，比如爱尔兰 AOI 公司会被国外私人控股公司（Foreign Personal Holding Company，FPHC）所涵盖，而爱尔兰 ASI 公司会被国外销售基地公司（Foreign Base Company Sales，FBSC）所涵盖。FPHC 适用于美国公司的境外公司从另一个境外关联公司获得股息、特许权使用费等消极所得，即适用于苹果构架中几个爱尔兰公司之间的支付。而 FBSC 制度适用于爱尔兰 ASI 公司：由于爱尔兰既不是苹果产品的来源地也不是最终销售目的地，ASI 销售苹果产品的所得将被受控外国公司制度所涵盖，而需要在美国纳税。

但是，美国受控外国公司制度的奇怪之处在于，同时规定了"三层防线"的出口，使得实践中绕开该制度变得非常容易：

第一层，采用打钩规则①，化消极所得为积极所得。美国税法有一个所谓的打钩规则，即税务主体性质识别规则。苹果在爱尔兰设立的公司都是实际上存在的独立法人实体，但是美国税法允许美国公司将境外设立的公司选择为税法上不存在的实体对待。苹果公司将设立在爱尔兰的公司选择视同美国税法上不存在的法律实体。

打钩规则出现的背景是在 1997 年前后，因为不同国家的税收法制度和法律制度不同，美国的税务机关在判定一个境外公司，或者是一个合伙企业的纳税地位时，很多时候存在困难。很多国家的税法里对合伙企业有的规定是透明的，有的规定是不透明的，对公司也是这样。为了避免这样的困难，美国财政部就引入了这样一个自以为聪明的政策，它允许美国公司对境外公司的纳税地位来进行选择。企业自己判断，可以选择把境外公司作为一个实体来对待，也可以选择不作为实体来对待。这在世界上是一个非常独特的制度，它做出这样一个制度的逻辑背景，也是和资本输出中性联系在一起的。美国的税务机关认为这个所得是通过在境外设立的子公司获得的，这个所得迟早要回到美国的。给纳税人一个选择权，让他们自己去把握，也有促进美国公司对外投资的成分。但是这一制度所引起的避税效果是美国财政部门没有预料到的。

通过打钩规则的适用，除 AOI 以外的所有爱尔兰公司被视同美国税法上不存在的实体，即在税法上不被视同为独立的主体，而被视同 AOI 公司的一部分。这些爱尔兰公司之间的支付，包括向 AOI 的支付在税法上视同不存在。即股息、特许权使用费等支付被视同一个单一主体内部的支付。在这种情况下，在美国税法上看到的是最终消费者向 AOI 公司的直接支付，从而构成积极所得——受控外国公司制度的豁免！

第二层，"同国家例外"。即使打钩规则被废除，爱尔兰公司之间的支付由于发生在同一个国家，可以适用税法上的"同国家例外"原则。这些公司之间的支付也不会被受控外国公司制度涵盖。

第三层，"生产活动例外"。2008 年，美国修改了相关规则，即使一个公司不从事生产活动，但为生产活动中作出了实质贡献，仍可以构成"生产活动例外"。在此情况下，ASI 由于作为与富士康生产合同的签约方，并进行了监督，应可以构成"生产活动例外"。但是，事实上，由于前述两道防线的存在，苹果公司根本不用为是否能够满足"生产活动例外"而费心！

第四步：爱尔兰税务预约定价协议。

如果爱尔兰公司的所得被视为来源于爱尔兰，仍将面临在爱尔兰的纳税问题。而爱尔兰

---

① 打钩规则（check-the-box rule）：在美国税法下，除了上市公司会一般被认为属于当然公司实体外，纳税人可以填一个表格，打个钩自己自由选择某实体在税法下的认定：公司、合伙企业或无视实体。比如美国 A 公司在中国根据公司法投资设立了一有限责任公司 B，在美国税法下可以选择将其视为无视实体。结果是，美国税法下，A 公司被视同在中国设立了一个分支机构，A 和 B 属于同一个法人。美国颁布打钩规则的初衷目的是为了避免纳税实体认定的复杂问题，减轻纳税人的负担。

的税率是 12.5%。但是,苹果公司在境外的实际税负 1% 到 2%,是怎么做到的呢? 这是利用现行的国际税务制度中的另外一个漏洞:通过预约定价协议。

AOE 和 ASI 这两个公司和爱尔兰的税务局签过一个预约定价协议。其内容是爱尔兰税务机关允许这两个公司按照公司的运营成本的 8%~20% 视同应纳税所得额,而不是按照实际销售收入缴纳企业所得税。这个协议签署了十多年都没有做调整,这也违背预约定价有效期的一般国际做法。这两个公司只有几百名雇员,只有一些办公的成本,这些运营的成本是非常低的。另外,这是与政府所签署的协议,具有法律效力和确定性。因此,苹果公司通过预约定价协议以非常合法的方式绕开了爱尔兰税务。

例 9-11:谷歌公司的国际避税方案①

(1)公司概况。Google 于 1998 年 9 月创立,在 1999 年下半年启用 Google 网站,2001 年成为上市公司。Google 的主要盈利模式是广告收入,从其公布的年报来看,广告费收入一直占据绝对优势。

谷歌公司总部设在美国,按照美国的税法,谷歌需要交纳联邦所得税和州所得税。由于数据可得性的原因,忽略应纳税所得额和税前利润的差异,大致估算,得到表 9-1。从表 9-1 可见,境外所得的税负极低,这是国际税务筹划的结果。

表 9-1 谷歌纳税情况统计表

年份	① 国内 收益	② 国内 收益 纳税	③ 国内收 益实际 税率 ③=②/①	④ 海外 收益	⑤ 海外 收益 纳税	⑥ 海外收 益实际 税率 ⑥=⑤/④	⑦ 总税前 利润	⑧ 所得税 合计	⑨ 综合实 际税率 ⑨=⑧/⑦
2004	692	250	36.04%	—42	2	—3.55%	650	251	38.62%
2005	1551	669	43.10%	591	8	1.27%	2142	676	31.56%
2006	2693	905	33.61%	1318	28	2.12%	4011	933	23.26%
2007	3207	1419	44.25%	2467	51	2.07%	5674	1470	25.91%
2008	2059	1555	75.52%	3794	71	1.87%	5853	1626	27.78%
2009	3579	1721	48.09%	4802	140	2.92%	8381	1861	22.20%
2010	4948	2137	43.19%	5848	154	2.63%	10796	2291	21.22%
2011	4693	2341	49.88%	7633	248	3.25%	12326	2589	21.00%
2012	5311	2166	40.78%	8075	432	5.35%	13386	2598	19.41%
2013	5828	1539	26.41%	8668	743	8.57%	14496	2282	15.74%
合计	34561	14701	44.09%	43154	1876	2.65%	77715	16577	24.67%

(2)国际税务筹划的组织构架。

谷歌公司的国际税务筹划构架被称为"双爱尔兰与荷兰夹心三明治",见图 9-3。

---

① 邸丛枝,刘敬芝,刘丽敏,等.谷歌公司的国际税务计划.案例来源于中国管理案例共享中心案例库.

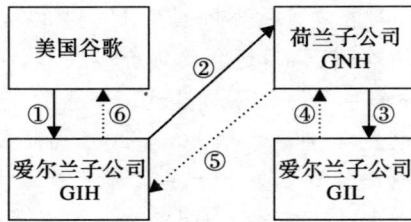

图 9-3　谷歌公司的国际税务筹划构架

图 9-3 中的美国谷歌，是谷歌公司设在美国的总部。爱尔兰子公司 GIH 是注册地在爱尔兰，而实际控制地在避税地百慕大的子公司，根据爱尔兰税法，该公司不是爱尔兰的税收居民企业。爱尔兰是根据实际控制地认定税收居民的。因此，GIH 可以看作避税地百慕大的公司，也就不是欧盟成员国企业。该公司只是一个转账用的"壳"公司。爱尔兰子公司 GIL 是注册地在爱尔兰，实际控制地也在爱尔兰的子公司，是从事实际经营业务的实体企业。荷兰子公司 GNH 注册地在荷兰，实际控制地也在荷兰，属于转账用的"壳"公司。图中实线是技术转让过程，涉及①、②和③，虚线是资金（特许权使用费）支付过程，涉及④、⑤和⑥，具体税务筹划方法下面再解释。

（3）税务筹划方案。

第一步，通过迂回的路径，实现预提所得税的全程免税。

美国谷歌公司把研发的知识产权转让给 GIH，原本 GIH 需要把知识产权转让给 GIL，由 GIL 从事实际的经营。如果直接这样交易的话，GIL 把特许权使用费支付给 GIH，根据爱尔兰税法，由于 GIH 不属于爱尔兰的税收居民和欧盟成员国企业，因此，支付的特许权使用费需要缴纳预提所得税。因此，谷歌公司在荷兰设立"中转站"，使技术转让过程"迂回"经过荷兰。因此，特许权使用费由爱尔兰的 GIL 汇给荷兰子公司，荷兰子公司再汇给 GIH。

GIL 汇给荷兰子公司 GNH 的特许权使用费，根据税收协定，属于欧盟子公司的范围，免税，因此图中④这一步免除了预提所得税。

荷兰子公司汇给爱尔兰子公司 GIH 的特许权使用费，按照荷兰税法，免征特许权使用费的预提所得税，因此图中⑤这一步免除预提所得税。结果是，从 GIL 汇给 GIH 的特许权使用费，通过迂回的路径，实现了预提所得税的全程免税。

GIH 作为避税地百慕大实际控制的公司，对来自境内境外的所得都没有所得税，因此汇回美国总部也就没有预提所得税。因此，图中⑥这一步不存在预提所得税的问题。

第二步，通过打钩规则等避税。

谷歌公司在爱尔兰的 GIL 公司从事实际经营，其获得的经营利润，需要在爱尔兰缴纳所得税，只是爱尔兰本来所得税很低，比美国低很多，因此，起到了节税作用。

另外，谷歌公司设立在美国境外的企业，比如爱尔兰的 GIH 需要将资金汇回美国，尽管在避税地支付这笔资金时没有预提所得税，但按美国税法，居民企业来自境外的所得也是需要在美国纳税的。不过，如前面苹果公司的案例所述，基于美国税法存在的打钩规则、受控外国公司规则以及美国与爱尔兰签署的税收协定等，谷歌公司设置在爱尔兰子公司的所得，在美国缴纳的所得税也是极少的。可以参考前面苹果公司的案例，不再赘述。

思考与练习

1. 什么是国际税收？它的特点是什么？

2. 什么是国际避税地？国际避税地有哪些类型？国际避税地的存在对国际税务筹划有何意义？

3. 什么是转让定价？跨国公司如何利用转让定价进行国际税务筹划？

4. 利用关联交易的转让定价进行国际税务筹划的方法有哪些？

5. 利用住所变化进行税务筹划的方法有哪些？

6. 试分析高盛退出双汇发展的国际税务筹划原理。

7. 谷歌公司国际税务筹划构架的"双爱尔兰与荷兰夹心三明治"避税方法是什么？

8. 假如我国某跨国公司集团的两个公司 A、B 分别设在甲国和乙国，两国所得税税率分别为 30% 和 20%。B 公司要把一批空调器零部件卖给 A 公司，这批产品的总成本为 50 万美元，B 公司原定价 60 万美元，现增加到 70 万美元，A 公司最后以 80 万美元的价格销售。请比较 B 公司提高转让价格后跨国公司的总税负的变化。

9. 假定我国跨国母公司分别在甲、乙两高税国设有子公司 A、B，B 公司负责装配某种电器设备，A 公司则专门生产供 B 公司产品配套使用的零件，为了减轻 A、B 公司之间零件销售收入承担的税负，我国跨国母公司可以在避税地丙国建立一家基地公司 C，由 C 公司出面低价购买 A 公司的零件，然后转手高价卖给 B 公司使用。在这一过程中，A 公司的产品并不需要转运到丙国避税地，而是直接发送给 B 公司，C 公司只是在账面上购买和出售这些零件。请分析这种安排对跨国公司税收产生的影响。

第十章 个人所得的税务筹划

本章以 2018 年 8 月 31 日第十三届全国人民代表大会常务委员会第五次会议《关于修改〈中华人民共和国个人所得税法〉的决定》》为依据,主要介绍个人劳动所得部分的税务筹划,主要涉及工资薪金、劳务报酬、稿酬以及特许权使用费收入,即新个人所得税法的综合所得部分。本章的内容不涉及个体工商户以及承包、承租经营所得等属于经营性质的所得,以及个人投资的股息红利等,因为这些所得的税务筹划在前述各章均以涉及,不再赘述。

第一节 个人综合所得应纳税额的计算

2018 年 8 月 31 日第七次修订的《中华人民共和国个人所得税法》,其最大的亮点是从单项所得转向综合所得,税前扣除从基本扣除转向重视专项附加扣除,代扣代缴转变为预扣预缴。本节先介绍综合所得的范围、税前扣除、代扣代缴(预扣预缴)与汇算清缴制度。

一、综合所得的范围

根据新的《中华人民共和国个人所得税法》第二条的规定,下列各项个人所得,应纳个人所得税:

(1)工资、薪金所得;

(2)劳务报酬所得;

(3)稿酬所得;

(4)特许权使用费所得;

(5)经营所得;

(6)利息、股息、红利所得;

(7)财产租赁所得;

(8)财产转让所得;

(9)偶然所得。

居民个人取得上述第 1 项至第 4 项所得(以下称为综合所得),按纳税年度合并计算个人所得税;非居民个人取得上述第 1 项至第 4 项所得,按月或者按次分项计算个人所得税。纳税人取得第 5 项至第 9 项所得,依照该法规定分别计算个人所得税。

居民纳税人与非居民纳税人的区别是,在中国境内有住所,或者无住所而一个纳税年度内在中国境内居住累计满一百八十三天的个人,为居民个人;在中国境内无住所又不居住,或者无住所而一个纳税年度内在中国境内居住累计不满一百八十三天的个人,为非居民个人。纳税年度,自公历一月一日起至十二月三十一日止。

居民个人从中国境内和境外取得的所得，依照该法规定缴纳个人所得税；非居民个人从中国境内取得的所得，依照该法规定缴纳个人所得税。

需要特别说明的是，劳务报酬所得、稿酬所得、特许权使用费所得以收入减除百分之二十的费用后的余额为收入额。稿酬所得的收入额减按百分之七十计入综合所得。

二、综合所得的扣除项目

居民个人的综合所得，以每一纳税年度的收入额减除费用 60000 元（基本扣除）、专项扣除、专项附加扣除和依法确定的其他扣除后的余额，为应纳税所得额。下面我们将分为基本扣除、专项扣除、专项附加扣除和其他扣除分别介绍。

（一）基本扣除

居民个人以每一纳税年度的收入额减除费用 60000 元，即每月减除 5000 元，在个人所得税法中这项扣除金额就是基本扣除。它的经济含义，可以理解为维持劳动力基本生活所需的费用，随着物价水平的变化和劳动者物质生活水平的提高，基本扣除应该不断提高。在一些经济发达的国家或地区，个人所得税的基本扣除是随物价指数的变化而不断调整的，比如美国和中国台湾。

新的《中华人民共和国个人所得税法》自 2019 年 1 月 1 日起施行。但是，自 2018 年 10 月 1 日至 2018 年 12 月 31 日，纳税人的工资、薪金所得，先行以每月收入额减除费用五千元后的余额为应纳税所得额，依照《中华人民共和国个人所得税法》第十六条的个人所得税税率表的综合所得适用部分，按月换算后计算缴纳税款，并不再扣除"附加减除费用"。对个体工商户业主、个人独资企业和合伙企业自然人投资者、企事业单位承包承租经营者 2018 年第四季度取得的生产经营所得，减除费用按照 5000 元/月执行。

所谓的"附加减除费用"，是对在中国境内无住所而在中国境内取得工资、薪金所得的纳税义务人和在中国境内有住所而在中国境外取得工资、薪金所得的纳税义务人，可以根据其平均收入水平、生活水平以及汇率变化情况确定"附加减除费用"，"附加减除费用"适用的范围和标准由国务院规定。在本次个人所得税法修订前，每月附加扣除为 1300 元。2018 年 10 月 1 日起不再扣除"附加减除费用"。

（二）专项扣除

根据新的《中华人民共和国个人所得税法》，综合所得的专项扣除是指居民个人按照国家规定的范围和标准缴纳的基本养老保险、基本医疗保险、失业保险、工伤保险、生育保险等社会保险费和住房公积金等，即"五险一金"。

在计算个人所得税时，企业和个人在规定范围和标准内缴存的社保和住房公积金是不需要缴纳个人所得税的，企业缴存部分不需要计入个人的应税所得，而个人自己缴存部分则应当从个人收入中扣除，即专项扣除。

"五险一金"各地的缴存标准并不一致，表 10-1 是北京市、长沙市、深圳和沈阳四地的情况比较，发现住房公积金各地的差别最大。

表 10 - 1　"五险一金"缴存比例各地比较　　　　　　（单位：%）

项目	北京		长沙		深圳		沈阳	
	个人缴存	单位缴存	个人缴存	单位缴存	个人缴存	单位缴存	个人缴存	单位缴存
基本养老	8	20	8	20	8	11	8	10
基本医疗	2	10	2	8	2	7	2	7.5
失业保险	0.2	1	1	2	1	2	0.5	1.5
工伤保险	0	0.3	0	0.5	0.5	0.5	0	0.5
生育保险	0	0.8	0	0.7	0	0.5	0	0.5
住房公积金	12	12	8	8	5	5	8	8

数据来源：http://finance.sina.com.cn/calc/bx_all.html.

（三）专项附加扣除

专项附加扣除是这次税改的亮点和难点，第一次把教育、住房、医疗以及养老的基本民生纳入个人所得税的扣除范围。具体包括子女教育、继续教育、大病医疗、住房贷款利息、住房租金以及赡养老人等六个方面。专项附加扣除遵循"公平合理、简便易行、切实减负、改善民生"的原则，并将适时调整。

专项附加扣除实施以后，每个纳税人的税前扣除除了已有的基本扣除、专项扣除以及其他扣除以外，相应地都会有所增加，能够切实减轻纳税人的负担、改善民生。而专项附加扣除，考虑纳税人在教育、住房、医疗以及赡养老人等方面实际负担的不同，把税法的公平原则更好地贯彻到个人所得税之中。从扣除标准来看，以定额扣除为主，省去了大量的征管成本，简单易行。

根据 2018 年 12 月 13 日发布的《国务院关于印发个人所得税专项附加扣除暂行办法的通知》（国发〔2018〕41 号），具体规定如下。

1. 子女教育专项附加扣除

纳税人的子女接受全日制学历教育的相关支出，按照每个子女每月 1000 元的标准定额扣除。学历教育包括义务教育（小学、初中教育）、高中阶段教育（普通高中、中等职业、技工教育）、高等教育（大学专科、大学本科、硕士研究生、博士研究生教育）。年满 3 岁至小学入学前处于学前教育阶段的子女，按上述规定执行，即每月 1000 元扣除。

父母可以选择由其中一方按扣除标准的 100% 扣除，也可以选择由双方分别按扣除标准的 50% 扣除，具体扣除方式在一个纳税年度内不能变更。

纳税人子女在中国境外接受教育的，也可以扣除，纳税人应当留存境外学校录取通知书、留学签证等相关教育的证明资料备查。

2. 继续教育专项附加扣除

继续教育可以理解为纳税人走向社会之后为了提高职业技能而接受的学历或非学历的教育。纳税人在中国境内接受学历（学位）继续教育的支出，在学历（学位）教育期间按照每月 400 元定额扣除。同一学历（学位）继续教育的扣除期限不能超过 48 个月。纳税人接受技能人员职业资格继续教育、专业技术人员职业资格继续教育的支出，在取得相关证书的当年（比如 CPA),按照 3600 元定额扣除。

个人接受本科及以下学历(学位)继续教育,符合该办法规定扣除条件的,可以选择由其父母扣除,也可以选择由本人扣除。纳税人接受技能人员职业资格继续教育、专业技术人员职业资格继续教育的,应当留存相关证书等资料备查。

3. 大病医疗专项附加扣除

在一个纳税年度内,纳税人发生的与基本医保相关的医药费用支出,扣除医保报销后个人负担(指医保目录范围内的自付部分)累计超过 15000 元的部分,由纳税人在办理年度汇算清缴时,在 80000 元限额内据实扣除。

纳税人发生的医药费用支出可以选择由本人或者其配偶扣除;未成年子女发生的医药费用支出可以选择由其父母一方扣除。纳税人应当留存医药服务收费及医保报销相关票据原件(或者复印件)等资料备查。

4. 住房贷款利息专项附加扣除

纳税人本人或者配偶单独或者共同使用商业银行或者住房公积金个人住房贷款为本人或者其配偶购买中国境内住房,发生的首套住房贷款利息支出,在实际发生贷款利息的年度,按照每月 1000 元的标准定额扣除,扣除期限最长不超过 240 个月。纳税人只能享受一次首套住房贷款的利息扣除。

关键是首套住房如何界定?按该办法所称,首套住房贷款是指购买住房享受首套住房贷款利率的住房贷款。住房贷款利息支出是否符合政策,可查阅贷款合同(协议),或者向办理贷款的银行、住房公积金中心进行咨询,看是否属于首套贷款。

经夫妻双方约定,可以选择由其中一方扣除,具体扣除方式在一个纳税年度内不能变更。夫妻双方婚前分别购买住房发生的首套住房贷款,其贷款利息支出,婚后可以选择其中一套购买的住房,由购买方按扣除标准的 100% 扣除,也可以由夫妻双方对各自购买的住房分别按扣除标准的 50% 扣除,具体扣除方式在一个纳税年度内不能变更。

纳税人应当留存住房贷款合同、贷款还款支出凭证备查。

5. 住房租金专项附加扣除

纳税人在主要工作城市没有自有住房而发生的住房租金支出,可以按照以下标准定额扣除:

直辖市、省会(首府)城市、计划单列市以及国务院确定的其他城市,扣除标准为每月 1500 元。

除上述所列城市以外,市辖区户籍人口超过 100 万的城市,扣除标准为每月 1100 元;市辖区户籍人口不超过 100 万的城市,扣除标准为每月 800 元。

纳税人的配偶在纳税人的主要工作城市有自有住房的,视同纳税人在主要工作城市有自有住房。

市辖区户籍人口,以国家统计局公布的数据为准。

该办法所称主要工作城市是指纳税人任职受雇的直辖市、计划单列市、副省级城市、地级市(地区、州、盟)全部行政区域范围;纳税人无任职受雇单位的,为受理其综合所得汇算清缴的税务机关所在城市。夫妻双方主要工作城市相同的,只能由一方扣除住房租金支出。

纳税人及其配偶在一个纳税年度内不能同时分别享受住房贷款利息和住房租金专项附加扣除。纳税人应当留存住房租赁合同、协议等有关资料备查。

在买房与租房之间,税法更偏向于鼓励租房,租房不仅体现了地区差别,而且税前扣除标准更高,夫妻不在同一个城市还可以双份扣除。同时强调住房贷款利息专项附加扣除和住房租金专项附加扣除不得同时享受。

6.赡养老人专项附加扣除

纳税人赡养一位及以上被赡养人的赡养支出,统一按照以下标准定额扣除:纳税人为独生子女的,按照每月 2000 元的标准定额扣除;纳税人为非独生子女的,由其与兄弟姐妹分摊每月 2000 元的扣除额度,每人分摊的额度不能超过每月 1000 元。可以由赡养人均摊或者约定分摊,也可以由被赡养人指定分摊。

约定或者指定分摊的须签订书面分摊协议,指定分摊优先于约定分摊。具体分摊方式和额度在一个纳税年度内不能变更。

该办法所称被赡养人是指年满 60 岁的父母,以及子女均已去世的年满 60 岁的祖父母、外祖父母。

需要注意的是,不管家里有几个老人,都按一个标准扣;女婿不能扣岳父母的,儿媳不能扣公公婆婆的。

(四)其他扣除

个人将其所得对教育、扶贫、济困等公益慈善事业进行捐赠,捐赠额未超过纳税人申报的应纳税所得额百分之三十的部分,可以从其应纳税所得额中扣除;国务院规定对公益慈善事业捐赠实行全额税前扣除的,从其规定。

1.公益慈善事业捐赠的税法修订

与修订前相比,公益慈善捐赠的个税政策有以下三点变化:

(1)将"公益事业"修改为"公益慈善事业",并在教育后增加了扶贫、济困,将慈善纳入到税前扣除的范围,体现了与《中华人民共和国慈善法》的衔接。

(2)增加了"国务院规定对公益慈善事业捐赠实行全额税前扣除的,从其规定"。

(3)把 30％的扣除比例法规层次进行了提升。30％的税前扣除比例原来只是在个人所得税法实施条例中进行了规定,现在上升到了个人所得税法的层面,提升了法规层次,更有约束力。

2.公益慈善事业捐赠的税前扣除办法

公益慈善事业捐赠的税前扣除需要符合三个要素:

(1)法定的接受组织。捐款的税前扣除,需要符合税法规定的接受组织,一般是中国境内的社会团体、国家机关。

(2)符合要求的凭证。根据《财政部 国家税务总局 民政部关于公益性捐赠税前扣除有关问题的通知》(财税〔2018〕160 号)第八条规定:"公益性社会团体和县级以上人民政府及其组成部门和直属机构在接受捐赠时,应按照行政管理级次分别使用由财政部或省、自治区、直辖市财政部门印制的公益性捐赠票据,并加盖本单位的印章;对个人索取捐赠票据的,应予以开具。新设立的基金会在申请获得捐赠税前扣除资格后,原始基金的捐赠人可凭捐赠票据依法享受税前扣除。"

(3)符合扣除限额。捐赠额未超过纳税义务人申报的应纳税所得额 30％的部分,可以从其应纳税所得额中扣除。部分经过批准的基金会,如农村义务教育基金会、宋庆龄基金会、中国福利会、中国红十字会等,个人向其捐赠的所得,按照规定可以在计算个人应纳税所得时全额扣除。根据 2018 年 8 月 31 日新修订的税法，"国务院规定对公益慈善事业捐赠实行全额税前扣除的，从其规定"。

三、综合所得的适用税率

根据《中华人民共和国个人所得税法》，个人所得税税率表（综合所得适用）见表 10 - 2。

表 10 - 2　个人所得税税率表（综合所得适用）

级数	全年应纳税所得额	税率（%）	速算扣除数
1	不超过 36000 元	3	0
2	超过 36000 元至 144000 元的部分	10	2520
3	超过 144000 元至 300000 元的部分	20	16920
4	超过 300000 元至 420000 元的部分	25	31920
5	超过 420000 元至 660000 元的部分	30	52920
6	超过 660000 元至 960000 元的部分	35	85920
7	超过 960000 元的部分	45	181920

表 10 - 2 所称全年应纳税所得额是指依照《中华人民共和国个人所得税法》第六条的规定，居民个人取得的综合所得以每一纳税年度收入额减除费用六万元以及专项扣除、专项附加扣除和依法确定的其他扣除后的金额。

非居民个人取得的工资、薪金所得，劳务报酬所得，稿酬所得和特许使用费所得，依照表10 - 2 按月换算后计算应纳税额，换算表见表 10 - 3。

表 10 - 3　综合所得税率表（按月换算）

级数	全月应纳税所得额	税率（%）	速算扣除数
1	不超过 3000 元的	3	0
2	超过 3000 元至 12000 元的部分	10	210
3	超过 12000 元至 25000 元的部分	20	1410
4	超过 25000 元至 35000 元的部分	25	2660
5	超过 35000 元至 55000 元的部分	30	4410
6	超过 55000 元至 80000 元的部分	35	7160
7	超过 80000 元的部分	45	15160

四、综合所得的代扣代缴制度

（一）扣缴义务人及其扣税缴纳时间

1.扣缴义务人的含义

个人所得税以所得人为纳税人，以支付所得的单位或者个人为扣缴义务人。但国务院税务主管部门可以指定掌握所得信息并对所得取得过程有控制权的单位为扣缴义务人。

2. 纳税人识别号及其确定

个人应当凭纳税人识别号实名办税。纳税人有中国公民身份号码的,以中国公民身份号码为纳税人识别号;纳税人没有中国公民身份号码的,由税务机关赋予其纳税人识别号。

个人首次取得应税所得或者首次办理纳税申报时,应当向扣缴义务人或者税务机关如实提供纳税人识别号及与纳税有关的信息。个人上述信息发生变化的,应当报告扣缴义务人或者税务机关。

没有中国公民身份号码的个人,应当在首次发生纳税义务时,按照税务机关规定报送与纳税有关的信息,由税务机关赋予其纳税人识别号。

3. 全员全额扣缴申报

扣缴义务人应当按照国家规定办理全员全额扣缴申报,并向纳税人提供其个人所得和已扣缴税款等信息,包括向主管税务机关报送支付所得个人的有关信息、支付所得数额、扣除事项及数额、扣缴税款的具体数额和总额以及其他相关涉税信息资料。

扣缴义务人每月或者每次预扣、代扣的税款,应当在次月十五日内缴入国库,并向税务机关报送扣缴个人所得税申报表。纳税人、扣缴义务人应当按照国务院税务主管部门规定的期限,留存与纳税有关的资料备查。

实行个人所得税全员全额扣缴申报的应税所得包括:工资、薪金所得;劳务报酬所得;稿酬所得;特许权使用费所得;利息、股息、红利所得;财产租赁所得;财产转让所得;偶然所得。

(二)居民综合所得的预扣预缴与汇算清缴

如前所述,居民综合所得分为工资薪金所得、劳务所得、稿酬所得和特许权使用费所得,其预扣预缴制度各项目有所不同,下面分别介绍。

1. 工资薪金的预扣预缴(累计预扣法)

根据新《中华人民共和国个人所得税法》第十一条的规定,居民个人取得综合所得,按年计算个人所得税;有扣缴义务人的,由扣缴义务人按月或者按次预扣预缴税款;需要办理汇算清缴的,应当在取得所得的次年三月一日至六月三十日内办理汇算清缴。

居民个人向扣缴义务人提供专项附加扣除信息的,扣缴义务人按月预扣预缴税款时应当按照规定予以扣除,不得拒绝。

需要特别说明的是,对于居民个人取得工资、薪金所得应缴纳的个人所得税,从2019年1月1日起将按"累计预扣法"进行预扣预缴。工资薪金所得个人所得税累计预扣法是:扣缴义务人在一个纳税年度内,以截至当前月份累计支付的工资薪金所得收入额减除累计基本减除费用、累计专项扣除、累计专项附加扣除和依法确定的累计其他扣除后的余额为预缴应纳税所得额,按照综合所得税率表,计算出累计应预扣预缴税额,减除已预扣预缴税额后的余额,作为本期应预扣预缴税额。

本期应预扣预缴税额=(累计预缴应纳税所得额×税率-速算扣除数)-已累计预扣预缴税额

累计预缴应纳税所得额=累计收入-累计免税收入-累计基本减除费用-累计专项扣除-累计专项附加扣除-累计依法确定的其他扣除

个人所得税预扣率按表10-4计算。而对于专项附加扣除,除大病医疗以外,子女教育、赡养老人、住房贷款利息、住房租金、继续教育,纳税人可以选择在单位发放工资薪金时,按月享受专项附加扣除政策。

表 10 - 4 个人所得税预扣率(居民个人工资、薪金所得预扣预缴适用)

级数	累计预扣预缴应纳税所得额	预扣率(%)	速算扣除数
1	不超过 36000 元	3	0
2	超过 36000 元至 144000 元的部分	10	2520
3	超过 144000 元至 300000 元的部分	20	16920
4	超过 300000 元至 420000 元的部分	25	31920
5	超过 420000 元至 660000 元的部分	30	52920
6	超过 660000 元至 960000 元的部分	35	85920
7	超过 960000 元的部分	45	181920

下面通过例题说明预扣预缴(累计预扣法)的计算方法。

例 10 - 1：2019 年 1 月 5 日,甲公司应向张三支付工资 12500 元,张三本月的税前扣除项目分别有：基本扣除费用 5000 元；专项扣除"三险一金"1550 元；专项附加扣除 4200 元；依法确定的其他扣除 750 元。

2019 年 2 月 5 日,甲公司应支付张三工资 15500 元,税前扣除项目假定与 1 月相同。

①张三 2019 年 1 月份应纳税所得额＝12500－5000－1550－4200－750＝1000(元)

甲公司应在 1 月份预扣预缴张三个人所得税＝1000×3％＝30(元)

②甲公司应在 2 月份预扣预缴张三个人所得税,计算如下：

张三 2 月份累计应税收入＝12500＋15500＝28000(元)

2 月份累计扣除额＝(5000＋1550＋4200＋750)×2＝23000(元)

张三 2 月份累计预扣预缴应纳税所得额＝28000－23000＝5000(元)

2 月份累计应预扣预缴张三个人所得税＝5000×3％＝150(元)

2 月份当月应预扣预缴张三个人所得税

＝150－30＝120(元)

以后各月的计算以此类推,但需要注意的是,随着每月所得的累计不断增加,因此,适用税率会提高。

2.劳务报酬等预扣预缴办法

扣缴义务人向居民个人支付劳务报酬所得、稿酬所得、特许权使用费所得时,应当按照以下方法按次或者按月预扣预缴税款：

(1)应税所得。劳务报酬所得、稿酬所得、特许权使用费所得以收入减除费用后的余额为收入额；其中,稿酬所得的收入额减按百分之七十计算。

而减除费用,在预扣预缴税款时,劳务报酬所得、稿酬所得、特许权使用费所得每次收入不超过四千元的,减除费用按八百元计算；每次收入四千元以上的,减除费用按收入的百分之二十计算。

以每次收入额为预扣预缴应税所得!

(2)预扣率。劳务报酬所得、稿酬所得、特许权使用费所得,以每次收入额为预扣预缴应纳税所得额,计算应预扣预缴税额。劳务报酬所得适用个人所得税预扣率,见表 10 - 5,而稿酬所得、特许权使用费所得适用百分之二十的比例预扣率。

表 10 - 5　个人所得税预扣率(居民个人劳务报酬所得预扣预缴适用)

级数	预扣预缴应纳税所得额	预扣率(%)	速算扣除数
1	不超过 20000 元	20	0
2	超过 20000 元至 50000 元的部分	30	2000
3	超过 50000 元的部分	40	7000

(3)汇算清缴。居民个人办理年度综合所得汇算清缴时,应当依法计算劳务报酬所得、稿酬所得、特许权使用费所得的收入额,并入年度综合所得计算应纳税款,税款多退少补。

(4)"次"或"月"的界定。劳务报酬所得、稿酬所得、特许权使用费所得,属于一次性收入的,以取得该项收入为一次;属于同一项目连续性收入的,以一个月内取得的收入为一次。

3.综合所得的汇算清缴

新税法的规定与原来劳务报酬、特许权使用费报酬以及稿酬的个人所得税代扣代缴并没有本质的区别。新税法最大的不同是在汇算清缴时,劳务报酬、特许权使用费报酬以及稿酬需要并入工资薪金一起计算综合所得,并按综合所得的适用税率计算应税所得,多退少补。下面用例题说明汇算清缴的方法。

例 10 - 2:以居民李四 2019 年的收入为例。李四是高校教师,其收入分为以下几个部分:

(1)在某上市公司担任独立董事,每月取得税前劳务报酬所得 10000 元。

收入额 $=10000×(1-20\%)=8000$(元)

每月应预扣预缴税额 $=8000×20\%=1600$(元)

全年预扣预缴税额 $=1600×12=19200$(元)

(2)7 月份出版一本书,获得稿酬 2 万元。

收入额 $=20000(1-20\%)×70\%=11200$(元)

应预扣预缴税额 $=11200×20\%=2240$(元)

(3)每月应发工资均为 10000 元,每月减除基本扣除费用 5000 元,"三险一金"等专项扣除为 1500 元,从 1 月起享受子女教育专项附加扣除 1000 元。假定每月一样。

通过例 10-1 相似的方法计算(计算过程略),假定全年累计预扣预缴的应纳税所得额为 30000 元,适用税率 3%,全年预扣预缴所得税 900 元。

根据上述资料,李四的汇算清缴计算如下:

李四 2019 年全年应税所得 $=8000×12+11200+30000=137200$(元)

适用综合所得 10% 的税率,速算扣除 2520 元。

应纳税额 $=137200×10\%-2520=11200$(元)

已经预扣预缴 $=19200$ 元 $+2240+900=22340$(元)

应退税金额 $=22340-11200=11140$(元)

李四的退税原因是,劳务和稿酬按 20% 的税率预扣预缴,但全年适用税率只有 10%。

(三)非居民工资薪金等综合所得的代扣代缴

非居民个人取得工资、薪金所得,劳务报酬所得,稿酬所得和特许权使用费所得,有扣缴义务人的,由扣缴义务人按月或者按次代扣代缴税款,不办理汇算清缴。

暂不能确定纳税人为居民个人或者非居民个人的,应当按照非居民个人缴纳税款,年度终了确定纳税人为居民个人的,按照规定办理汇算清缴。

扣缴义务人向非居民个人支付工资、薪金所得,劳务报酬所得,稿酬所得和特许权使用费所得时,应当按照以下方法按月或者按次代扣代缴税款:

非居民个人的工资、薪金所得,以每月收入额减除费用五千元后的余额为应纳税所得额;劳务报酬所得、稿酬所得、特许权使用费所得,以每次收入额为应纳税所得额,适用个人所得税税率(见表10-6)计算应纳税额。劳务报酬所得、稿酬所得、特许权使用费所得以收入减除百分之二十的费用后的余额为收入额;其中,稿酬所得的收入额减按百分之七十计算。

非居民个人在一个纳税年度内税款扣缴方法保持不变,达到居民个人条件时,应当告知扣缴义务人基础信息变化情况,年度终了后按照居民个人有关规定办理汇算清缴。

表 10-6　个人所得税税率(非居民个人工资、薪金所得,劳务报酬所得,稿酬所得,特许权使用费所得适用)

级数	应纳税所得额	税率(%)	速算扣除数
1	不超过 3000 元	3	0
2	超过 3000 元至 12000 元的部分	10	210
3	超过 12000 元至 25000 元的部分	20	1410
4	超过 25000 元至 35000 元的部分	25	2660
5	超过 35000 元至 55000 元的部分	30	4410
6	超过 55000 元至 80000 元的部分	35	7160
7	超过 80000 元的部分	45	15160

例 10-3:以非居民王五 2019 年的收入为例,假定王五的收入与例 10-2 的李四一模一样,只是身份不同。其收入分为以下几个部分:

(1)在某上市公司担任独立董事,每月取得税前劳务报酬所得 10000 元。

收入额＝10000×(1-20%)＝8000(元)

应预扣预缴税额＝8000×10%-210＝590(元)

全年预扣预缴＝590×12＝7080(元)

(2)7 月份出版一本书,获得稿酬 2 万元。

收入额＝20000×(1-20%)×70%＝11200(元)

应预扣预缴税额＝11200×10%-210＝910(元)

(3)每月应发工资均为 10000 元,每月减除基本扣除费用 5000 元,“三险一金”等专项扣除为 1500 元,从 1 月起享受子女教育专项附加扣除 1000 元。假定每月一样。

每月预扣预缴所得税＝(10000-5000-1500-1000)×3%＝75(元)

全年应纳税＝75×12＝900(元)

不需要汇算清缴

王五全年预扣预缴（即应纳税额）＝7080＋910＋900＝8890（元）

李四全年应纳税额 11200 元，可见，同样的收入，居民的税负为高。

差异的主要原因在于，居民纳税人李四每月工资薪金按 3％预扣预缴，但汇算清缴的时候需要按 10％计算纳税；而非居民纳税人王五的工资薪金按 3％预扣预缴，不需要汇算清缴了，就是按 3％纳税的。其实，非居民每月应纳税的计算，是根据综合所得年税率换算为月税率的，如果没有劳务等其他所得，就工资薪金的税负而言，没有本质的差异。

第二节 个人综合所得收入的税务筹划

新的个人所得税法实施以后，原来个人所得税的很多税务筹划方法不再适用，比如工资均衡发放、全年一次性奖金与工资薪金之间的划分等，但根据新的个人所得税法，我们认为也还是有很多税务筹划的机会的。

一、综合所得收入项目归类的税务筹划

新的个人所得税法把工资薪金、劳务报酬、稿酬以及特许权使用费归为综合所得，但对劳务报酬、稿酬以及特许权使用费在计入综合所得时可以先扣除 20％的费用，特别是稿酬收入，在扣除 20％费用的基础上可以再打七折计入综合所得。因此，综合所得项目之间的归类不同会影响到个人所得税的负担。

1. 工薪与劳务的选择

例 10-4：张三正在找工作，与一家企业正在谈判报酬的问题。企业提出在劳务合同和雇佣合同之间让他选择。劳务合同每月税前 1 万元，没有社保以及住房公积金。雇佣合同则每月税前只有 8000 元，但有相当于工资薪金 35％的社保和住房公积金（企业支付，个人支付也为 35％）。假定张三没有其他劳动所得，暂不考虑专项附加扣除等。

方案 1：劳务合同，获得劳务报酬

每月 1 万元，缴纳个人所得税为：

每月应税所得＝10000×（1－20％）－5000（基本扣除）＝3000（元）

应纳税＝3000×3％＝90（元）

每月税后收入 10000－90＝9910（元）

方案 2：雇佣合同，获得工资薪金

每月应税所得＝8000×（1－35％）－5000（基本扣除）＝200（元）

应纳税＝200×3％＝6（元）

每月税后收入加上社保等＝8000＋8000×35％－6＝10794（元）

雇佣合同与劳务合同相比，个人不仅少交税，而且可以获得企业支付的社保和住房公积金。很多社保项目和住房公积金一般都是个人和企业共同支付的，而且企业支付的部分，不需要纳税人缴纳个人所得税。

两种合同尽管名义上给劳务收入多扣除 20％的费用，但劳务报酬是没有社保以及住房公积金的，因此，个人在找工作签劳动合同的时候，需要慎重。

2. 工薪与稿酬的选择

工薪与稿酬之间的转换只可能存在于一些特殊的行业，比如记者，下面举例说明。

例 10－5：李某是著名的体育记者，某体育报刊希望高薪聘用，开出年薪 150 万元的报酬。假定当地社保和住房公积金的最高限制标准为年薪 30 万元，个人全部社保和住房公积金按 30 万元的 40％计算，专项附加扣除暂不考虑。

方案 1：年薪 150 万元，全部作为工资薪金发放。

全年应税所得＝150－6－30×40％＝132（万元）

全年应纳税＝132×45％－18.192＝41.208（万元）

方案 2：年薪 150 万元分为工资薪金 100 万元和稿酬 50 万元分别发放。

100 万元的工资薪金不会影响其社保以及住房公积金。

全年应税所得＝100－6－30×40％＋50×（1－20％）×70％＝110（万元）

全年应纳税＝110×45％－18.192＝31.308（万元）

方案 2 为优。

二、工资薪金所得与个人福利的税务筹划

这里所谓的福利主要是指企业的社保和住房公积金等。如前所述，个人所得税的税前扣除有一个"专项扣除"的项目，就是指这一部分内容。那么对于个人和企业而言，福利部分是越高越好吗？换句话说，在不增加企业负担的情况下，是高工资还是高福利呢？通过例题计算分析税务筹划的方法。

例 10－6：北京某企业，准备招收一个员工，企业预算每月 1 万元，即雇主计划工资薪金、三项费用、五险一金合计每月费用 1 万元。

最优工薪与福利（工薪以外的部分统称为福利）的结构分析：

根据前面第 4 章以及本章的数据，已知职工福利费等"三项费用"（职工福利、职工教育经费和工会经费）合计 34％、北京市"五险一金"税前扣除合计比例为 44.1％（企业支付部分）。福利合计比例 68.1％（24％＋44.1％）。如果设工资薪金为 G：

$G×（1＋68.1％）＝10000$

$G＝5948.8（元）$

如果 1 万不变，工资高，比如 8000 元，各项福利比例低，个人所得税会提高。反之如果 1 万元不变，工资低，比如 5000 元，福利的比例高，有可能超出规定的标准，个人与企业的所得税都面临纳税调整。因此，扣除各项福利后的工资薪金发放标准 5948.8 元为最优。

三、综合所得收入费用化的税务筹划

大多数情况下，为取得一定的报酬，不仅要付出相应的脑力、体力和时间，通常还要有实质的费用支出，如设备投入，材料、消耗品的开支，交通、通信支出，或食宿费用等。在综合所得中，特别是像劳务报酬这种按次计费的项目，收入的约定可能是不包路费等各种费用的，只是约定一个总报酬，但这样的约定，对支付的企业而言可能不会影响税负，但对收入的个人而言，则会对其税负有较大的影响。

例 10－7：某教师到外地作讲座，约定一次收入 1 万元，交通费、住宿费等费用 3000 元。假定不考虑其他收入，只就这笔收入计算应税所得进行比较。

方案 1：收入 1 万元，费用自理，实际收入 7000 元。

方案 2：收入 1 万元，减除费用 3000 元（在支付方报销），实际支付 7000 元。

方案 1：应税所得＝10000×(1－20％)＝8000(元)

方案 2：应税所得＝7000×(1－20％)＝5600(元)

对个人而言，方案 2 显然为优；而对于支付的企业而言，两个方案的税前扣除费用都是10000 元，没有差别。

四、综合所得收入归属时间的税务筹划

在以往个税的税务筹划中，工资薪金的均衡发放一直是节税的重要方法。但新的个人所得税实施以后，工资薪金、劳务报酬等劳动所得，从代扣代缴变为预扣预缴，纳税人需要根据年度综合所得进行申报纳税，因此，在年度中每月的收入是否均衡对年度应纳税额的影响已经没有了。但在年度之间的均衡问题却成为新的税务筹划的重点问题之一，因为年度之间的综合所得不均衡依然会影响到纳税人的税负。

例 10－8：张三属于高知阶层，收入来源除了工资薪金以外，还有特许权使用费、劳务报酬以及稿酬，预期未来五年的综合所得是不均衡的。通过估算，未来五年的综合所得分别为 30万元、50 万元、30 万元、40 万元、20 万元，合计 170 万元，年均 34 万元。

(1)五年应纳税额的计算。

根据年应税所得查表计算如下。

第 1 年：30×20％－1.692＝4.308(万元)

第 2 年：50×30％－5.292＝9.708(万元)

第 3 年：30×20％－1.692＝4.308(万元)

第 4 年：40×25％－3.192＝6.808(万元)

第 5 年：20×20％－1.692＝2.308(万元)

共计纳税 27.44 万元。

(2)均衡纳税筹划。

如果各年的所得能够均衡地获得，则每年 34 万元应纳税额为：

34×25％－3.192＝5.308(万元)

5.308×5＝26.54(万元)

26.54 万元小于 27.44 万元。

总之，在累进税制的条件下，当所得不均衡时，一些所得会适用更高的税率，如果能够实现均衡纳税，在一定程度上是可以节税的。

五、综合所得与个人经营所得选择的税务筹划

对于一些特殊的群体，比如明星等，既可以拿工资薪金或劳务报酬，也可以开工作室(一般按个体工商户纳税)获得经营所得。那么，个人综合所得与经营所得税收负担何者为优呢。根据新的个人所得税法，计算比较的情况见表 10－7。个体工商户的个人所得税的计算见第五章(企业组织设置部分)。

表 10 - 7 综合所得与经营所得的应纳所得税比较 单位：万元

年应税所得	个体工商户（含独资、合伙）	综合所得
10	0.85	0.748
20	2.95	2.308
30	4.95	4.308
40	7.95	8.808
50	10.95	9.708
60	14.45	12.708
70	17.95	15.908
80	21.45	19.708
90	24.95	22.908
100	28.45	26.808
130	39.3	40.308

从表 10 - 7 可见，100 万元以下时，综合所得的税负轻，到 130 万元时，经营所得税负轻，二者之间的分界点在 100 万元到 130 万元之间，举例计算如下。

例 10 - 9：设全年应税所得 Y。由于 100 万元以上，无论是个体户经营所得还是个人综合所得都适用最高税率，因此有等式为：

$$Y \times 35\% - 6.55 = Y \times 45\% - 18.192$$

个体工商户的税负在等式左边，右边为综合所得的应纳所得税。

$$Y = 116.42（万元）$$

就是说，当年应税所得低于 116.42 万元时，综合所得税负轻，经营所得税负重，反之相反。

第三节 个人综合所得扣除的税务筹划

根据新的个人所得税法，综合所得的税前扣除包括基本扣除、专项扣除、专项附加扣除以及其他扣除。而在这四类税前扣除项目中，每年 6 万元（或每月 5000 元）的基本扣除是确定的金额，没有可选择的余地，也就没有税务筹划的空间，专项扣除（即三险一金）在前面工资与福利的税务筹划中已经阐述。因此，本节主要介绍专项附加扣除以及其他扣除的税务筹划问题。

一、专项附加扣除申报的税务筹划

专项附加扣除在我国是第一次实施，也是新个人所得税法最大的改革，将教育、医疗、住房和养老的基本民生纳入个人所得税之中。但纳税人如何申报这些专项附加扣除，并且能够充分享受到税前扣除的权利，这是每个纳税人都面临的新问题。因为专项附加扣除既不像每月5000 元（即每年 6 万元）的基本扣除，在计算应税所得时可以自动扣除，也不像"三险一金"由支付单位按规定标准计算扣除，而是需要由纳税人自己提供相应的申报信息，才可能获得税前扣除的。因此,需要什么样的申报信息以及如何申报,成为专项附加扣除税务筹划的第一步。

(一)申报机制

纳税人首次享受专项附加扣除,应当将相关信息提交扣缴义务人或者税务机关,扣缴义务人应尽快将相关信息报送税务机关,纳税人对所提交信息的真实性负责。专项附加扣除信息发生变化的,应当及时向扣缴义务人或者税务机关提供相关信息。

(二)申报信息

专项附加扣除的相关信息,包括纳税人本人、配偶、未成年子女、被赡养老人等个人身份信息,以及国务院税务主管部门规定的其他与专项附加扣除相关信息。根据专项附加扣除的具体规定,笔者总结相关信息有以下几个方面。

1.身份信息

尽管我国的个人所得税是以"个人"而不是以"家庭"为单位计算的,但专项附加扣除考虑了子女教育、赡养老人,以及夫妻之间费用的划分、兄弟姐妹之间费用的分摊等问题,因此,为了证明纳税人与其家庭成员之间的关系,有必要提供自己以及相关家庭成员的身份信息。

2.学籍信息

子女教育和继续教育两项专项附加扣除都与学历教育相关,因此,提供相关的学籍信息是能够获得税前扣除的必要条件。纳税人子女在中国境外接受教育的,纳税人应当留存境外学校录取通知书、留学签证等相关教育的证明资料备查。

3.支付信息

专项附加扣除实行从简征管办法,很多项目都实行标准定额扣除,不需要提供相应的支付信息,比如子女教育、继续教育、赡养老人等。但也有一些项目的支出需要提供支付信息,主要涉及两个项目,包括:大病医疗,纳税人应当留存医疗服务收费相关票据原件(或复印件);住房贷款利息支出,纳税人应当留存住房贷款合同、贷款还款支出凭证。

4.合同或协议信息

市场经济是契约经济,合同能够提供交易的基本信息,因此,在税收征管中,合同一直是重要的计税依据之一。专项附加扣除的一些项目也需要提供合同作为扣除依据,主要涉及住房相关的两个项目,包括:住房贷款利息支出,纳税人应当留存住房贷款合同、贷款还款支出凭证;住房租金支出,纳税人应当留存住房租赁合同。

另外,在赡养老人专项附加扣除中,如果纳税人是非独生子女的,赡养老人的扣除需要在兄弟姐妹之间分摊,而分摊扣除的依据是签订的分摊协议。

5.证书信息

专项附加扣除的继续教育,不仅包括学历教育,而且包括非学历教育。但由于非学历教育的范围很广,因此,为了提高继续教育与职业的相关性以及降低征管难度,规定了在取得相关证书的年度扣除。因此,纳税人提供接受技能人员职业资格继续教育、专业技术人员职业资格继续教育支出,需要提供取得的相关证书,比如CPA(中国注册会计师)等。

二、专项附加扣除分摊的税务筹划

我国的个人所得税是以"个人"为单位计征的,而专项附加扣除第一次考虑了家庭负担,因此,需要在家庭成员之间分摊一些费用,这为税务筹划提供了机会。税务筹划的要点涉及以下几个方面：

1. 子女教育支出分摊的税务筹划

根据税法规定，子女教育专项附加扣除，每个子女每年按 12000 元（每月 1000 元）的标准定额扣除。受教育子女的父母分别按扣除标准的 50% 扣除；经父母约定，也可以选择由其中一方按扣除标准的 100% 扣除，具体扣除方式在一个纳税年度内不得变更。

也就是说，子女教育支出，可以在受教育子女的父母，也就是夫妻之间分摊或指定一人扣除，这就给纳税人提供了税务筹划的机会。主要需要考虑夫妻之间的税收负担。

例 10 - 10：小李和小张是夫妻，他们有一个孩子，已经上小学，两人都有工作。在不考虑专项附加扣除的情况下，小李每年收入 30 万元，扣除每年 6 万元以及社保和住房公积金以后，年应税所得 18 万元。小张每年收入 12 万元，扣除每年 6 万元以及社保和公积金以后，应税所得 3 万元。假定没有其他专项附加扣除项目，只有子女教育一项专项附加扣除。现在有三个方案可以选择：

方案 1：子女教育每年 1.2 万元由夫妻双方一人扣除 50%。

小李应纳税额 $=(18-0.6)\times20\%-1.692=1.748$（万元）

小张应纳税额 $=(3-0.6)\times3\%=0.072$（万元）

夫妻合计纳税 1.82 万元

方案 2：子女教育每年 1.2 万元由妻子小张一人扣除。

小李应纳税额 $=18\times20\%-1.692=1.908$（万元）

小张应纳税额 $=(3-1.2)\times3\%=0.054$（万元）

夫妻合计纳税 1.962 万元

方案 3：子女教育每年 1.2 万元由丈夫小李一人扣除。

小李应纳税额 $=(18-1.2)\times20\%-1.692=1.668$（万元）

小张应纳税额 $=3\times3\%=0.009$（万元）

夫妻合计纳税 1.677 万元

方案 3 最优，其次方案 1，最差方案 2。差别的原因在于，1.2 万元是减少 20% 的税（小李），还是 3% 的税（小张）。因此，专项附加扣除的基本原则应该是"谁的税负重就由谁扣除"。这个原则在后面各项的分摊中都是适用的。

2. 继续教育支出分摊的税务筹划

继续教育可以理解为纳税人走向社会之后为了提高职业技能而接受的学历或非学历的教育。纳税人接受学历继续教育的支出，在学历教育期间按照每年 4800 元（每月 400 元）定额扣除。个人接受上述同一学历教育事项，如果符合税法规定的扣除条件，该项教育支出可以由其父母按照子女教育支出扣除，也可以由本人按照继续教育支出扣除，但不得同时扣除。也就是说，继续教育的"学历教育"的本科及以下部分，既可以由纳税人本人扣除，也可以由其父母扣除。

从税务筹划的角度而言，也是需要计算分析纳税人自己、父亲和母亲三者之间的税负水平，计算方法参照例 10 - 10。总体而言，谁的税负最重就应该由谁扣除。

3. 住房贷款利息和租金分摊的税务筹划

纳税人的首套住房利息支出，在偿还贷款期间，可以按照每年 12000 元（每月 1000 元）标准定额扣除。扣除方法是由夫妻双方约定,选择由其中一方扣除,具体扣除方式在一个纳税年度内不得变更。而住房租金,夫妻双方主要工作城市相同的,只能由一方扣除住房租金支出。

从税务筹划的角度而言,只要可以选择夫妻一方扣除的,都需要计算分析夫妻之间的税负水平,计算方法参照例10-10。总体而言,谁的税负重就应该由谁扣除。

4. 赡养老人分摊的税务筹划

对于多子女的60岁以上的老人,其赡养支出需要指定一人扣除或平均分摊。具体规定:纳税人为非独生子女的,应当与其兄弟姐妹分摊每年24000元(每月2000元)的扣除额度,分摊方式包括平均分摊、被赡养人指定分摊或者赡养人约定分摊,具体分摊方式在一个纳税年度内不得变更。采取指定分摊或约定分摊方式的,每一纳税人分摊的扣除额最高不得超过每年12000元(每月1000元),并签订书面分摊协议。

例10-11:老高有子女四个,通过估算,四个人的年应税所得(暂不考虑赡养老人的扣除项目),从老大到老四,分别为40万元、20万元、5万元、5万元。

根据谁的税负重谁多扣的原则,应该指定老大全部扣除,但税法规定非独生子女的纳税人,一个人每年最多扣除1.2万元。因此,建议约定分摊,由老大和老二分别扣除1.2万元,老三和老四不分摊。具体计算方法参见例10-10。

三、住房贷款利息与房租选择的税务筹划

在买房与租房之间,专项附加扣除更偏向于鼓励租房,租房不仅体现了地区差别,而且税前扣除标准更高,夫妻不在同一个城市还可以双份扣除。同时强调住房贷款利息专项附加扣除和住房租金专项附加扣除不得同时享受。

如果一个纳税人,在工作的城市没有住房,需要租房住,但在老家有首套住房的贷款利息支出,那么,纳税人应该如何申报专项附加扣除?

例10-12:小王夫妻在老家西安按揭买了首套住房,贷款60万元,贷款期限20年(假定刚刚贷款),但他们在外地工作,需要租房住,假定在同城工作。

根据税法规定,他们既可以申报住房贷款利息专项附加扣除,也可以申报住房租金专项附加扣除,但不能同时享受。那么,如何申报,是需要根据他们工作的城市而定的。税法给定的申报方案有:

方案1:按住房贷款利息扣除,每年1.2万元,假定夫妻选定一人扣除。

方案2:按住房租金扣除,根据居住的城市不同,每年扣除1.8万元或1.32万元或0.96万元,夫妻选定一人扣除。

如果他们住在省会、直辖市等,可以扣除1.8万元,方案2为优;

如果他们住在100万人以上的其他城市,可以扣除1.32万元,也是方案2为优;

如果他们住在100万人以下的其他城市,可以扣除0.96万元,方案1为优。

四、住房贷款是否提前偿还的税务筹划

住房按揭贷款的期限在2017年3月17日以前最长是30年,3月17日以后为25年,但很多按揭贷款的人会提前还款。根据新的个人所得税法,只有在偿还期间才可以获得专项附加扣除,最长20年。具体规定为:纳税人本人或配偶使用商业银行或住房公积金个人住房贷款

为本人或其配偶购买住房,发生的首套住房贷款利息支出,在偿还贷款期间,可以按照每年12000元(每月1000元)标准定额扣除。因此,如果纳税人提前归还了贷款,则无法获得专项附加扣除。从税务筹划的角度而言,纳税人可以适当留下一些贷款,按偿还期间逐步偿还。

五、其他扣除的税务筹划

其他扣除主要涉及捐款。在本章第一节已经介绍了捐款税前扣除的三要素,即法定的接受组织、符合要求的凭证以及符合扣除限额。下面通过例题来分析税务筹划的方法。

例 10 - 13:2019 年张三全年申报综合应税所得 30 万元,他希望捐款 5 万元资助老家的孩子上学。有两个方案:

方案 1:通过他自己老家的县级教育机关捐款 5 万元,取得了符合要求的捐款凭证。

方案 2:直接捐款给自己曾经上学的学校,学校开具了捐款凭证。

方案 1:扣除限额为 30×30%＝9(万元)

因此张三捐款的 5 万元全部可以在税前扣除,应税所得减少为 25 万元。

方案 2:捐款不能在税前扣除,因为直接捐款给学校,不符合"法定的接受组织"这一要素。张三可以通过法定接受组织捐款,指定捐给他希望捐助的学校。

方案 1 为优。

例 10 - 14:李四很想对老家的教育进行捐款,2019 年其申报的综合应税所得 100 万元。现在有两个方案,假定都可以获得符合要求的捐款凭证:

方案 1:通过县级教育机构捐款 50 万元,税前扣除 30 万元(100 万元×30%)。

方案 2:通过农村义务教育基金会或宋庆龄基金会捐款 50 万元,则可以全额扣除。

方案 2 为优。

思考与练习

1.新个税的综合所得包括什么?

2.新个税的基本费用扣除、专项扣除、专项附加扣除的具体内容是什么?

3.工资与劳务的税务筹划要点是什么?

4.工资与稿酬的税务筹划要点是什么?

5.工资与福利(社保与住房公积金等)的最优点如何计算?

6.阐述综合所得与个人经营所得选择的税务筹划方法。

7.个人专项附加扣除的申报信息包括哪些?

8.专项附加扣除"费用分摊"的税务筹划基本原则是什么?

附 录

附表一 复利终值系数表

期数	1%	2%	3%	4%	5%	6%	7%	8%	9%	10%
1	1.0100	1.0200	1.0300	1.0400	1.0500	1.0600	1.0700	1.0800	1.0900	1.1000
2	1.0201	1.0404	1.0609	1.0816	1.1025	1.1236	1.1449	1.1664	1.1881	1.2100
3	1.0303	1.0612	1.0927	1.1249	1.1576	1.1910	1.2250	1.2597	1.2950	1.3310
4	1.0406	1.0824	1.1255	1.1699	1.2155	1.2625	1.3108	1.3605	1.4116	1.4641
5	1.0510	1.1041	1.1593	1.2167	1.2763	1.3382	1.4026	1.4693	1.5386	1.6105
6	1.0615	1.1262	1.1941	1.2653	1.3401	1.4185	1.5007	1.5869	1.6771	1.7716
7	1.0721	1.1487	1.2299	1.3159	1.4071	1.5036	1.6058	1.7138	1.8280	1.9487
8	1.0829	1.1717	1.2668	1.3686	1.4775	1.5938	1.7182	1.8509	1.9926	2.1436
9	1.0937	1.1951	1.3048	1.4233	1.5513	1.6895	1.8385	1.9990	2.1719	2.3579
10	1.1046	1.2190	1.3439	1.4802	1.6289	1.7908	1.9672	2.1589	2.3674	2.5937
11	1.1157	1.2434	1.3842	1.5395	1.7103	1.8983	2.1049	2.3316	2.5804	2.8531
12	1.1268	1.2682	1.4258	1.6010	1.7959	2.0122	2.2522	2.5182	2.8127	3.1384
13	1.1381	1.2936	1.4685	1.6651	1.8856	2.1329	2.4098	2.7196	3.0658	3.4523
14	1.1495	1.3195	1.5126	1.7317	1.9799	2.2609	2.5785	2.9372	3.3417	3.7975
15	1.1610	1.3459	1.5580	1.8009	2.0789	2.3966	2.7590	3.1722	3.6425	4.1772
16	1.1726	1.3728	1.6047	1.8730	2.1829	2.5404	2.9522	3.4259	3.9703	4.5950
17	1.1843	1.4002	1.6528	1.9479	2.2920	2.6928	3.1588	3.7000	4.3276	5.0545
18	1.1961	1.4282	1.7024	2.0258	2.4066	2.8543	3.3799	3.9960	4.7171	5.5599
19	1.2081	1.4568	1.7535	2.1068	2.5270	3.0256	3.6165	4.3157	5.1417	6.1159
20	1.2202	1.4859	1.8061	2.1911	2.6533	3.2071	3.8697	4.6610	5.6044	6.7275
21	1.2324	1.5157	1.8603	2.2788	2.7860	3.3996	4.1406	5.0338	6.1088	7.4002
22	1.2447	1.5460	1.9161	2.3699	2.9253	3.6035	4.4304	5.4365	6.6586	8.1403
23	1.2572	1.5769	1.9736	2.4647	3.0715	3.8197	4.7405	5.8715	7.2579	8.9543
24	1.2697	1.6084	2.0328	2.5633	3.2251	4.0489	5.0724	6.3412	7.9111	9.8497
25	1.2824	1.6406	2.0938	2.6658	3.3864	4.2919	5.4274	6.8485	8.6231	10.8347
26	1.2953	1.6734	2.1566	2.7725	3.5557	4.5494	5.8074	7.3964	9.3992	11.9182
27	1.3082	1.7069	2.2213	2.8834	3.7335	4.8223	6.2139	7.9881	10.2451	13.1100
28	1.3213	1.7410	2.2879	2.9987	3.9201	5.1117	6.6488	8.6271	11.1671	14.4210
29	1.3345	1.7758	2.3566	3.1187	4.1161	5.4184	7.1143	9.3173	12.1722	15.8631
30	1.3478	1.8114	2.4273	3.2434	4.3219	5.7435	7.6123	10.0627	13.2677	17.4494

期数	11%	12%	13%	14%	15%	16%	17%	18%	19%	20%
1	1.1100	1.1200	1.1300	1.1400	1.1500	1.1600	1.1700	1.1800	1.1900	1.2000
2	1.2321	1.2544	1.2769	1.2996	1.3225	1.3456	1.3689	1.3924	1.4161	1.4400
3	1.3676	1.4049	1.4429	1.4815	1.5209	1.5609	1.6016	1.6430	1.6852	1.7280
4	1.5181	1.5735	1.6305	1.6890	1.7490	1.8106	1.8739	1.9388	2.0053	2.0736
5	1.6851	1.7623	1.8424	1.9254	2.0114	2.1003	2.1924	2.2878	2.3864	2.4883
6	1.8704	1.9738	2.0820	2.1950	2.3131	2.4364	2.5652	2.6996	2.8398	2.9860
7	2.0762	2.2107	2.3526	2.5023	2.6600	2.8262	3.0012	3.1855	3.3793	3.5832
8	2.3045	2.4760	2.6584	2.8526	3.0590	3.2784	3.5115	3.7589	4.0214	4.2998
9	2.5580	2.7731	3.0040	3.2519	3.5179	3.8030	4.1084	4.4355	4.7854	5.1598
10	2.8394	3.1058	3.3946	3.7072	4.0456	4.4114	4.8068	5.2338	5.6947	6.1917
11	3.1518	3.4786	3.8359	4.2262	4.6524	5.1173	5.6240	6.1759	6.7767	7.4301
12	3.4985	3.8960	4.3345	4.8179	5.3503	5.9360	6.5801	7.2876	8.0642	8.9161
13	3.8833	4.3635	4.8980	5.4924	6.1528	6.8858	7.6987	8.5994	9.5964	10.6993
14	4.3104	4.8871	5.5348	6.2613	7.0757	7.9875	9.0075	10.1472	11.4198	12.8392
15	4.7846	5.4736	6.2543	7.1379	8.1371	9.2655	10.5387	11.9737	13.5895	15.4070
16	5.3109	6.1304	7.0673	8.1372	9.3576	10.7480	12.3303	14.1290	16.1715	18.4884
17	5.8951	6.8660	7.9861	9.2765	10.7613	12.4677	14.4265	16.6722	19.2441	22.1861
18	6.5436	7.6900	9.0243	10.5752	12.3755	14.4625	16.8790	19.6733	22.9005	26.6233
19	7.2633	8.6128	10.1974	12.0557	14.2318	16.7765	19.7484	23.2144	27.2516	31.9480
20	8.0623	9.6463	11.5231	13.7435	16.3665	19.4608	23.1056	27.3930	32.4294	38.3376
21	8.9492	10.8038	13.0211	15.6676	18.8215	22.5745	27.0336	32.3238	38.5910	46.0051
22	9.9336	12.1003	14.7138	17.8610	21.6447	26.1864	31.6293	38.1421	45.9233	55.2061
23	11.0263	13.5523	16.6266	20.3616	24.8915	30.3762	37.0062	45.0076	54.6487	66.2474
24	12.2392	15.1786	18.7881	23.2122	28.6252	35.2364	43.2973	53.1090	65.0320	79.4968
25	13.5855	17.0001	21.2305	26.4619	32.9190	40.8742	50.6578	62.6686	77.3881	95.3962
26	15.0799	19.0401	23.9905	30.1666	37.8568	47.4141	59.2697	73.9490	92.0918	114.4755
27	16.7387	21.3249	27.1093	34.3899	43.5353	55.0004	69.3455	87.2598	109.5893	137.3706
28	18.5799	23.8839	30.6335	39.2045	50.0656	63.8004	81.1342	102.9666	130.4112	164.8447
29	20.6237	26.7499	34.6158	44.6931	57.5755	74.0085	94.9271	121.5005	155.1893	197.8136
30	22.8923	29.9599	39.1159	50.9502	66.2118	85.8499	111.0647	143.3706	184.6753	237.3763

附表二　复利现值系数表

期数	1%	2%	3%	4%	5%	6%	7%	8%	9%	10%
1	0.9901	0.9804	0.9709	0.9615	0.9524	0.9434	0.9346	0.9259	0.9174	0.9091
2	0.9803	0.9612	0.9426	0.9246	0.9070	0.8900	0.8734	0.8573	0.8417	0.8264
3	0.9706	0.9423	0.9151	0.8890	0.8638	0.8396	0.8163	0.7938	0.7722	0.7513
4	0.9610	0.9238	0.8885	0.8548	0.8227	0.7921	0.7629	0.7350	0.7084	0.6830
5	0.9515	0.9057	0.8626	0.8219	0.7835	0.7473	0.7130	0.6806	0.6499	0.6209
6	0.9420	0.8880	0.8375	0.7903	0.7462	0.7050	0.6663	0.6302	0.5963	0.5645
7	0.9327	0.8706	0.8131	0.7599	0.7107	0.6651	0.6227	0.5835	0.5470	0.5132
8	0.9235	0.8535	0.7894	0.7307	0.6768	0.6274	0.5820	0.5403	0.5019	0.4665
9	0.9143	0.8368	0.7664	0.7026	0.6446	0.5919	0.5439	0.5002	0.4604	0.4241
10	0.9053	0.8203	0.7441	0.6756	0.6139	0.5584	0.5083	0.4632	0.4224	0.3855
11	0.8963	0.8043	0.7224	0.6496	0.5847	0.5268	0.4751	0.4289	0.3875	0.3505
12	0.8874	0.7885	0.7014	0.6246	0.5568	0.4970	0.4440	0.3971	0.3555	0.3186
13	0.8787	0.7730	0.6810	0.6006	0.5303	0.4688	0.4150	0.3677	0.3262	0.2897
14	0.8700	0.7579	0.6611	0.5775	0.5051	0.4423	0.3878	0.3405	0.2992	0.2633
15	0.8613	0.7430	0.6419	0.5553	0.4810	0.4173	0.3624	0.3152	0.2745	0.2394
16	0.8528	0.7284	0.6232	0.5339	0.4581	0.3936	0.3387	0.2919	0.2519	0.2176
17	0.8444	0.7142	0.6050	0.5134	0.4363	0.3714	0.3166	0.2703	0.2311	0.1978
18	0.8360	0.7002	0.5874	0.4936	0.4155	0.3503	0.2959	0.2502	0.2120	0.1799
19	0.8277	0.6864	0.5703	0.4746	0.3957	0.3305	0.2765	0.2317	0.1945	0.1635
20	0.8195	0.6730	0.5537	0.4564	0.3769	0.3118	0.2584	0.2145	0.1784	0.1486
21	0.8114	0.6598	0.5375	0.4388	0.3589	0.2942	0.2415	0.1987	0.1637	0.1351
22	0.8034	0.6468	0.5219	0.4220	0.3418	0.2775	0.2257	0.1839	0.1502	0.1228
23	0.7954	0.6342	0.5067	0.4057	0.3256	0.2618	0.2109	0.1703	0.1378	0.1117
24	0.7876	0.6217	0.4919	0.3901	0.3101	0.2470	0.1971	0.1577	0.1264	0.1015
25	0.7798	0.6095	0.4776	0.3751	0.2953	0.2330	0.1842	0.1460	0.1160	0.0923
26	0.7720	0.5976	0.4637	0.3607	0.2812	0.2198	0.1722	0.1352	0.1064	0.0839
27	0.7644	0.5859	0.4502	0.3468	0.2678	0.2074	0.1609	0.1252	0.0976	0.0763
28	0.7568	0.5744	0.4371	0.3335	0.2551	0.1956	0.1504	0.1159	0.0895	0.0693
29	0.7493	0.5631	0.4243	0.3207	0.2429	0.1846	0.1406	0.1073	0.0822	0.0630
30	0.7419	0.5521	0.4120	0.3083	0.2314	0.1741	0.1314	0.0994	0.0754	0.0573

期数	11%	12%	13%	14%	15%	16%	17%	18%	19%	20%
1	0.9009	0.8929	0.8850	0.8772	0.8696	0.8621	0.8547	0.8475	0.8403	0.8333
2	0.8116	0.7972	0.7831	0.7695	0.7561	0.7432	0.7305	0.7182	0.7062	0.6944
3	0.7312	0.7118	0.6931	0.6750	0.6575	0.6407	0.6244	0.6086	0.5934	0.5787
4	0.6587	0.6355	0.6133	0.5921	0.5718	0.5523	0.5337	0.5158	0.4987	0.4823
5	0.5935	0.5674	0.5428	0.5194	0.4972	0.4761	0.4561	0.4371	0.4190	0.4019
6	0.5346	0.5066	0.4803	0.4556	0.4323	0.4104	0.3898	0.3704	0.3521	0.3349
7	0.4817	0.4523	0.4251	0.3996	0.3759	0.3538	0.3332	0.3139	0.2959	0.2791
8	0.4339	0.4039	0.3762	0.3506	0.3269	0.3050	0.2848	0.2660	0.2487	0.2326
9	0.3909	0.3606	0.3329	0.3075	0.2843	0.2630	0.2434	0.2255	0.2090	0.1938
10	0.3522	0.3220	0.2946	0.2697	0.2472	0.2267	0.2080	0.1911	0.1756	0.1615
11	0.3173	0.2875	0.2607	0.2366	0.2149	0.1954	0.1778	0.1619	0.1476	0.1346
12	0.2858	0.2567	0.2307	0.2076	0.1869	0.1685	0.1520	0.1372	0.1240	0.1122
13	0.2575	0.2292	0.2042	0.1821	0.1625	0.1452	0.1299	0.1163	0.1042	0.0935
14	0.2320	0.2046	0.1807	0.1597	0.1413	0.1252	0.1110	0.0985	0.0876	0.0779
15	0.2090	0.1827	0.1599	0.1401	0.1229	0.1079	0.0949	0.0835	0.0736	0.0649
16	0.1883	0.1631	0.1415	0.1229	0.1069	0.0930	0.0811	0.0708	0.0618	0.0541
17	0.1696	0.1456	0.1252	0.1078	0.0929	0.0802	0.0693	0.0600	0.0520	0.0451
18	0.1528	0.1300	0.1108	0.0946	0.0808	0.0691	0.0592	0.0508	0.0437	0.0376
19	0.1377	0.1161	0.0981	0.0829	0.0703	0.0596	0.0506	0.0431	0.0367	0.0313
20	0.1240	0.1037	0.0868	0.0728	0.0611	0.0514	0.0433	0.0365	0.0308	0.0261
21	0.1117	0.0926	0.0768	0.0638	0.0531	0.0443	0.0370	0.0309	0.0259	0.0217
22	0.1007	0.0826	0.0680	0.0560	0.0462	0.0382	0.0316	0.0262	0.0218	0.0181
23	0.0907	0.0738	0.0601	0.0491	0.0402	0.0329	0.0270	0.0222	0.0183	0.0151
24	0.0817	0.0659	0.0532	0.0431	0.0349	0.0284	0.0231	0.0188	0.0154	0.0126
25	0.0736	0.0588	0.0471	0.0378	0.0304	0.0245	0.0197	0.0160	0.0129	0.0105
26	0.0663	0.0525	0.0417	0.0331	0.0264	0.0211	0.0169	0.0135	0.0109	0.0087
27	0.0597	0.0469	0.0369	0.0291	0.0230	0.0182	0.0144	0.0115	0.0091	0.0073
28	0.0538	0.0419	0.0326	0.0255	0.0200	0.0157	0.0123	0.0097	0.0077	0.0061
29	0.0485	0.0374	0.0289	0.0224	0.0174	0.0135	0.0105	0.0082	0.0064	0.0051
30	0.0437	0.0334	0.0256	0.0196	0.0151	0.0116	0.0090	0.0070	0.0054	0.0042

附表三　年金终值系数表

期数	1%	2%	3%	4%	5%	6%	7%	8%	9%	10%
1	1.0000	1.0000	1.0000	1.0000	1.0000	1.0000	1.0000	1.0000	1.0000	1.0000
2	2.0100	2.0200	2.0300	2.0400	2.0500	2.0600	2.0700	2.0800	2.0900	2.1000
3	3.0301	3.0604	3.0909	3.1216	3.1525	3.1836	3.2149	3.2464	3.2781	3.3100
4	4.0604	4.1216	4.1836	4.2465	4.3101	4.3746	4.4399	4.5061	4.5731	4.6410
5	5.1010	5.2040	5.3091	5.4163	5.5256	5.6371	5.7507	5.8666	5.9847	6.1051
6	6.1520	6.3081	6.4684	6.6330	6.8019	6.9753	7.1533	7.3359	7.5233	7.7156
7	7.2135	7.4343	7.6625	7.8983	8.1420	8.3938	8.6540	8.9228	9.2004	9.4872
8	8.2857	8.5830	8.8923	9.2142	9.5491	9.8975	10.2598	10.6366	11.0285	11.4359
9	9.3685	9.7546	10.1591	10.5828	11.0266	11.4913	11.9780	12.4876	13.0210	13.5795
10	10.4622	10.9497	11.4639	12.0061	12.5779	13.1808	13.8164	14.4866	15.1929	15.9374
11	11.5668	12.1687	12.8078	13.4864	14.2068	14.9716	15.7836	16.6455	17.5603	18.5312
12	12.6825	13.4121	14.1920	15.0258	15.9171	16.8699	17.8885	18.9771	20.1407	21.3843
13	13.8093	14.6803	15.6178	16.6268	17.7130	18.8821	20.1406	21.4953	22.9534	24.5227
14	14.9474	15.9739	17.0863	18.2919	19.5986	21.0151	22.5505	24.2149	26.0192	27.9750
15	16.0969	17.2934	18.5989	20.0236	21.5786	23.2760	25.1290	27.1521	29.3609	31.7725
16	17.2579	18.6393	20.1569	21.8245	23.6575	25.6725	27.8881	30.3243	33.0034	35.9497
17	18.4304	20.0121	21.7616	23.6975	25.8404	28.2129	30.8402	33.7502	36.9737	40.5447
18	19.6147	21.4123	23.4144	25.6454	28.1324	30.9057	33.9990	37.4502	41.3013	45.5992
19	20.8109	22.8406	25.1169	27.6712	30.5390	33.7600	37.3790	41.4463	46.0185	51.1591
20	22.0190	24.2974	26.8704	29.7781	33.0660	36.7856	40.9955	45.7620	51.1601	57.2750
21	23.2392	25.7833	28.6765	31.9692	35.7193	39.9927	44.8652	50.4229	56.7645	64.0025
22	24.4716	27.2990	30.5368	34.2480	38.5052	43.3923	49.0057	55.4568	62.8733	71.4027
23	25.7163	28.8450	32.4529	36.6179	41.4305	46.9958	53.4361	60.8933	69.5319	79.5430
24	26.9735	30.4219	34.4265	39.0826	44.5020	50.8156	58.1767	66.7648	76.7898	88.4973
25	28.2432	32.0303	36.4593	41.6459	47.7271	54.8645	63.2490	73.1059	84.7009	98.3471
26	29.5256	33.6709	38.5530	44.3117	51.1135	59.1564	68.6765	79.9544	93.3240	109.1818
27	30.8209	35.3443	40.7096	47.0842	54.6691	63.7058	74.4838	87.3508	102.7231	121.0999
28	32.1291	37.0512	42.9309	49.9676	58.4026	68.5281	80.6977	95.3388	112.9682	134.2099
29	33.4504	38.7922	45.2189	52.9663	62.3227	73.6398	87.3465	103.9659	124.1354	148.6309
30	34.7849	40.5681	47.5754	56.0849	66.4388	79.0582	94.4608	113.2832	136.3075	164.4940

期数	11%	12%	13%	14%	15%	16%	17%	18%	19%	20%
1	1.0000	1.0000	1.0000	1.0000	1.0000	1.0000	1.0000	1.0000	1.0000	1.0000
2	2.1100	2.1200	2.1300	2.1400	2.1500	2.1600	2.1700	2.1800	2.1900	2.2000
3	3.3421	3.3744	3.4069	3.4396	3.4725	3.5056	3.5389	3.5724	3.6061	3.6400
4	4.7097	4.7793	4.8498	4.9211	4.9934	5.0665	5.1405	5.2154	5.2913	5.3680
5	6.2278	6.3528	6.4803	6.6101	6.7424	6.8771	7.0144	7.1542	7.2966	7.4416
6	7.9129	8.1152	8.3227	8.5355	8.7537	8.9775	9.2068	9.4420	9.6830	9.9299
7	9.7833	10.0890	10.4047	10.7305	11.0668	11.4139	11.7720	12.1415	12.5227	12.9159
8	11.8594	12.2997	12.7573	13.2328	13.7268	14.2401	14.7733	15.3270	15.9020	16.4991
9	14.1640	14.7757	15.4157	16.0853	16.7858	17.5185	18.2847	19.0859	19.9234	20.7989
10	16.7220	17.5487	18.4197	19.3373	20.3037	21.3215	22.3931	23.5213	24.7089	25.9587
11	19.5614	20.6546	21.8143	23.0445	24.3493	25.7329	27.1999	28.7551	30.4035	32.1504
12	22.7132	24.1331	25.6502	27.2707	29.0017	30.8502	32.8239	34.9311	37.1802	39.5805
13	26.2116	28.0291	29.9847	32.0887	34.3519	36.7862	39.4040	42.2187	45.2445	48.4966
14	30.0949	32.3926	34.8827	37.5811	40.5047	43.6720	47.1027	50.8180	54.8409	59.1959
15	34.4054	37.2797	40.4175	43.8424	47.5804	51.6595	56.1101	60.9653	66.2607	72.0351
16	39.1899	42.7533	46.6717	50.9804	55.7175	60.9250	66.6488	72.9390	79.8502	87.4421
17	44.5008	48.8837	53.7391	59.1176	65.0751	71.6730	78.9792	87.0680	96.0218	105.9306
18	50.3959	55.7497	61.7251	68.3941	75.8364	84.1407	93.4056	103.7403	115.2659	128.1167
19	56.9395	63.4397	70.7494	78.9692	88.2118	98.6032	110.2846	123.4135	138.1664	154.7400
20	64.2028	72.0524	80.9468	91.0249	102.4436	115.3797	130.0329	146.6280	165.4180	186.6880
21	72.2651	81.6987	92.4699	104.7684	118.8101	134.8405	153.1385	174.0210	197.8474	225.0256
22	81.2143	92.5026	105.4910	120.4360	137.6316	157.4150	180.1721	206.3448	236.4385	271.0307
23	91.1479	104.6029	120.2048	138.2970	159.2764	183.6014	211.8013	244.4868	282.3618	326.2369
24	102.1742	118.1552	136.8315	158.6586	184.1678	213.9776	248.8076	289.4945	337.0105	392.4842
25	114.4133	133.3339	155.6196	181.8708	212.7930	249.2140	292.1049	342.6035	402.0425	471.9811
26	127.9988	150.3339	176.8501	208.3327	245.7120	290.0883	342.7627	405.2721	479.4306	567.3773
27	143.0786	169.3740	200.8406	238.4993	283.5688	337.5024	402.0323	479.2211	571.5224	681.8528
28	159.8173	190.6989	227.9499	272.8892	327.1041	392.5028	471.3778	566.4809	681.1116	819.2233
29	178.3972	214.5828	258.5834	312.0937	377.1697	456.3032	552.5121	669.4475	811.5228	984.0680
30	199.0209	241.3327	293.1992	356.7868	434.7451	530.3117	647.4391	790.9480	966.7122	1181.8816

附表四　年金现值系数表

期数	1%	2%	3%	4%	5%	6%	7%	8%	9%	10%
1	0.9901	0.9804	0.9709	0.9615	0.9524	0.9434	0.9346	0.9259	0.9174	0.9091
2	1.9704	1.9416	1.9135	1.8861	1.8594	1.8334	1.8080	1.7833	1.7591	1.7355
3	2.9410	2.8839	2.8286	2.7751	2.7232	2.6730	2.6243	2.5771	2.5313	2.4869
4	3.9020	3.8077	3.7171	3.6299	3.5460	3.4651	3.3872	3.3121	3.2397	3.1699
5	4.8534	4.7135	4.5797	4.4518	4.3295	4.2124	4.1002	3.9927	3.8897	3.7908
6	5.7955	5.6014	5.4172	5.2421	5.0757	4.9173	4.7665	4.6229	4.4859	4.3553
7	6.7282	6.4720	6.2303	6.0021	5.7864	5.5824	5.3893	5.2064	5.0330	4.8684
8	7.6517	7.3255	7.0197	6.7327	6.4632	6.2098	5.9713	5.7466	5.5348	5.3349
9	8.5660	8.1622	7.7861	7.4353	7.1078	6.8017	6.5152	6.2469	5.9952	5.7590
10	9.4713	8.9826	8.5302	8.1109	7.7217	7.3601	7.0236	6.7101	6.4177	6.1446
11	10.3676	9.7868	9.2526	8.7605	8.3064	7.8869	7.4987	7.1390	6.8052	6.4951
12	11.2551	10.5753	9.9540	9.3851	8.8633	8.3838	7.9427	7.5361	7.1607	6.8137
13	12.1337	11.3484	10.6350	9.9856	9.3936	8.8527	8.3577	7.9038	7.4869	7.1034
14	13.0037	12.1062	11.2961	10.5631	9.8986	9.2950	8.7455	8.2442	7.7862	7.3667
15	13.8651	12.8493	11.9379	11.1184	10.3797	9.7122	9.1079	8.5595	8.0607	7.6061
16	14.7179	13.5777	12.5611	11.6523	10.8378	10.1059	9.4466	8.8514	8.3126	7.8237
17	15.5623	14.2919	13.1661	12.1657	11.2741	10.4773	9.7632	9.1216	8.5436	8.0216
18	16.3983	14.9920	13.7535	12.6593	11.6896	10.8276	10.0591	9.3719	8.7556	8.2014
19	17.2260	15.6785	14.3238	13.1339	12.0853	11.1581	10.3356	9.6036	8.9501	8.3649
20	18.0456	16.3514	14.8775	13.5903	12.4622	11.4699	10.5940	9.8181	9.1285	8.5136
21	18.8570	17.0112	15.4150	14.0292	12.8212	11.7641	10.8355	10.0168	9.2922	8.6487
22	19.6604	17.6580	15.9369	14.4511	13.1630	12.0416	11.0612	10.2007	9.4424	8.7715
23	20.4558	18.2922	16.4436	14.8568	13.4886	12.3034	11.2722	10.3711	9.5802	8.8832
24	21.2434	18.9139	16.9355	15.2470	13.7986	12.5504	11.4693	10.5288	9.7066	8.9847
25	22.0232	19.5235	17.4131	15.6221	14.0939	12.7834	11.6536	10.6748	9.8226	9.0770
26	22.7952	20.1210	17.8768	15.9828	14.3752	13.0032	11.8258	10.8100	9.9290	9.1609
27	23.5596	20.7069	18.3270	16.3296	14.6430	13.2105	11.9867	10.9352	10.0266	9.2372
28	24.3164	21.2813	18.7641	16.6631	14.8981	13.4062	12.1371	11.0511	10.1161	9.3066
29	25.0658	21.8444	19.1885	16.9837	15.1411	13.5907	12.2777	11.1584	10.1983	9.3696
30	25.8077	22.3965	19.6004	17.2920	15.3725	13.7648	12.4090	11.2578	10.2737	9.4269

期数	11%	12%	13%	14%	15%	16%	17%	18%	19%	20%
1	0.9009	0.8929	0.8850	0.8772	0.8696	0.8621	0.8547	0.8475	0.8403	0.8333
2	1.7125	1.6901	1.6681	1.6467	1.6257	1.6052	1.5852	1.5656	1.5465	1.5278
3	2.4437	2.4018	2.3612	2.3216	2.2832	2.2459	2.2096	2.1743	2.1399	2.1065
4	3.1024	3.0373	2.9745	2.9137	2.8550	2.7982	2.7432	2.6901	2.6386	2.5887
5	3.6959	3.6048	3.5172	3.4331	3.3522	3.2743	3.1993	3.1272	3.0576	2.9906
6	4.2305	4.1114	3.9975	3.8887	3.7845	3.6847	3.5892	3.4976	3.4098	3.3255
7	4.7122	4.5638	4.4226	4.2883	4.1604	4.0386	3.9224	3.8115	3.7057	3.6046
8	5.1461	4.9676	4.7988	4.6389	4.4873	4.3436	4.2072	4.0776	3.9544	3.8372
9	5.5370	5.3282	5.1317	4.9464	4.7716	4.6065	4.4506	4.3030	4.1633	4.0310
10	5.8892	5.6502	5.4262	5.2161	5.0188	4.8332	4.6586	4.4941	4.3389	4.1925
11	6.2065	5.9377	5.6869	5.4527	5.2337	5.0286	4.8364	4.6560	4.4865	4.3271
12	6.4924	6.1944	5.9176	5.6603	5.4206	5.1971	4.9884	4.7932	4.6105	4.4392
13	6.7499	6.4235	6.1218	5.8424	5.5831	5.3423	5.1183	4.9095	4.7147	4.5327
14	6.9819	6.6282	6.3025	6.0021	5.7245	5.4675	5.2293	5.0081	4.8023	4.6106
15	7.1909	6.8109	6.4624	6.1422	5.8474	5.5755	5.3242	5.0916	4.8759	4.6755
16	7.3792	6.9740	6.6039	6.2651	5.9542	5.6685	5.4053	5.1624	4.9377	4.7296
17	7.5488	7.1196	6.7291	6.3729	6.0472	5.7487	5.4746	5.2223	4.9897	4.7746
18	7.7016	7.2497	6.8399	6.4674	6.1280	5.8178	5.5339	5.2732	5.0333	4.8122
19	7.8393	7.3658	6.9380	6.5504	6.1982	5.8775	5.5845	5.3162	5.0700	4.8435
20	7.9633	7.4694	7.0248	6.6231	6.2593	5.9288	5.6278	5.3527	5.1009	4.8696
21	8.0751	7.5620	7.1016	6.6870	6.3125	5.9731	5.6648	5.3837	5.1268	4.8913
22	8.1757	7.6446	7.1695	6.7429	6.3587	6.0113	5.6964	5.4099	5.1486	4.9094
23	8.2664	7.7184	7.2297	6.7921	6.3988	6.0442	5.7234	5.4321	5.1668	4.9245
24	8.3481	7.7843	7.2829	6.8351	6.4338	6.0726	5.7465	5.4509	5.1822	4.9371
25	8.4217	7.8431	7.3300	6.8729	6.4641	6.0971	5.7662	5.4669	5.1951	4.9476
26	8.4881	7.8957	7.3717	6.9061	6.4906	6.1182	5.7831	5.4804	5.2060	4.9563
27	8.5478	7.9426	7.4086	6.9352	6.5135	6.1364	5.7975	5.4919	5.2151	4.9636
28	8.6016	7.9844	7.4412	6.9607	6.5335	6.1520	5.8099	5.5016	5.2228	4.9697
29	8.6501	8.0218	7.4701	6.9830	6.5509	6.1656	5.8204	5.5098	5.2292	4.9747
30	8.6938	8.0552	7.4957	7.0027	6.5660	6.1772	5.8294	5.5168	5.2347	4.9789

参考文献

[1] 盖地.税务筹划学[M].北京:中国人民大学出版社,2017.

[2] 中国注册会计师协会.税法[M].北京:中国财政经济出版社,2018.

[3] 翟继光.新税法下企业纳税筹划[M].5版.北京:中国工信出版集团,2018.

[4] 计金标.税收筹划[M].6版.北京:中国人民大学出版社,2016.

[5] 庄粉荣.纳税筹划实战精选百例[M].北京:机械工业出版社,2016.

[6] 蔡昌.税收筹划[M].2版.北京:中国人民大学出版社,2018.

[7] 龙敏,陈永智.税务筹划理论与实务[M].成都:西南财经大学出版社,2017.

[8] 梁俊娇.税收筹划[M].5版.北京:中国人民大学出版社,2016.

[9] 黄风翔.税收筹划[M].北京:清华大学出版社,2015.

[10] 梁文涛.税收筹划实务[M].北京:清华大学出版社,北京交通大学出版社,2017.

[11] 梁文涛.企业税收筹划方案设计[M].北京:中国人民大学出版社,2015.

[12] 朱青.企业税务筹划原理与方法[M].北京:中国人民大学出版社,2017.

[13] 斯科尔斯,等.税收与企业战略:筹划方法[M].张雁翎,译.北京:中国财政经济出版社,2004.

图书在版编目(CIP)数据

税务筹划/申嫦娥,张雅丽主编. —2 版. —西安:西安
交通大学出版社,2019.1
普通高等教育"十三五"财政与税收专业规划教材
ISBN 978 - 7 - 5693 - 1090 - 0

Ⅰ.①税… Ⅱ.①申… ②张… Ⅲ.①税务筹划-高等
学校-教材 Ⅳ.①F810.42

中国版本图书馆 CIP 数据核字(2019)第 010455 号

书　　名	税务筹划(第二版)	
主　　编	申嫦娥　张雅丽	
责任编辑	魏照民	

出版发行	西安交通大学出版社
	(西安市兴庆南路 1 号　邮编:710048)
网　　址	http://www.xjtupress.com
电　　话	(029)82668357　82667874(发行中心)
	(029)82668315　(总编办)
传　　真	(029)82668280
印　　刷	陕西宝石兰印务有限责任公司

开　　本	787mm×1092mm　1/16　　印张 16　　字数 411 千字
版次印次	2019 年 8 月第 2 版　2019 年 8 月第 1 次印刷
书　　号	ISBN 978 - 7 - 5693 - 1090 - 0
定　　价	45.80 元

读者购书、书店添货,如发现印装质量问题,请与本社发行中心联系、调换。

订购热线:(029)82665248　(029)82665249

投稿热线:(029)82668133

读者信箱:xj_rwjg@126.com